港珠澳大桥岛隧工程

外海沉管安装

林鸣 王强 尹海卿 刘晓东 宿发强 著

科学出版社

北京

内 容 简 介

  本书依托港珠澳大桥沉管隧道工程，对外海沉管安装关键施工技术和管理技术进行总结，包括自主研制具有国际领先水平的数字化、信息化和集成化的专用技术装备系统，自主开发大型沉管外海拖航、锚泊定位、深水无人沉放对接成套施工技术，自主创新包含外海深水作业保障、决策指挥管理、长大隧道线形管理、全面风险管理等标准化、系统化、流程化综合施工管理系统。通过提炼总结工程沉管安装成功经验，以期为类似工程提供有益借鉴。

  本书可作为从事沉管隧道施工技术和项目管理人员的实操参考书，也可以作为高等院校水下隧道相关专业师生的课外工程实例参考书。

审图号：GS（2018）5375 号

图书在版编目(CIP)数据

港珠澳大桥岛隧工程外海沉管安装/林鸣等著. —北京：科学出版社，2019.2

 ISBN 978-7-03-060303-6

 I. ①港… II. ①林… III. ①跨海峡桥－桥梁工程－工程施工②沉管隧道－隧道工程－工程施工 IV. ①U4

 中国版本图书馆 CIP 数据核字(2018)第 297144 号

责任编辑：郭勇斌 欧晓娟 / 责任校对：杨聪敏
责任印制：张克忠 / 封面设计：黄华斌

科 学 出 版 社 出版
北京东黄城根北街 16 号
邮政编码：100717
http://www.sciencep.com
中国科学院印刷厂 印刷
科学出版社发行 各地新华书店经销

*

2019 年 2 月第 一 版 开本：787×1092 1/16
2019 年 2 月第一次印刷 印张：34 1/4 插页：4
字数：794 000
定价：218.00 元
（如有印装质量问题，我社负责调换）

港珠澳大桥岛隧工程外海沉管安装

主　　编　林　鸣　王　强　尹海卿　刘晓东　宿发强

副 主 编　黄维民　刘亚平　高纪兵　王彰贵　翟世鸿

　　　　　刘德进　梁　桁

编写人员（以姓氏笔画排序）：

马宗豪　王　伟　毛剑锋　尹朝晖　宁进进

吕勇刚　伍绍博　刘兆权　关秋枫　汤慧驰

孙　健　花田幸生　苏长玺　李金峰　李建宇

李春初　李哈汀　李家林　李　超　李德辉

李　毅　杨永宏　杨　华　杨秀礼　杨树生

吴建新　邹纪祥　辛文杰　张志刚　张秀振

张建军　张　洪　陈伟彬　邵新慧　林　巍

尚乾坤　岳远征　周相荣　郭旭理　黄丁想

黄凯彬　韩西军　窦从越　鞠小刚

序　言

根据国际隧道和地下空间协会（International Tunnelling and Underground Space Association，ITA）沉管隧道和悬浮隧道工作组 1993 年报告，沉管隧道（immersed tunnel）就是在拟修建隧道的江河、海湾或海峡的水底下预先挖掘好一条沟槽，把若干预制的管节分别浮运至现场，一个接一个地沉放安装，在水下将其相互连接并正确定位在沟槽内，其后辅以相关工程施工，使这些管节组合体成为连接水体两端陆上交通的隧道型交通运输载体，故沉管法又称沉埋管节法或预制管节沉放法。

自 1910 年世界上首条铁路沉管隧道在美国诞生以来，沉管法水下隧道已广泛用于穿越江河湖海的公路隧道、铁路隧道、地铁隧道、人行隧道等交通基础设施和输水、渡槽、管线等公用管道设施的建设。据统计，截至目前全世界已建成各类沉管隧道 150 多条，各类公共事业用沉管隧道约 40 条，其中美国、日本和荷兰建造的沉管隧道数量最多，中国已建成和在建沉管隧道数量暂居世界第四位。

从世界范围看，自 20 世纪末开始，沉管隧道施工技术得到了长足发展，朝着外海环境、大型化、长距离和深水化方向不断进步。2000 年建成的长约 3.5 km 的连接丹麦和瑞典的厄勒海峡沉管隧道，2008 年贯通的长约 1.4 km 的连通欧亚大陆的土耳其博斯普鲁斯海峡沉管隧道，2010 年建成的长约 3.24 km 的韩国釜山—巨济沉管隧道，是三项具有较高国际影响力的外海大型沉管隧道工程项目，无论是隧道规模（长度和水深），还是采用的施工技术都代表了该领域当时的最高水平。

从国内范围看，沉管隧道在我国内地起步较晚，20 世纪 90 年代中期建成的广州珠江隧道是国内首条交通沉管隧道。迄今虽然已先后在广州、宁波、上海、天津、舟山、南昌等地建成十几条内河沉管隧道，但大多长度较短，规模较小，施工整体水平与国际同类工程相比尚有一定的差距。

随着我国经济的不断发展，内地基础建设不断发力，拟建的水下隧道数量众多，由于沉管隧道具有对地基适应能力强、埋深浅长度短、断面灵活多样、防水性能好、工法安全环保等优点，国内一批跨江河、河口、海湾和海峡的重大通道工程纷纷酝酿采用沉管隧道的方式，为我国沉管隧道施工技术赶超国际水平提供了平台，于 2010 年开工的港珠澳大桥沉管隧道即是这新一轮大规模水下交通基础建设的标志性工程。

港珠澳大桥沉管隧道是国内首条外海沉管隧道，是目前世界上最长的公路沉管隧道，也是目前世界上首条深埋大回淤节段式沉管隧道，其具有工程规模大、外海作业环境复杂、技术难点多、施工工期紧、环保要求苛刻、安全风险高等特点，是公认的世界上综合技术难度最高的沉管隧道之一。作为国内外海沉管施工领域的先行者，中国交通建设者不畏艰难，勇挑外海沉管隧道设计和施工技术攻关重担，开展了大量科学和技术研究工作，建立了一套具有我国自主知识产权的外海沉管成套施工技术体系。

本书依托已成功实施的港珠澳大桥沉管隧道工程，对外海沉管安装关键施工技术和管理技术进行总结，内容主要包括自主研制具有国际领先水平专用装备系统，自主开发大型沉管外海拖航、锚泊定位、深水无人沉放对接成套施工技术，自主创新包含外海深水作业保障、决策指挥管理、长大隧道线形管理、全面风险管理等在内的综合管理系统。通过提炼总结港珠澳大桥沉管隧道工程沉管安装的成功经验，以期为后续国内外类似工程和日益增多的外海工程提供有益借鉴。

作　者

2018 年 12 月

目　录

第1章 绪 论

人类生活的陆地被众多的江河湖海所分割，历数有史以来人们跨越宽阔水域的方式，除了利用飞机和轮船等交通工具从空中和水面直接穿越外，主要通过修筑水上桥梁和水下隧道等交通设施将水域的两岸直接连接，从而天堑变通途，两岸人们可以随时往来交流，社会经济随之快速发展。

我国现代桥梁隧道已历经半个世纪的发展，特别是 20 世纪 90 年代以来，桥梁隧道建设进入了快速发展时期，目前我国已是世界上桥梁及地下工程规模最大和施工技术发展速度最快的国家，桥梁和隧道的技术水平和建设成就已走在世界前列。

1.1 水下隧道简述

水下隧道可以作为铁路、公路、地铁和人行隧道，也可作为给排水用输送管道。与桥梁工程相比，水下隧道具有隐蔽性好、抗自然灾害能力强、对水面航行无妨碍等优点，纵观桥梁隧道工程发展史，国外有优先考虑采用水下隧道作为跨越江河湖海方式的趋势。据不完全统计，国外近百年来已建的跨海和海峡交通隧道超过百条，著名的跨海隧道有日本青函隧道、英国英吉利海峡隧道、日本东京湾临海公路沉管隧道、丹麦大贝尔特（Great Belt）海峡隧道等，其中挪威近 30 年来修建了 40 多条海底隧道，积累了丰富的海底岩石隧道开掘经验，形成了被称为"挪威海底隧道概念"的一整套技术。

随着我国经济的快速发展及大众环保意识的增强，水下隧道的建设方式也逐渐被接受并开始得以推广应用，包括厦门翔安海底隧道、青岛胶州湾海底隧道、广州狮子洋海底隧道等陆续建成开通，港珠澳大桥沉管隧道建设基本竣工，深中通道海底沉管隧道、大连湾海底隧道即将进入实施阶段，跨越渤海海峡、琼州海峡和台湾海峡三大海峡的隧道规划也已展开，可以预见，在 21 世纪我国的交通建设中，水下隧道将会越来越受到人们的青睐，港珠澳大桥沉管隧道即是这一发展趋势下的一标志性工程，集桥、岛、隧一体的超级工程在继续展示我国造桥能力的同时，也给水下隧道在我国的发展提供了一个全新的平台。

1.1.1 水下隧道和桥梁的比较

跨越水域的交通方式是选择桥梁还是隧道，需要从航运、地质、水文、环境及工程成本等多方面进行综合比较，进行详细的工程技术经济比较分析，方能针对不同的条件得出最优的选择方案。图 1-1 给出了一般意义上的桥梁、暗挖隧道和沉管隧道纵向立面布置上的比较图，其中单从长度而言，对跨越同一水域而言，桥梁的长度显然是最长的，而沉管隧道由于可以紧贴海床面附近布置，长度可以做到最短，暗挖隧道（盾构法和钻爆法）的长度一般介于二者之间。下面从航运要求、建设用地、运营管理和使用功能 4 个方面简单分析比较水下隧道和桥梁的优缺点。

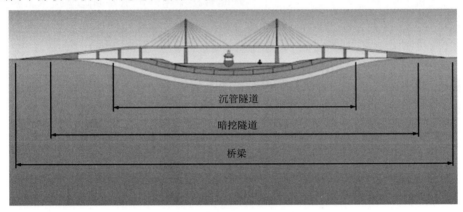

图 1-1　桥梁、暗挖隧道和沉管隧道比较图

1. 航运要求

为满足通航要求，桥梁需要足够的垂直净空，而隧道则不牵涉航道净空问题。1968 年建成的南京长江大桥限于历史条件设计通航净高只有 24 m，使得南京以上长江段只能通行 3000 吨级以下船舶。总体而言，对通航密度高和船舶吨位大的水域隧道方案一般要优于桥梁，香港维多利亚港的多条跨越港湾通道采用隧道方案而不用桥梁即为实际例证。

2. 建设用地

由于桥梁所需引桥长度较长，会涉及大量拆迁和土地占用，工程造价增加，工程建设难度大。水下隧道长度短，占地少，还容易实现隧道与地下空间一体化，提高地下空间综合利用率，社会综合效益好。

3. 运营管理

水下隧道运营期间基本不受恶劣天气影响，车辆可全天候运行，而桥梁在恶劣天气时需要封闭通行，同时极易受到失控船舶的碰撞，存在重大安全隐患，近几年国内多座桥梁发生因船撞而垮塌的事故即是明证。此外，水下隧道抵御自然灾害和战争破坏的防护能力较桥梁强，能有效地抵御台风、海啸等自然灾害的破坏。

4. 使用功能

水下隧道可以做到一洞多用，公路、铁路、地铁和市政管道等皆可灵活组合，实现多用途发展，并且安装和维护比较方便；比较而言，桥梁的功能比较单一，市政管道的安排布设不如水下隧道灵活和方便。

随着现代航运业的快速发展，船型尺寸越来越大，对航道净空的要求也越来越高，桥梁对航运的限制也越加明显。我国的"黄金水道"——长江由于受南京长江大桥的限制一直未能得以充分发挥，不能不说是一个遗憾。反观欧洲、美国等发达国家和地区，近几十年来均以桥梁和隧道并举的方式跨越江河湖海，纽约曼哈顿岛跨越哈德逊河直接连接新泽西州的工程解决方案，选择了先后建桥 10 余座、水下隧道 41 条，水下隧道数量远超桥梁数量。鉴于此，应该说水下隧道在我国的发展才刚刚起步，在现代交通路网的建设中尚大有作为。

1.1.2　水下隧道发展简况

目前世界上有 500 多条水下隧道已建成或正在修建，其中主要分布在欧洲、美国和日本等发达国家和地区，隧道总长度方面日本最长，数量方面则美国最多。

17 世纪欧洲修建了许多运河隧道，其中法国朗格多克（Languedoc）运河隧道长 157 m，属于近代较早使用火药利用矿山法凿建的隧道。1825～1843 年，英国工程师布鲁内尔建成穿越泰晤士河的水下人行隧道，隧道长约 366 m，后被改建成铁路隧道，这是世界第一条水下盾构法铁路隧道。1910 年建成的连接美国和加拿大的底特律河水底铁路隧道是世界上第一条沉管铁路隧道。1941 年建成的荷兰马斯河水下公路隧道是欧洲第一条钢筋混凝土沉管隧道。1980 年建成的穿越苏伊士运河的埃及艾哈迈德·哈姆迪隧道是第一条连接亚非大陆的盾构隧道。

20 世纪 60 年代我国开始研究用盾构法修建黄浦江水下隧道。上海第一条越江隧道——打浦路隧道于 1965 年开始施工，并于 1971 年建成通车；同期上海也开展了沉管隧道技术研究，并于 1976 年在上海金山石化工程首次应用沉管法建成了第一条排污水下隧道。20 世纪 80 年代后期，我国水下隧道的修建进入快速发展时期。目前，我国已经建成和正在建设的水下公路隧道有 30 余条，已建成通车的跨越长江的大型隧道有武汉长江公路隧道、南京长江隧道、上海崇明长江隧道三条，已建成的跨海峡隧道有厦门翔安海底隧道、青岛胶州湾海底隧道、香港红磡海底隧道和香港东区海底隧道、西区海底隧道等，其中 2010 年建成长 8.695 km 厦门翔安海底隧道是中国内地第一条海底隧道，正在建设和准备开工建设的海底隧道有港珠澳大桥沉管隧道、深中通道海底沉管隧道和大连湾海底隧道等。

1.1.3 水下隧道施工方法

水下隧道常用施工方法有钻爆法（包括传统矿山法和新奥法）、盾构法（shield tunnel method）和隧道掘进机（tunnel boring machine，TBM）法、沉管法（immersed tunnelling method）等，其中硬质岩基中水下隧道常采用钻爆法和 TBM 法，软土地基中水下隧道常采用盾构法或沉管法。

1. 钻爆法

钻爆法一般针对基岩中的隧道，用传统钻眼爆破法或臂式掘进机开挖隧道，按照支护方式的不同分为传统矿山法和新奥法两种（图 1-2）。

图 1-2 钻爆法开挖示例图

传统矿山法（mine tunnelling method），采用木构件或钢构件作为临时支撑，抵抗围岩变形和承受围岩压力，待隧道开挖成形后，再逐步将临时支撑撤换，代之以整体式单层衬砌作为永久性支护。如日本穿越津轻海峡的青函隧道即采用传统矿山法施工，隧道全长为 53.85 km，其中海底部分为 23.3 km，是目前世界上最长的海底铁路隧道。

传统矿山法施工的典型工程还包括：日本关门海峡隧道（3.6 km，1944 年）、新关门隧道（18.7 km，1974 年），挪威海底隧道（100 km，180 m 水深），中国浏阳河隧道（10.115 km，2009 年）、青岛胶州湾海底隧道（3.95 km，2011 年）。

新奥法（new austrian tunnelling method）是在传统矿山法基础上发展而来的，主要采用锚杆和喷射混凝土作为维护围岩稳定的初期支护，帮助围岩获得初步稳定，在此基础上再施以内层混凝土衬砌作为安全储备，同时锚喷支护也是永久性承载结构的一部分，锚喷支护、混凝土衬砌和围岩三者共同构成了隧道永久结构承载体系。我国第一条海底隧道厦门翔安海底隧道即采用该工法建成（图 1-3）。

图 1-3 厦门翔安海底隧道

2. 盾构法和TBM法

笼统来说，盾构法和 TBM 法皆属于隧道全断面掘进，是指利用回转刀具开挖隧道整个断面的施工方法，二者的主要区别在于工作对象不同，一般 TBM 法适用于硬质岩基，而盾构法适用于软土地基。

盾构法是利用盾构机在地面以下暗挖隧道的一种施工工法（图 1-4）。由于盾构施工对周边环境影响小、施工速度快且安全，故成为在软土（软黏土、砂质粉土等）中施工隧道特别是在城市地下施工的一种主要工法。日本东京湾海底隧道、上海崇明越江通道、南京长江隧道、南京扬子江隧道和南水北调穿黄隧道等都是采用盾构法施工。

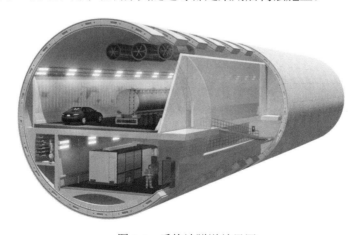

图 1-4 盾构法隧道效果图

TBM 通常是指岩石隧道全断面掘进机，它是一种集掘进、出渣、支护和通风防尘等多种功能为一体的大型高效隧道施工机械。TBM 法适用于中硬岩地质的隧道施工，采用机械破碎岩石的方法进行开挖（图 1-5）。

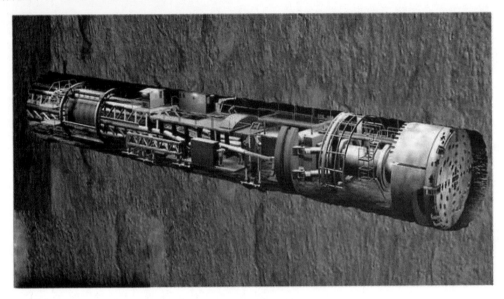

图 1-5　TBM 法隧道掘进效果图

盾构法和 TBM 法典型工程举例如下。

1993 年，英法海峡隧道（channel tunnel），ϕ8.4 m×37 km（总长 50 km）；

1995 年，丹麦大贝尔特海峡隧道，ϕ8.5 m×7.9 km；

1996 年，日本东京湾横断公路隧道，ϕ13.9 m×9.1 km；

2008 年，武汉长江公路隧道，ϕ11.6 m×3.6 km；

2009 年，上海崇明长江隧道，ϕ15.43 m×7.5 km；

2011 年，广州狮子洋海底隧道，ϕ11.18 m×10.8 km；

2012 年，钱江隧道，ϕ15.43 m×3.2 km。

3. 沉管法

沉管法，又称沉埋管节法，即先在临时干坞或船台上预制管节，并用临时封门进行封闭形成浮体，同时在隧道设计位置开挖水底基槽铺设隧道基础，然后将管节浮运到位并精确定位沉放至水底基槽内，将相邻管节在水下连接并做防水处理，最后进行基础处理和回填防护，打通临时封门成为水下隧道。

由于沉管法的管节是陆上预制的，施工质量可控，水密性好，水下接头数量少，隧道整体防水性能优良（图 1-6）。此外，由于受水浮力作用，沉管隧道对基础的要求不高，在砂基和软基上都可以适用。

图 1-6 沉管法隧道效果图

沉管法典型工程（国际）举例如下。

1910 年，美国底特律河水底铁路隧道，世界第一条水下交通沉管隧道；

1942 年，荷兰马斯河水下公路隧道，欧洲第一条矩形钢筋混凝土沉管隧道；

1959 年，加拿大迪斯（Deas）沉管隧道，首创水力压接工法；

1972 年，美国旧金山海湾快速交通系统（bay area rapid transit district，BART）水下隧道（以下简称旧金山海湾水下隧道），长 5825 m，世界最长铁路沉管隧道；

2000 年，丹麦厄勒（Oresund）海峡沉管隧道，首创"工厂法"管节预制工法；

2008 年，土耳其博斯普鲁斯（Bosphorus）海峡沉管隧道，深约 60 m，世界最深沉管隧道；

2010 年，韩国釜山—巨济（Busan-Geoje）沉管隧道。

沉管法典型工程（国内）举例如下。

1994 年，广州珠江隧道（大陆首条公路、铁路两用沉管隧道）；

1995 年，宁波甬江水底隧道；

2002 年，宁波常洪隧道；

2003 年，上海外环隧道；

2010 年，广州仓头—生物岛沉管隧道；

2010 年，广州生物岛—大学城沉管隧道；

2012 年，天津中央大道海河沉管隧道；

2013 年，舟山沈家门港海底沉管隧道。

1.2 沉管隧道简介

1.2.1 沉管隧道定义

根据国际隧道和地下空间协会沉管隧道和悬浮隧道工作组 1993 年报告，沉管隧道就是在拟修建隧道的江河、海湾或海峡的水底下预先开挖一条基槽，把若干预制的管节分别浮运至现场，一个接一个地沉放安装，在水下将其相互连接并正确定位在基槽内，其后辅以相关工程施工，使这些管节组合体成为连接水体两端陆上交通的隧道型运输载体。

沉管隧道一般由沉埋段、暗埋段和敞开段等组成，沉埋段两端通常设置竖井，起到通风、供电、排水和监控等作用，也可根据地形和地质的实际情况取消竖井，将沉埋段与暗埋段直接相接（图1-7）。

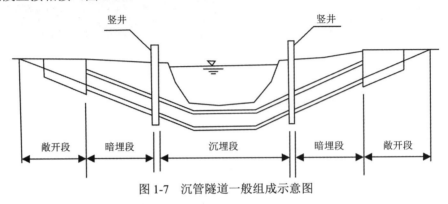

图1-7　沉管隧道一般组成示意图

1.2.2　沉管隧道发展及现状

世界沉管技术的研究始于1810年在伦敦进行的沉管隧道试验，但试验未能解决防水问题，1896年美国利用沉管法建成穿越波士顿港的雪莉格特（Shirley Gut）虹吸式输水沉管隧道（图1-8），1910年使用双线铁路沉管隧道成功穿越美国和加拿大之间的底特律河，宣告沉管法水下交通隧道的正式诞生。

图1-8　波士顿河输水沉管隧道

1942年在荷兰建成的马斯河水下公路隧道，为欧洲首条钢筋混凝土沉管隧道，在此之前皆采用北美的钢壳沉管结构形式。1959年在加拿大建成迪斯沉管隧道成功开发了水力压接法进行沉管对接，标志着沉管隧道关键对接技术的突破，沉管隧道被世界各国普遍采纳，如图1-9所示，自20世纪60年代后沉管隧道进入了一个快速稳定发展的阶段。

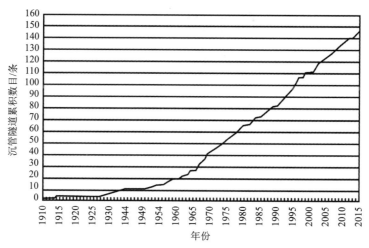

图 1-9 世界沉管隧道年建成数量统计图

据统计，目前全世界已建成沉管隧道（含各类公共服务隧道）150 多条，其中美国、日本和荷兰建造的沉管隧道最多。日本是东亚地区首个建成沉管隧道的国家，自 1944 年大阪安治川公路沉管隧道（公路 2 车道+人行道）建成通车以来，现已建成铁路和公路沉管隧道 30 多条。中国（含香港特别行政区、台湾地区）已建成和在建沉管隧道数量暂居世界第四位，但随着我国内地基础建设的不断发力，拟建的水下隧道数量众多，有可能成为世界上沉管隧道数量最多的国家。截至目前沉管隧道所属国家分布统计见图 1-10。

美国旧金山海湾水下隧道全长 5825 m，由 58 节管节组成，是世界上最长的沉管隧道之一。目前世界上车道数量最多的沉管隧道包括荷兰德雷赫特（Drecht）隧道、美国麦克亨利堡（Fort McHenry）隧道和中国上海外环隧道，均为 8 车道设计。荷兰德雷赫特隧道宽达 49.04 m，是目前世界上最宽的沉管隧道。荷兰海姆斯普尔隧道管节长度达到 268 m，是目前世界上单管节最长的隧道。几条有代表性的沉管隧道的相关信息见表 1-1。

香港特别行政区于 1972 年建成了跨越维多利亚港的城市道路海底隧道，台湾地区于 1984 年建成了高雄港沉管公路隧道。香港特别行政区已建成的沉管隧道见表 1-2。

广州珠江隧道是中国内地首次采用沉管法建成的城市公路、铁路两用水下隧道，于 1994 年建成。随后中国内地第二条沉管隧道在宁波甬江于 1995 年建成，该工程为在软土地基上建成的沉管隧道，2002 年建成的宁波常洪隧道采用了桩基础，上述两工程为我国在软土地基上建设沉管隧道积累了经验。2003 年建成的上海外环隧道将我国的沉管隧道技术推向了一个新的高度，该工程属于当时亚洲地区规模最大的沉管隧道。2010 年广州仑头—生物岛沉管隧道首次采用了移动干坞法预制管节，即利用半潜驳甲板面进行管节制作，然后通过拖轮拖带半潜驳载运管节到隧道设计位置进行沉放对接。2015 年建成的天津中央大道海河沉管隧道是位于北方地区且属于高震区的首条沉管隧道。我国目前在建的沉管隧道包括港珠澳大桥沉管隧道、广州洲头咀沉管隧道、佛山东平沉管隧道、南昌红谷沉管隧道。国内已建成的部分沉管隧道相关信息见表 1-3。

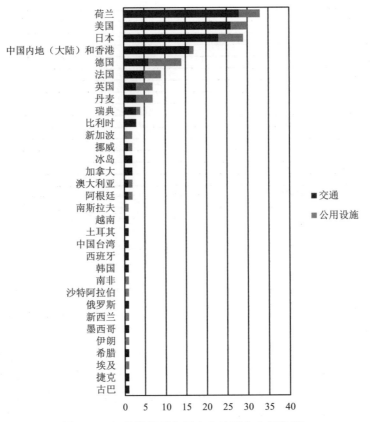

图 1-10　沉管隧道所在国家和地区分布统计图

表 1-1　典型沉管隧道相关信息表

序号	隧道名称	隧道总长/m	管节尺寸 （长×宽×高）	环境条件	备注
1	旧金山海湾水下隧道（1972 年）	5 825	111 m×14.6 m×6.5 m	横跨海湾	总长最长
2	纽约 63 号街隧道（1973 年）	229	114.3 m×11.7 m×11.2 m	海水流速达 2.7 m/s	水速很大
3	比利时斯海尔德隧道（1980 年）	510	115 m×47.8 m×10.1 m	河水流速达 3.0 m/s， 最大潮位差 8.86 m	水速及潮位差 很大
4	荷兰海姆斯普尔隧道（1980 年）	1 475	268 m×21.5 m×8.7 m	运河	管节最长
5	荷兰德雷赫特隧道（1977 年）	347	115 m×49.04 m×8.08 m	—	管节最宽
6	香港东区海底隧道（1990 年）	1 859	128 m×35 m×9.5 m	繁忙海港	—

表 1-2　香港特别行政区沉管隧道相关信息表

隧道名称	建造年份	隧道形式	隧道总长度/m	截面（宽×高）	管节数
红磡海底隧道	1969～1972 年	钢壳双管断面	1 602	22.16 m×11 m	—
地铁过海隧道	1975～1979 年	钢筋混凝土双管断面	1 400	13.1 m×6.5 m	14
东区海底隧道	1984～1989 年	钢筋混凝土矩形断面	1 860	35.45 m×9.75 m	15
机场铁路隧道	1994～1996 年	钢筋混凝土矩形断面	1 260	12.4 m×7.7 m	10
西区海底隧道	1993～1997 年	钢筋混凝土矩形断面	1 364	33.4 m×8.57 m	12

表 1-3　国内部分沉管隧道相关信息表

隧道名称	建成时间	长度/m	管节长度/m	外包尺寸	基础处理
广州珠江隧道	1994 年	457	105+2×120+90+22	33.00 m×8.05 m	压砂法
宁波甬江隧道	1995 年	420	85+80+3×85	11.90 m×7.65 m	压浆基础
宁波常洪隧道	2002 年	395	95+3×100	22.80 m×8.45 m	桩基囊袋法
上海外环隧道	2003 年	736	108+104+2×100+3×108	43.00 m×9.55 m	压砂法
广州仑头—生物岛隧道	2010 年	277	55+67+78+77	23.00 m×8.70 m	压砂法

1.2.3　沉管隧道优缺点

软土中水下隧道建设常用的方法为盾构法和沉管法两类，盾构法起源早、发展快、应用较广。与盾构法相比，沉管法有其独特的特点，由于其埋深浅、防水性能好、断面灵活多样等诸多优点的存在，使其在水下隧道建设方案选择方面占有重要一席。两种方法理论埋深比较见图 1-11。

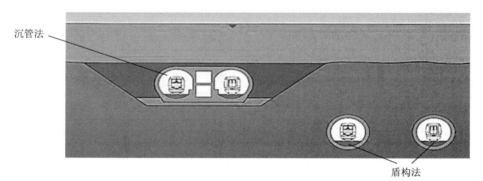

图 1-11　沉管法与盾构法理论埋深比较图

1. 沉管隧道的优点

①对地质条件适应能力强，对地基承载力要求低，甚至可以在淤泥上建造；

②埋深浅，管顶可与海床面平齐，甚至局部出露海床面，无需长引道，与两岸道路衔接容易，线路的平纵线性较好，相比较而言，盾构隧道一般需要约 10 m 埋深；

③隧道整体防水性能好，主要体现在管节陆上制作质量控制相对成熟，结构接头少，漏水概率低，其防水性能大为优于用管片作衬砌的盾构隧道，理论上可做到滴水不漏；

④管节断面形式多样，断面利用率高，使用功能适应性强，可以实现大断面、多车道（4～8 车道），与之相比，盾构隧道截面形式单一，目前截面直径最大尺寸约 15.4 m，一般为 2 车道；

⑤管节制作、浮运安装与基槽开挖可平行作业，总体施工工期相对较短；

⑥管节制作和浮运沉放等主要工序在陆上和水上进行，水下工作量相对较少，施工环境和条件相对较好。

2. 沉管隧道的缺点

①施工期间基槽开挖和管节浮运安装作业对社会通航有一定影响；

②受水文条件和河床稳定性条件影响较大。

1.3　外海沉管隧道研究综述

外海沉管隧道一般在离岸深水环境下进行，深水大压力条件对管节结构设计和水密性质量提出很高要求；开敞无掩护水域气象条件多变，海流受潮汐条件和局部地形影响复杂，流速流向规律不易掌握，风浪和涌浪条件相对恶劣，对管节浮运安装方案的选择会带来很大影响；河口区还会受到径流下泄带来的水流、水密度和回淤变化影响，与海水交汇造成海水密度竖直向变化大、回淤强度大等问题，也会对管节沉放对接造成很大的困难，外海沉管隧道总体施工环境较一般内河沉管隧道困难得多，可以说，深水、流大、波高、回淤和气象复杂是外海沉管隧道的典型特点，而克服外海环境影响成功建设沉管隧道既是对施工技术的挑战，也是当前该领域最高水平的体现。

1.3.1　国内外研究概况

现代海洋工程的发展，推动沉管隧道的应用领域进一步向外海拓广，近年来国内外针对跨海通道的研究逐渐增多，其中就包括外海沉管隧道的应用研究。国际方面，美国、日本、荷兰等进行了较多基础研究和应用工作，但外海沉管隧道的成功应用案例毕竟较少，而国内的港珠澳大桥沉管隧道更是首例实施中的外海隧道，故总体而言，外海沉管隧道在国内属于新兴的工程领域。

在沉管隧道基础理论研究和应用方面，沉管技术自问世以来，就不断被各个国家改进和完善。从英国人最初的试验，到美国人修建实际的沉管隧道，直到荷兰人引进后又进行了新的创新,沉管隧道技术得到了不断的发展。荷兰于 20 世纪 60 年代发明了 GINA 止水带，日本在此基础上又进行了新的研发。基础处理技术方面，丹麦于 40 年代发明喷砂法，瑞典于 60 年代首先采用灌囊法，荷兰在 70 年代发明了压砂法，日本在 70 年代推出压注混凝土法和压浆法，日本在抗震方面也开展了大量研究，并编写了沉管隧道抗震设计规范，这些技术上的重大革新，对沉管隧道的发展和应用具有重要意义。可以说，沉管隧道的发展是一个国际性互相借鉴和共同进步的过程。

我国的沉管隧道技术研究起步较晚，但发展速度很快。上海在 20 世纪 60 年代初首次开展了沉管法的理论研究，并于 1976 年用沉管法建成了一座排污水下隧洞；广州于 1974 年正式开展沉管隧道技术研究，并于 1994 年建成了广州珠江隧道；上海外环隧道就大型沉管隧道关键技术问题开展了 11 项课题研究，包括工程设计的系统性课题、施工关键工序的技术难点课题和工程设施建成后安全运营的系统性课题三大类，这些课题取得的积极成果，对今后我国其他地区建造沉管隧道具有重要的指导作用。

统计目前已建成的 150 多条沉管隧道，属于或接近外海施工环境的沉管隧道包括美国旧金山海湾水下隧道、丹麦—瑞典的厄勒海峡沉管隧道、土耳其博斯普鲁斯海峡沉管隧道和韩国釜山—巨济沉管隧道等，这些工程项目开展了大量的研究工作，取得了显著的应用成果，推动了外海沉管隧道技术的不断进步和成熟，但由于国家间技术壁垒等关系，详细技术资料的获取存在一些困难，本书结合典型案例对相关技术研究和应用情况进行简单介绍。

中铁西南科学研究院有限公司（原为铁道部科学研究院西南分院）较早开展了沉管隧道系统设计和施工技术的研究，翻译了国际隧道和地下空间协会编著的《沉管隧道与悬浮隧道》和《厄勒海峡沉管隧道会议论文集》，对厄勒海峡沉管隧道所采用的先进施工技术进行了相对全面的介绍。陈七林结合海湾地区的特点，分析了美国旧金山海湾水下隧道的建设条件和环境影响，提出了工程建设过程中应注意的问题，同时对建设方案的合理性和环境保护措施进行了探讨。国内正式针对外海深水大型沉管沉管隧道的研究始于港珠澳大桥，在综合分析借鉴国内外先进施工技术和施工设备的基础上，通过研究攻克外海、深水条件下大型沉管沉放、对接、水力压接、安装、水下精调等一体化施工作业过程中的一系列关键技术，形成具有自主知识产权的大型沉管安装施工成套技术。

1.3.2 典型案例

1. 厄勒海峡沉管隧道

厄勒海峡沉管隧道是一条长 3.5 km 的公路、铁路两用沉管隧道，为丹麦哥本哈根与瑞典马尔默之间的厄勒海峡联络线的一部分（图 1-12）。

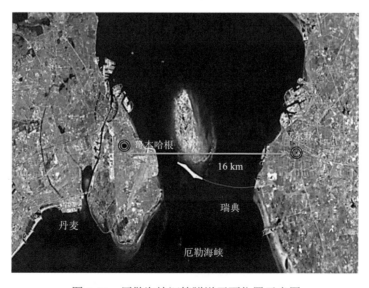

图 1-12　厄勒海峡沉管隧道平面位置示意图

沉埋隧道由 20 个预制钢筋混凝土管节组成，管节在哥本哈根北海湾附近预制，管节尺寸为长 176 m，宽 40 m，高 8.6 m，每一个独立管节由 8 节长 22 m 的节段组成，浮运安装过程中采用预应力钢缆临时连接，每一管节自重约为 55 000 t，管节安装水深约 20 m。整个工程于 1995 年 10 月开始，按计划于 2000 年完成，隧道工程隧道由丹麦 E.Pihl&Soen、瑞典 NCC、法国 Dumez-GTM、英国 John Laing 和荷兰 Boskalis Westminster 公司共同承建（图 1-13）。

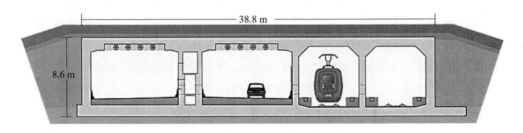

图 1-13 厄勒海峡沉管隧道横断面示意图

该工程在沉管隧道施工领域可作为一个典范性工程，率先使用工厂法预制管节，采用了节段式柔性管节结构形式，以及先铺法垄沟式碎石基础等工艺都具有开创性的示范意义，对沉管隧道的发展起到了很大的推进作用。

2. 韩国釜山—巨济沉管隧道

韩国釜山—巨济沉管隧道为韩国釜山—巨济固定连线通道项目的一部分，该通道全长约 8.2 km，是连接韩国第二大城市釜山到巨济岛的高速公路项目，其中 Gaduk 岛和 Daejuk 岛之间采用沉管隧道连接（图 1-14）。

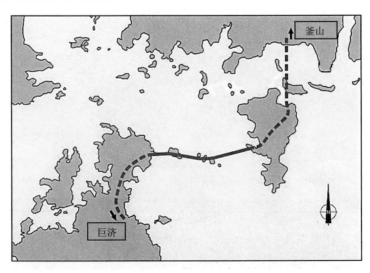

图 1-14 韩国釜山—巨济沉管隧道平面布置示意图

　　该沉管隧道全长 3.24 km,共分 18 个钢筋混凝土管节,每个管节长 180 m,宽 26.46 m,高 9.97 m,自重约 50 000 t。每个管节由 8 个节段组成,在浮运及沉放过程中用预应力钢缆临时连接。隧道底部最大水深约 50 m,为目前已知的安装水深最深的公路沉管隧道,管节安装由荷兰 SAT 集团 Mergor 公司施工。整个工程于 2003 年开工,2010 年 12 月建成通车（图 1-15）。

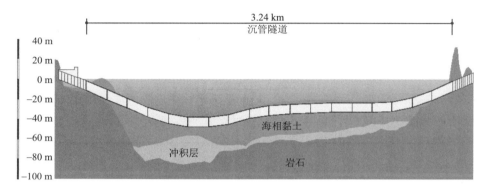

图 1-15　韩国釜山—巨济沉管隧道纵向剖面布置示意图

　　该工程是韩国一个里程碑式的项目,是一个集桥、岛、隧于一体的大型外海施工项目,同时也是一个国际参与度很高的项目。不同于厄勒海峡沉管隧道,该工程沉管管节采用干坞法预制,经约 40 km 的长途拖航至现场安装,施工水深是厄勒海峡沉管隧道的两倍多,施工难度大。该工程的成功实施为沉管隧道在外海环境大水深条件的应用起到积极示范作用。

3. 博斯普鲁斯海峡沉管隧道

　　博斯普鲁斯海峡沉管隧道为土耳其马尔马拉（Marmara）轨道交通项目的一部分,该项目连接伊斯坦布尔欧洲部分的哈卡勒（Halkali）和亚洲部分盖布泽（Gebze）,为世界首个连接两个大陆的沉管隧道（图 1-16）。

图 1-16　土耳其博斯普鲁斯海峡沉管隧道平面布置示意图

沉管隧道位于博斯普鲁斯海峡与马尔马拉海交汇入口处的水下，隧道全长 1.4 km，双向双管复线设计，由 11 节钢壳式自防水混凝土管节组成，其中 8 节长 135 m、1 节长 110 m、2 节长 98.5 m，宽和高分别为 15.3 m 和 8.6 m，单节最重可达 1.9 万 t。隧底最深处的水深约 60 m，是目前世界上最深的沉管隧道。水下隧道于 2004 年 5 月开工，2008 年 10 月贯通，管节安装由日本大成建设株式会社施工。

该工程有多项技术创新，包括管节采用两次浇筑成形，实现盾构机与沉管隧道管节直接连接等，并且由于博斯普鲁斯海峡水流复杂，水面和水底形成对流，故施工时采取了多种措施实时监测气象海流条件，制定了严格的窗口计划以控制安装驳船的锚泊、管节定位、分离和沉放等关键工序，综合采用了全球定位系统（GPS）、高精度多波束测深技术和超声波监测技术，实现了大水深、复杂海流条件下的管节高精度定位和沉放对接。该项目的成功完成对复杂外海环境条件下进行沉管隧道的施工提供了很好的借鉴，特别是其成功应对复杂海流条件和创纪录的安装水深，都极大地推动了沉管隧道向外海和深水方向的发展进程。

第2章 港珠澳大桥沉管隧道工程概况

港珠澳大桥跨越珠江口伶仃洋海域，东连香港、西接珠海、澳门，是我国继三峡工程、青藏铁路、南水北调、西气东输、京沪高速铁路之后又一重大基础设施项目，是国家高速公路网规划中珠江三角洲地区环线的组成部分，是具有国家战略意义的世界级跨海通道。

项目建成后，将从根本上改变珠江西岸地区与香港之间的客货运输以水运为主和陆路绕行的状况，从而完善国家和粤港澳三地的综合运输体系和高速公路网络，加强珠江西岸地区与香港地区的经济社会联系，改善珠江西岸地区的投资环境，加快产业结构调整和布局优化，拓展经济发展空间，提升珠江三角洲地区的综合竞争力，保持港澳地区的持续繁荣和稳定，促进珠江两岸经济社会协调发展。

2.1 工程项目简介

港珠澳大桥工程采用桥、岛、隧组合方案，包括三项内容：①海中桥隧工程；②香港、珠海和澳门三地口岸；③香港、珠海和澳门三地连接线。海中桥隧主体工程（特别行政区界至珠海和澳门口岸段）长 29.6 km，由粤港澳三地共同建设；海中桥隧工程香港段（起自香港礁石湾、止于特别行政区界）、三地口岸和连接线由三地各自建设。

海中桥隧工程采用礁石湾一拱北/明珠的线位方案，路线起自香港大屿山礁石湾，接香港口岸，经香港水域，沿 23DY 锚地北侧向西，穿（跨）越珠江口铜鼓航道、伶仃西航道、青州航道、九洲航道，止于珠海/澳门口岸人工岛，总长约 35.6 km，其中香港段长约 6 km；粤港澳三地共同建设的主体工程长约 29.6 km（图 2-1）。

为满足临近的香港国际机场航空限高和通航要求，以及为上游广州南沙开发区产业发展预留 30 万吨级航道要求，大桥穿越伶仃西航道和铜鼓航道段约 6.7 km 采用沉管隧道方案。为实现桥隧转换和设置通风井，在隧道两端各设置一个长 625 m 人工岛，除人工岛和隧道之外的其余路段约 22.9 km 采用桥梁方案。东人工岛东边缘距特别行政区界约 366 m，西人工岛东边缘距伶仃西航道约 2000 m，两岛长度均为 625 m，两岛最近边缘间距约 5584 m。

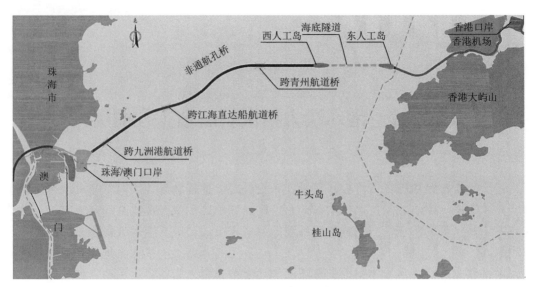

图 2-1　港珠澳大桥总平面布置示意图

港珠澳大桥采用高速公路设计标准，主要技术指标如下。

①设计速度：主线为 100 km/h，人工岛匝道为 30 km/h；

②行车道数：双向六车道，路面总宽度为 33.10 m；

③设计寿命：120 年；

④最大纵坡：≤3%；桥面横坡为 2.5%；隧道路面横坡为 1.5%；

⑤设计荷载：汽车荷载采用公路-Ⅰ级，同时满足香港规范；

⑥设计最高水位：3.82 m（1985 国家高程基准）；

⑦地震设防标准：地震基本烈度为Ⅶ度；

⑧设计洪水频率：1/300。

由中国交通建设股份有限公司联合体承建的岛隧工程是大桥的施工控制性工程，由沉管隧道、东人工岛和西人工岛三大部分组成，起于伶仃洋特别行政区界，沿 23DY 锚地北侧向西，穿越珠江口铜鼓航道、伶仃西航道，止于西人工岛结合部非通航孔桥西端，全长 7440.546 m。其中海底沉管隧道全长 5990 m，由设在人工岛上的暗埋段和海中的预制安装沉管段组成（图 2-2）。

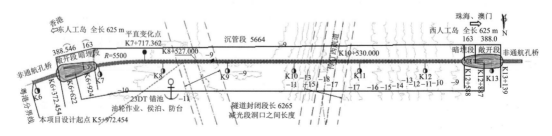

图 2-2　港珠澳大桥岛隧工程平面布置图

隧道沉管段长度 5664 m，由 33 个节段式半刚性预制管节组成（自西向东依次编号为 E1～E33），标准管节长 180 m，其中直线段管节 28 个，曲线段管节 5 个，曲率半径 5000 m。最终接头设置于 E29 和 E30 之间，采用整体预制安装倒梯形块体的方式实现隧道最后贯通（表 2-1）。

表 2-1　沉管隧道管节编号、长度及线型表

序号	管节编号	管节数量	设计长度/m	管节线型
1	E1、E2	2	112.5	直线
2	E3～E26	24	180	
3	E27、E28	2	157.5	—
4	E29	1	172.277 (171.081)	
5	最终接头	—	11.304 (13.7)	
6	E30	1	172.272 (171.071)	曲线，曲率半径 R=5500 m
7	E31	1	180	
8	E32、E33	2	135	

注：最终接头纵断面为倒梯形，括号内数据为顶板长度，长度数据考虑了安装里程累积误差修正。

根据隧道区航道布置情况，为减少基槽挖方量、便于运营排水、减少水下作业难度，沉管隧道纵断面采用"W 型"，最低点设两处，分别位于靠近主航道的下方，最深沉放水深约 45 m，进出口纵坡为±2.98%，最小纵坡为 0.3%（图 2-3）。

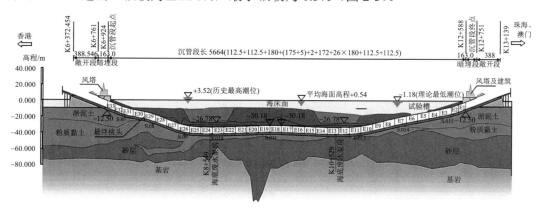

图 2-3　港珠澳大桥岛隧工程纵断面示意图（单位：m）

隧道横断面采用 Y 型中隔墙两孔一管廊的截面形式，结构外包尺寸宽 37.95 m，高 11.4 m，外侧墙厚 1.5 m，中隔墙厚 0.8 m，标准管节自重约 7.8 万 t。混凝土强度等级不低于 C50（56 d），抗渗等级不小于 P12，采用全断面一次性浇筑工艺。管节断面尺寸如图 2-4 所示。

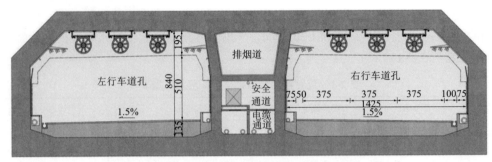

图 2-4 港珠澳大桥沉管隧道横断面布置图（单位：m）

沉管隧道地基处理采用复合地基和天然地基相结合的方案。其中西人工岛过渡段隧道和东人工岛过渡段隧道采用挤密砂桩复合地基，其余中间段隧道采用天然地基。挤密砂桩复合地基方案典型断面如图 2-5 所示。

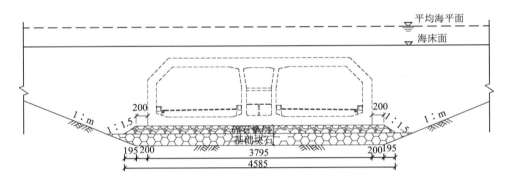

图 2-5 复合地基方案典型断面图

沉管隧道基础隧道基础采用先铺法组合基床施工，在开挖完成的基槽内抛填 2.0 m 厚的 10～50 kg 块石，进行水下夯平后铺设 1.3 m 厚的碎石基床。碎石基床采用横向垄沟形式，标准垄顶面宽度为 1.8 m，垄与垄之间沟宽度为 1.05 m。标准段沉管隧道基础结构如图 2-6 所示。

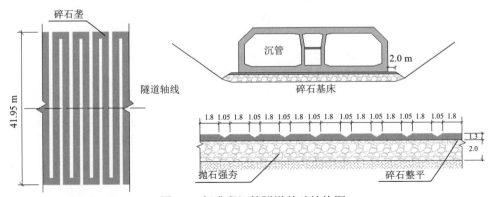

图 2-6 标准段沉管隧道基础结构图

沉管安装后采用碎石进行锁定回填和一般回填，采用块石进行覆盖防护回填。锁定回填和一般回填用碎石规格为直径 2～12 cm，非航道段覆盖回填采用 10～100/200 kg 块石，航道段覆盖回填采用 200～300 kg 块石。沉管隧道标准段回填横断面见图 2-7。

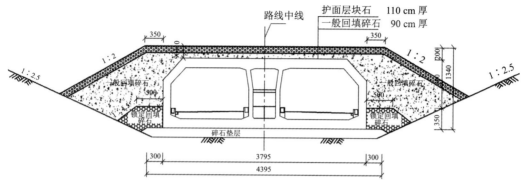

图 2-7　沉管隧道标准段回填横断面图

2.2　总体施工安排

港珠澳大桥岛隧工程的主要施工内容如表 2-2 所示。

表 2-2　岛隧工程主要施工内容

序号	项目名称		主要施工内容	结构简介
1	东人工岛		起于 K6+339，止于 K6+964，轴线长度 625 m，横向最宽处约 225 m，岛内顶标高为 5.0 m，面积约为 10.3 万 m²	地基采用部分开挖换填加挤密砂桩、砂井处理，岛壁采用抛石斜坡堤，岛内回填中粗砂
2	西人工岛		起于 K12+548，止于 K13+173，轴线长度 625 m，横向最宽处约 190 m，岛内顶标高为 5.0 m，面积约为 9.8 万 m²	
3	沉管隧道	隧道管节	起于 K6+761，止于 K12+751，全长 5 990 m，采用两孔一管廊结构。其中预制沉管长 5 664 m，由 33 节管节组成，标准管节长 180 m，东人工岛、西人工岛现浇暗埋段长均为 163 m	管节采用高性能海工钢筋混凝土结构，预制管节采用全断面浇筑
		基槽基础回填	沉管基槽设计长度 5 664 m，底宽 41.95 m，最深开挖标高 -46.03 m。隧道采用碎石基础垫层，暗埋段、浅埋段及过渡段根据地质情况采用桩基或换填砂基础，深埋段采用天然地基，沉管回填防护采用海砂、片石	基槽开挖采用两级边坡，坡率分别为 1:7 和 1:3，纵向呈"W"形布置
4	结合部非通航孔桥		东人工岛结合部非通航孔桥从特别行政区界 K5+972.454 至桥台 K6+362.454，长度 390 m；西人工岛结合部非通航孔桥从桥台 K13+149 至 K13+413，长度 264 m。桥面横向布置为双向 6 车道，最大纵坡 2.98%	桥跨以 3 跨为一联，采用预应力钢筋混凝土连续刚构箱梁结构
5	岛上建筑及附属设施		两岛建筑占地面积均为 9 390 m²，东人工岛总建筑面积 27 886 m²，西人工岛总建筑面积 20 622 m²。两岛均设有环岛道路及匝道、综合救援码头一座，以及岛上绿化、排水等附属设施	东人工岛建筑三层、局部四层，西人工岛建筑二层、局部三层；均设停机坪
6	干坞工程		建在牛头岛内，距隧址约 12 km，管节浮运可利用榕树头航道，从沉管寄泊区至榕树头航道需作必要的疏浚	总长 260 m，总宽 432 m，控制爆破开挖施工

续表

序号	项目名称	主要施工内容	结构简介
7	临时航道	布置在伶仃航道西侧，东边线距主航道西边线 370 m，长度约 4.69 km	底标高−17.0 m，底宽 230 m
8	总营地	位于唐家湾淇澳大桥西南侧，场地总面积约 60 万 m²。建设项目包括业主、监理、检测中心及本标段的办公、生产、生活等设施，以及相应的交通、航道和码头等	场地需进行软基处理，及垫高、硬化，房屋为砖混结构

按照施工任务划分施工工区如表 2-3 所示。

表 2-3　岛隧工程施工工区划分表

工区	西人工岛工区	沉管预制工区	基槽疏浚工区	沉管安装工区	东人工岛工区
主要施工内容	西人工岛及监测 岛上隧道、道路 岛上建筑、绿化、附属 护面块体预制 预留预埋设施 非通航孔桥及监测	干坞建造 舾装寄泊区施工 隧道管节预制 预留预埋设施 节段接头	沉管基槽开挖 人工岛基槽开挖 临时航道疏浚 浮运航道疏浚 清淤	沉管基础施工 沉管浮运沉放 沉管锁定与覆盖 隧道内装 隧道监测	东人工岛及监测 岛上隧道、道路 岛上建筑、绿化、附属 护面块体预制 预留预埋设施 非通航孔桥及监测
岛隧工程项目平面图					

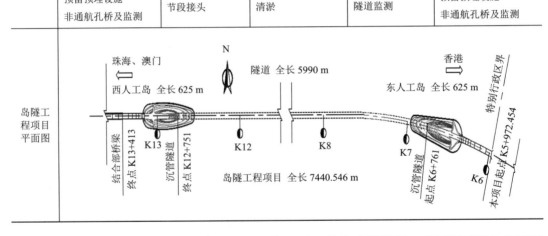

按照"大型化、工厂化、标准化、装配化"项目总体建设思想，采用钢圆筒作为隧道基坑止水围护结构并与岛壁结构结合，钢圆筒可在施工期快速形成围闭岛体，实现岛内外平行作业，在最短的时间内具备岛上隧道暗埋段施工条件，尽快提供沉管安装对接工作面。

采用工厂法预制管节，创造了标准化的全室内工厂预制环境，免除了气象的干扰，浇筑温度可控性强，养护环境好，有效保障预制的品质，同时钢筋、模板、混凝土施工在流水生产线上进行，各环节标准化程度高，施工连续性好且效率高，为工程整体工期的实现提供了有力的保障。

考虑管节安装直接影响总体工期，确定岛隧工程总体施工组织思路为：以沉管安装为主线，以沉管预制、基槽开挖和基础施工为副线，以人工岛（隧道暗埋段）建设和预制厂建设为保障，多线并举，协同推进。沉管隧道总体施工流程图见图 2-8。

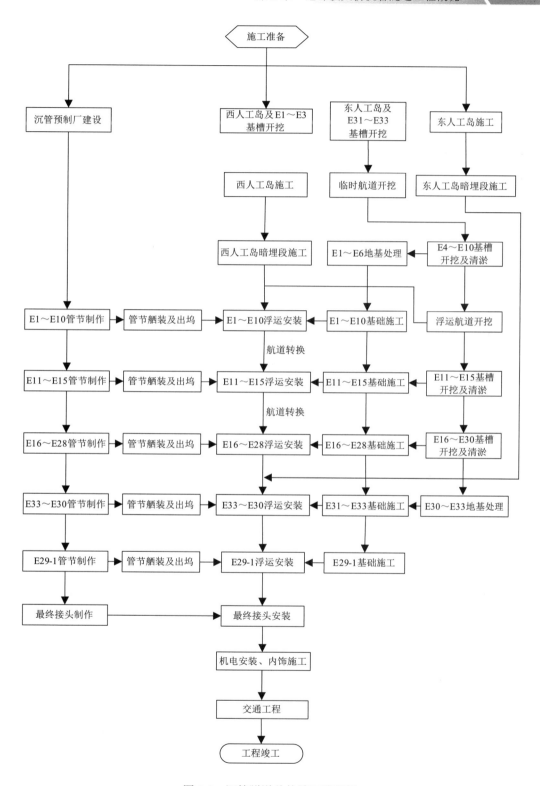

图 2-8 沉管隧道总体施工流程图

广义的沉管安装是将预制完成的管节从预制厂浮运至设计隧址处并沉放到位的过程。港珠澳大桥岛隧工程沉管安装涉及的 5 个主要功能区域分别为项目总营地、沉管预制工厂、沉管浮运航道、沉管安装现场及防台避风锚地，具体功能区划见表 2-4，施工总平面布置见图 2-9。

表 2-4 沉管安装主要功能区划分表

序号	功能区	位置	距离现场/(n mile)	主要功能
1	项目总营地	唐家湾	14	办公和生活基地
2	沉管预制工厂	桂山镇牛头岛	7	管节预制
3	沉管浮运航道	牛头岛和现场之间	—	管节浮运
4	沉管安装现场	大屿山以西海域	—	施工现场
5	防台避风锚地	虎门大桥以南	约 40	大型船避风场地
		横门水道	约 35	普通船避风场地
		磨刀门水道	约 40	运料船避风场地

图 2-9 沉管安装施工总平面布置图

沉管安装作为岛隧工程的关键部分，采用单向沉放对接方案。西人工岛采用先筑岛成陆再进行基坑开挖和隧道陆上段施工的方案，首先完成暗埋段的施工，提供管节沉放对接条件，故先实施西人工岛侧 E1～E28 直线段管节的安装，再进行东人工岛侧 E33～E29 曲线段管节的安装，最后实施 E29 和 E30 之间的最终接头安装（图 2-10）。

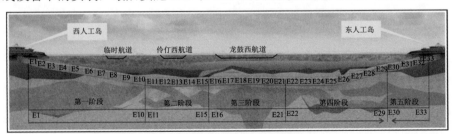

图 2-10 沉管安装总体顺序图

　　单个管节浮运沉放安装施工的主要工序包括：一次舾装、管节检漏、管节横移系泊、二次舾装、管节出坞、浮运到位、沉放安装、回填覆盖等工序。管节浮运前在预制厂完成一次舾装和二次舾装，在基槽区完成地基处理、抛石基床、基槽清淤和碎石垫层铺设等施工；管节安装完成后在管外部分进行锁定回填和覆盖回填施工，在管内部分进行舾装件拆除、压载混凝土和隧道内装等工作。单个管节安装工序流程见图2-11。

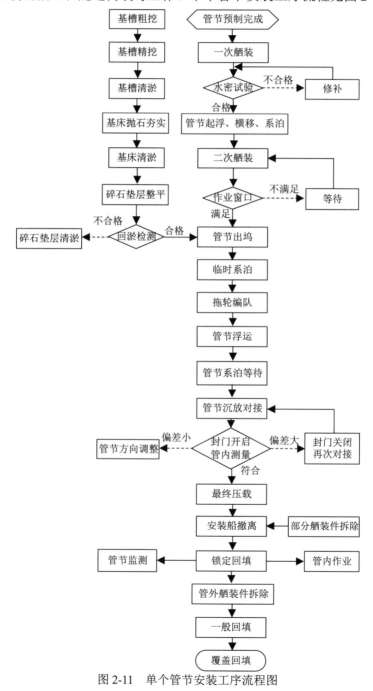

图 2-11　单个管节安装工序流程图

沉管采用工厂法预制，预制工厂设在距隧址约 7 n mile 的桂山镇牛头岛，由预制区、浅坞区、深坞区、生活区、办公区及配套码头和出坞航道等部分组成。沉管预制厂设置 2 条生产线，约每 70 d 生产 2 节沉管。长 180 m 的标准管节由 8 个 22.5 m 长度的节段组成，以 22.5 m 节段为单元，在流水线上标准化预制，依次绑扎底板、侧墙、中隔墙及顶板钢筋，安装全自动液压模板，采用冰水混合骨料冷却系统控制混凝土入模温度低于 25℃，单节混凝土方量约 3400 m³，采用泵送工艺全断面一次性连续浇筑，进行封闭恒湿养护满足强度要求后，由计算机控制液压自平衡支撑系统顶推出模。8 个节段依次完成匹配预制后，整体顶推至浅坞区，采用临时预应力张拉形成整体管节。沉管预制工厂总体效果图见图 2-12。

图 2-12　沉管预制工厂总体效果图

与此同时，在基槽区同步进行地基处理、基槽开挖、块石基床抛石夯平、基槽清淤和碎石垫层铺设等施工。其中碎石基床除靠近岛头管节的部分区域采用人工整平外，其余全部采用专用自升式平台船铺设整平。该船实现了对自身定位、碎石输送系统的控制、下料管升降的控制、整平刮刀的高程调节、整平台车纵横向移动的控制、水下目标的高程动态定位、下料管料位的控制、碎石铺设的同步质量检测等施工作业的自动化、一体化管理，水下 45 m 处铺设的高程精度误差小于 4 cm，可为沉管的高精度安装提供良好的着床条件（图 2-13）。

图 2-13　专用自升平台式整平船

　　预制和张拉完成的管节在工厂浅坞区内进行压载水系统、装配式钢端封门安装等一次舾装，然后关闭深坞门、浅坞门，坞内灌水，管节起浮试漏，通过坞内绞缆系统横移至深坞区内系泊存放，坞内排水，打开深坞门，完成测量塔安装标定等二次舾装，随后选择沉管施工作业窗口，划定专门的施工水域及沉管浮运航路，管节绞移出坞，大马力拖轮拖运至沉放现场，沉管系泊定位，灌水下沉，深水无人沉放定位系统调位，沉放至预先铺设好的碎石基床上，千斤顶拉合，水力压接，GINA 止水带充分压缩形成可靠的管节柔性水密接头，精调系统进行隧道轴线调整，与人工岛暗埋段或已安管节完成对接，后立即进行管外锁定和覆盖回填，最后进行管内舾装件拆除、压载混凝土和隧道内装工作。主要施工工艺效果示意图见图 2-14。

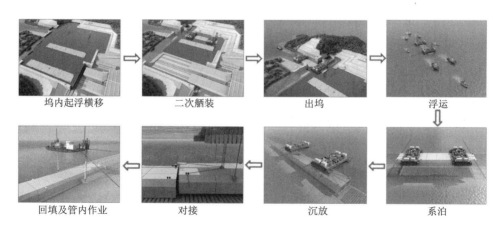

坞内起浮横移　　　　二次舾装　　　　　　出坞　　　　　　　浮运

回填及管内作业　　　　对接　　　　　　　沉放　　　　　　　系泊

图 2-14　主要施工工艺效果示意图

2.3　总体组织管理

　　港珠澳大桥岛隧工程由粤、港、澳三地政府共同监管，建设过程需同时满足三地法律法规要求，针对项目规模大、建设周期长、接口多、社会关注度高等特点，采用了"业主提供初步设计方案选择联合体（对联合体有特殊组建及管理要求）的设计施工总承包模式"进行招标，最终确定了以中国交通建设股份有限公司为牵头人组建设计施工联合体进行项目的实施工作。在充分发挥大型基建集团在项目管理、设计、施工、制造、资金等方面综合能力的同时，按照各联合体成员的专业特长进行合理分工，由联合体成员分别担任设计独立咨询、独立管理咨询及施工技术支持，推行伙伴关系理念，集众人之志、扬各家专长，有效地融合设计及施工的各自优势，共同解决技术难题，有效地控制了风险，保证了工程质量及工期。

在具体组织机构上，岛隧工程项目采用扁平化的两级管理方式，建立了总部+工区的扁平化管理架构，由项目总经理部统筹协调设计、施工团队，按照"设计施工联动、施工驱动设计"原则进行一体化管理，促进了各项工作的高效和有序推进。岛隧工程项目组织机构如图2-15所示。

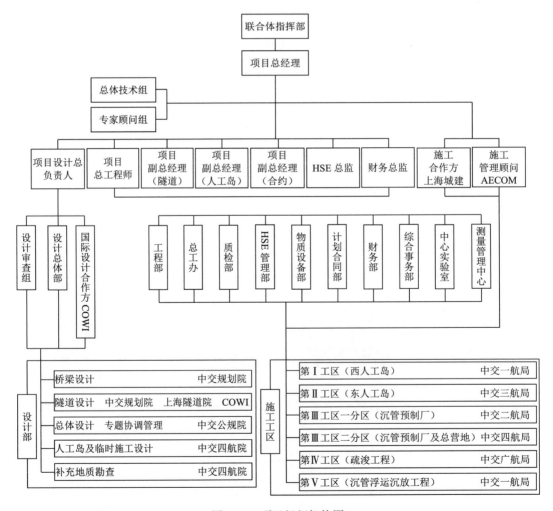

图2-15　项目组织机构图

沉管安装作为岛隧工程的核心施工内容，由项目总经理部组织成立沉管安装总指挥部，统一协调所属工区和相关单位共同完成。其中第Ⅴ工区承担主要的浮运、安装工作，第Ⅲ工区二分区配合进行沉管舾装件的安装和拆除工作，第Ⅰ工区配合进行管内临时工程和压载混凝土工作。此外，国家海洋环境预报中心负责气象水文作业窗口的分析和预报工作，中交天津港湾工程研究院负责施工监测工作。沉管安装施工总体组织机构见图2-16。

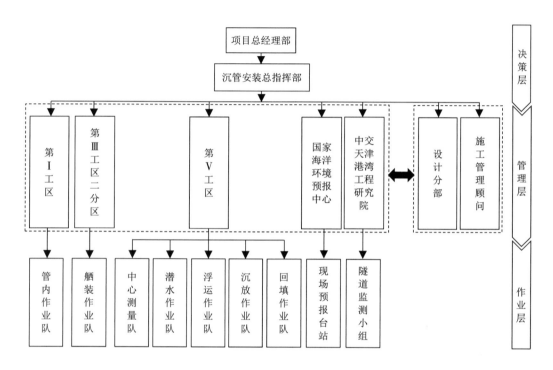

图 2-16　沉管安装施工总体组织机构图

2.4　工程特点和难点

港珠澳大桥沉管隧道为我国第一条在外海环境条件下施工的沉管隧道，是目前世界上唯一的深埋大回淤节段式沉管工程，建成后将是世界上最长的公路沉管隧道工程，与国内外同类型工程相比，具有超长、深水、深埋等鲜明特点，具体工程特点和难点分析如下。

1. 工程规模大

工程标准管节体量大，自重约 78 000 t，管节数量多达 33 节，隧道长度近 6 km，无论管节数量还是隧道总长皆位于世界同类工程前列。

2. 作业条件差

沉管安装现场远离陆地，为外海无掩护作业，现场受台风、热带气旋、短时雷暴等恶劣天气影响大，并且安装期需跨越多个台风季节，施工风险大。

施工水域位于珠江口航道运输繁忙的水域，日船舶交通量达 4000 艘次，属水上交通安全事故频发敏感区，施工干扰大。

施工区域处于外海，孤岛施工受材料设备运输条件、水电供应、作业场地及防台等因素影响较大，施工条件差，限制施工效率的充分发挥。

3. 技术难点多

外海施工距大陆基准点远，测量定位难度大，安装精度要求非常高，跨海控制测量和高程传递难度大，深水长距离条件的沉管水下高精度定位测控难度大。

施工区域水流、波浪条件恶劣，对浮运沉放设备的要求远高于同类工程，设备设计制造具有较大的难度；受人工岛挑流影响，岛头区流态复杂，复杂水流和航运条件下的管节浮运安装难度大。

沉管安装作业需要严格的气象窗口，符合要求的天数甚少，水文与气象作业窗口分析、精细化预报和保证难度大。

深水区管节最大沉放水深达 45 m，基槽深度为 35～40 m，槽深是同类沉管隧道的 3～4 倍，槽底海流及索流复杂。有别于世界其他一般意义上的深水沉管隧道，港珠澳大桥沉管隧道属于深埋式深水沉管隧道；深槽区沉管基床受边坡稳定、洪汛季节和外部施工环境（上游采砂、疏浚等）综合因素影响，发生大强度基槽回淤、突淤风险大，深水深槽沉管安装是世界范围内首次尝试，面临巨大技术挑战。沉管浮运、安装施工特点分析见表 2-5。

表 2-5　沉管浮运、安装施工特点分析表

序号	工程特点	特点分析
1	工程规模大	管节体量大（7.8 万吨级）、数量多（33 节），世界最大规模沉管隧道之一
2	作业条件差	安装现场远离大陆，外海无掩护施工
		现场受台风、热带气旋、短时雷暴等恶劣天气影响大
		位于珠江口航道运输最繁忙水域，属水上交通安全事故频发敏感区
		外海作业，物资材料、机械设备、施工人员等的组织运输难度大
		岛头区沉管安装作业面狭窄、水流条件复杂
3	技术难点多	复杂水流和航运条件下的管节浮运难度大
		水文与气象作业窗口分析、精细化预报和保证难度大
		跨海控制测量和高程传递难度大
		深水（45 m）长距离（5.6 km）条件的沉管水下高精度定位测控难度大
		岛头效应产生的挑流严重影响岛隧结合部位置管节的沉放

续表

序号	工程特点	特点分析
4	安装工期紧	沉管安装施工作业条件严格，可作业天数有限
		36 个月完成 33 节管的安装，与国内外类似工程比较，工期挑战性大
5	环保要求严	施工区域处于中华白海豚国家级自然保护区，环境保护要求严格
6	施工风险大	深水压力条件下的端封门使用安全风险大
		深水条件的潜水作业安全风险大
		突发灾害天气条件下现场作业安全风险大
		沉管浮运通航安全风险大

2.5　项目背景和要求

1. 技术壁垒森严——外海沉管安装新课题所面临的困境

建设超大型的跨海沉管隧道，此前国内无先例可供参考，面对新课题的技术储备明显不足，而国外公司由于涉及企业利益等问题，在该领域的技术壁垒森严，除非选择在认可其超高报价的前提下进行合作，否则无法获得足够的技术信息和支持。要实现独立完成这一超级工程的目标，自力更生进行技术及工法创新是破解外海沉管安装困境、实现项目成功的唯一出路。

2. 高风险挑战——外海大型工程长周期管理探索

外海条件下沉管浮运安装总体风险巨大，在高密度通航水域进行巨型管节浮运，加之台风等恶劣天气频发，水上安全保障难度大风险高；在近 50 m 水深条件下要实现前后管节厘米级的安全对接，加之高频次的深水潜水作业，沉放对接技术风险和挑战极大；在外海孤岛环境进行超长周期的大型工程，在国内亦属罕见，要保持作业队伍的长期稳定和工作状态的持续饱满，对项目管理要求很高，挑战巨大。

3. 高目标要求——技术和管理创新的内在需求和动力

港珠澳大桥工程总体建设目标是："建设世界级跨海通道、为用户提供优质服务、成为地标性建筑"；工程设计寿命为 120 年，对海中沉管隧道管节裂缝控制、结构及接头防水、隧道基础处理及材料的耐久性、后期沉降控制等提出了近乎苛刻的要求；同时该工程跨越粤、港、澳，三地规范标准有所差异，为满足三地各方验收标准，凡规范和标准存在差异的采取"就高不就低"的原则，这给施工质量控制提出了更高的要求。由于缺少相关外海施工特别是外海沉管隧道的施工经验，单纯依靠传统工艺技术和项目管理方法难以实现这一目标，唯有树立国际领先的技术理念，采用环境友好的工法和设备，以大型化、工厂化、预制化、装配化的管理指导思想，从技术和管理上进行创新，方能安全、优质、快捷、环保地建成这一世界级跨海通道。

面对挑战和风险，建设者以高目标为导向，建立了创新平台和激励机制，把跨海通道技术创新和管理创新贯穿工程建设的全过程，解决了超大沉管长距离浮运、外海无掩护超大水深沉管高精度安装、深水深槽大型沉管安装等世界难题，开创了我国外海沉管隧道施工的先河，逐渐形成了具有国际领先水平的外海沉管安装成套施工技术及配套管理技术。

第3章 外海沉管安装作业限制条件

由于沉管隧道施工工序大部分在水上或水下展开，故隧址处的气象和水文条件对沉管结构的设计和施工技术的选择影响巨大，具体包括风力、水深、水流（海流）、波浪、海水密度、水体含沙量（回淤）等；所处位置的地质条件对地基持力层的选择（埋深相关）、地基处理方式、基础形式选择、隧道整体稳定性的判断至关重要；同时水底原泥面覆盖层地质条件对沉管安装锚碇系统的选择也起着决定性作用。根据国际隧道和地下空间协会的统计分析，"不可预测的条件"已经在许多沉管隧道工程中造成了工期的延误和费用的超支。

对外海沉管隧道而言，施工技术受特定环境条件和工程要求的影响更大，包括气候气象条件、水文水利条件和地质土工条件等，而且这些条件通常相互影响，有时对施工方法和设计起着决定性作用。故沉管隧道的施工首先要面对的问题，就是能否对工程区域的环境条件资料数据进行全面的收集整理，并进行适当的判别和评估，最终确定沉管安装使用的作业限制条件。

下面以港珠澳大桥沉管隧道工程为例，对自然环境、设计要求和作业窗口等作业限制条件分析确定过程进行介绍。

3.1 自然环境限制条件

不利的气象和海象条件几乎影响沉管隧道施工的所有工序，从沉管基槽浚挖、浮泥清挖、基础处理、碎石基床刮铺、管节制作与系泊到管节浮运与沉放及最终接头施工等，故施工前需要尽可能全面地弄清楚施工区域的自然环境条件。不利的气象和海象条件对沉管隧道工程施工的影响主要表现为以下几点。

①热带风暴或台风来袭工程所属的海域，所有施工活动需要立即停止或中断，所有海上施工作业的船只和设备要进行避险；

②潮流速度、波高、波长、风向、海上能见度等因素影响管节的浮运沉放作业，可能导致设定的作业窗口出现频率偏低，或者气象窗口过窄，沉放作业无法按预期完成；

③潮流流速过大引起局部淘涮，导致基槽不稳定，局部潮流过急给沉放施工、水下作业带来困难；

④雷雨大风天气影响管节制作并威胁系泊区管节的安全。

3.1.1 水域环境

珠江口是珠江水系的主要出海口，附近水域港湾、锚地众多，水道纵横交错，船舶航路交叉频繁，船舶流量大，大型、中型、小型船舶数量均非常多，通航环境十分复杂，是我国通航密度最大和通航数量最多的水域之一，也是水上交通事故险情多发水域，被列为全国重点监管水域之一。港珠澳大桥沉管隧道施工区水域状况见图3-1。

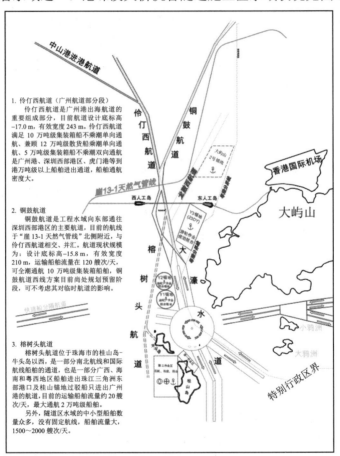

图3-1　沉管安装施工水域环境图

港珠澳大桥沉管段位于珠江口的伶仃洋西部、大屿山以东水域，是进出广州港、深圳西部港区的水上通航大动脉，航线密集、通航船舶密度大、船舶种类复杂，几乎涵盖了所有船种。隧道区及附近水域的现有主要通航航道有：大濠水道、伶仃西航道、铜鼓航道、榕树头航道、龙鼓西航道及施工临时航道，港澳快速船分隔航道，蛇口至珠海、蛇口至澳门、香港至珠海等高速客轮航道，以及其他民间习惯航线。据不完全统计，该水域每天来往的各类船舶达2000艘次以上，年通航量达70多万艘次。

此外，东人工岛南侧有 23DY 锚地，北侧有大屿山 2 号锚地；桥轴线以南约 580 m、伶仃航道以西约 275 m 处为马友石礁石，该处水深约为–7.6 m。

沉管隧道和人工岛施工阶段，往来的施工船舶会利用或穿越现有航道，水上安全管理难度较大。另外，高速船引起的船行波，对水上施工也有影响。

3.1.2　地形条件

隧道地处伶仃洋水域中部浅滩至东滩，在香港国际机场大屿山北西侧海域横穿铜鼓航道和伶仃西航道。区内第四系地层发育，厚度 60～100 m 以上。隧道区地貌单一，海底平原状，地形起伏较小，冲淤变化较少，处于相对稳定的状态。工程沿线水域海底面标高在–7.0～–12 m，其中横穿隧道的伶仃西航道和临时航道区底标高为–17.0 m（当地理论最低潮面）。沉管安装施工水域地形环境图见图 3-2。

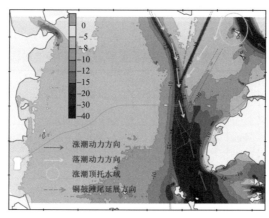

图 3-2　沉管安装施工水域地形环境图

3.1.3　地质条件

据区域地质资料及各阶段勘察成果，海底隧道勘探深度内的地层主要由第四系覆盖层，燕山期花岗岩、震旦系混合片岩及混合花岗岩等基岩风化层组成（图 3-3）。

图 3-3　沉管隧道区域地质剖面图

沉管安装作业主要关心管节沉放系泊锚系抛锚区的地质情况，即第四系覆盖层的地质情况。第四系（Q）覆盖层：上部为更新统—全新统海相、陆相、河流相、海陆交互相沉积层，直接覆盖于不同岩性的剥蚀面上，其厚度受基岩面标高及海平面侵蚀深度控制。覆盖层按沉积年代、沉积环境区间划分如下。

①层为全新世海相沉积物，岩性为淤泥、淤泥质黏土和中砂；

②层为晚更新世晚期陆相沉积物，局部桥段缺失，层厚较薄，岩性主要为可塑黏土及中密粉细砂；

③层为晚更新世中期海相冲积物，岩性主要为可塑—硬塑黏土、粉质黏土含粉细砂、局部夹薄层粉细砂，下部为中密—密实粉细砂、中砂，局部夹薄层黏性土；

④层为晚更新世早期河流相冲积物，主要由硬塑的黏土、中密—密实砂类土组成，总体自上而下变粗（粉细砂—含砾细砂—中砂—含砾粗砂—圆砾）。

基岩：勘区下伏基岩主要为震旦系混合片岩、混合花岗岩。勘区基岩面起伏变化很大，岩面高程为–66.56～–72.99 m。隧道穿越区覆盖层主要岩土剪切强度指标见表 3-1。

表 3-1　隧道穿越区覆盖层主要岩土剪切强度指标

岩土编号及名称	直剪				三轴剪切							
	快剪		固快		UU		CU				CD	
	c/kPa	ϕ/(°)	c/kPa	ϕ/(°)	c/kPa	ϕ/(°)	c/kPa	ϕ/(°)	c'/kPa	ϕ'/(°)	C/kPa	ϕ/(°)
①₁ 淤泥	3.0	4.0	6.0	12.0	3.0	1.0	9.8	12.0	11.0	15.0	9.0	18.0
①₂ 淤泥	5.0	5.0	7.0	14.0	3.9	1.0	10.0	13.0	11.0	15.0	—	—
①₃ 淤泥质土	8.0	7.0	10.0	16.0	6.0	2.0	10.0	14.0	8.0	18.0	9.0	18.0
①₄ 淤泥质土混砂	5.0	8.0	12.0	16.0	—	—	—	—	—	—	—	—

3.1.4　气象条件

港珠澳大桥岛隧工程区域属南亚热带海洋性季风气候区，位于珠江口外伶仃洋海域，临近香港大屿山，北靠亚洲大陆，南临热带海洋，气候温暖湿润，受欧亚大陆和热带海洋的交替影响，该区域天气气候复杂多变，灾害性天气频繁，年平均气温相差不大，降水量多且强度大。

1. 温度

香港年平均气温 23℃，历年极端最高温度 36.1℃，极端最低温度 0℃。三角洲岛气象观测数据显示平均气温 9 月份最高，1 月份最低，最高气温出现在 7 月，为 35.6℃，最低气温出现在 1 月，为 8.0℃。

2. 降水

年平均降水量 2290.7 mm，年内降水主要集中在汛期（4～9 月），占全年降水量的
83%～86%，日降水量大于 25 mm（大雨）的天数为 20 d 左右，大于 50 mm（暴雨）的
天数 12 d，大于 80 mm 的天数 3～5 d。

3. 风

工程区盛行风向以东南偏东和东风为主，但季节变化明显。香港横澜岛测风站一年
四季的盛行风向均为东风，秋冬季主导风向为东北风，春季为东和东南偏东风，夏季主
导风向扇面较宽，在西南到东风之间变化，其中以西南风为主。香港横澜岛年平均 6 级
（1 小时平均最大风速≥10.8 m/s）以上大风日数 142 d，出现频率在 40.0%左右。横澜岛
气象站各月风况见表 3-2。

表 3-2　横澜岛气象站各月风况

	月份 项目	1	2	3	4	5	6	7	8	9	10	11	12	年
天文台	最多风向	E	E	E	E	E	E	E	E	E	E	E	E	E
	平均风速/(m/s)	3.1	3.3	3.5	3.3	2.9	2.9	2.8	2.6	3.0	3.4	3.1	2.9	3.1
	最大阵风/(m/s)	26.7	28.6	30.0	29.4	46.1	53.1	41.9	62.2	71.9	48.6	43.1	28.9	71.9
横澜岛	最多风向	E	E	E	E	E	E	SW	E	E	E	E	E	E
	平均风速/(m/s)	6.7	6.6	6.1	5.5	5.3	6.0	5.6	5.1	6.1	7.7	7.6	7.1	6.3
	最大阵风/(m/s)	28.6	30.6	28.6	37.5	38.9	53.9	43.9	58.1	65.0	51.1	48.6	28.9	65.0
	日最大风速≥6 级日数/d	14.4	12.6	11.7	9.8	8.3	8.6	7.7	6.9	10.9	17.3	17.2	16.6	142
	日最大风速≥8 级日数/d	0.0	0.2	0.1	0.2	0.3	0.9	1.4	1.0	1.6	2.1	1.3	0.8	9.9
	日最大风速≥10 级日数/d	0.0	0.0	0.0	0.0	0.1	0.1	0.4	0.2	0.3	0.1	0.0	0.0	1.1

注：1. 年代表年极值（与最系列对应）、年平均值（与平均系列对应）或年统计值（与日数系列对应）；
　　2. 横澜岛：平均风速 1953～2003 年，大风日数 1975～1992 年。

沉管出运航线位于珠江口伶仃洋，该海区受季风影响较明显，冬季多偏北风，夏季
多东南风。冬季偏北风的风力较强且持续时间较长；夏季少大风，但每年的 5～9 月有雷
雨大风（俗称"石湖风"）发生；另外，5～11 月常受台风外围或台风中心的影响。台风
过境时会造成该水域风急浪高；冬季寒潮大风风力强劲，海浪也较大，均会对沉管浮运
的通航安全构成威胁。

4. 雾

珠江口是华南沿海 4 个多雾中心之一。每年 12 月至翌年 5 月为雾季，年平均雾日
（能见度小于 1000 m）有 28 d，澳门、香港和珠海分别为 19.3 d、5.9 d 和 9.7 d。其中 3
月雾日最多，月平均雾日为 7.9 d，最多达 13 d；10 月、11 月雾日最少。雾日一般持续

2～3 d。能见度小于 4000 m 的年平均雾日数有 38 d，其中 3 月份多达 12 d。年平均雾日影响本海区能见度的因素除了雾以外主要是降水，在暴雨期间海面上能见度一般只有 1000 m 左右。大雾对大桥建设施工和船舶航行安全也有较大的影响。

5. 相对湿度

施工海域附近月平均相对湿度为 80%，3～9 月的平均相对湿度大于 83%，年内日最大相对湿度达 99%，日最小相对湿度为 3%，长时间较高的湿度将对船机设备的维护保养造成很大的压力。

6. 灾害性天气

灾害性天气主要有热带气旋、暴雨及强对流天气带来的龙卷风、雷击和短时雷雨大风等。其中热带气旋强度强，频率高，灾害重，是影响该区域的重大工程设计、建设和营运最具威胁的自然灾害之一。

工程区年平均热带气旋 1.82 个，年平均台风 0.87 个，其中有 13 个年份登陆的热带气旋个数达 3 个以上，最多的 1999 年有 6 个热带气旋，一般集中在每年的 6～10 月份（约占 9 成），有可能对浮运沉放施工带来不利影响。

香港天文台记录的年平均雷暴日为 35.75 d，雷暴天气主要集中出现在 4～9 月，占全年的 89%～93%，11 月至翌年 1 月较少出现雷暴天气。雷暴不像热带气旋有一个较长的生长和发展移动过程，它是一种由于强对流而形成的天气现象，其形成之前气压较低，气流急速上升，而雷雨之中又形成下沉气流，到达地面时受到前部低压的吸引而向前猛冲形成大风。生成时风势猛烈，突发性强，风向瞬时急转，风力一般 6～7 级，有时 8～9 级，也曾出现过 10～12 级。在雷暴来临之前的刹那间，乌云滚滚，电闪雷鸣，狂风怒吼，有时还夹带冰雹呼啸而过。其范围小，袭击时间短。工程所在地区处于雷电灾害多发区，雷暴准确预报又较困难，对沉管浮运通航安全和施工作业安全会造成一定威胁。

3.1.5 水文条件

1. 潮汐

工程区潮汐类型属于不规则的半日潮混合潮型。从实测潮位过程曲线分析，不等现象明显，其中大潮期间日潮现象较明显，小潮期间半日潮现象显著，中潮介于二者之间。

工程水域高潮位由外海向珠江口内逐渐增大，低潮位由外海向珠江口逐渐降低，潮差也有由外海向珠江口内逐渐增大的趋势。影响珠江口水域的台风增水平均每年出现 2 次左右，一般多出现于 7～9 月，其中位于珠江口东岸的深圳赤湾站 1966～1980 年最大增水为 1.96 m。施工水域汛期潮位变化见图 3-4。

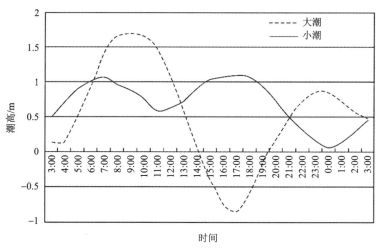

图 3-4 施工水域汛期潮位变化图

工程区潮汐特征值可参考香港、澳门验潮站的统计资料如表 3-3。隧址区不同重现期的设计水位及高、低潮累积频率见表 3-4。

港珠澳大桥岛隧工程计划工期为 6 年，由以上数据分析可知施工区水位参考值如下。

①十年一遇极端高水位：2.74 m；

②十年一遇极端低水位：−1.27 m；

③平均潮位：0.54 m。

表 3-3 潮汐特征值统计表

潮汐特征值	香港（大澳）	澳门
最高潮位/m	2.69	3.52
最低潮位/m	−1.32	−1.24
平均高潮位/m	—	1.05
平均低潮位/m	—	0.00
最大潮差/m	3.58	3.50
最小潮差/m	0.05	0.02
平均潮差/m	—	1.06
平均海平面/m	—	0.54
资料期限	1985～1997	1925～2003

注：表中潮位基准面采用 1985 国家高程基准。

表 3-4 设计水位表

重现期/年	高水位/m	低水位/m
300	3.82	−1.63
200	3.69	−1.57
120	3.51	−1.52
100	3.47	−1.51

续表

重现期/年	高水位/m	低水位/m
50	3.26	−1.44
20	2.97	−1.35
10	2.74	−1.27
5	2.51	−1.2
2	2.15	−1.08
平均水位	0.54 m	
高潮累积频率10%	1.65 m	
低潮累积频率90%	−0.78 m	

注：设计水位采用1985国家高程基准。

2. 潮流

工程区的潮流属不规则半日潮流。涨潮的流向以偏北为主，落潮的流向多为偏南，实测垂线平均流向与南北向偏差小于12°，其中靠近大屿山测点涨急垂线平均流向为32°，落急垂线平均流向为214°。各垂线实测最大流速表现出随水深增大而变小的趋势。港珠澳大桥岛隧工程工程区地区洪季大潮期流矢图见图3-5。

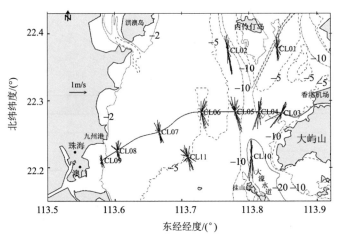

图3-5　港珠澳大桥岛隧工程工程区地区洪季大潮期流矢图

根据2007年4月1日至2008年3月31日对西人工岛位附近约−10 m水深处位置的海流观测，流速统计见表3-5。

表3-5　观测流速统计　　　　　　　　（单位：cm/s）

潮态	观测流速	潮态	观测流速
涨潮最大流速	100～144	落潮最大流速	96～199
涨潮平均流速	26～39	落潮平均流速	25～53
大潮涨潮平均流速	34～52	大潮落潮平均流速	33～66
小潮涨潮平均流速	24～35	小潮落潮平均流速	16～38

3. 波浪

珠江口主要受风浪和外海涌浪影响，冬半年受东北风影响，10 月至翌年 3 月以东北向风浪为主；夏季受西南风的影响，5～8 月多西南偏南向风浪或涌浪。有效波高年平均值为 0.38 m；有效波高年最大值为 1.43 m；有效波高≤0.8 m 的出现频率大于 91%。

工程区域属小波浪范围区，最大波浪一般由热带气旋和风暴潮等极端气象引起。另据《港珠澳大桥桥位现场波浪观测专题研究总报告》统计结果："观测年中，年最大波高 H_m=6.08 m，年最大十分之一大波波高 $H_{1/10}$=4.62 m，年最大有效波高 H_s=3.64 m，年最大平均波高 H_z=2.29 m，均出现在 2008 年 8 月份，是受 2008 年 12 号台风'鹦鹉'作用的结果。"

4. 海水温度

海水最高月平均温度出现在 9～10 月，为 26.7℃；最低月平均温度出现在 2 月，为 14.5℃。

5. 海水容重和盐度

根据国家海洋局第二海洋研究所报告和现场施工海域的海水容重实地观测，海水容重值为 9.985～10.04 kN/m³。

在枯季，根据 2008 年 11 月 2 日和 2008 年 12 月 3 日在测波站（位于伶仃洋的东槽内）从水面到海底盐度连续观测资料，测点位置海水明显分层，上层和底层海水盐度分布较均匀，中间存在盐度跃层。2008 年 11 月跃层位置为水面下 3～5 m 处，2008 年 12 月跃层位置为水面下 2～4 m 处，上层海水变薄。

在夏季，依据 2004 年 6 月在拟建工程东西两侧水域布置的两个盐度观测点，在大小潮期间进行盐度观测资料，两站的平均盐度、最高盐度而言，表、中、底三层中均以底层最大，表层为最小。

海水的含盐量、含泥量高且呈季节性变化，这将对管节的浮运沉放工作产生不利影响。

6. 泥沙

珠江每年入海泥沙约 6000 万 t 且入海河口主要集中在西部岸线。水体含沙量的分布特点是西北高、东南低，由河口附近向外海急剧递减。除青洲岛至小蒲台岛一带水体稍浑浊外，珠江入海泥沙对本海域的影响极微，海水清澈，海底地形处于相对稳定，岛屿周围基本没有海滩或泥滩发育。西部河口泥沙入海后，大部分泥沙落淤于西部浅滩，另外一部分随沿岸流向西南输移，促使西部浅滩不断淤涨；而东部泥沙来源少且潮流作用强，处于冲蚀状态。珠江口湾口中部水域，由于临近外海，径流作用弱，潮流作用强，入海泥沙对本海区影响很小，泥沙运动较弱，水下地形较稳定。

2009年7月6日至7月17日现场水文观测表明，大潮期间水体平均含沙量0.041 kg/m³，小潮期间水体平均含沙量0.027 kg/m³，水体含沙量较小。工程海域海床表层沉积物中值粒径在0.007～0.06 mm，平均为0.015 mm。

3.1.6　生态敏感区

港珠澳大桥岛隧工程项目处于中华白海豚国家级自然保护区核心区和缓冲区，该区域主要保护对象是国家一级保护动物中华白海豚，其次是国家二级保护动物江豚，环境保护工作压力大。施工区周围生态敏感区分布见图3-6。

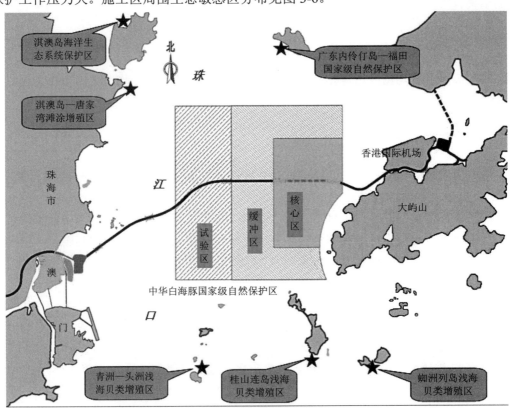

图3-6　环境生态敏感区分布图

3.1.7　航空限高

根据《桥址区航空限高专题研究报告》，从香港国际机场07R跑道西端起始，以1.6%起飞爬升面坡度沿中心线往西延伸，在中心线延长线12.5 km处，航空限制高度为H=208 m。根据岛隧工程平面布置，估算东人工岛距香港国际机场跑道西端约5.1 km，按5 km计，航空限高为H=88 m；西人工岛航空限高208 m（图3-7）。

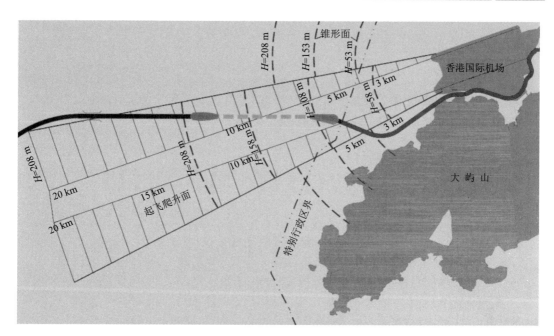

图 3-7　施工区航空高度限制等值线平面图

3.2　设计要求限制条件

3.2.1　设计安装精度

通过研究沉管安装线形偏差对隧道净空限界、止水安全性、剪力键承载力、附属工程安装等使用期功能影响，基于工程类比、功能影响、现有施工能力等，提出了港珠澳大桥沉管隧道安装线精度要求（表 3-6）。

表 3-6　管节安装精度要求

检查项目		允许偏差/mm	检查方法和频率
轴线偏差		±100	管节西端、东端各检查 1 处
管节底高程		+100, −50	检查轴线和侧墙处，管节西端、东端各检查 3 处
相邻管节相对偏差	横向	±70	检查轴线处，检查 1 处
	竖向	+70, −50	检查相邻管节轴线、侧墙处，检查 3 处
GINA 止水带压缩量		符合设计要求	检查管节侧墙上、中、下处，检查 6 处

注：1. 管节安装实测项目的检查，应以管节首次贯通测量检查结果为准；
2. 管节底高程以管节底设计高程为基准；
3. 端钢壳、GINA 止水带附着物清理，GINA 止水带压接平顺度，管节接头、节段接头及管节主体渗漏情况，应满足项目施工及质量验收标准基本要求。

3.2.2 沉管干舷高度

干舷高度指沉管在漂浮状态下水线至管顶的距离。港珠澳大桥沉管隧道工程结合自身情况确定沉管浮运时结构干舷高度≥15 cm。

3.2.3 抗浮安全系数

抗浮安全系数 K 表达式：

$$K = (W + \sum P_i)/V \times \gamma_h$$

式中，K——无单位当量值，表示管节稳定程度；

$\quad W$——管节自重；

$\sum P_i$——压载水重量；

$\quad V$——管节的排水体积；

$\quad \gamma_h$——随深度变化的海水容重。

根据施工阶段的不同，选用不同的抗浮安全系数。

①管节沉放期间：1.01～1.02。

②管节沉放就位后：≥1.05。

③管节结构自重加压载混凝土：≥1.06。

④管节运营期抗浮稳定安全系数：≥1.15。

3.3 作业窗口限制条件

外海沉管浮运安装作业操控难度大、风险高，对水文气象条件有严格要求，需要选择合适的作业窗口，简单地说，作业窗口就是指适合沉管安装的时间段。作业窗口的选择是一个关系工程总体工期、工程风险和设备投入成本等方面的复杂课题，需要综合论证分析。

3.3.1 作业窗口定义

在外海气象、风、浪、流等条件的作用下，要保证沉管作业安全，需严格控制管节从出坞到对接完成所需几十个小时内的海洋环境条件。按照海洋工程一般定义，这段满足施工需求的时间段称为"作业窗口"。作业窗口的选择需考虑以下几个因素。

①沉管结构安全：沉管为钢筋混凝土结构，两端采用钢端封门防水，碰撞、搁浅、顶部预埋件受力超限都将带来严重的后果，在选择作业窗口条件时，应首先关注沉管结构安全。

②工艺过程可控：沉管浮运、转向、横拖、系泊、沉放准备、沉放、对接过程全部为水上作业，现场施工人员、船机设备、工艺过程均需根据现场海况条件进行组织安排。

③沉管对接精度要求：沉管隧道总长近 6 km，管节对接偏差、线形偏差对隧道贯通至关重要，沉管对接、调位过程中，受海流、盐度、波浪等环境因素对对接精度影响较大。

④经济性因素的综合考虑：沉管浮运、安装过程中，需要大量的船机设备配合，拖轮配置、安装船配备的设备能力等因素均受制于窗口条件的选择，并且直接关系沉管安装作业的造价。

⑤工期要求：沉管安装为岛隧工程关键部分，窗口条件的选择将直接决定窗口数量，进而影响总工期。

根据以上分析，以下将通过对工期和工效要求、环境条件等因素进行研究，提出港珠澳大桥沉管隧道工程沉管安装作业窗口。

3.3.2　工期及工效分析

1. 总工期

港珠澳大桥沉管隧道由 33 节管节组成，计划浮运沉放作业工期为 3 年（实际近 4 年，考虑 E10 管节、E15 管节停工影响，实际沉放作业工期为 3 年 2 个月），考虑台风、洪汛等不可控因素影响，平均两月须有 3 个左右的作业窗口。

2. 单个管节安装时间

首先分析各施工工序，确定单管节施工周期，为作业窗口的选择奠定基础。管节安装施工过程可分为浮运、系泊、沉放 3 个阶段。根据工效分析，管节浮运、沉放施工周期见表 3-7。

表 3-7　管节浮运、沉放施工时间表

施工阶段		作业内容	作业时间/h	时间汇总/h	
浮运	航道内浮运	出坞、浮运至转向区	6～10	8～14	26～48 气象窗口
	基槽内转向浮运	基槽内管节转向浮运至安装系泊点	2～4		
系泊	管节系泊	系泊缆、安装缆通缆	2～4	18～34	
	等待沉放	压载、等待沉放时机	6～10		
	管节沉放	释放吊缆，逐步下沉	4～6		

续表

施工阶段		作业内容	作业时间/h	时间汇总/h
系泊	水下拉合	拉合千斤顶挂钩，进行水下拉合	2~3	
	水力压接	在已安管节内进行控制性放水，控制管节的水力压接速度	2~3	
	测量	利用测量系统进行管内、外测量，精确测量管节位置；如有必要，可利用精调系统对管节尾端进行适当调整	2~4	

管节从系泊区浮运直至沉放完成的施工阶段对水文气象条件的要求最为严格，因此作业窗口应首先满足该阶段的施工周期要求。由表 3-7 可知，管节浮运沉放施工关键作业（从系泊区浮运直至沉放完成的施工阶段）需要的窗口时长为 26~48 h，考虑实际施工作业中现场条件的变化，以 48 h 为作业窗口周期是合理的。

3. 相邻管节安装间隔

浮运沉放作业前后，沉管隧道还将实施包括碎石垫层整平、舾装件拆除、锁定回填等在内的一系列作业，这类作业对浮运沉放的作业时间和空间有直接影响。

根据施工组安排，各工序作业时间如下。

管节安装前，碎石垫层整平作业时间 10 d，二次舾装作业时间 5 d；

管节安装后，舾装件拆除作业时间 3 d，锁定回填作业时间 3 d。

两相邻管节安装工序及作业时间如表 3-8 所示。从表 3-8 可见，管节基本安装周期长达 15 d，考虑各工序可能产生的延误，每个月内应有较多的可作业窗口次数，以满足浮运沉放作业需求。

表 3-8　管节安装间隔时间分析表

施工阶段		时间
管节 N	二次舾装	5 d　　←—— 基本安装间隔 15 d ——→
	碎石整平	10 d
	浮运沉放	2 d
	舾装件拆除	3 d
	锁定回填	3 d
管节 N+1	二次舾装	5 d
	碎石整平	10 d
	浮运沉放	2 d
	舾装件拆除	3 d
	锁定回填	3 d

3.3.3 实测资料分析

1. 波浪资料分析

利用 2007 年 4 月 1 日～2008 年 3 月 31 日的周年水文观测资料,进行波浪分析,其内容包容波高、波向、周期等。

(1)波高、波向月分布统计

海上波浪是不规则的,它们是由各种不同波长、波高和陡度的波组成。海洋工程学中,有效波高 H_s 是用来表征波浪运动的重要数字特征值。有效波高 H_s 即 1/3 波高($H_{1/3}$),是指降序排列的波高序列中前 1/3 最大波高的平均值,有效波高与人们在海上目测的波高很接近。

将波浪方向划分为 N(北),NNE,NE,ENE,E(东),ESE,SE,SSE,S(南),SSW,SW,WSW,W(西),WNW,NW,NNW 共 16 个方位。例如,SSW 是指西南偏南方向。根据统计结果,测点位置处夏季以南向浪为主,冬季则以北向浪为主。

测点有效波高年平均值为 0.38 m,有效波高年最大值为 1.43 m,出现在 2007 年 8 月(10 月 19 时,波向为 ENE,是由台风"帕布-Pabuk"引起的。有效波高月平均值达到或超过 0.38 m 的月份包括 2007 年 6 月、7 月、11 月和 2008 年 1 月、2 月,共 5 个月;有效波高月平均值最大值为 0.47 m,出现在 2008 年 2 月。波高、波向月分布统计见表 3-9。

表 3-9 波高、波向月分布统计表

月份	常浪向	强浪向	有效波高 H_s/m	
			平均值	最大值
2007 年 4 月	S	N	0.35	1.02
2007 年 5 月	S	N/SSW	0.33	0.84
2007 年 6 月	SSW	SSW/S	0.4	0.92
2007 年 7 月	SW	SSW/SW	0.4	0.82
2007 年 8 月	S	SW/SE	0.37	1.43
2007 年 9 月	S	N/NNE	0.34	0.98
2007 年 10 月	N	N/ENE	0.36	0.79
2007 年 11 月	N	N/NNW	0.43	1.2
2007 年 12 月	N	N/NNE	0.34	0.82
2008 年 1 月	N	N/NNW	0.46	0.94
2008 年 2 月	N	N/NNW	0.47	1.03
2008 年 3 月	S	ESE/SSE	0.31	0.98
全年	—	—	0.38	1.43

(2)波高日分布统计

有效波高日平均值达到或超过年平均值 0.38 m 的共有 151 d;有效波高日平均值最

大值为 1.01 m，出现在 2007 年 11 月 27 日。有效波高日变化曲线如图 3-8 所示。

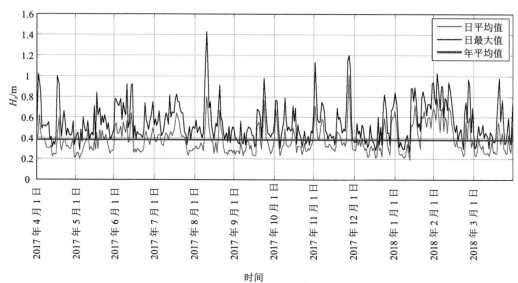

图 3-8　有效波高日变化曲线（后附彩图）

（3）分段波高的频率分布

将有效波高 H_s 以 0.2 m 为间隔进行分段，共分为 9 段：0～0.2 m，0.2～0.4 m，0.4～0.6 m，0.6～0.8 m，0.8～1.0 m，1.0～1.2 m，1.2～1.4 m，1.4～1.6 m，≥1.6 m。各月分段波高频率分布如表 3-10 所示。

表 3-10　各月分段波高频率分布

时间	分段波高频率/%								
	0～0.2 m	0.2～0.4 m	0.4～0.6 m	0.6～0.8 m	0.8～1 m	1～1.2 m	1.2～1.4 m	1.4～1.6 m	≥1.6 m
2007 年 4 月	6.40	65.65	22.39	3.47	1.81	0.28	0	0	0
2007 年 5 月	11.69	61.56	24.19	2.29	0.27	0	0	0	0
2007 年 6 月	5.42	45.80	35.97	10.42	1.39	0	0	0	0
2007 年 7 月	4.17	44.49	43.01	8.20	0.13	0	0	0	0
2007 年 8 月	6.05	62.10	22.58	6.05	1.61	0.94	0.40	0.27	0
2007 年 9 月	6.80	66.39	19.03	6.39	1.39	0	0	0	0
2007 年 10 月	1.61	68.95	22.99	6.48	0	0	0	0	0
2007 年 11 月	0.56	53.47	31.80	7.50	4.31	2.22	0.14	0	0
2007 年 12 月	8.06	64.78	20.43	6.59	0.14	0	0	0	0
2008 年 1 月	6.45	47.04	18.15	25.00	3.36	0	0	0	0
2008 年 2 月	4.47	35.92	32.61	18.68	7.76	0.29	0	0	0
2008 年 3 月	13.70	66.40	15.86	3.76	0.27	0	0	0	0
全年	6.33	55.88	26.88	8.70	1.83	0.31	0.05	0.02	0

从表 3-10 可见，测点有效波高出现频率最高的波段为[0.2，0.4]，全年平均出现频率为 55.88%；其次为[0.4，0.6]，平均频率为 26.88%；再次为[0.6，0.8]，平均频率为 8.7%。有效波高≤0.8 m 的出现频率为 91%～100%。有效波高频率分布见图 3-9。

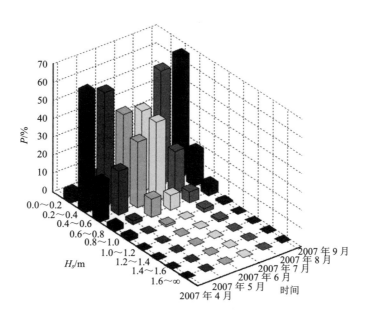

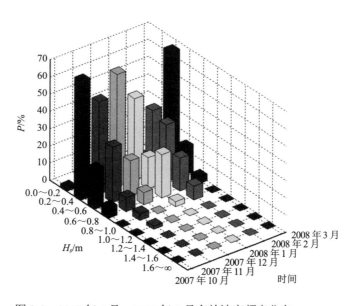

图 3-9　2017 年 4 月～2008 年 3 月有效波高频率分布

（4）波浪周期的频率分布

将波浪周期以 2 s 间隔分段，共分为 5 段：0～2 s，2～4 s，4～6 s，6～8 s，8～10 s。

分段波浪周期的每月频率分布如表 3-11 所示。

表 3-11　各月分段波浪周期分布比例　　　　　（单位：%）

时间	0～2	2～4	4～6	6～8	8～10
2007 年 4 月	0.84	97.91	1.25	0.00	0.00
2007 年 5 月	0.67	98.52	0.81	0.00	0.00
2007 年 6 月	0.41	94.17	5.42	0.00	0.00
2007 年 7 月	0.14	97.04	2.82	0.00	0.00
2007 年 8 月	0.00	97.98	2.02	0.00	0.00
2007 年 9 月	1.11	97.50	1.90	0.00	0.00
2007 年 10 月	0.13	99.60	0.27	0.00	0.00
2007 年 11 月	0.56	97.22	2.22	0.00	0.00
2007 年 12 月	0.94	99.06	0.00	0.00	0.00
2008 年 1 月	0.40	99.60	0.27	0.00	0.00
2008 年 2 月	0.57	99.14	0.29	0.00	0.00
2008 年 3 月	0.94	99.06	0.00	0.00	0.00

观测年中，最大的有效波浪周期为 4.76 s；全年中，出现频率最高的周期段为 2～4，全年月平均出现频率为 98.07%。

由于波浪周期与沉管结构安全、运动响应紧密相关，并且该海区涌浪、风浪并存，波浪周期与风速、风向、波高关联性较差，考虑将作业窗口波浪周期取为 6 s。有效波浪周期分布见图 3-10。

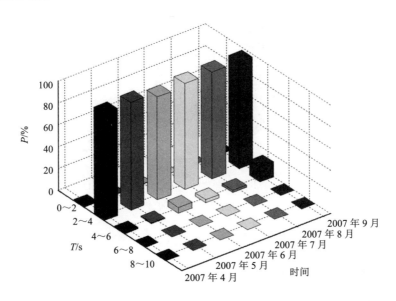

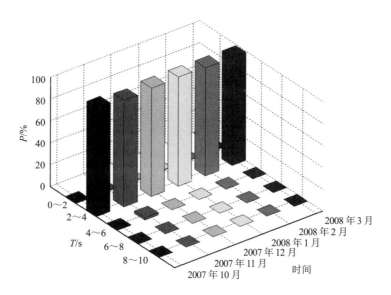

图3-10 2017.4～2008.3 有效波浪周期分布

（5）分级波高每月持续 48 h 的次数

将有效波高按 0.4 m、0.6 m、0.8 m 分级，分别分析每月内持续 48 h 位于该级波高内的次数（表 3-12、图 3-11 和图 3-12）。以 0.4 m 波高为例，若连续 48 h 内＞0.4 m 的波高个数不超过 2 个，则认为≤0.4 m 波高的情况持续出现 1 次。

表3-12 各级有效波高每月出现频率及持续出现 48 h 次数

时间	$H_s \leqslant 0.4$ m		$H_s \leqslant 0.6$ m		$H_s \leqslant 0.8$ m	
	出现频率	＞48 h 次数	出现频率	＞48 h 次数	出现频率	＞48 h 次数
2007 年 4 月	72.05%	4	94.4%	13	97.91%	11
2007 年 5 月	73.25%	6	97.44%	14	99.73%	15
2007 年 6 月	51.22%	2	87.19%	8	97.61%	15
2007 年 7 月	48.66%	1	91.67%	11	99.87%	15
2007 年 8 月	68.15%	5	90.73%	12	96.78%	12
2007 年 9 月	73.19%	7	92.22%	12	98.61%	14
2007 年 10 月	70.56%	7	93.55%	14	100%	15
2007 年 11 月	54.03%	3	85.83%	10	93.33%	12
2007 年 12 月	72.84%	6	93.27%	14	99.86%	15
2008 年 1 月	53.49%	4	71.64%	6	96.64%	13
2008 年 2 月	40.66%	2	73.27%	6	91.95%	12
2008 年 3 月	80.11%	9	95.97%	15	99.73%	15

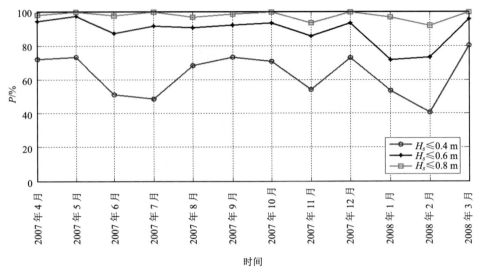

图 3-11　分级波高每月出现频率

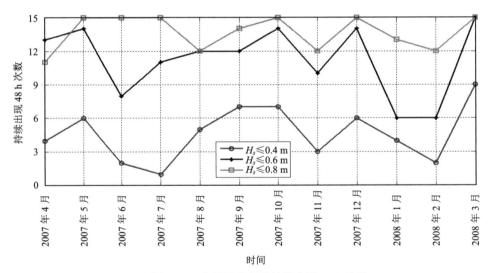

图 3-12　分级波高每月持续出现 48 h 次数

由图可知，若以有效波高 $H_s \leqslant 0.6\,\mathrm{m}$ 作为施工波浪条件，则一年中各月就均可进行施工，每月施工天数在 12 d（6 次）以上。

若以有效波高 $H_s \leqslant 0.8\,\mathrm{m}$ 作为施工波浪条件，则一年中各月均可进行施工，每月可施工天数在 22 d（11 次）以上。

2. 海流资料分析

海流观测资料包括周年观测资料和 2008 年 6 月～10 月期间的观测资料），观测点处水深约 10 m，选择离底 8.3 m 高的海流流速作为代表流速，分析观测点处海流流速及流向。

（1）各月流速流向统计分析

分析每月涨潮和落潮相应的最大流速流向及平均流速流向，分析结果见表 3-13。

表 3-13　各月海流流速及流向

时间	涨潮				落潮			
	最大流速 /(cm/s)	最大流速对应流向/(°)	平均流速 /(cm/s)	平均流速对应流向/(°)	最大流速 /(cm/s)	最大流速对应流向/(°)	平均流速 /(cm/s)	平均流速对应流向/(°)
2007 年 4 月	121	358	39	356	161	171	60	178
2007 年 5 月	121	359	39	357	186	178	54	178
2007 年 6 月	117	356	32	351	191	178	55	177
2007 年 7 月	120	360	36	355	156	181	53	178
2007 年 8 月	130	32	47	11	164	190	60	172
2007 年 9 月	108	1	45	359	163	183	66	178
2007 年 10 月	109	359	38	357	159	178	53	180
2007 年 11 月	104	355	36	351	158	172	44	180
2007 年 12 月	104	355	34	355	164	172	45	175
2008 年 1 月	105	357	34	351	142	167	42	177
2008 年 2 月	108	360	37	353	145	170	48	177
2008 年 3 月	106	353	38	358	152	175	58	173
2008 年 6 月	127	2	39	355	222	181	64	179
2008 年 7 月	129	2	40	352	200	174	62	178
2008 年 8 月	135	19	46	356	184	177	64	177
2008 年 9 月	119	360	47	360	168	173	65	178
2008 年 10 月	111	360	42	3	167	177	61	180

由表 3-13 可知，沉管隧道测点处，涨潮的最大流速为 135 cm/s，各月最大平均流速为 47 cm/s；落潮的最大流速为 222 cm/s，各月最大平均流速为 66 cm/s。另外，各月涨潮和落潮平均流速均较小，其中涨潮时最大平均流速为 47 cm/s（2007 年 8 月），落潮最大平均流速为 66 cm/s（2007 年 9 月）。涨落潮流速统计见图 3-13。

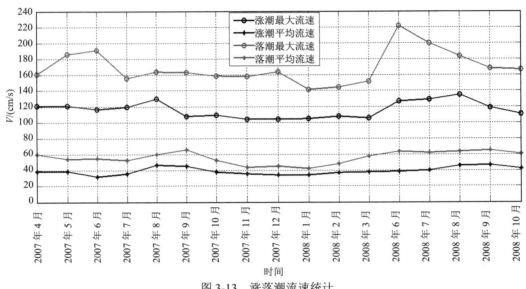

图 3-13　涨落潮流速统计

（2）流速、流向出现频率分析

对全部海流流速进行频率分析，流速按 0~20，20~40，40~60，…，220~240 进行分级，如表 3-14 和图 3-14 所示。

表 3-14　各级流速出现频率

频率	流速/(cm/s)	0~20	20~40	40~60	60~80	80~100	100~120
	P/%	19.895	28.109	20.382	13.408	9.041	5.33
频率	流速/(cm/s)	120~140	140~160	160~180	180~200	200~220	220~240
	P/%	2.673	1.329	0.415	0.141	0.008	0.008

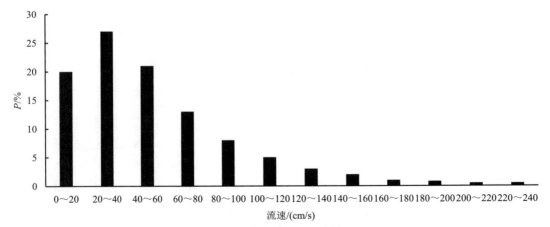

图 3-14　各级流速出现频率

由表 3-14 可知，测点处流速在≤100 cm/s 范围内出现的频率为 90.83%。另外，流速处于≤150 cm/s 范围出现的频率为 99.66%。

对测点处海流流向进行频率分析，流向按 8 个不同方位（N、NE、E、SE、S、SW、W、NW）进行划分，如表 3-15 和图 3-15 所示。

表 3-15　流向频率

方向 频率	N	NE	E	SE	S	SW	W	NW
P/%	32.171	4.907	2.731	6.002	37.841	5.222	3.387	7.738

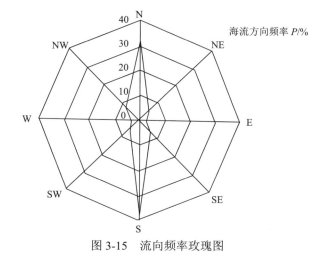

图 3-15　流向频率玫瑰图

测点处实测流向出现在 N、S 方位的频率显著，N 方位的频率在 32.171%，S 方位的频率在 37.841%，其余 6 个方位的频率在 10%以下。

3.3.4　作业窗口分析

1. 作业窗口保证率

根据 2007 年 4 月～2008 年 3 月现场实测资料，分析不同环境条件组合下每月符合安装条件的窗口期占每月总时间的百分比（即作业窗口保证率），形成保证率曲线。

以正常月份 2007 年 4 月为例，分析限制条件分别选取以下 5 种组合时的可作业天数（图 3-16 和表 3-16）。

①有效波高 H_s≤0.8 m/s、流速≤1.5 m/s；

②有效波高 H_s≤0.8 m/s、流速≤1.3 m/s；

③有效波高 H_s≤0.8 m/s、流速≤1.1 m/s；

④有效波高 H_s≤0.7 m/s、流速≤1.3 m/s；

⑤有效波高 H_s≤0.6 m/s、流速≤1.3 m/s。

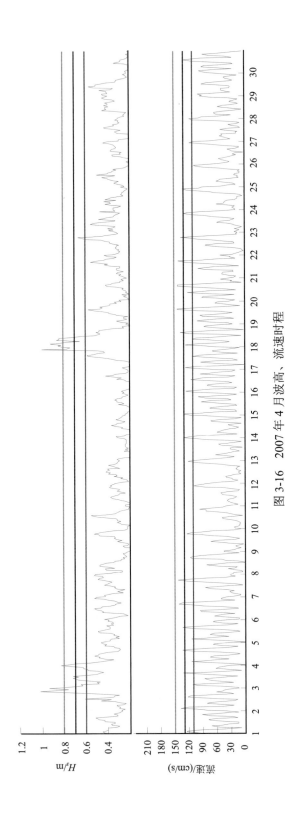

图 3-16　2007 年 4 月波高、流速时程

表 3-16　2007 年 4 月窗口分析

（1）$H_s \leqslant 0.8$ m、流速 $\leqslant 1.5$ m/s

公历	1	2	3	4	5	6	7	8	9	10	11	12	13	14	15	16	17	18	19	20	21	22	23	24	25	26	27	28	29	30
波高 $H_s \leqslant 0.8$ m		×	×	×													×	×												
流速 $\leqslant 1.5$ m/s		×	×	×													×	×												
总计																														

续表

(2) $H_s \leqslant 0.8$ m，流速 $\leqslant 1.3$ m/s

公历	1	2	3	4	5	6	7	8	9	10	11	12	13	14	15	16	17	18	19	20	21	22	23	24	25	26	27	28	29	30
波高 $H_s \leqslant 0.8$ m		×	×	×													×	×												
流速 $\leqslant 1.3$ m/s		×	×	×	×	×	×										×	×	×	×	×	×								
总计		×	×	×	×	×	×										×	×	×	×	×	×								

(3) $H_s \leqslant 0.8$ m，流速 $\leqslant 1.1$ m/s

公历	1	2	3	4	5	6	7	8	9	10	11	12	13	14	15	16	17	18	19	20	21	22	23	24	25	26	27	28	29	30
波高 $H_s \leqslant 0.8$ m		×	×	×														×												
流速 $\leqslant 1.1$ m/s		×	×	×	×	×	×	×	×				×	×	×					×	×	×	×	×			×			×
总计		×	×	×	×	×	×	×	×				×	×	×			×	×	×	×	×	×	×			×			×

(4) $H_s \leqslant 0.7$ m，流速 $\leqslant 1.3$ m/s

公历	1	2	3	4	5	6	7	8	9	10	11	12	13	14	15	16	17	18	19	20	21	22	23	24	25	26	27	28	29	30
波高 $H_s \leqslant 0.7$ m		×	×	×													×	×												
流速 $\leqslant 1.3$ m/s		×	×	×	×	×	×										×	×	×	×	×	×								
总计		×	×	×	×	×	×										×	×	×	×	×	×								

(5) $H_s \leqslant 0.6$ m，流速 $\leqslant 1.3$ m/s

公历	1	2	3	4	5	6	7	8	9	10	11	12	13	14	15	16	17	18	19	20	21	22	23	24	25	26	27	28	29	30
波高 $H_s \leqslant 0.6$ m		×	×	×													×	×												
流速 $\leqslant 1.3$ m/s		×	×	×	×	×	×										×	×	×	×	×	×								
总计		×	×	×	×	×	×										×	×	×	×	×	×								

逐月分析可得到 2007 年 4 月～2008 年 3 月间各月可施工天数，如表 3-17 所示。

表 3-17　各月可施工天数汇总　　　　　　（单位：d）

月份	4月	5月	6月	7月	8月	9月	10月	11月	12月	1月	2月	3月
H_s≤0.8 m，流速≤1.5 m/s	25	25	21	28	7	27	30	25	29	24	23	29
H_s≤0.8 m，流速≤1.3 m/s	18	20	16	16	6	15	29	25	26	23	22	25
H_s≤0.8 m，流速≤1.1 m/s	6	11	9	12	4	5	20	25	22	18	17	10
H_s≤0.7 m，流速≤1.3 m/s	18	20	15	14	6	14	26	23	25	16	16	18
H_s≤0.6 m，流速≤1.3 m/s	18	20	9	8	6	9	23	21	23	13	11	18

由表 3-17 可绘制全年施工保证率（月保证率=月可施工天数/月总天数×100%）曲线如图 3-17 所示。

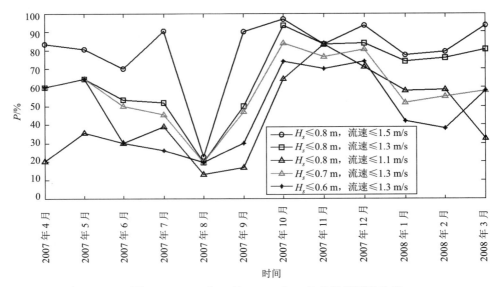

图 3-17　2007 年 4 月～2008 年 3 月各月保证率分析

可见，选择 H_s≤0.8 m、流速≤1.5 m/s 及 H_s≤0.8 m、流速≤1.3 m/s 时各月均具有较高的保证率。

2. 窗口可利用次数分析

通过绘制每月有效波高、流速数据综合曲线图，按 48 h 窗口时长和两窗口间隔≥15 d 的要求，分析不同限制条件下的每月可利用作业窗口次数及停工时间，最终得到全年可利用窗口次数如表 3-18 所示。

图 3-18 以 H_s≤0.8 m/s、流速≤1.3 m/s 为例，分析 2007 年 4 月和 2008 年 3 月可利用的作业窗口次数。

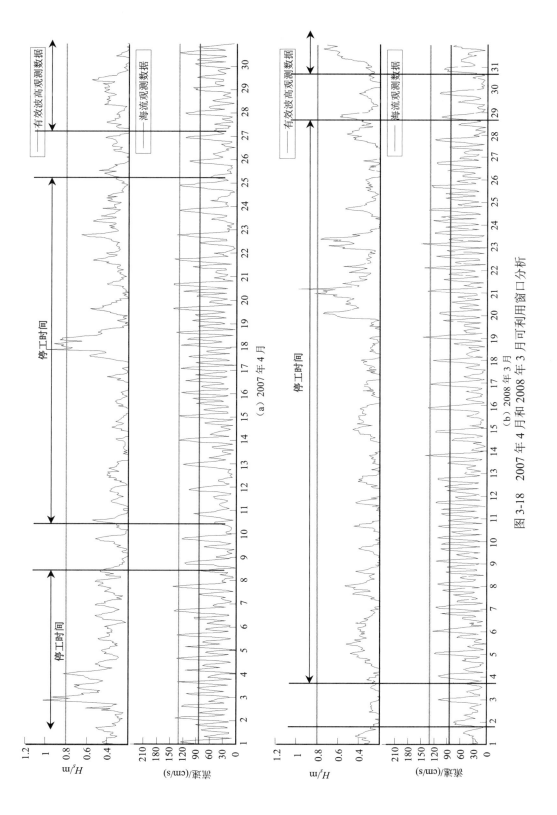

图 3-18　2007 年 4 月和 2008 年 3 月可利用窗口分析

表 3-18　不同水文条件下可利用窗口次数统计（48 h 窗口）

水文气象条件	可利用窗口次数（2007.4～2008.3，窗口周期 48 h，窗口间隔≥15 d）												
	2007 年									2008 年			总计
	4	5	6	7	8	9	10	11	12	1	2	3	
H_s≤0.8 m/s V_{cur}≤1.5 m/s	2	1	1	2	0	2	1	2	2	1	1	2	17
H_s≤0.8 m/s V_{cur}≤1.3 m/s	2	1	1	2	0	1	2	2	1	2	1	2	17
H_s≤0.8 m/s V_{cur}≤1.1 m/s	1	1	1	1	0	1	1	2	2	1	1	2	14
H_s≤0.7 m/s V_{cur}≤1.3 m/s	2	1	1	1	0	1	2	2	1	1	1	2	15
H_s≤0.6 m/s V_{cur}≤1.1 m/s	1	1	1	2	0	1	1	2	1	1	0	2	13

由表 3-18 可见，H_s≤0.8 m/s、V_{cur}≤1.5 m/s 及 H_s≤0.8 m/s、V_{cur}≤1.3 m/s 条件下，均能保证两个月有 3 个以上可利用窗口（平均），可以满足浮运沉放施工工期要求。

考虑风险控制和经济性要求，沉管浮运安装 48 h 作业窗口条件选择为 H_s≤0.8 m/s、V_{cur}≤1.3 m/s 是合适的。

3. 沉管横拖及沉放作业条件分析

沉管在基槽横拖阶段处于横流状态，受水流力最大且基槽狭窄，周边水深不满足管节吃水要求，一旦失控将出现搁浅的重大风险；沉管在安装阶段通过安装缆（H 缆）进行定位，在海流作用下容易出现管节偏移或横倾，对沉放安全和精度控制有重大影响；沉放阶段需要潜水配合，过大的海流将导致潜水员无法下水开展作业。

据此，在基槽横拖、系泊、沉管沉放这段核心作业期间（18 h），对作业海流窗口提出更高的要求，若用总体窗口 1.3 m/s 流速来控制，将产生较大风险，甚至无法作业，需考虑更低的流速窗口用于横拖、系泊、沉放作业。

由于施工区为不规则半日潮，每天有 4 次平潮时间，此时流速较小，若小流速时间能达到施工要求，可考虑将关键工序作业窗口进行进一步限制。以下将结合海流观测资料，对 0.6 m/s，0.8 m/s 两个流速值的分布情况进行分析（表 3-19 和表 3-20）。

表 3-19　水流流速为 0.6 m/s 时间窗口所占比例

比例/% ＼ 时间/h ＼ 月份	0	6	12	18	24	36	48
2007 年 4 月	76.4	55.1	45	35	17.4	13.2	6.7
2007 年 5 月	81.3	70.7	66.2	48.5	18.1	18.1	18.1
2007 年 6 月	83.2	79.2	73.1	61.4	17.5	17.5	17.5
2007 年 7 月	83.9	78.2	76.5	57.3	20.1	20.1	15.1
2007 年 9 月	77.1	57.1	47.8	39.9	16.1	16.1	16.1

续表

月份 \ 时间/h \ 比例/%	0	6	12	18	24	36	48
2007 年 10 月	82.8	68.8	62.5	52	19.5	19.5	19.5
2007 年 11 月	86.4	79.7	73.9	63.3	33.1	33.1	33.1
2007 年 12 月	87.2	81.6	78.6	69.4	43.8	43.8	43.8
2008 年 1 月	85.8	80	79.2	57.8	43.7	43.7	43.7
2008 年 2 月	89.7	84.3	81.3	62.5	43.5	43.5	43.5
2008 年 3 月	81.7	69.6	63.9	42.8	23.3	13.3	13.3

表 3-20 水流流速为 0.8 m/s 时间窗口所占比例

月份 \ 时间/h \ 比例/%	0	6	12	18	24	36	48
2007 年 4 月	94.4	91.8	88.1	81.5	63.7	52.2	46.4
2007 年 5 月	93.8	90.8	87.6	81.7	66.9	54	46.2
2007 年 6 月	92.1	92.1	91.1	89.2	37.8	37.8	37.8
2007 年 7 月	93.5	93.5	89.5	87.6	43.3	43.3	43.3
2007 年 9 月	95.4	93.1	90.1	87.9	66.8	66.8	66.8
2007 年 10 月	96.9	95.6	91.5	91.5	82.7	82.7	76.5
2007 年 11 月	96.3	95.6	94.7	90.4	71.7	71.7	71.7
2007 年 12 月	95.2	94.5	94.5	92.6	65.9	65.9	65.9
2008 年 1 月	93.3	91.3	91.3	85.6	74.1	67.2	67.2
2008 年 2 月	93.9	90.4	89.4	74	61.2	57.8	57.8
2008 年 3 月	96.5	95.8	95.1	90.7	78.8	77.8	77.8

由表 3-19 和表 3-20 可知，连续 18 h 海流流速低于 0.6 m/s 的比例最小 35%，最大 69.4%，相当于每月最少有 10 个窗口；连续 24 h 海流流速低于 0.6 m/s 的比例最小 16.1%，最大 43.7%，相当于每月最少有 5 个窗口；连续 18 h 流速低于 0.8 m/s 比例最小 74%，最大 92.6%，连续 24 h 流速低于 0.8 m/s 比例最小 37.8%，最大 82.7%。若流速限制为 0.8 m/s，每个月将有超过 2/3 的时间可进行安装作业。考虑施工间隔时间，每个月最多有两次窗口期，因此，选择 0.8 m/s 作为横拖和沉放的施工窗口将带来船机设备相对不经济，并且按此窗口施工可能带来不必要的安全风险。若选择 0.6 m/s 能够满足工期需求，控制更严格的窗口条件对结构安全、可靠性、经济性、现场操作性都将更为有利。为进一步分析 0.6 m/s 窗口的可行性，对平均流速为 0.6 m/s 每月连续 18 h 窗口次数进行统计分析（表 3-21）。

表 3-21 平均流速为 0.6 m/s 每月连续 18 h 窗口次数

月份	窗口次数	最长持续时间/h	累计时长/h
2007 年 4 月	10	48	268
2007 年 5 月	13	135	394

续表

月份	窗口次数	最长持续时间/h	累计时长/h
2007 年 6 月	15	111	404
2007 年 7 月	15	112	427
2007 年 9 月	10	122	316
2007 年 10 月	9	198	372
2007 年 11 月	14	153	500
2007 年 12 月	11	152	495
2008 年 1 月	10	161	492
2008 年 2 月	7	105	234
2008 年 3 月	11	106	352

由表 3-21 可知，若以平均流速 $V \leqslant 0.6$ m/s 作为施工流速条件能够满足总工期要求。若同时考虑波浪因素的叠加，统计结果如表 3-22 所示。

表 3-22　满足 0.6 m/s 平均流速及 0.8 m 有效波高的窗口统计

月份	窗口次数				最长持续时间/h	累计时间所占比例/%
	>18 h	>24 h	>36 h	>48 h		
2007 年 4 月	10	3	2	1	48	38.1
2007 年 5 月	13	1	1	1	135	52.9
2007 年 6 月	16	2	2	2	68	58.8
2007 年 7 月	16	2	2	1	64	53.6
2007 年 9 月	10	1	1	1	85	38.5
2007 年 10 月	12	2	2	2	123	52.4
2007 年 11 月	13	5	2	2	91	58.9
2007 年 12 月	13	4	3	3	162	74.6
2008 年 1 月	10	3	2	2	110	51.1
2008 年 2 月	6	2	2	2	92	33.9
2008 年 3 月	12	3	2	2	71	47.2
全年累计	131	28	21	19	—	50.9

从表 3-22 可知，18 h 核心作业时间波浪、海流条件均能达要求的全年窗口次数达 131 次，48 h 连续窗口全年累计 19 次，均大于 $H_s \leqslant 0.8$ m/s、$V_{cur} \leqslant 1.3$ m/s 窗口的 17 次，满足施工作业要求。

3.3.5　作业窗口条件结论

海上沉管浮运沉放作业窗口选择要综合考虑隧址处的水文条件（波、浪、流）、气象条件（风、能见度）、管节的设计、沉放工艺等因素。作业窗口出现的频率必须与规划的管节沉放进度相匹配，作业窗口的宽度必须满足一次浮运沉放所需的时间要求，并都要考虑适当的富余。

根据对现场实测及相关资料的统计分析，管节浮运、安装对水文、气象条件有严格要求的作业窗口期为 48 h，经过周密论证最终确定管节浮运安装不同工序、不同作业内容的相关限制条件见表 3-23。

表 3-23　沉管安装作业窗口限制条件表

作业阶段和内容		流速/(m/s)	波高 H_s/m	波浪周期/s	风速/级	能见度/m
浮运	航道浮运	0.8	0.8	≤6	≤6	≥1000
	基槽内纵拖	0.6	0.8	≤6	≤6	≥1000
沉放	系泊等待	1.3	0.8	≤6	≤6	≥1000
	沉放实施	0.6	0.8	≤6	≤6	≥1000
潜水作业		0.5	0.8	≤6	≤6	≥1000

第4章　外海沉管安装作业保障系统

外部环境条件是沉管隧道设计和施工时需要考虑的最重要的因素，除必须对它们进行全面和详细的调研外（如第2章所示内容），还需要在工程实施的不同阶段对这些环境条件进行预测和监测，预测的目的是规避不利环境条件并选择有利时机进行施工作业，监测的目的则是实时掌握环境条件变化信息和及时做出应对反应，总之需要尽力避免出现未能预见和难以处理的异常情况，最大化降低施工风险。

外海沉管隧道一般在离岸深水环境下进行施工，在工程的总体筹划中，应充分考虑不利水文条件和气象条件所导致的各种风险，尽可能收集长期的气象资料、水文资料，为设计和施工方案制定提供依据，制定相应的措施和预案进行风险规避。在工程实施的全过程中，应在工程海域建立更加精细的气象和水文监测和预报系统，实现气象和水文信息的快速共享，为整个施工提供可靠的气象和水文资料。

4.1　概　　述

外海沉管隧道所有的水上和水下作业安全均很大程度上依赖于能否选择具有良好的气象与水文条件作业时机，恶劣的气象与水文条件在不可预料的情况下极易造成工程事故。对工程水域处的气象与水文条件等外部环境条件进行精细化预报是大型工程顺利实施的一个保障性条件，如何提高预报的精细程度和准确性则是工程需要解决的技术难题。

为了应对复杂海洋环境带来的工程风险，克服外海环境影响成功建设港珠澳大桥沉管隧道，从预报、监测获取全方位信息进行全过程控制的思路出发，结合工程实施中遇到的问题和成功解决问题的实践，港珠澳大桥岛隧工程成功建立了涵盖气象、水文、波浪和泥沙等关键外部环境因素的预报保障系统，以及包括管节水下运动姿态监测和端封门结构安全监测等在内的监测保障系统，形成了一套完整的外海深水沉管安装作业保障体系，具体由6个子系统组成，分别用以进行沉管浮运安装大窗口预报、沉管沉放对接小窗口预报、基槽回淤泥沙预警预报、异常波实时监测、管节水下姿态实时监测及封门结构安全实时监测，为沉管安装的安全顺利完成奠定了坚实的基础（图4-1）。

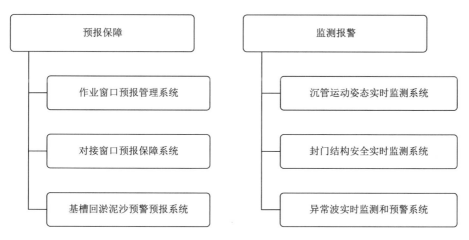

图 4-1　沉管安装作业保障系统组成

4.2　作业窗口预报管理系统

作业窗口是指适合沉管安装的时间段，窗口预报是沉管安装决策最重要的依据。在港珠澳大桥岛隧工程中，定义"大窗口"为适合沉管浮运、安装作业的连续时间段，其间风、浪、流、能见度等环境要素均能满足沉管各项施工要求；定义"小窗口"为在大窗口内选择一个基槽底部流速最低的时段，用于实施沉管对接。所以，大窗口即沉管安装作业窗口，小窗口则是指沉管对接窗口。

工程区域气候复杂多变，灾害性天气频繁，水文条件复杂，窗口分析与预报对确保管节浮运沉放施工安全及工期十分关键。为给沉管安装作业窗口选择和施工决策提供可靠的支持，港珠澳大桥岛隧工程委托国家海洋环境预报中心进行了工程区现场长期水文气象数据的观测、预报模型的分析和作业窗口预报管理系统的建立。

4.2.1　系统要求

1. 预报内容要求

气象预报要素：天气现象、风向、风速、水平能见度等；
海浪预报要素：波高、周期、波向；
海流预报要素：流速、流向；
潮汐预报要素：潮高、高低潮位、高低潮时等；

预报时效：15 d。

2. 预报精度要求

风向风速、地面温度、降水量预报：72 h 内平均准确率≥80%；

潮汐预报：72 h 潮位预报误差不超过 15%；

海浪预报：48 h 有效波高平均绝对误差小于 0.2 m，72 h 有效波高平均绝对误差小于 0.3 m；

海流预报：绝对误差小于 20 cm/s，时间误差小于 60 min；

水平能见度预报：72 h 内平均准确率≥75%。

4.2.2 系统建设

由于为国内首次开展外海小区域精细化水文气象窗口预报保障工作，存在小区域、长时段、精度高、要素多等困难，项目通过开展包括精细化气象海洋实时监测、长历时天气预报、精细化气象海洋数值预报等方面研究攻关工作，建立了精细化作业窗口预报管理系统，并在一年的观测、对比基础上，持续开展模型的检验、修正工作，不断提高预报精度。

项目开展的研究攻关工作和取得主要成果包括：开展气象海洋环境实时监测技术攻关，建立了一套完整的气象海洋环境精细化实时监测系统；开展小区域精细化气象、海浪和海流数值预报技术攻关，通过网格嵌套等先进技术，开发了一套精细化数值预报系统，实现了施工海域 100 m 空间分辨率、半小时时间分辨率的高精度环境预报；开展长历时天气预报技术攻关研究，基于气候背景分析、天气系统分析、数值预报和临近预报等，开发了长时效长历时天气预报系统，为基槽铺设、管节浮运、沉放等提供精细化"水文气象窗口"，实现了预报时效 15 d 的小区域长历时窗口预报。

收集的资料主要包括 1951 年以来美国国家环境预报中心对东亚地区再分析资料、1949 年以来国家气象局发布的台风数据、珠海市 1961 年建站以来实测气象要素、2012 年以来施工现场实测气象要素、卫星数据、雷达数据。

此外，有针对性地对施工区建立了天气系统分型数据库，通过以月为单位，处理历史再分析气象要素、台风数据，分别对主要天气系统进行分型，建立多年天气系统及其要素的数据库，掌握施工窗口期气候背景。如冷空气路径、高压入海回流、西南低压（西南季风）、高空切变线、南支槽、台风、短时强对流天气，锁定施工窗口期预报对象——天气系统类型。

工程区海洋环境预报保障系统建设阶段示意图见图 4-2。

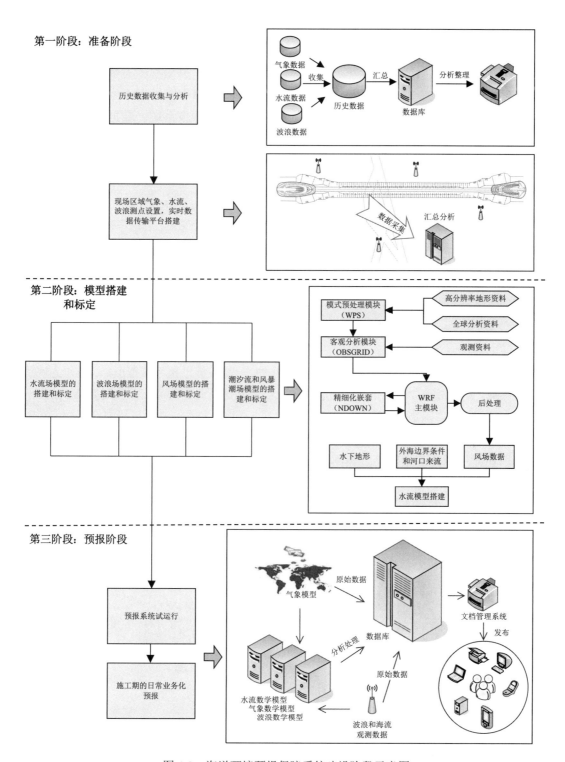

图 4-2　海洋环境预报保障系统建设阶段示意图

4.2.3 系统组成

围绕"窗口管理"目标，综合"现场环境监测、定点定量预报、天气趋势预报、信息集成发布"4 个任务单元组成了一套完整的作业窗口预报保障管理系统，具体包括气象海洋环境监测系统、精细化数值预报系统、长历时天气预报系统、数据传输和发布系统，各系统之间既相互独立又有机联系，信息共享互为出入口。系统组成如图 4-3 所示。

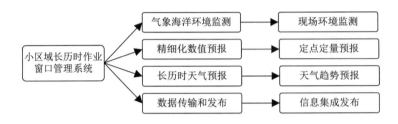

图 4-3　预报保障系统组成图

1. 气象海洋环境监测系统

建立现场气象海洋环境监测系统的目的有两个：一是校核预报系统模型，二是作为现场作业的保障，提供海洋数值预报模式研制和预报结果验证所必需的高密度实时数据。建立的工程区水文气象实时监测网，可以开展浪、潮、流、风向、风速、能见度等海洋环境要素的实时监测，为精细化数值预报、临近预报和现场实时环境保障工作提供实时观测数据支持。

监测系统由硬件和系统软件组成，硬件包括传感器、采集器、通信接口、系统电源等。系统软件有采集软件、数据处理软件及远程数据传输和监控软件。系统采用集散式体系结构，通过采集器集中采集和处理分散配置的各个传感器信号，作预处理后，通过CDMA/GPRS 无线网络和万维网（WWW）传输到客户计算机，再经过分析处理形成最终数据产品，供预报保障系统使用（图 4-4）。

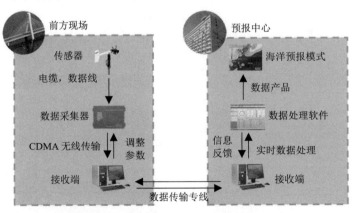

图 4-4　气象海洋环境监测系统原理图

前方现场监测端由 4 个浮标浪流水文观测站、2 个平台式浪潮监测单元和 2 个自动气象观测站组成，皆采用数据自动采集和无线传输技术。气象站自动采集气压、温度、湿度、风向、风速、雨量、辐射、地温和能见度等气象要素。海流剖面和波浪监测浮标 5 min 自动测量 1 组海流剖面数据、每 30 min 自动测量 1 组波浪数据。平台波浪和潮位监测单元以 2 Hz 的频率连续采集水压，每分钟向用户发送 1 组瞬时水压记录，每分钟输出 1 个潮位数据、每 30 min 输出 1 组波浪统计数据。现场监测系统平面布置图如图 4-5 所示。

图 4-5　现场监测系统平面布置图

其中海流剖面和波浪监测浮标在直径 3 m 的锚泊浮标上用波浪传感器测量波高、波浪周期和波向，用声学多普勒海流剖面仪测量海流剖面，用 GPS 测量浮标位置。浮标采用太阳能和蓄电池混合供电，能够进行浮标移位报警、进水报警、舱门开启报警和电源低压报警，数据一方面储存在浮标内，另一方面通过 CDMA/GPRS 实时传输到岸上接收站，并通过网络分发给授权用户。海流剖面和波浪监测浮标的系统组成如图 4-6 所示。

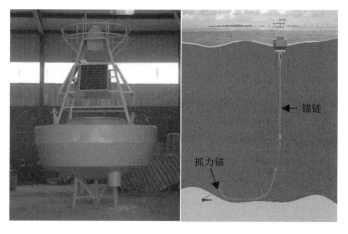

图 4-6　3 m 浮标示意图

2. 精细化数值预报系统

利用国际上先进的大尺度气象、海浪和海流数值预报模型，通过多重网格嵌套技术和资料同化技术，建立了空间分辨率 100 m、时间分辨率半小时的气象、海浪和海流数值预报；利用风场数据和径流数据的驱动，大区域的海浪和海流模式为施工海域精细化海浪和海流模拟提供良好的边界条件，通过改进参数化方案，从而实现了空间上由大尺度气象、海浪和海流背景向施工海域小尺度气象、海浪和海流细微特征的空间降尺度，同时实现了时间上由 6 h 一次的预报到施工海域半小时一次预报的时间降尺度，从而实现了高分辨率的施工海域气象、海浪和海流定点定时预报，实现业务化运行，提供工程区风、浪、流、潮的精细化的数值预报产品。

（1）精细化气象数值预报系统

以新一代有限区域中尺度数值模式 WRF3.3 为基础，以高性能计算机为硬件支撑，采用 Cressman 客观分析和 Nudging 同化技术，针对港珠澳大桥岛隧工程区建立了一套高分辨率、高精度的数值天气预报系统。该系统进行了港珠澳大桥岛隧工程工程区数值天气预报业务化试验，包括适合于该区域高分辨率模拟的数值参数方案优化配置、同化系统设计等的对比试验，收集了系统所需的各种背景分析数据，并对这些数据进行了初步评估；收集和整理了全球通信系统（GTS）观测数据，进行了数据解码，并设计了实验方案进行数值试验。系统主要包括：观测资料接收模块，客观分析模块，WRF 同化模块，WRF 预报模块和预报产品输出模块（图 4-7）。

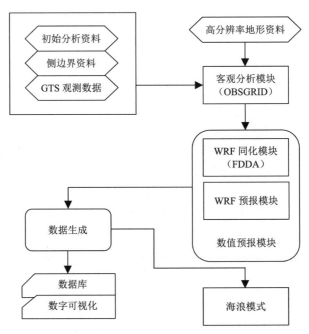

图 4-7 港珠澳大桥岛隧工程工程区数值天气预报系统流程图

（2）精细化海浪数值预报子系统

采用国际上成熟的第三代浅水海浪模式 SWAN，利用三重网格嵌套的方式进行预报系统搭建，其中大区计算范围包括南海大部，空间分辨率为 2′×2′；中区覆盖整个珠江口，空间分辨率为 500 m×500 m；最内部小区域为大桥工程所在区域，空间分辨率为：100 m×100 m。海浪驱动风场采用国家海洋环境预报中心基于中尺度大气模式 WRF 研制的高分辨再分析风场。最后利用现场实际观测资料进行预报系统的后报检验，确保所建立的数值预报系统对保障区域海浪模拟的适用性。

（3）精细化海流数值预报子系统

采用三维、自由海面和基于地形跟随坐标的非线性斜压区域海洋模式（ROMS 模式）进行海流数值预报系统的搭建。考虑需要尽量消除边界效应对关键海区的影响，珠江口模式的区域范围水平采用正交网格，分辨率为 1/600°×1/600°（约为 200 m×200 m），竖直向分为 10 个 σ 层。获取模式所需的准确的潮汐边界、径流边界，以及由珠江口精细化天气数值预报系统提供的海面风场、辐射、降水等强迫场数据，然后将模型预运行一年的计算结果作为预报模式的初始场。每次沉管施工前半个月左右提供由气候态风场驱动的潮流数值预报结果，施工前 7 d 提供 GFS 风场驱动的精细化海流数值预报结果。提供的海流数值预报产品包括施工区单点潮位变化、施工区单点 2～10 m 平均流速变化、施工区浮运期间不同位置流速随时间变化等（图 4-8～图 4-10）。

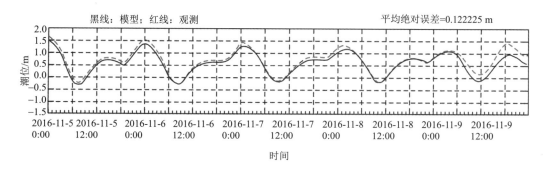

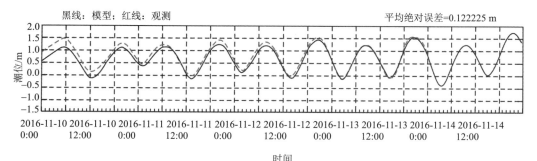

图 4-8　施工区单点潮位变化

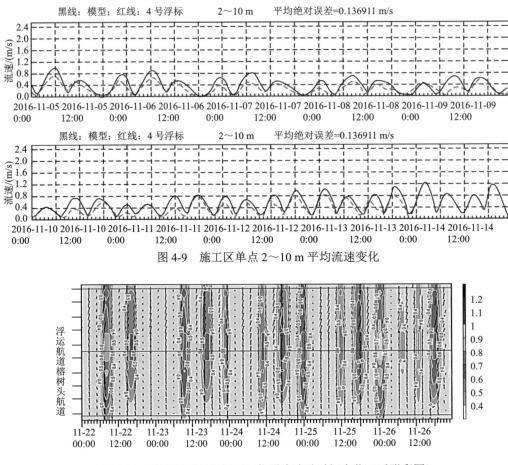

图 4-9　施工区单点 2～10 m 平均流速变化

图 4-10　施工区浮运期间不同位置流速随时间变化（后附彩图）

3. 长历时天气预报系统

长历时预报，即从长期、中期到短期的顺序（预报时效由长至短）对天气系统进行跟踪预报的一套综合预报方法，其中包括了气候预测方法、中期数值模式集合预报、短期数值模式订正释用方法和临近实测数据判别方法等。

利用数值预报和再分析资料、周边气象测站和施工区实测气象资料，进行同时期气候背景分析，诊断不满足施工条件的高影响天气形势，进行天气系统分类，如冷空气、高压入海回流、西南低压（西南季风）、高空切变线、南支槽、台风、短时强对流天气，锁定预报对象——高影响天气系统。自工程启动准备开始，对大窗口期预报对象，实施长历时跟踪预报方案，即长期概率预报、中期过程预报、短期确定预报、临近精细预报，长历时地对高影响天气系统进行跟踪预测，为决策会商系统提供气象产品。

（1）长期概率预报——10 d 以上时效的预报技术

长期概率预报的意义是在预报时效超过 10 d 的情况下，为工程决策提供高影响天气系统的发生概率。在多年海洋气象数据库、气候背景分析的基础上，根据施工前几个月全球海洋大气异常特征，利用短期气候预测方法，如相似年合成、超前相关关系、多因子回归方程等预测施工区域高影响天气系统发生概率的增加或是减少。

（2）中期过程预报——6～10 d 时效的预报技术

中期过程预报的意义是在预报时效为 6～10 d 的情况下，为工程计划安排提供高影响天气系统的发生时间、强度及演变趋势，给出持续性大风、降水、海雾过程的预报结论。过程预报主要分为三条预报思路：首先，将国内外预报效果较好的多家数值模式，提取施工区定点天气要素，利用集合预报方法，给出天气系统的过程预报（如冷空气大风发生时间段、强度）；其次，将窗口期天气系统与历史同期相似过程进行对比分析，加入局地地形影响和日变化因素，以细化、订正天气系统过程预报的影响时间、强度；最后，由预报经验丰富、水平较高的预报员团队利用天气学演变规律进行会商讨论，跟踪、调整天气系统的过程预报。

（3）短期确定预报——3～6 d 时效的预报技术

短期确定预报的意义延续过程预报思路，当预报时效进入 3～6 d 内时对窗口期给出确定性天气要素的预报。进入确定预报阶段时，距离施工窗口期较为临近，预报结论直接影响施工区计划的安排，故此对预报细化程度、准确度要求都较高。确定预报是在过程预报的基础上，对高影响天气系统过程的持续跟踪有很好的连续性，重点在天气系统发生时间、强度上进行确定性预报，例如，窗口期每日天空状况、能见度、风向风力及要素转折时间点。该预报时效内，将数值模式预报结论、高低层大气环流实况、天气学分析三方面相结合，重点在于利用施工区天气系统上游实测资料（天气图实况、云图、气象测站）对目标天气过程进行预报调整，细化、追踪窗口期天气要素的变化。

（4）临近精细预报——0～3 d 时效的预报技术

临近精细预报是在确定施工窗口期天气要素基本满足施工条件的基础上，预报时效进入 3 d 以内，开展施工窗口期更为细化的天气要素预报，重点针对可预报时效短的低层小尺度进行捕捉，比如，临近大风（南支槽、切变线）、海雾持续时段、强对流天气的发生。该预报时效内，主要是利用高低层大气环流实况、上游气象测站、云图和雷达图，预报员结合经验预报和会商讨论，对窗口期 3 d 内每隔 6 h 对天气要素进行量化预报，并增加大风、海雾、强对流天气的起止时间、峰值发生时段的明确性预报。

4. 数据传输和发布系统

（1）预报产品集合

自工程启动准备开始，对大窗口期预报对象，实施长历时跟踪预报方案。该方案是集合多家天气、气候数值模式结果，利用现场实测气象要素、云图、雷达图对数值模式进行订正、释用，滚动更新天气系统的发展变化，制作出施工区单点长期、中期、短期预报。

（2）会商机制建立

建立完善的预报会商机制，是气象预报长久以来的工作方法。参与会商讨论的预报员要求熟知同期气候背景，各专业预报单位大气数值模式的预报特点，掌握近期东亚地区天气演变形势，对窗口期施工海域的天气做出判断。重大天气系统影响时，召开专题会商会，并形成决策服务预报信息报告，以供施工方安排工程作业使用。

（3）数据传输与显示系统

根据各类数据的显示要求，根据上游子系统的分析处理结果，按照不同的投影方式，结合 GIS 的表现方式，进行图形的叠加、缩放、漫游等显示，以及隐现切换等操作，实现对数据的综合分析。综合显示平台具有较高的运行效率，用户操作界面简洁易用，具有流畅的用户交互体验。利用国内公共通信网、VASAT 系统，在前方保障系统和后方保障系统之间建立数据传输链路，用于观测数据和预报产品的实时传输，以及预报会商。

搭建基于 Web 网页的海洋环境预报综合信息服务平台，实现风、浪、流、潮等预报产品和实况的可视化及产品的查询检索功能（图 4-11）。具体包括：①预报区域风场、海浪场、分层流场等的逐时预报图和动画显示；②工程点风、浪、流、潮等要素的预报图；③工程点风、浪、流、潮等要素的预报表格及水文气象窗口产品综合显示；④实况资料的显示：包括风、浪、流等观测要素的当前实况，以及过去 48 h 的观测变化图；⑤台风路径、卫星云图等其他相关资料的查询和显示。

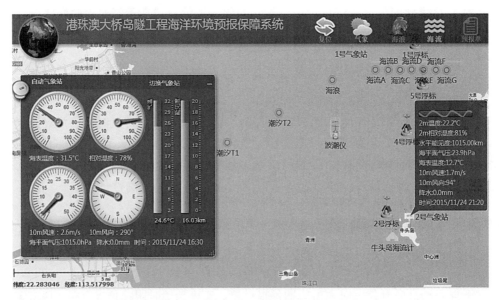

图 4-11　海洋环境预报保障系统信息服务平台

4.2.4　系统应用

1. 系统运行流程

首先，建立现场海洋环境监测子系统，通过对施工现场海域一段时间的连续观测和资料分析，获取该海域的气象、海浪和海流基本特征；其次，通过收集各种历史和实况气象资料，建立天气系统数据库，建立长历时天气预报子系统，对施工海域未来 15 d 的天气趋势进行预报；在现场气象海洋环境实时监测和天气趋势预报的基础上，利用国际上成熟的气象、海浪和海流数值预报模型，建立气象、海浪和海流数值预报系统，制作 7 d 的气象、海浪和 15 d 的海流数值预报产品；最后在上述长历时天气预报、精细化数值预报输出的要素预报产品基础上，通过产品集成，得到综合预报单，每天定点发送到项目总经理部，为施工决策和施工计划制定提供重要参考和依据。预报保障系统工作流程图见图 4-12。

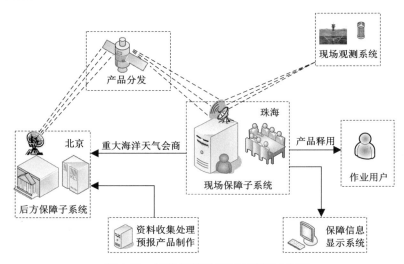

图 4-12　预报保障系统运行流程示意图

2. 系统应用流程

利用预报保障系统进行施工生产组织和决策，主要流程如下。

①根据中长期气象预报结果，决策下一阶段的施工组织策略，主要为沉管碎石基床铺设是否启动和第一次初步确定沉管安装日期的决策会提供判断依据；

②根据短期气象预报结果，做好浮运沉放施工计划编制和组织准备工作；

③根据精细化水文气象预报结果，选定作业窗口，并实时进行监测跟踪和保障。

预报保障系统应用流程示意图见图 4-13。

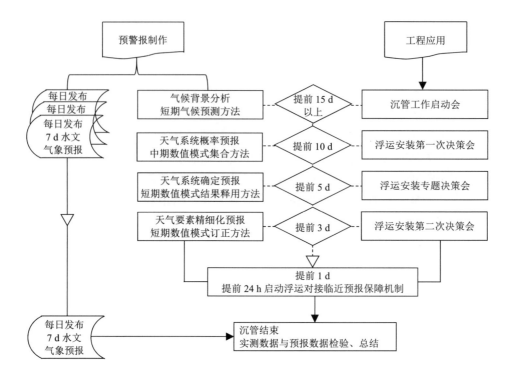

图 4-13　预报保障系统应用流程示意图

3. 系统精度指标

从历次沉管施工风速预报的平均误差来看，24 h 风速预报绝对平均误差为 0.86 m/s，48 h 绝对平均误差为 1.13 m/s，72 h 绝对平均误差为 1.15 m/s。

从历次沉管施工海浪预报的平均误差来看，海浪有效波高预报 24 h 绝对平均误差为 0.15 m，48 h 绝对平均误差为 0.16 m，72 h 绝对平均误差为 0.12 m，达到了技术指标要求。

从历次沉管潮位预报检验和海流预报检验来看，潮位预报平均误差为 0.09 m，最大误差为 0.24 m，海流流速预报平均误差为 0.1 m/s，最大误差为 0.31 m/s。

4.3　对接窗口预报保障系统

工程海域位于珠江口径流与外海海水的交汇处，海流情况异常复杂。河口的海流受到径流的显著影响，由于盐淡水混合强烈，使得盐度分布在垂直和水平方向上存在着密度坡降，从而形成密度流，进而在涨落潮时形成上下层不一致的斜压流。南京水利科学研究院对珠江口的研究表明，涨潮时，盐水楔随涨潮流从深槽底层潜入，密度坡降与水面坡降一致，涨潮流速增大；另外，由于底层密度坡降显著大于表层，底层流速明显大于表层。

港珠澳大桥沉管基槽水域位于盐水楔活动区，受其影响，底层流速在一定条件下会明显大于表层。受珠江口冲淡水的影响，在潮汐的作用下，近海深槽的海流水平速度在垂直方向呈"齿轮"结构分布；涨潮时，深槽流底层流速大于表层流速；落潮时，表层流速大于底层流速。管节安装时需要选择良好的管节沉放对接时机，尽量控制在基槽内管节所处位置为小流速的时段进行管节着床和对接操作，减小管节在水下的控制难度和控制风险。

为了满足沉管沉放对接过程中对周围海洋环境的极高要求，开发了一套集监测、预报和信息显示于一体的外海深槽沉管安装对接保障系统，该系统包含了移动式海流实时监测系统和基槽三维海流预报系统，为沉管对接施工过程决策提供保障。

4.3.1　系统技术指标

①系统预报要求：提供连续 6 h 整层平均流速小于 0.5 m/s 的对接时间窗口，预报时间误差不能超过 90 min。

②数值模式预报时效：7 d。

③模式最小水平分辨率：5 m×5 m。

④潮汐预报误差：0.2 m。

⑤10 m 平均海流预报误差：0.15 m/s。

4.3.2　系统组成和搭建

对接窗口预报保障系统主要由移动式海流实时监测系统和基槽三维海流预报系统组成，在实时精细化动态监测管节周围的海洋环境要素基础上，利用径流、潮汐、海流耦合技术，采用多重网格嵌套方案和参数化方案，使用海流临近预报方法，实现了外海深基槽全断面逐时高精度的海流预报，有效保障了外海深基槽大型沉管的精准对接。

1. 移动式海流实时监测系统

基槽管节附近的移动式海流实时监测系统，利用高精度的海流及温盐观测设备，实时动态监测浮运安装过程中管节周边的海流状况。这些观测设备通过数据传输网络形成了一个集成化的数据实时显示平台，其数据的时间分辨率达到了分钟级，数据的显示快速准确。观测可以为数值预报系统及临近预报系统提供检验和输入数据，为浮运安装施工提供有效的水文参考数据。

海流观测仪器为 600 kHz 型声学多普勒海流速剖面仪（acoustic doppler current

profilers，ADCP），温盐观测仪器为温盐探测量仪（conductivity-temperature-depthsystem，CTD），仪器均由美国 TRDI 公司生产（图 4-14）。在沉管施工期间，管节周围设置了 5 个海流观测站位和 2 个温盐观测站位。其中，5 个海流观测站位分别位于：管头潜水船 386、津安 3 号南北两侧、津安 2 号南侧和测量船 1002；2 个温盐观测站位分别部署在津安 2 号北侧和测量船 1002。管节浮运时即启动管节海流观测系统，全程观测管节浮运、沉放和安装过程中管节周边的海流及温盐状况。

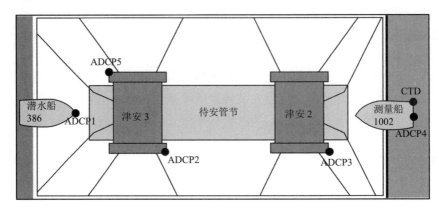

图 4-14 海流观测仪器安装位置示意图

施工过程中需要海流和温盐数据的实时处理及显示，因此观测数据通过电缆或无线方式实时将数据从测量仪器上传到现场指挥船上，然后通过产品集成与显示系统提供实时观测和预报结果的分析与显示，便于沉放对接过程中直接使用（图 4-15）。

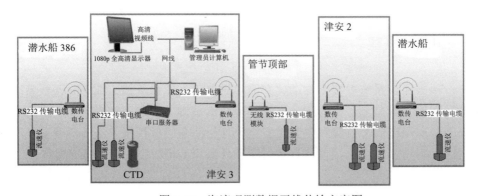

图 4-15 海流观测数据无线传输方案图

2. 基槽三维海流预报系统

基槽三维海流预报系统主要由基槽三维海流数值预报系统和临近预报系统组成。其中数值预报系统主要在施工前 5～10 d 进行海流等要素的数值预报，输出各类图形化和数据化的保障产品；临近预报系统主要用于现场保障期间对于数值预报系统的订正和更新，进一步提高预报产品的精度。

基槽三维海流数值预报系统通过现场观测、卫星资料等多源数据集搭建数值模式预报系统。综合考虑风、径流、潮流及波浪对基槽区沉管对接安装的影响，收集模式需要的地形数据，并利用海图等资料对地形数据进行订正，从而获得较高精度的该海域水深数据。采用模式单向嵌套和基槽地形逐渐推进相结合的多重网格嵌套方案，计算范围水平分辨率为 1/21600° × 1/21600°（5 m × 5 m），竖直向分为 20 个 σ 层，并对中下层进行了加密，提高对施工海区的分辨率。

采用浪、潮、流耦合和最优化的参数化方案等技术，提高整个预报系统的预报精度。获取高精度的潮汐调和常数资料，并利用当地的潮位站资料对模型的调和常数进行订正，插值到模式的开边界上；获取逐日的实时径流量资料，并利用分配比计算珠江流域各大口门的径流量；利用已有的珠江口精细化天气数值预报系统提供的海面风场、辐射、降水等气象要素场，通过插值得到模式需要的大气强迫场数据。

利用工程海区波潮仪、海洋观测浮标和定点泥沙浓度观测等现场实测数据，对潮位、海流、海浪、悬浮泥沙浓度及回淤厚度等数值预报结果进行检验，并对该预报模式的耦合方案、物理过程参数化方案、底摩擦系数、水平涡黏系数、泥沙沉降速率等进行优化，提高模式的预报精度。经检验，模式计算的潮位平均误差为 0.08 m，10 m 以上平均流速的平均误差为 0.086 m/s，模式的预报精度较高。

临近预报是利用现场实时监测的海流数据通过回归分析的统计方法来订正数值预报系统的预报结果，从而提高海流的预报精度。由于模式预报通常都是在施工前一个星期做出的，不能考虑这一个星期的最新观测。而临近预报正好可以弥补这个缺点，为施工提供更好的预报结果，因此每当有新的观测资料（这里每半小时更新一次观测数据），就可以进行一次新的临近预报，根据最新的观测情况来预报短时临近海流。具体的做法是将模式预报数据和浮标测点的海流调和常数数据，利用线性回归的方法拟合当前时刻的实测数据，从而得到各分量的回归系数，最后利用得到的线性回归系数去订正模式的预报结果。从对比结果可以发现，经过临近预报的调整，各点流速预报的平均误差均能降到 0.1 m/s 以下，尤其能显著降低落急时刻原来模式预报偏大的流速误差；临近预报也能提高流向预报的精度，降低平均误差 5°～15°。

4.3.3　系统应用

利用模式输出的海流、潮位等预报结果，提供基槽施工区流速随深度和时间变化剖面、基槽安装对接窗口和基槽单点流速廓线等相关产品。

图 4-16 是基槽单点流速随深度和时间变化剖面图，其中白色曲线代表潮位，填色图代表流速，可以看到该基槽三维海流数值预报系统较好地模拟了涨潮阶段底部流速增大的现象。

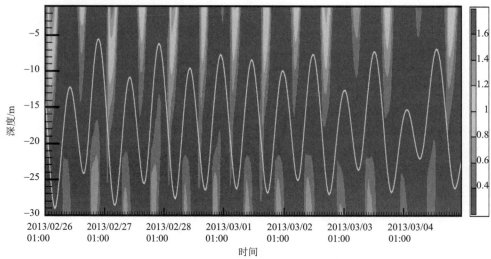

图 4-16 基槽单点流速随深度和时间变化剖面图

图 4-17 是基槽对接窗口产品，该产品的上方曲线为表层流速，下方曲线为底层流速，灰色区域代表的是表层和底层流速均小于 0.5 m/s 的适合对接施工的窗口期。

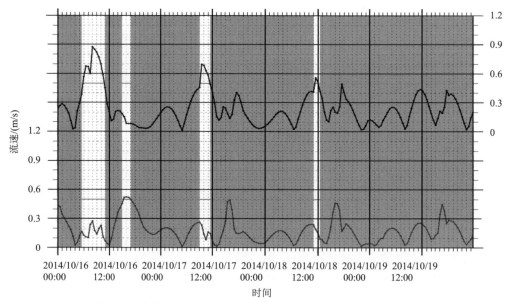

图 4-17 基槽对接窗口产品（上方为表层流速，下方为底层流速）

图 4-18 是单点流速廓线，其中左边曲线为流速，右边曲线为流向。可以看到该预报系统较好地模拟了外海深槽区域在涨潮时出现的底部流速增大的现象。

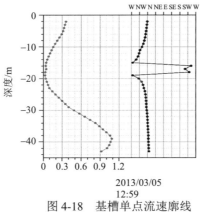

2013/03/05
12:59

图 4-18　基槽单点流速廓线

沉管安装前国家海洋环境预报中心对施工区域的气象和施工海域的波、浪、流等海况进行临近预报,参考临近预报数据确定最终的沉管对接窗口。同时在沉管安装过程中国家海洋环境预报中心对施工区域的气象和施工海域的波、浪、流等海况进行实时监测、预报,指导管节安装。图 4-19 为设在安装船指挥控制室内的对接窗口保障系统运行显示界面。

图 4-19　安装船指挥控制室内的对接窗口保障系统运行显示界面

4.4　基槽回淤泥沙预警预报系统

港珠澳大桥沉管隧道位于珠江口下游的伶仃洋海域,同时受珠江复杂河网和伶仃洋水沙环境的双重影响,特别是汛期径流、海上风浪等参数时刻变换,随机性强,又有陆架水和冲淡水的影响,水沙条件极为复杂。沉管基槽挖深大、边坡陡、槽内水动力环境极为复杂,回淤引起的工程风险大。工程实施过程中,内伶仃岛附近高强度采砂活动引起基槽内泥沙淤积发生异常回淤问题,直接导致 E15 管节浮运安装被迫中止,造成了极大的工程风险和经济损失。

为解决基槽异常回淤问题,项目部委托中交第四航务工程勘察设计院有限公司、交通运输部天津水运工程科学研究院、南京水利科学研究院和中山大学组成联合攻关组,针对沉管基槽出现的异常泥沙淤积现象开展研究工作。攻关组依据在施工现场采集的精细化观测大数据资料,开发建立了一个沉管基槽高精度、高效率的多因素复合型基槽回淤预报模型系统，对不同管节施工、沉放窗口期内基槽淤积进行预报，对可能出现的风险进行预警，为沉管安装提供了可靠保障。

4.4.1 系统指标和要求

根据设计部门对沉管基础允许的回淤厚度指标，以及沉管基础、安装的施工工序和周期安排，对回淤预报预警系统提出如下要求。

①预报精度：泥沙淤积厚度预报精度要求达到厘米级。

②预报时间要求：至少能预报基槽未来 3 d 的淤积厚度。

③跟踪预警要求：随时根据径流、水体含沙量及基槽泥沙淤积等信息实时调整预报结果，发现异常即发出预警信息。

④预报时效：可提供 15 d 的逐日预报。

4.4.2 系统模式和建立

充分发挥数值模拟计算信息丰富、可覆盖全域的优点，以及经验公式计算针对性强、响应迅速的优点，创新性发展了"复合型预报"的预报手段，自主创新建立了一套数值模拟-公式预报相联合的多因素复合型基槽回淤预警预报系统（图 4-20）。所谓"复合型"，即同时兼顾"面向表现"的回淤预报公式法和"面向过程"的数值模拟法。

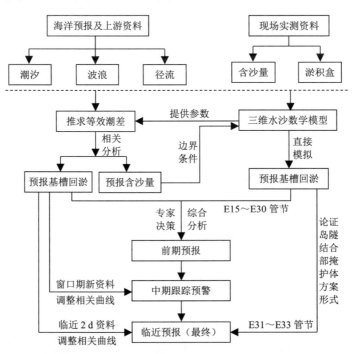

图 4-20 多因素复合型基槽回淤预警预报系统流程图

在具体预警预报过程中，公式计算和数值模拟两种方法呈现出"交织"衔接，体现在：公式计算中所需重点参数由数值模拟给出；数值模拟的含沙量初始边界条件又利用经验公式的结果；对潮流形态较为单纯的管节（即 E15～E32 管节），一般采用针对性强、响应迅速的经验公式进行预报；而对岛隧结合部处的 E33 管节，由于受两侧掩护体的遮挡，在接头处存在回流现象，条件更加复杂，所以对岛隧结合部附近管节的预警预报采用数值模拟方法。

1. 现场资料的获取

首先开展高频次、高精度现场观测工作，形成了几十万个观测资料大数据库，为研究工作提供了科学依据。开展的观测项目主要类别分为以下几种。

①深基槽内流系结构测量；

②固定点及横断面含沙量测量；

③水深测量；

④悬沙、底质泥沙采样及粒级实验分析；

⑤基槽内淤积物采集及颗粒分析；

⑥基槽内泥沙密度测量。

现场具体测量项目包括：回淤盒及多波束测量、固定点含沙量测量、基槽内外断面含沙量巡测、基槽纵横断面 ADCP 走航流速流向测量、底质泥沙取样及室内粒级分析、柱状泥沙取样及室内粒级分析、基槽内淤积物容重测量、基槽内悬沙取样及室内粒级分析、内伶仃岛东北海域采沙船调查、内伶仃岛东北侧至基槽之间含沙量巡测、工程区附近大范围底质泥沙取样及室内粒级分析和回淤盒淤积物厚度及容重测量等，其中测量时段最长、获得数据量最多的项目主要有固定站含沙量、巡测含沙量、回淤盒及多波束等。

基于现场观测大数据资料，同时采用遥感图片分析和数学模型等综合的研究手段，揭示了沉管基槽泥沙主要来源，淤积原因和机制，得出了基槽出现的异常回淤的主要泥沙来源是内伶仃岛附近采砂作业所致，采砂形成的高含沙浑水以直接输移和再搬运方式进入基槽这一重要结论，为政府部门决策临时关闭采砂区提供了重要的依据，控制了基槽内的回淤量级，保障了沉管施放的安全性。

2. 三维水沙数学模型的建立

根据港珠澳大桥岛隧工程沉管基槽开挖深度大的特点，建立了三维水沙数学模型，采用多组现场实测数据对模型进行了反复调试和验证。模型可用于论证内伶仃采砂引起的悬沙扩散对基槽的影响及基槽的淤积计算。

采用的数学模型体系为自主研发的三维水动力泥沙数学模型软件，网格体系采用无结构三角形与四边形混合网格混合体系。在模型计算中，根据所研究对象的差异性，可开展全域三维、平面二维、竖直向二维、二维和三维内外域耦合等多种计算形式。在二维、三维耦合模型中，采用具有双曲和谐形式的二维和三维浅水方程，可从数学角度上避免通量梯度项与底坡项不平衡引起的非物理数值流动。理论上，基于双曲和谐形式控制方程、采用最新的数值处理技术、结合"干湿边界"和二维、三维耦合边界的改进处理而建立适用于复杂边界及地形的多功能浅水模型，在稳定性、质量守恒性、激波捕捉能力、对复杂地形边界流动真实模拟等方面应更具优势。

本次模拟计算所建立的网格范围见图 4-21，其中二维外区域北侧边界包括珠江口东四口门，南侧至外海，包括整个伶仃洋海域。

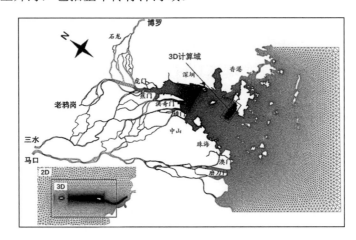

图 4-21　二维、三维耦合模型计算网格示意

三维内区域为港珠澳大桥人工岛、基槽附近水域，其中内域范围应保证至少包括基槽南北两侧各 8 km，以保证截沙槽实施后仍有一定的过渡区域。大范围外域模型网格采用渐变形式，其中三维内域网格采用矩形、三角形混合网格形式，其中基槽内采用矩形网格，竖直向分层取为 40 层。复杂边界处采用三角形网格，以精确分辨岸线。

根据现场的大量水文泥沙测量资料，分别对二维、三维两个模型进行验证，以充分率定模型参数和边界合理性。分别进行了二维、三维水动力及含沙量验证、基槽内三维流态验证、含沙量巡测资料验证和基槽内平均淤厚验证等工作。采用所建的二维、三维耦合数学模型，对槽内日平均淤厚进行了初步模拟。基槽内模拟日淤厚和实测数据对比见图 4-22。由图 4-22 可见，所得淤厚总体量级相近，表明模型具有一定的代表性，可把握基槽淤积的量级。

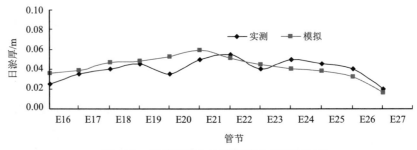

图 4-22　数值模拟与实测基槽内日淤厚对比

3. 回淤预报公式的推求

在海区自然环境相对稳定的前提下，潮流波浪等动力条件影响海域含沙量，而含沙量又决定了基槽的淤积大小。通过现场大量的潮差、潮流、含沙量、基槽淤积量等资料分析发现，基槽水域滩面流速与潮差关系明显，按照相关分析法，建立了潮差与含沙量关系曲线、潮差与基槽淤积关系曲线，通过潮差可以较好地测算基槽淤积量。在考虑风浪、径流对淤积的影响时，通过风推算波浪大小，计算波浪引起的底流速，转换成等潮差后与潮流对应的潮差进行叠加，采用"等效潮差"来反映潮流、波浪及径流对泥沙淤积的影响，最终基于"等效潮差"的新理论，建立了基槽泥沙淤积高精度计算公式。

等效潮差表达式：

$$R_e = R_t + R_w + R_d \text{ 或 } R_e = R_t + \alpha_w R_t + \alpha_d R_t$$

式中，　R_e——总等效潮差；

$\quad\quad R_t$——然潮汐潮差；

$\quad\quad R_w$——波浪等效潮差；

$\quad\quad R_d$——径流等效潮差；

$\quad\quad \alpha_w$——波浪等效潮差系数；

$\quad\quad \alpha_d$——径流等效潮差系数。

以底流速表达的等效潮差的数理表达式：

$$R_e = \frac{V_b + V_{wb} + V_{db}}{V_b} R_t$$

式中，　V_b——潮汐作用下的近底流速；

$\quad\quad V_{db}$——径流引起的底部流速，可由三维水动力数学模型计算结果给出；

$\quad\quad V_{wb}$——波浪底部质点平均流速，可由海岸动力学公式计算。

在实际应用中，对等效潮差的计算遵循以下步骤。

①通过现场潮汐预报数据得到沉管施放窗口期内的潮汐过程；

②将潮汐过程输入水动力数学模型，得到潮位与底部流速过程，并统计得到窗口期内每日天文潮潮差 R_t 及预报管节处的对应底部流速 V_b；

③根据窗口期内的波浪预报成果，采用波浪数学模型推算得到拟施放沉管区位的波浪参数，并通过海岸动力学公式计算得到波浪底部平均流速 V_{wb}，进而计算得到波浪等效潮差 R_w；

④根据窗口期内的上游径流预报成果，将其代入水动力数学模型模拟得到拟施放沉管区位的径流底部流速 V_{db}，并计算得到径流等效潮差 R_d；

⑤将天文潮差 R_t、波浪等效潮差 R_w 与径流等效潮差 R_d 相加，最终得到等效潮差数

值 R_e。

等效潮差概念提出后，根据海岸动力学理论，推导得到等效潮差与含沙量的关系表达式如下：

$$S = k\rho_s \frac{R_e^{\beta}}{ghT^2}$$

式中，T——半潮周期；

ρ_s——泥沙密度；

h——平均水深；

g——重力加速度；

k、β——经验系数，应根据现场实测资料推求。

根据现场实测资料推求得到的含沙量-等效潮差关系曲线见图 4-23。等效潮差与含沙量的关系良好，可为后续泥沙数学模型试验提供准确的边界条件。在实际预报过程中，根据实测资料的积累，对 k、β 系数进行持续订正，保障计算的准确性。

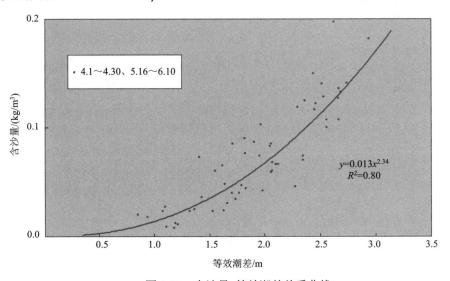

图 4-23　含沙量-等效潮差关系曲线

基于"高精度、大数据"的实测资料，通过理论回归分析手段，推导了适用于深基槽泥沙回淤预报的计算理论公式，等效潮差与基槽回淤的关系表达式：

$$D_{ep} = \lambda R_e^{\theta}$$

式中，D_{ep}——基槽淤积厚度；

λ、θ——经验系数，应根据现场实测资料推求。

根据现场实测资料推求得到的淤积厚度-等效潮差关系曲线见图 4-24，由该曲线图推求得到 $\lambda = 0.0011 \sim 0.0020$；$\theta = 1.95 \sim 2.02$（随区域而变化）。由图 4-24 可见，等效潮差与基槽淤积的关系良好。该公式形式简易、计算效率高、计算精度可达厘米级，可直接应用于预报中。

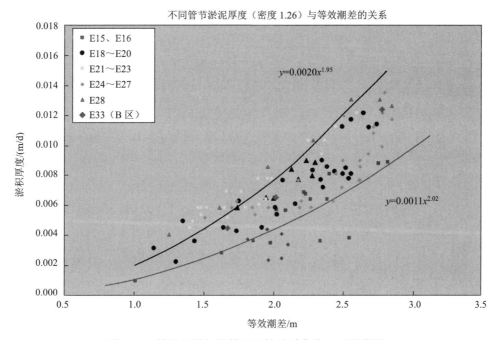

图 4-24　等效潮差与基槽淤积的关系曲线（后附彩图）

4.4.3　系统运行流程

采用复合型预警预报模式对基床淤积进行预警预报，分为三个阶段，分别是第一阶段初期预报、第二阶段跟踪预警和第三阶段临近预报。

1. 初期预报

在沉管安装气象窗口、沉管基槽整平及安装期间海上施工计划初步确定后，根据潮汐、径流和风况，采用预报模型预报碎石基床铺设至沉管安放期间未来 10～15 d 每天的工程水域含沙量和基槽淤积厚度及累计淤积厚度，并在泥沙预判会上汇报，作为碎石基床铺设施工的决策依据。

2. 跟踪预警

在碎石基床整平期间，逐日跟踪现场的含沙量、气象、径流及基槽内泥沙淤积变化，与预测结果进行对比，并根据情况进行不同级别的预警，为碎石基床铺设的继续实施或减淤措施等决策提供基本依据。

预警级别分为绿色、黄色、橙色、红色四级。如表 4-1 所示。此外，如本期潮汐动力-含沙量-泥沙淤积厚度关系曲线发生变化，需要及时调整预报曲线。

表 4-1　基槽回淤预警级别表

预警级别	对应的状况	备注
0 绿色	含沙量、风浪及基槽淤积厚度均正常	如发生 1 级以上预警，将视情况提出建议
1 黄色	含沙量或风浪大于预报值	
2 橙色	基槽淤积厚度大于当日预报值	
3 红色	基槽淤积厚度大于安全值	

3. 临近预报

在沉管正式浮运前 2 d，结合最新的气象、径流和实测回淤盒、含沙量资料，适时修订预报数值进行最终核定，对下一步基床清淤提出建议，提交确认报告，作为沉管浮运施工的决策依据。

4.4.4　系统应用效果

采用研发的泥沙淤积预警预报系统进行了 E15～E33 管节共 19 节管节的基槽泥沙淤积预警预报，预报总次数为 24 次。其中，由于其他施工安排等原因 E15、E17、E22、E26、E29 分别预报了两次。从预报后碎石基床泥沙淤积实测结果的跟踪曲线来看，每次的泥沙淤积预报都是成功的，实现了基槽泥沙淤积预报范围从宏观到局部，预报时效从"年、月"精确到"逐日"，预报精度由米级精细到厘米级，极大地提升了回淤预报的精确度和时效性，保障了各沉管的顺利、安全沉放。

4.5　沉管运动姿态实时监测系统

管节沉放过程中由于自身质量大（7.8 万 t）、阻尼大，但实际所受负浮力较小（约1000 t），而系泊定位缆系刚度有限，对管节运动的约束能力有限，管节沉放受到海流、海浪、风、潮汐、海水盐度、缆力等水下复杂工况的影响，水下运动呈现超低频、小振幅状态。对接过程中待安管节与已安管节距离很近，而管节对流速变化、异常波、湍流等环境因素变化的反应敏感，从而导致管节姿态及运动情况随时间不断变化，若产生异常晃动时将影响沉管安装质量和管节安全，因此需要对管节的姿态及运动情况进行监测。

根据实测资料，港珠澳大桥沉管隧道深水区管节着床对接处于基槽紊流区，槽底流向和流速的无规律跳跃性变化，并且存在底层大流速现象，将对管节在水下的姿态控制带来不利影响；同时，受水深增加和深槽边坡影响，安装缆系相应变长，缆系刚度降低，缆系在边坡部分入泥深度较大，安装缆系对管节姿态在水下的控制能力相应降低，当上述两方面的影响因素发生不利的耦合效应时，管节在沉放和对接阶段将出现不受控的低频小幅晃动，导致导向杆不断碰撞导向托架，严重时会破坏导向杆或托架，造成导向定位系统失效，最终有可能使得管节对接偏差过大，影响安装质量。

为了掌握深水深槽条件下管节在水下的晃动幅度和频率，弄清楚在缆系控制和海流影响下的管节运动响应，进而反馈施工控制操作，规避施工风险，港珠澳大桥岛隧工程依托中国航空工业集团公司北京长城计量测试技术研究所在超低频振动和惯性计量测试领域的技术优势，集成开发了一套外海超大沉管深水超低频运动姿态监测系统，快速准确获得沉管安装过程中的运动速度、振幅及首尾摆动角度数据，及时提供安装指挥组决策使用，指导和保障沉管安装作业。

4.5.1　系统原理

1. 位移监测

利用惯性原理将沉放过程中的管节假设为一振动单摆，通过测试沉管在沉放期间管节各方向上的运动加速度信号，并对加速度进行积分可以获得沉管在各个方向上的运动速度及振幅（位移）。振动原理示意图见图 4-25。

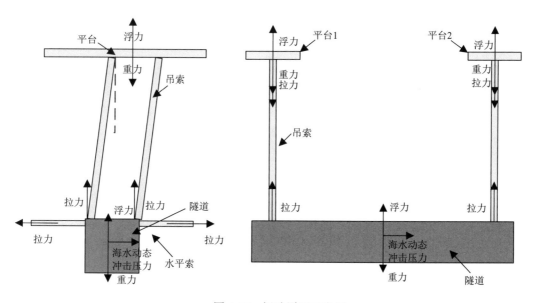

图 4-25　振动原理示意图

2. 倾角监测

沉管在下沉过程中除发生超低频振动外还会发生倾角的变化，因此采用倾角仪对沉管倾角变化进行监测。同时，加速度传感器在产生一定角度倾斜时，其测试信号量值会发生对应的偏置，导致加速度传感器产生由于倾角变化而引入的系统误差，因此倾角传感器也有修正加速度传感器测试数据的作用。

3. 艏向监测

当沉管首尾两端发生的水平向超低频振动存在相位差时，艏向就会发生角度变化，因此采用角速度传感器对艏向变化速度进行监测，通过对角速度的积分处理可以得到艏向的角度变化值。

4.5.2 系统方案

沉管安装作业全过程位于水下，管节的水中运动姿态难以直接测量，常规位移测量方法均不适用，而惯性测量方法不受环境影响，不怕干扰，可以不依靠参照物测量载体的运动幅值，并且提供的数据十分完备，除能提供管节的加速度、速度、位移幅值外，还能给出管节横摇、纵摇、艏摇的角度幅度，而且具有短期精度和稳定性好的优点。

现有惯导产品测量范围、精度不能完全满足沉管对接要求，需要研制专用的管节姿态监测系统。首先根据既得的海流、波浪、海水密度、缆力、风速多个环境参数简化边界条件，对系泊状态的管节系统建立有限元模型，分析其固有模态，确定系统的动态响应频率范围；然后根据分析结果选择组成监测系统的各传感器，并通过国防最高计量标准装置校准其幅频和相频特性，筛选出满足测试要求的传感器；进而分析传感器测试原理，设计测量单元，组建测试系统，研发管节姿态解算方法，设计管节姿态自动监测系统软件，实时监测管节沉放对接过程中的纵摇、横摇和升沉 6 个自由度的变化情况，为管节姿态稳定控制实时提供可靠数据支持（图 4-26）。

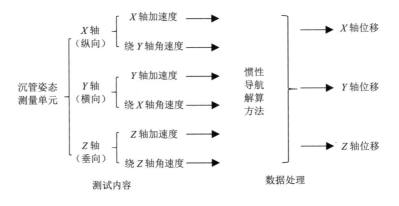

图 4-26 沉管姿态测量单元的测试内容及数据处理

通过有效集成高精度的石英挠性加速度计、光纤陀螺仪等惯性导航设备、基线稳定的 32 位微振采集仪,采用非接触方式测量加速度、角速度、角度等惯性量,利用惯性导航技术进行多参数耦合解析,实时得到沉管超低频运动幅值、角度及角速度变化范围等管节姿态动态指标,系统频率下限达到 0.01 Hz,位移幅值精度达到毫米级。

具体监测单元由 3 只加速度传感器、1 只倾角传感器、1 只角速度传感器及对应电源与放大器组成。加速度传感器采用伺服式加速度传感器,是目前测量超低频振动性能最好的传感器类型;倾角传感器采用双轴电压传倾角感器,内置微型固态垂摆,通过测量静态重力场变化,转化为倾角变化,并内置高分辨率差分数模转换器,通过自补偿减小环境变化造成的误差;角速度传感器采用俄罗斯进口的光纤陀螺仪,全固态,没有旋转部件和摩擦部件,寿命长,动态范围大,瞬时启动。加速度计分辨率小于 1 μg,陀螺零偏稳定性小于 0.1°/h,角度测量精度优于 0.01°,加速度计和陀螺理论频率响应均为零频起,经测试 0.01~1 Hz 频段幅频响应平坦,相移小于 0.2°。监测单元传感器组成示意如图 4-27 所示。

惯性测量系统单独使用时位置误差随时间积累,并且每次使用之前初始对准时间较长。通过校准加速度计、光纤陀螺的超低频幅频特性和相频特性,深入研究加速度计结构原理引入的交叉耦合误差,建立了器件的测试模型,修正了系统误差,提高了姿态监测系统的测试精度,并可实现实时运动状态监测。

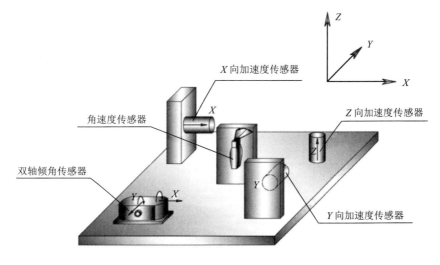

图 4-27　监测单元传感器组成示意图

4.5.3　技术指标

①加速度幅值范围:10 μg~0.1 g;
②水平位移范围:±10~±2000 mm;

③频率范围：0.01～10 Hz；

④位移精度：±1 cm；

⑤倾角精度：±0.05°。

4.5.4 系统组成

沉管姿态监测系统由传感器、采集仪、信号传输系统、终端采集分析软件及显示屏组成，共配置有 3 套独立的测量单元，管节首端布置 2 套测量单元（其中 1 套作为冗余备份），管节尾端布置 1 套测量单元，测量单元之间通过光纤局域网络连接到沉放控制指挥室内，可在控制室内进行同步触发采集、分析显示测量结果，同时可通过移动通信网络上传到云端服务器，随时随地监测系统运行状态。具体布置见图 4-28。

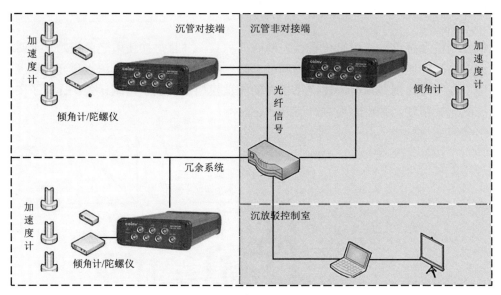

图 4-28 沉管运动姿态监测系统图

沉管沉放期间属于超低频振动，振动频率在 0.1 Hz 以下，因此系统采集频率应小于 4 Hz。数据采集和处理程序如下。

①获取不同下放阶段的管节振动信号。

②截取振动时间 256 s 以上的数据进行频谱分析，获得振动期间的振动主频、峰值加速度平均值及角度平均值。

③通过角度平均值对峰值加速度平均值进行修正。

④利用三角函数公式分别计算得到不同方向上的最大振幅。

监测系统采用捷联惯导解算方法，软件设计采用 C++语言实现，软件界面如图 4-29 所示。

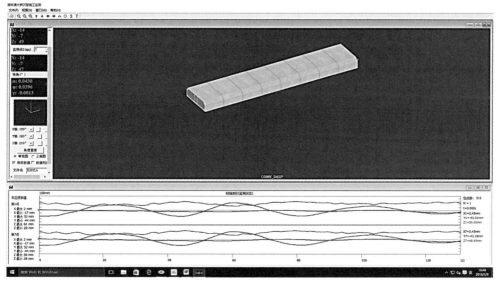

图 4-29　港珠澳大桥沉管对接运动监测软件界面

4.5.5　系统应用

该姿态监测系统应用于港珠澳大桥岛隧工程沉管隧道 E11～E33 管节连续 23 次的沉放对接监测,监测结果准确反映了沉管在水下的超低频运动状态,保证了管节对接精度,印证了管节深水超低频运动监测系统的测量精度满足工程精度控制要求,测量精度达到毫米级。

4.6　封门结构安全实时监测系统

端封门的变形监测是判断端封门设计施工质量及安全性的重要标准。通过对端封门钢梁及钢板的变形监测,可以判断端封门在不同水压下的工作情况,确保施工安全。通过对端封门在坞内灌水、横移、寄放和沉放等施工过程中的变形及渗漏监测,确保端封门的结构安全性及防水可靠性,并反馈给后批次的端封门设计及施工。

沉管沉放安装过程中最大水深超过 40 m,沉管端部承受压力超过万 t[①],大部分力由端封门承受。端封门主要由门板、钢梁、牛腿、枕梁组成,管节沉放过程中,随着水深增加端封门受到的水压力逐渐增加,为确保管节安全,掌握沉放过程中端封门的变形是否在安全范围内,研发了一套端封门监测系统。监测内容包括端封门变形监测、端封门

---

① 工程领域常用质量吨来表示力,换算成吨力即 1 tf 约为 9.8×10^3 N。

应力监测和封门视频监控。

4.6.1 端封门变形监测

在管节内靠近端封门位置搭设固定支架，支架固定点和端封门指定点之间安装位移计，达到测量端封门变形的目的。共布置 6 支振弦式轴向位移计用于监测端封门变形，其中在右行车廊道布设的 3 支位移计监测钢梁变形，2 支位移计位于端封门底部用于监测端封门板变形，1 支位移计位于中下管廊端封门钢梁位置处。具体安装位置在中下管廊处及右管廊内，如图 4-30 所示。

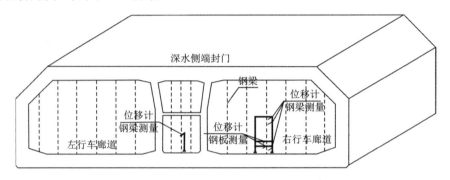

图 4-30　端封门变形监测测点布置

4.6.2 端封门应力监测

端封门应力监测与变形监测进行对比分析，以便于与理论值进行比较。端封门应力监测选择选择振弦式弧焊应变计 BGK-4000。该类型应变计适用于钢结构表面，如图 4-31 所示。

应变计测点布置与端封门钢梁变形测量选择同一榀钢梁进行监测。选择在钢梁应力最大位置附近，3 支应变计以 100 mm 等间距沿钢梁纵向布置，用于捕捉钢梁最大应力。测点布置见图 4-32。

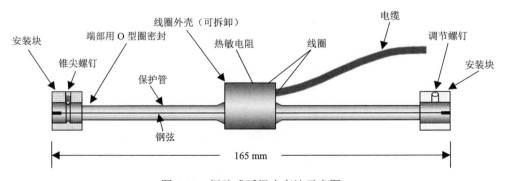

图 4-31　振弦式弧焊应变计示意图

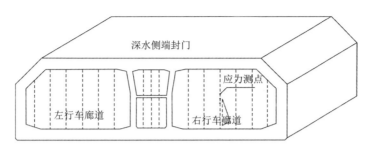

图 4-32　端封门钢梁应力测点布置示意图

仪器采用 Micro40 型采集单元，每个管节布置 1 个采集单元，每个管节内的所有测试传感器均连接至采集单元进行数据的自动采集。通过人工对采集单元内的数据进行读取，如图 4-33 所示。

图 4-33　监测数据采集示意图

4.6.3　封门视频监控

管内设置闭路电视（closed-circuit television，CCTV）监控系统，用以观察端封门、主要管道及阀门驱动头指示、压载水箱的水尺数据等。系统硬件包括 9 台摄像头、26 台照明灯、供电线缆、信号采集传输线缆、控制计算机和配套软件等（图 4-34）。线路布置、信号传递和控制方式与管内压载水控制系统一致，管内的所有数据信息通过管节端封门上的接插件及水下通信电缆/光缆传输至安装船控制室内进行集中操控。

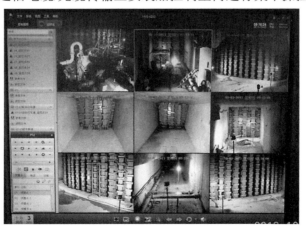

图 4-34　端封门视频监控画面

摄像头采用可 360°旋转摄像头,传统的带云台控制的摄像机前端设备由摄像头、电动云台和解码器控制箱组成。考虑管节内的环境条件不佳、设备需要复用应拆装周转使用方便等因素,设计采用了集成一体化的监控摄像机,即将摄像头、云台和解码器集成在一个设备内。此外,网络型摄像头的应用,使之很方便地接入以太网平台,每一个摄像头配置一个 IP 地址,因而在主控驳船和副控驳船的计算机工作站上可以方便地找到对应的摄像头,调节摄像头的角度和变焦镜头、调看现场监视图像。

摄像头在管节两端各布置 4 台,用以监控两侧行车廊道和中间上下廊道端封门,另外 1 台布置在管节下廊道正中。照明灯具同样分别设在管节两端靠近封门位置和中廊道,用以辅助 CCTV 系统,均可以实现远程控制开关。

4.6.4　系统应用

端封门变形测量自浅坞区灌水开始,因此端封门测量支架和仪器的安装时机应选择在端封门安装完成之后进行,在管节灌水、横移、存放、运输下沉期间均需能进行监测,安装过程中实时监测封门应力、变形,实时监控封门渗漏情况,并由设计人员现场评估封门结构安全度,为管节的安全控制提供数据支持。

4.7　异常波实时监测和预警系统

港珠澳大桥岛隧工程沉管浮运安装大部分都在海面上进行,海浪直接影响沉管、安装船和其他作业船只安全性。首先,浪高大于一定阈值(窗口限制条件)会导致沉管和沉放驳大幅度晃动,影响沉管稳定性;其次,如果海浪波长尺度与沉管尺度接近,会导致沉管大幅度晃动,难以控制姿态;最后,海浪周期与沉管自运动周期紧密相关,当二者周期相近时容易引起共振,加强沉管的晃动,严重时发生断缆和沉管失控等重大问题。

平静水面突然发生较大幅度的上下振荡(波高>0.6 m,周期>6 s),短时间水位又恢复平静,称这种振荡为异常波。异常波不同于涌浪,异常波特点包括时间的不连续和突发性、空间的非均匀性及演变的跃变性(波高突然增大、周期突然增长)。涌浪、异常波、平静海面的对比见图 4-35。

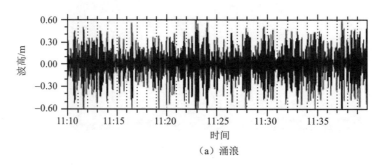

(a) 涌浪

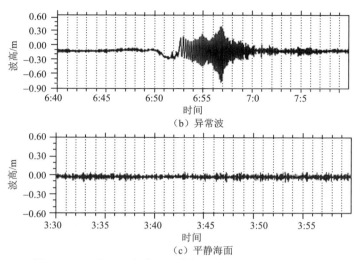

（b）异常波

（c）平静海面

图 4-35 涌浪、异常波和平静海面的水位随时间变化波形对比图

E20 沉管安装过程中遭遇了异常波浪，波高达到 1.5～2 m，波浪周期达到 8～10 s，远远超过了作业窗口的限制条件上限值，沉管出现大幅运动，系泊缆、安装缆张力出现异常极值，吊缆出现松弛现象，引发现场极大的安全隐患（图 4-36）。

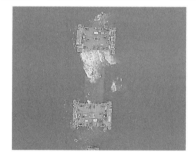

图 4-36 E20 管节安装过程中遭遇异常波浪

为了控制异常波给沉管安装带来的风险，项目部联合国家海洋环境预报中心建立了异常波浪预警系统，通过采用波面高频监测、信号快速识别技术，实现了秒级的快速识别、波要素自动检测与提前 15 min 的自动报警功能，为沉管安装提供了安全保障。

4.7.1 系统指标

①预警时效：10～15 min；
②观测频次：0.5 s。

4.7.2 系统组成

从研发、设计到实施围绕"异常波预警"这一最终的目标，按照"异常波监测，异常波规律分析，异常波快速预警"的思路，以实时监测为基础，将规律分析和快速预警相结合，最终集成开发一套从异常波识别、预警、应对全过程的系统控制方案。具体来说就是要做到实时掌握异常波发生状况，分析异常波发生规律，提高异常波实时预警能力，在出现异常波时及时采取有效措施，防止异常波对管节和施工船只产生大的不利影响。

利用先进的表面波观测仪，考虑异常波的振幅、周期、传播速度及方向等信息，研制集观测和分析于一体的异常波快速预警系统，具体通过异常波监测系统的构建、异常波识别系统的开发和异常波预警发布三个部分实现异常波预警功能（图4-37）。

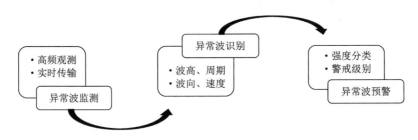

图4-37　异常波监测预警系统组成图

1. 异常波监测系统

根据前期观测分析结果，建立由波潮仪和异常波浮标组成的异常波观测网，观测时间频次为0.5 s，数据即时传输。在沉管施工海域设置了2个波潮仪观测站位和1个波浪浮标观测站位。其中2个波潮仪分别布放在E18管节、E26北侧500 m的海上平台，波浪浮标布放在E26北侧约5 km，波浪浮标和波潮仪为长期连续观测（图4-38）。

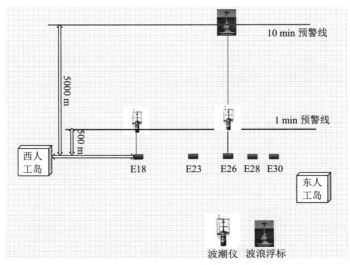

图4-38　异常监测系统组成示意图

　　国内外的压力式波浪、潮位实时观测一般都是每 30 min 或 1 h 传输一组波浪、潮位值，没有实时发送瞬时水压数据给用户。本系统的平台波浪和潮位监测单元通过采用中国科学院南海海洋研究所自主研发的改进型 SZS3-1 型压力式波潮仪，数据采样频率 2 Hz，除定时发送波浪、潮位数据外，还每分钟发送 120 个瞬时水压数据，即可以连续不断地以无线方式实时向用户发送时间间隔为 0.5 s 的测点水压数据，将数据从测量仪器传输至营地值班室和现场指挥室自动存储和处理，数据传输间隔为 1 min，在异常波浪的监测中发挥了重要作用。数据传输示意图见图 4-39。

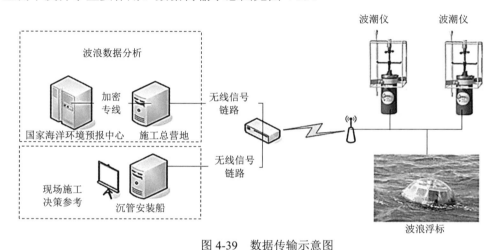

图 4-39　数据传输示意图

2. 异常波识别系统

　　异常波预警将波潮仪和波浪浮标观测的资料通过线缆和网络实时传输到中心和工区服务器存储后，首先对资料进行质量控制、格式转换等预处理，然后对波浪数据进行时域和频域分析，如利用功率谱分析等手段对资料进行实时自动处理，得到目标海域的波高、波浪周期和波向等特征。

　　异常波的快速识别是通过对异常波的时域和频域分析来实现的。异常波时域数据分析根据异常波特征选取合适时间段，滤除低频趋势后，对观测数据时间序列进行时域滑动分析，计算最大波高、周期、波向、传播速度、传播时间等参数。对原时间序列进行带通滤波，滤除包括纯风浪在内的高频扰动和低频趋势后，重复以上时域数据分析内容，并与上述结果做对比。频域数据分析根据经验选取合适时间段，对观测数据时间序列进行滑动功率谱分析。利用功率谱计算各阶谱炬，并由此计算海浪波高、周期、波长的数值，与时域分析结果做比较。对某一范围内的功率谱开展分析，查找低频波高、周期条件与谱峰值之间的关系。根据周期和波高条件提取低频波、识别并记录异常波，提出基于功率谱的低频异常波识别方法（图 4-40）。

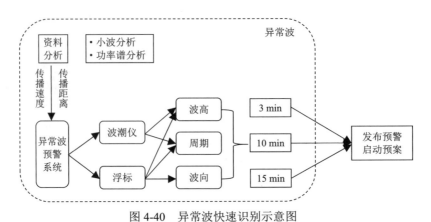

图 4-40   异常波快速识别示意图

通过对长期连续异常波观测资料的分析和研究，探索异常波的发生和传播规律，指出波高较大、周期较长的异常波频发时间段，还可以为施工时间窗口选择提供参考。

3. 异常波预警系统

异常波预警系统运行时段为每次管节从浮运到安装完成的整个过程。在沉管作业期间值班人员随时密切关注施工海域的异常波发生情况，根据观测到的异常波的波高、周期和传播信息后，计算异常波的预警时间并及时发布相应的预警信息，采取措施减小异常波对沉管和船舶的影响，保障沉管浮运安装的顺利进行。异常波预警系统显示界面见图 4-41。

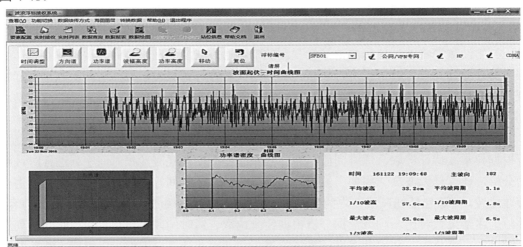

图 4-41   异常波预警系统显示界面

4.7.3   系统运行情况

管节安装前一个月对施工海域进行异常波监测，监测分析异常波多发时段等规律，在选择管节安装窗口时尽量避免异常波多发时段。同时在管节安装过程中全程监测异常波动态，实现提前预警、提前防范。

从 E21 管节浮运开始，直到最终接头安装成功，预报中心在 14 次沉管的浮运安装过程对异常波情况进行监测预警，共有 5 次观测到异常波，分别为 E21、E25、E28、E31、E32，值班人员及时向沉管浮运安装总指挥汇报，现场指挥做出对应决策，为沉管安装的顺利进行提供了科学参考，保障了沉管安装的顺利进行（图 4-42）。

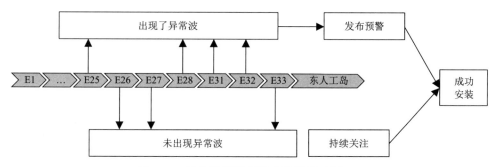

图 4-42　异常波预警系统实施效果示例

第 5 章　外海沉管浮运关键技术和装备

沉管法建设水下隧道的独特魅力之一是充分利用了水的浮力作用，使大型结构物可以漂浮在水中，从而相对省力地进行浮运转场，但对于施工水域气象水文条件复杂的情况，特别是在风、浪、流异常恶劣的外海环境下，管节浮运的安全操控存在极大困难和风险，浮运过程中一旦出现管节失控，将可能导致管节搁浅、船只碰撞、管节损坏等重大事故，发生管节搁浅、沉没堵塞航道还会引起严重的碍航等社会问题，影响及后果严重。

5.1　概　　述

沉管浮运是指将管节从制作场地运输至安装位置的过程，是指管节在预制完成后，进行必要的舾装工作，为后续的浮运、沉放和对接工序准备施工安装需要的设施、设备等，然后将管节起浮、寄放、出坞、拖航运输至设计位置进行安放的过程。港珠澳大桥沉管隧道管节浮运期间安装船与管节处于半刚性连接状态，安装船利用支墩坐落于管节顶面，通过吊索预拉紧固，即沉管浮运实际上是船管组合体的拖航操作。图 5-1 为船管连接完成后的管节及安装船截面图。

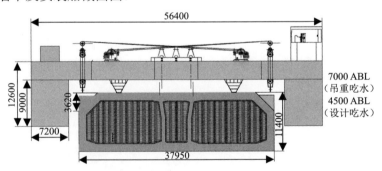

图 5-1　管节及安装船截面图（单位：mm）

组成港珠澳大桥沉管隧道的 33 节巨型管节，属于世界上最大的混凝土构件之一，图 5-2 为管节及安装船的尺寸图，标准管节重达 7.8 万 t，排水量约 8 万 m³；浮运时最大迎流面积达 2100 m²，拖航阻力非常大，需多拖轮协作，操控难度非常大；浮运线路位于目前我国航运最繁忙的水域，日船舶交通量达 4000 艘次；浮运航道水域受限，多段航道交叉，外侧水域不满足吃水要求，而且需要在横流、横浪情况下进行狭窄基槽内长距离横拖，总体浮运拖航风险极大。

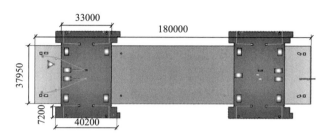

图 5-2 管节及安装船尺寸图（单位：mm）

为此，港珠澳大桥沉管隧道工程有针对性地开展了以下浮运专题研究工作。

①开展临时航道专题研究，确定临时通航航道和浮运航道的平面布置形式和关键参数，满足社会船舶的安全通航和管节安全浮运所需的水域要求；

②开展浮运控制参数专题研究，采用包括物理模型试验、数值模拟计算等方式分析确定管节浮运所受的风、浪、流阻力等关键参数，为拖轮配置和浮运方案的制定提供重要参考；

③开展管节浮运操控专项方案研究，通过管节浮运拖航操控模拟试验和大型实船拖带演练，确定拖轮的合理和安全配置，研究开发专用数字化导航系统，辅助指挥多拖轮协作拖航作业，最终形成沉管浮运成套方案；

④开展通航安全保障和管理专题研究，实施海上临时交通管制和海事护航等通航保障措施。

5.2 临时通航和浮运航道设计

沉管浮运涉及的临时航道包括两类，分别是临时通航航道和管节浮运专用航道，其中临时通航航道替代正式航道供社会船舶临时通航使用，管节浮运专用航道仅供管节出运时使用。沉管浮运航道宜优先考虑利用已有航道，但由于沉管自身存在体量大、吃水深等特点，在已有的航道宽度和水深等指标不满足的前提下，需要设计、开挖专用的沉管浮运航道，供施工期间沉管浮运专用。

5.2.1 临时通航航道

由于沉管隧道横跨水域一般为原有正常通航航道，施工期间必然占用该水域，故需要考虑原航线的改道、回迁等，设置或开挖临时通航航道，进行数次航道转换，以保证通航和施工能同步进行。工程开工前应编制完整的海上施工临时交通方案，临时通航航道需由具有相应资质的设计院设计。临时通航航道的设计参数和通航等级一般与原航道保持一致即可，但需要编制专项方案并召开通航论证会，定时发布航行通告等。

港珠澳大桥沉管隧道的浮运穿越广州港出海通道伶仃西航道，临时通航航道用于解决隧道建设期间受影响的船舶通航问题。根据施工阶段划分，在 E11～E15 管节安装期间，伶仃西航道禁航，社会船舶和商用船舶改行临时通航航道，在安装其他管节时，伶仃西航道保持畅通。

港珠澳大桥沉管隧道工程临时通航航道北起铜鼓航道与伶仃西航道交汇处附近，南至大濠水道分道通航区第五通航分道，全长约 9.74 km，通航等级同伶仃西航道。在临时通航航道与隧道轴线相交处，临时通航航道东边线与伶仃西航道西边线距离 600 m（图 5-3）。航道主要特征项目一览见表 5-1。

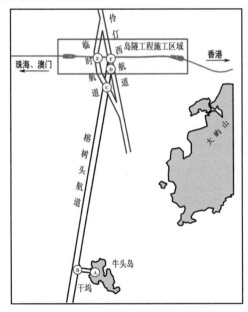

图 5-3　港珠澳大桥沉管隧道临时通航航道平面布置图

表 5-1　临时航道特征项目一览表

序号	项目	单位	数量
1	底标高	m	−17.0
2	底宽	m	237.4
3	边坡	—	1：7
4	航道总长度	km	9.74
5	开挖段长度	km	4.0
6	疏浚工程量	万 m³	271.79
7	助航标志	项	1

注：高程基准为当地理论最低潮面。

5.2.2　浮运航道尺度

　　港珠澳大桥沉管隧道建设过程需要出运管节共 33 次，沉管管节浮运采用拖轮拖带方式，每次间隔时间约 1 个月。沉管管节出运航道的建设需满足沉管管节从预制场地牛头岛至沉放地点长约 12 km 航路的安全通航要求。

　　浮运航道的有效宽度应考虑浮运工艺、船舶间浮运宽度、船舶与航道间底边富余宽度、沉管和船舶的偏移量等因素，浮运航道的设计水深应考虑管节吃水、拖航时管节下沉值、波浪富余深度、备淤富余深度等因素。

　　港珠澳大桥沉管隧道工程根据《海港总平面设计规范》（JTJ 211—99）第 4.8.7 项和第 4.8.8 项对出运航道的宽度、深度进行计算，综合考虑沉管自身特点并预留一定富余度确定航道尺度。

1. 浮运航道宽度计算

（1）规范的规定

　　《海港总平面设计规范》（JTJ 211—99）第 4.8.7 项规定航道有效宽度由航迹带宽度、船舶间富余宽度和船舶与航道底边间的富余宽度组成（图 5-4）。单、双向航道宽度可分别按式（5-1）和式（5-2）确定。当航道较长、自然条件较差和船舶定位困难时，可适当加宽；在自然条件有利的地点，经论证可适当缩窄。

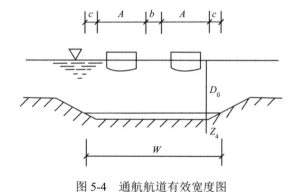

图 5-4　通航航道有效宽度图

单向航道

$$W = A + 2c \tag{5-1}$$

$$A = n(L \sin \gamma + B) \tag{5-2}$$

式中，W ——航道有效宽度（m）；

　　　A ——航迹带宽度（m）；

B ——设计船宽（m）；

L ——顶推船队长度或货船长度（m）；

n ——船舶漂移倍数，采用表 5-2 中的数值；

γ ——风、流压偏角（°），采用表 5-2 中的数值；

c ——船舶与航道底边间的富余宽度（m），采用表 5-3 中的数值。

表 5-2 满载船舶漂移倍数 n 和风、流压偏角 γ 值

风力	横风≤7 级			
横流 V/(m/s)	$V \leqslant 0.25$	$0.25 < V \leqslant 0.50$	$0.50 < V \leqslant 0.75$	$0.75 < V \leqslant 1.0$
n	1.81	1.69	1.59	1.45
γ/(°)	3	7	10	14

注：当斜向风、流作用时，可近似取其横向投影值查表。

表 5-3 船舶与航道底边间的富余宽度 c

项目	杂货船或集装箱船		散货船		油船或其他危险品船	
航速/kn	≤6	>6	≤6	>6	≤6	>6
c/m	0.5B	0.75B	0.75B	B	B	1.5B

（2）取值及计算

1）取值说明

①根据作业限制条件，沉管拖行时，作用在沉管上的横流流速应小于 0.8 m/s，根据表 5-2 沉管风、流压偏角 γ 取 14°，船舶漂移倍数 n 取 1.45。

②考虑对管节端部 GINA 止水带和端钢壳的保护，c 值按油船或其他危险品船考虑，航速≤6 kn，所以 $c=B$。

2）代入公式

$$W = n(L\sin\gamma + B) + 2c$$
$$= 1.45 \times (180 \times \sin 14° + 38) + 2 \times 38$$
$$= 194\text{m}$$

本计算根据船舶理论所得，拖轮拖运沉管制动效果较差。另外为避免沉管搁浅导致 GINA 止水带损坏，航道两边各取 23 m 的富余量，因此总航道宽度建议为 240 m。

3）边坡取值

根据《海港总平面设计规范》（JTJ 211—99）中第 4.8.10 项规定，港珠澳大桥沉管隧道工程边坡土质特性为可塑黏土、密实砂土，边坡按 1：5 进行放坡。

2. 浮运航道深度计算

（1）规范的规定

《海港总平面设计规范》（JTJ 211—99）第 4.8.8 项航道水深分通航水深和设计水深

（图 5-5），应分别按下列公式计算：

$$D_0 = T + Z_0 + Z_1 + Z_2 + Z_3$$

$$D = D_0 + Z_4$$

式中，　D_0——航道通航水深（m）；

T——设计船型满载吃水（m）；

Z_0——船舶航行时船体下沉值（m），按图 5-6 采用；

Z_1——航行时龙骨下最小富余深度（m），采用表 5-4 中的数值；

Z_2——波浪富余深度（m），采用表 5-5 中的数值；

Z_3——船舶装载纵倾富余深度（m），杂货船和集装箱船可不计，油船和散货船取 0.15 m；

D——航道设计水深（m）；

Z_4——备淤富余深度（m），应根据两次挖泥间隔期的淤积量确定，不宜小于 0.4 m。

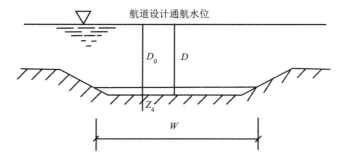

图 5-5　航道通航水深与设计水深图

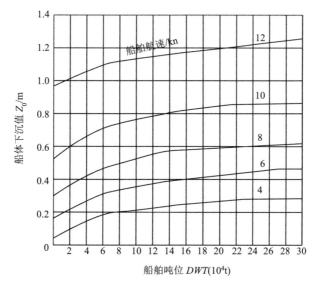

图 5-6　船舶航行时船体下沉值曲线图

表 5-4　航行时龙骨下最小富余深度 Z_1　（单位：m）

船舶吨位 土质特征	$DWT<5000$	$5000 \leqslant DWT < 10000$	$10000 \leqslant DWT < 50000$	$50000 \leqslant DWT < 100000$	$100000 \leqslant DWT < 300000$
淤泥土	0.20	0.20	0.30	0.40	0.40
含淤泥的砂、含黏土的砂和松砂	0.30	0.30	0.40	0.50	0.60
含砂或含黏土的块状土	0.40	0.40	0.50	0.60	0.60
岩石土	0.50	0.60	0.60	0.80	0.80

表 5-5　船、浪夹角 ψ 与 $Z_2/H_{4\%}$ 的变化系数值　（单位：m）

$\psi/(°)$	0 (180)	10 (170)	20 (160)	30 (150)	40 (140)	50 (130)	60 (120)	70 (110)	80 (100)	90 (90)
$Z_2/H_{4\%}$	0.24	0.32	0.38	0.42	0.46	0.46	0.48	0.49	0.50	0.52

注：1. 当 $DWT \leqslant 10000$ t 时，表 5-5 中的数值应增加 25%；

　　2. 当波浪平均周期 $T \geqslant 10$ s 时，应对 Z_2 值进行专门论证；

　　3. $H_{4\%}$——波列累积频率为 4% 的波高。

（2）取值及计算

1）取值说明

①T 取沉管浮运吃水深度。根据实测海水密度，在一个潮期内海水密度变化约 1%，影响沉管干舷约 12 cm，浮运过程中取最小干舷为 0.2 m 时，沉管吃水为 11.2 m。

②根据图 5-6 所示，沉管浮运相对速度 2 m/s 时，船体下沉值 $Z_0=0.2$ m。沉管为长方体结构，与船体相比，下沉值会更大，根据物模试验结果，沉管相对浮运速度超过 1.5 m/s 时，沉管吸底效应明显，因此建议 Z_0 取 0.5 m。

③管节重量约为 7.8 万 t，$50000 \leqslant DWT < 100000$，航道底土质为淤泥土，管节下最小富余深度 Z_1 取 0.4 m，考虑管节端面有 GINA 止水带，若触底损坏将对整个工期造成非常不利的影响，建议 Z_1 取 0.6 m。

④取 $H_{4\%}=1.0$ m，根据实测资料，施工区常浪向基本为偏南、偏北向，常浪向与榕树头航道夹角在 30° 之内，取 $Z_2=0.42H_{4\%}=0.42$ m。

⑤沉管横倾角暂按 1.5° 计算，$Z_3=0.5$ m。

⑥Z_4 备淤富余深度取 0.4 m。

2）代入公式

$$D_0 = T + Z_0 + Z_1 + Z_2 + Z_3$$
$$=11.2+0.5+0.6+0.42+0.5$$
$$=13.22 \text{ m}$$
$$D = D_0 + Z_4$$
$$=13.22+0.4$$
$$=13.62 \text{ m}$$

（3）航道底标高的确定

根据《内河航道与港口水文规范》（JTJ 214—2000）中第 4.3.2.1 项，潮汐影响明显的感潮河段，设计最低通航水位应采用低潮累积频率为 90% 的潮位。港珠澳大桥沉管隧道工程低潮累积频率 90% 设计水位为 –0.78 m。则航道设计底标高 ＝ –0.78 – 13.62 ＝ –14.4 m。

3. 浮运航道转弯段加宽

根据《海港总平面设计规范》（JTJ 211—99），临时航道转向角 ≤ 30° 时，转弯段采用切角法加宽，转弯半径按 5 倍船长（沉管长 180 m）考虑，为 900 m；转向角 ＞ 30° 时，转弯段采用折线切割法加宽，转弯半径按 10 倍船长（180 m）考虑，为 1800 m。考虑管节采用拖轮进行浮运，拖缆长度较长，机动性较差，综合考虑，转弯半径取值为 2000 m，均采用切角法加宽。

5.2.3　浮运航线布置

浮运航线的选择和平面布置应考虑如下原则。

①综合考虑管节沉放顺序及施工工艺，合理布置航道线路及回旋水域。

②综合考虑工程水域附近现有航道及锚地，以减少干扰、安全浮运为原则，合理布置航道线路。

③根据隧道沉管流水作业施工要求，结合临时航道与主航道的使用，合理布置沉管回旋水域。

④沉管出运航道应与原有航道合理衔接，尽量减小航道转向角。

⑤航道连续转向之间的直线段长度应满足管节安全拖运要求。

⑥充分利用现有水深条件，减少疏浚工程量，降低工程投资。

⑦尽量减小水流方向与管节拖航主航向间的夹角，通过减小水阻力来提高管节操控的安全性。

根据港珠澳大桥沉管隧道工程管节安装顺序，安装 E11～E15 管节时，需占用伶仃航道水域，此时启用临时通航航道；在安装其他管节时，伶仃航道保持畅通。鉴于此种情况，管节出运航道根据不同的建设阶段，分别布置了两条航路，以应对进港航道的变化。

此外，对于 E16～E33 管节的安装，需要管节在隧道基槽内进行较长距离的横向移动，基槽内浮运距离最长达 4 km，由于基槽区适航水域狭窄，并且横移时管节承受横流，受力较大，长距离移动风险较大，故又设置了第三条航路，一方面可以缩短管节横拖的距离，减少狭窄区域横拖的风险，另一方面也可减少与正常航道的交叉，避免长时间占用航道而出现意外。

综合以上考虑，最终确定港珠澳大桥沉管隧道工程设置三条沉管浮运航线，平面布置如图 5-7 所示。

　　①预制场支航道→榕树头航道→出运航道一→第一转向区→基槽→安装位置（E1～E8、E10、E12～E14 管节）。

　　②预制场支航道→榕树头航道→出运航道二→伶仃航道→第二转向区→基槽→安装位置（E9、E11、E15～E20 管节）。

　　③预制场支航道→榕树头航道→一次横移区→出运航道三→第三转向区→基槽→安装位置（E21～E33 管节）。

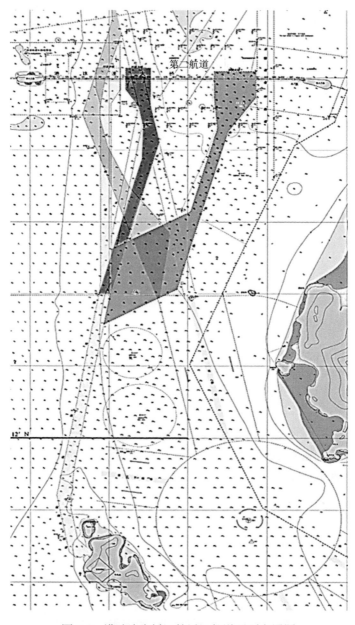

图 5-7　港珠澳大桥沉管浮运航道平面布置图

5.2.4　航道水域规划

沉管浮运涉及的施工水域包括工厂区、坞口区、航道区、基槽区 4 个部分，各施工水域的功能规划和概况见表 5-6。

表 5-6　沉管安装施工水域规划一览表

序号	水域	名称	功能	概况
1	工厂区	浅坞区	一次舾装、起浮	长 196 m，宽 104 m，底标高+1.75 m
2		深坞区	二次舾装、寄放	长 203 m，宽 196 m，底标高−12.8 m
3	坞口区	出坞航道	沉管出坞	长 151.45 m，宽度 61~85.28 m（喇叭口）底标高−14.4 m
4		临时系泊区	拖航编队	长 486 m，宽 360 m，不规则多边形区域，底标高−14.4 m
5	航道区	坞口支航道	浮运航道	长约 1.1 km，宽 240 m，底标高−14.4 m
6		榕树头航道（疏浚）	浮运航道	长约 5.2 km，宽度 240 m，底标高−14.4 m
7		出运航道（一）	浮运航道	长约 5.0 km，宽度 240 m，底标高−14.4 m
8		出运航道（二）	浮运航道	长约 4.1 km，宽度 240 m，底标高−14.4 m
9		一次横移区	航路三管节横移	大濠水道附近的深水区域，底标高−14.4~20 m
10		出运航道（三）	浮运航道	长约 1.5 km，宽度 240 m，底标高−14.4 m
11	基槽区	转向区一	沉管回旋水域	边长 540 m 矩形区域，底标高−14.4 m
12		转向区二	沉管回旋水域	边长 540 m 矩形区域，底标高−14.4 m
13		转向区三	沉管回旋水域	边长 630 m×540 m 的方形水域
14		系泊等待区	安装系泊	距离已安管节 20~50 m 范围基槽内
15		安装区	沉放安装	距离已安管节 20 m 范围的基槽内

1. 工厂区

桂山沉管预制工厂由预制区、浅坞区、深坞区、办公区、生活区等组成，厂内设置两条管节生产线，预制车间、浅坞区和深坞区"L"型布置，深坞区与浅坞区并行布置。可在浅坞区陆上寄存 2 个管节，在深坞区内系泊寄存 4 个管节。

管节在浅坞区内进行一次舾装作业。浅坞区净长 196 m，宽 104 m，底标高+3.5 m（管节座底底板底标高），外围设置 8 m 宽道路，满足两个完整管节的放置、舾装工艺要求。浅坞区周边建设坝体，坝体顶高程+15.8 m，蓄水后浅坞区水深大于 11.8 m，满足沉管起浮要求。

管节在深坞区进行二次舾装作业。深坞区净长度 203 m，宽度 196 m，底标高−12.8 m，满足 4 个完整管节的寄存工艺要求。深坞区周边建设与浅坞区顶高程相同的坝体，满足深浅坞同时蓄水的要求。预制厂管节深坞区、浅坞区平面布置见图 5-8。

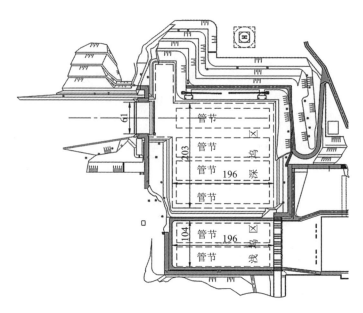

图 5-8　管节舾装、寄放区平面布置图

2. 坞口区

坞口区连接预制厂深坞区和管节浮运航道，包括出坞航道和拖轮编队区两部分。二次舾装完成后采用绞缆系统将管节从深坞区通过出坞航道移至临时系泊区，在临时系泊区完成必要的准备工作和拖轮编队作业，然后开始进行管节浮运。坞口区水域规划效果图见图 5-9。

坞口外出坞航道自深坞门至拖轮编队区长 151.54 m，底标高–14.4 m（1985 国家高程基准），喇叭口形状布置。编队区为不规则六边形区域，底标高皆为–14.4 m，周围设 2 个系泊浮鼓用于管节出坞后临时锚泊。

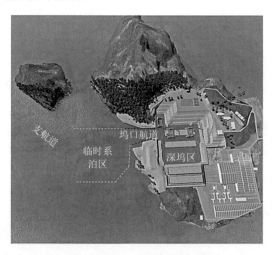

图 5-9　坞口区水域规划效果图

3. 航道区

浮运航道是指连接坞口区和基槽区用于管节拖航通行的水域，全长约 12 km，设计底宽 240 m，设计底标高–14.4 m，转弯半径 2000 m。管节在坞口临时系泊区完成拖航编队后，根据作业窗口信息和施工决策指令，由拖轮船队协同将管节经浮运航道拖带至基槽区准备安装。由于涉及伶仃西航道的正常通航使用问题，E11～E15 管节安装前后需要进行航道转换，同时考虑基槽内管节长距离浮运风险问题，浮运航道相应设计为三条线路。

4. 基槽区

基槽区为沉管隧道设计纵轴线位置，由于基槽区与浮运航道接近垂直分布，管节在到达基槽区后需要转向 90°，然后继续在槽内浮运至最终安装位置。所涉水域包括两个转向区、管节系泊等待区和最终沉放对接区。转向区水域尺寸 540 m×540 m，对称于隧道中心线布置。系泊等待区是指距离管节最终安装位置 20～50 m 的水域，管节浮运到位后在此区域进行锚泊，实现由拖轮控制转换为锚系控制。基槽区低于–14.4 m 标高满足管节浮运水深的平面范围如 5-10 所示。

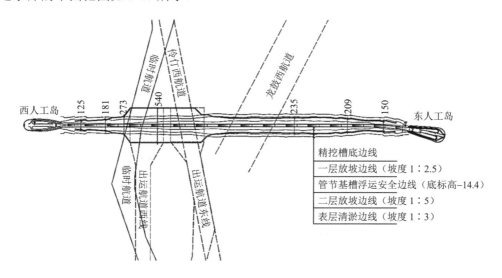

图 5-10　基槽平面图（单位：m）

5.3　浮运控制参数研究

沉管浮运过程中的主要控制参数是管节及附属结构所受的浮运阻力，包括风阻力、水流阻力和波浪增阻等，通过分析管节浮运所需的拖曳阻力，为拖轮配备和拖航方式的选择提供数据支持。上述浮运阻力可参考有关经验公式进行计算，但对于施工环境复杂的外海沉管隧道，为避免经验公式不能覆盖的风险，一般应开展两类专项模型试验，即数值模拟试验和物理模型试验，研究确定管节所受的浮运阻力。一般先根据各种边界条件进行管节浮运数值模拟试验，分析浮运过程中管节受力特性、运动响应、稳定性，以及相关参数的敏感性，然后选取合适的缩尺模型，进行管节浮运物理模型试验，以确定水阻力系数等关键参数，计算拖航水阻力，并验证数值模拟试验结果的准确性。

5.3.1 经验公式估算

1. 水流阻力

水流阻力可按下式计算，其中管节挡水形状系数 K 应根据管节的吃水、水深和水流方向等因素分为横向挡水系数和纵向挡水系数分别确定，应尽可能采用模型试验的结果，当条件不具备或试验资料不足时，根据不同的环境情况，纵向挡水系数可取 1.1～1.3，横向挡水系数可取 2.0～6.0。

$$F = A\rho_w V^2 AK / 2$$

$$A = D(T + \delta)$$

式中，F——水流阻力（N）；

　　K——水流阻力系数/管节挡水形状系数；

　　ρ_w——水密度（kg/m³），海水取 $1.02 \times 10^3\,\text{kg/m}^3$，淡水取 $1.0 \times 10^3\,\text{kg/m}^3$；

　　V——管节对水流的速度（m/s）；

　　A——管节在垂直流向上的投影面积（m²）；

　　D——管节宽度（m）；

　　T——管节吃水深度（m）；

　　δ——管节前的涌水高度，取 0.6 倍航程中可能出现的波高。

2. 波浪阻力

按《航海手册》（人民交通出版社 1980 年版）推荐公式，浪阻力在 0.8 m 波高时相当于水流阻力的 20%。

$$R_H = R_f \times [1 + (H - 0.8)] \times 0.2\text{kN}$$

式中，R_f——水流阻力；

　　H——波高，$H \geqslant 0.8$ m。

3. 风阻力

根据中国船级社《海上拖航指南》（1997），拖航过程中风阻力估算公式：

$$R_a = 0.5 \rho V^2 \sum C_s A_i \times 10^{-3}$$

式中，ρ——空气密度（kg/m³），按 1.22 kg/m³ 计算；

　　　V——风速（m/s）；

　　　A_i——受风面积（m²），按顶风计算；

　　　C_s——受风面积 A_i 的形状系数。

六级风时，拖航中管节与风向平行时风作用力为 3.29 tf（航速按照 3 kn 计算）；拖航中管节与风向垂直时风作用力 6.09 tf。考虑最不利工况，在航向和流向上都增加 6.09 tf 的风荷载。

4. 拖轮拖力

拖轮在一定航速下的拖力可按下列经验公式计算：

$$T = F_T \left[\left(1 - 0.15 \frac{V}{V_F} \right) \left(1 - 0.125 \frac{V}{V_F} \right)^2 - 0.65 \left(\frac{V}{V_F} \right)^2 \right]$$

式中，F_T——拖轮的系柱拖力（tf）；

　　　T——拖轮某拖航速度的拖力（tf）；

　　　V——拖轮拖航速度（kn）；

　　　V_F——拖轮设计时的自由航速（kn）。

5.3.2　浮运物模试验（一）

在港珠澳大桥沉管隧道工程中，拖航阻力部分相关物模试验由武汉理工大学、上海船舶运输科学研究所开展，数模计算由海洋工程国家重点实验室（上海交通大学）开展。具体研究了表 5-7 中几种不同工况下的拖航阻力和波浪增阻。

表 5-7　管节浮运关键参数表

类型	关键参数
拖航阻力	管节-浮驳纵拖水流阻力
	管节-浮驳横拖水流阻力
	管节-浮驳斜拖时水流力
波浪作用	波浪增阻

第一阶段物模试验在武汉理工大学船模拖曳水池进行,试验模拟了不同水深条件下,不同航向角度时,3 kn 相对流速（横拖时相对流速 1 kn 和 2 kn）,X 向阻力、Y 向阻力、总阻力及阻力系数,相关结果见表 5-8～表 5-11。

表 5-8 纵拖 3 kn 航速时不同水深阻力结果

	沉管管节			阻力系数		
水深/m	X 向阻力 /tf	Y 向阻力 /tf	总阻力 /tf	X 向阻力系数	Y 向阻力系数	总阻力系数
13.5	62.7	26.4	68.0	1.2	0.5	1.3
14.0	62.3	23.0	66.4	1.2	0.4	1.3
14.5	61.9	19.6	65.0	1.2	0.4	1.3
15.5	61.3	14.8	63.1	1.2	0.3	1.2

表 5-9 30° 斜拖时 1 kn 和 2 kn 航速不同水深阻力结果

	沉管管节			阻力系数		
水深/相对流速	X 向阻力 /tf	Y 向阻力 /tf	总阻力 /tf	X 向阻力系数	Y 向阻力系数	总阻力系数
13.5/1 kn	11.2	47.4	48.7	0.6	2.7	2.8
13.5/2 kn	44.6	189.4	194.6	0.6	2.7	2.7
14.0/1 kn	10.7	48.8	49.9	0.6	2.8	2.8
14.0/2 kn	41.4	193.2	197.6	0.6	2.7	2.8
14.5/1 kn	10.3	49.2	50.2	0.6	2.8	2.8
14.5/2 kn	38.8	193.2	197.1	0.5	2.7	2.8
15.5/1 kn	9.6	47.9	48.9	0.5	2.7	2.8
15.5/2 kn	37.1	184.0	187.7	0.5	2.6	2.6

表 5-10 60° 斜拖时 1 kn 和 2 kn 航速不同水深阻力结果

	沉管管节			阻力系数		
水深/相对流速	X 向阻力 /tf	Y 向阻力 /tf	总阻力 /tf	X 向阻力系数	Y 向阻力系数	总阻力系数
13.5/1 kn	5.3	94.0	94.1	0.2	3.7	3.7
13.5/2 kn	19.4	375.6	376.1	0.2	3.7	3.7
14.0/1 kn	4.4	85.4	85.5	0.2	3.4	3.4
14.0/2 kn	17.1	339.1	339.5	0.2	3.4	3.4
14.5/1 kn	3.9	77.2	77.2	0.2	3.1	3.1
14.5/2 kn	15.6	308.9	309.3	0.2	3.1	3.1
15.5/1 kn	3.9	67.8	67.9	0.2	2.7	2.7
15.5/2 kn	15.5	274.7	275.1	0.2	2.7	2.7

表 5-11 90° 横拖时 1 kn 和 2 kn 航速不同水深阻力结果

	沉管管节			阻力系数		
水深/相对流速	X 向阻力 /tf	Y 向阻力 /tf	总阻力 /tf	X 向阻力系数	Y 向阻力系数	总阻力系数
13.5/1 kn	1.7	120.5	120.5	0.1	4.6	4.6

续表

沉管管节			阻力系数		
水深/相对流速	X向阻力/tf	Y向阻力/tf	总阻力/tf	X向阻力系数	Y向阻力系数	总阻力系数
13.5/2 kn	9.8	479.4	479.5	0.1	4.6	4.6
14.0/1 kn	2.4	103.9	103.9	0.1	4.0	4.0
14.0/2 kn	11.8	410.7	410.9	0.1	3.9	3.9
14.5/1 kn	2.9	86.1	86.1	0.1	3.3	3.3
14.5/2 kn	13.5	349.6	349.9	0.1	3.3	3.3
15.5/1 kn	3.2	71.2	71.3	0.1	2.7	2.7
15.5/2 kn	13.1	283.2	283.5	0.1	2.7	2.7

主要试验结果分析如下。

①纵拖：以 3 kn 相对航速纵拖时，水流阻力系数为 1.1～1.2，管节拖航水流阻力约为 63 tf（未考虑粗糙度修正情况下）；

②30° 斜拖：1 kn 相对流速情况下，X 向水流阻力约为 11 tf，Y 向水流力约为 50 tf；2 kn 相对流速情况下，X 向水流阻力约为 45 tf，Y 向水流阻力约为 376 tf；

③60° 斜拖：1 kn 相对流速情况下，水深为 15.5 m（由于只可能在靠近基槽的转向区发生这种流速角度，考虑最大水深）时，X 向水流阻力约为 4 tf，Y 向水流阻力约为 68 tf；2 kn 相对流速情况下，水深为 15.5 m 时，X 向水流阻力约为 16 tf，Y 向水流阻力约为 275 tf；

④横流工况：考虑此时管节在基槽内横拖，不考虑高流速、浅水情况，1 kn 相对流速时，Y 向水流力约为 72 tf，2 kn 相对流速时，Y 向水流力为 283 tf；

⑤随着管节斜航角度增大，Y 向力显著增大，图 5-11 为 15.5 m 水深条件下，不同航速下总阻力角度随航向角度变化曲线，采用 spline 插值法绘制，图中可见，45° 斜航时，管节的总阻力方向已经接近 90°。

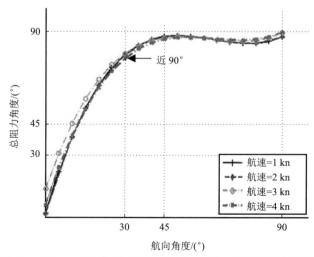

图 5-11　15.5 m 水深条件下不同航速时总阻力角度随航向角度变化曲线

5.3.3 浮运数模试验

数模计算由海洋工程国家重点实验室（上海交通大学）开展，计算采用计算流体动力学（computational fluid dynamics，CFD）方法获得不同工况下驳船和沉管在沉管纵向和横向受力情况，及其在水平面内的弯矩，分别表示为 F_x，F_y 和 M_z。受力的方向为纵向沉管首部方向为正，横向左舷为正；水平转矩竖直向上为正，转矩参照点为坐标原点。对于流向为 180° 和 90° 的工况，由于流场对称，转矩应为零，因此表 5-12 中未给出流向为 180° 和 90° 工况的转矩值。

表 5-12　浮运拖航数模计算结果

工况	相对流速/kn	相对流速角度/(°)	F_x/tf	F_y/tf	M_z/(tf·m)
RT-1	1	180	−8.44	0.00	—
RT-2	2	180	−32.44	0.00	—
RT-3	3	180	−72.05	0.00	—
RT-4	1	150	−7.00	48.00	405.49
RT-5	2	150	−25.86	197.74	847.90
RT-6	3	150	−57.62	445.01	1257.44
RT-7	1	120	−4.07	69.99	184.21
RT-8	2	120	−16.32	280.33	368.65
RT-9	3	120	−36.70	630.47	552.87
RT-10	1	90	0.00	87.61	—
RT-11	2	90	0.00	350.87	—
RT-12	3	90	0.00	789.12	—

将物模试验和数模试验数据进行对比可见（图 5-12），数模、物模的阻力分析结果吻合较好，纵拖时，数模结果略大于物模，斜拖、横拖时，物模结果高流速区略大，考虑是由于数模计算时模型是管节-浮驳连接，物模仅对管节进行了拖曳，纵拖时物模的迎水面积大于物模，斜拖、横拖时迎水面积相同。

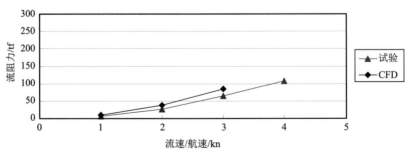

（a）水深 14 m 180°浮运沉管+驳船总阻力

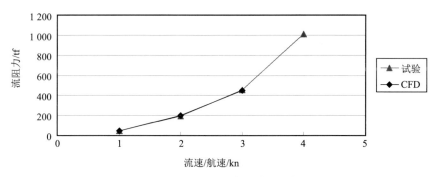

（b）水深 14 m 150°浮运沉管+驳船总阻力

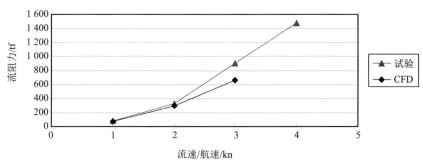

（c）水深 14 m 120°浮运沉管+驳船总阻力

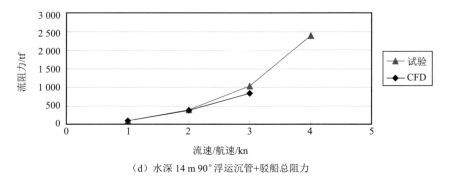

（d）水深 14 m 90°浮运沉管+驳船总阻力

图 5-12　管节纵拖、30°斜拖、60°斜拖、90°横拖数模、物模数据对比

5.3.4　浮运物模试验（二）

在第一阶段的基础上，第二阶段试验充分考虑了沉管和拖轮编队连接后的拖航总阻力，对波浪增阻也进行了深入的分析研究（图 5-13）。

图 5-13　上海船舶运输科学研究所拖曳水池开展的沉管拖带物模试验

1. 静水拖航试验

（1）拖轮靠泊方式拖航试验

从静水拖航试验结果（图 5-14）可见，沉管和沉放驳靠上 4 艘拖轮后，由于拖航编队迎流面积增加，阻力明显增大。其中，并靠比不靠平均增加 14.57%，2 顶 2 靠比不靠平均增加 34.44%。由此可见，拖轮的靠泊方式对整个编队的拖航阻力影响较大，在确保沉管姿态可控的前提下，采用并靠的方式可以有效降低编队的拖航阻力。

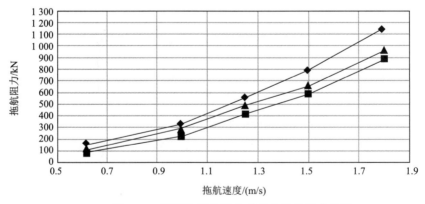

- ■— 静水，水深 H=14.4 m，航向角 0°，管节+沉放驳
- ▲— 静水，水深 H=14.4 m，航向角 0°，管节+沉放驳+4 艘拖轮并靠
- ◆— 静水，水深 H=14.4 m，航向角 0°，管节+沉放驳+4 艘拖轮 2 顶 2 靠

图 5-14　不同拖轮靠泊方式静水拖航阻力曲线

（2）静水中不同航向角拖航试验

从不同航向角的 X 向和 Y 向阻力曲线（图 5-15）可见，浮运编队的 X 向阻力随着航

向角增大而略有下降，而 Y 向阻力则随航向角增大而大幅增加。为保证浮运安全，避免因 Y 向阻力过大而使沉管失控漂出航道，浮运过程中必须确保沉管与相对航速方向的夹角不能过大。

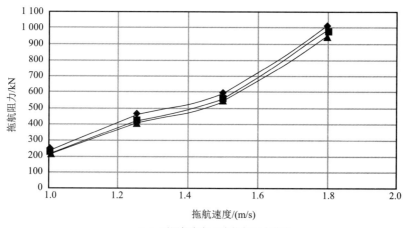

（a）不同航向角 X 向拖航阻力曲线

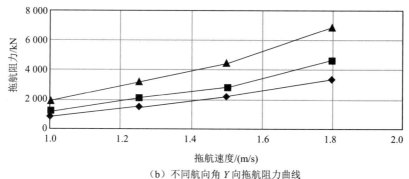

（b）不同航向角 Y 向拖航阻力曲线

图 5-15 不同航向角静水拖航阻力曲线

（3）逆流拖航试验

将逆流中的试验结果与静水中的对比（图 5-16）发现，在相同的相对航速下，逆流中的阻力要普遍比静水中的大。由于逆流中的拖航试验与实际拖航工况更加吻合，试验结果比静水中的更具代表性。

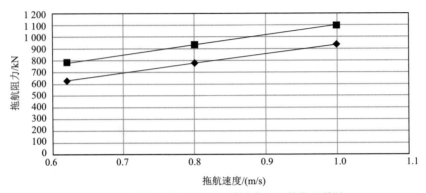

（a）逆流，水深 *H*=14.4 m，航向角 0°，管节+沉放驳

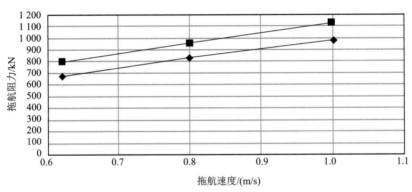

（b）逆流，水深 *H*=14.4 m，航向角 0°，管节+沉放驳+4 艘拖轮并靠

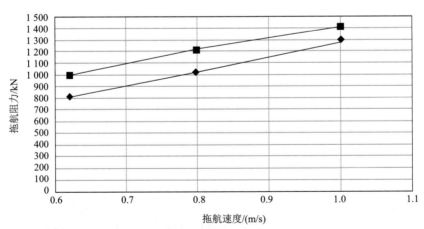

（c）逆流，水深 *H*=14.4 m，航向角 0°，管节+沉放驳+4 艘拖轮 2 顶 2 靠

图 5-16　拖轮不同靠泊方式逆流拖航阻力曲线

（4）逆流中不同航向角试验

逆流中不同航向角状态的试验结果（图 5-17）表明，航向角从 5°增大至 12°及 15°时，水流对管节系统的横向作用力 F_y 增加明显，纵向作用力变化不大。充分表明了拖航管节系统时，严格控制管节系统的艏向，尽量减小航向角，对提高拖航安全性有很重要作用。

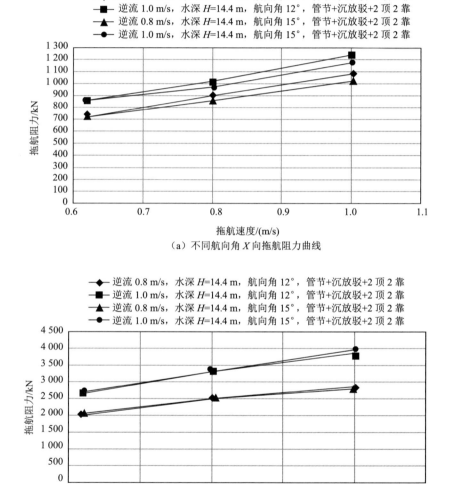

图 5-17　逆流不同航向角拖航阻力曲线

本试验还对逆流中不同航向角拖航状态进行了水深 14.4 m 及 16.0 m 拖航试验，试验结果（图 5-18）表明，水深为 16.0 m 时，不同航向角时的水流对管节系统的纵向及横向作用力都小于水深 14.4 m 的拖航阻力。管节+沉放驳+4 艘拖轮并靠、航向角 12° 工况时，16 m 水深相对于 14.4 m 水深 X 向拖航阻力减少 78.5～107.6 kN，Y 向阻力减少 226.8～433.8 kN，说明在这个水深范围，浅水效应是比较敏感的。

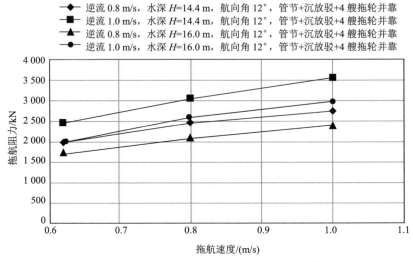

图 5-18　逆流不同水深拖航阻力曲线

（5）横流中的水流作用力试验

横流中（流向角 90°）的水流作用力测试结果（表 5-13）表明，当 4 艘拖轮都为顶靠状态时，横流流速为 0.6 m/s 时，横向作用力约 1230 kN，横流流速为 0.8 m/s 时，横向作用力约 1716 kN。当流向角为 60° 时，同样的水流流速，横向作用力 F_y 比横流中减小，此流向角，产生了一定的纵向水流作用力 F_x。

表 5-13　横流浮运拖航水流作用力试验结果

拖航状态	水深/m	流向角/(°)	水流速度/(m/s)	水流作用力/kN	
				F_x	F_y
管节+沉放驳+4 艘拖轮顶靠	14.4	90	0.6	—	1 230.6
			0.8	—	1 715.9
	25.0	90	0.6	—	663.6
			0.8	—	852.0
	14.4	60	0.6	131.8	1 142.7
			0.8	148.8	1 597.9

管节拖航航道的水深较浅，最低水深在 14 m 左右，本次主要试验工况的水深为 14.4 m。管节拖航吃水为 11.4 m，水深/吃水比为 1.263，很明显，航道属浅水航道，拖航阻力及水流对管节系统的作用力存在浅水效应。管节在基槽内浮运的大部分航段的水深

都大于 25 m。为探讨水深的影响,在基槽浮运的横流状态,分别进行了水深为 14.4 m 及 25.0 m 时试验。试验结果表明,当水深增加至 25 m 时,横向水流作用力明显减小,以水流速度 0.8 m/s 为例,25 m 水深处的拖航阻力只有 14.4 m 水深处拖航阻力的 49.7%。

2. 波浪增阻试验

(1) 迎浪拖航阻力试验

0° 航向角/浪向角时,波浪增阻不大,以管节+沉放驳+2 艘拖轮并靠+2 艘拖轮顶靠、1.5 m/s 的航速、0° 航向角工况为例,该工况波浪增阻最大为 80.4 kN,约为 10%,见表 5-14。

表 5-14　迎浪拖航增阻试验结果

水深 /m	波高 /m	波浪周期 /s	浪向角 /(°)	拖航状态	拖航速度 /(m/s)	拖航阻力 /kN
14.4	0.8	6.0	0	管节+沉放驳	1.0	279.4
					1.5	629.1
				管节+沉放驳+2 艘拖轮并靠+2 艘拖轮顶靠	1.0	352.8
					1.5	877.1

(2) 横浪及横流(基槽浮运)影响试验

管节系统在基槽浮运状态,当管节+沉放驳+2 艘拖轮顶靠+2 艘拖轮并靠系统受到横向水流作用,同时又受横向波浪作用时,波浪会增加系统受到的横向作用力。当波高 0.8 m,流向及浪向都是 90° 时,波浪产生的附加横向作用力为 135~205 kN,流向及浪向都是 60° 时,波浪产生的附加横向作用力为 140~300 kN,还产生一定的纵向作用力,见表 5-15。

表 5-15　横流横浪浮运拖航波流作用力试验结果

拖航状态	水深/m	波高 /m	波浪周期 /s	流向角/浪向角 /(°)	水流速度 /(m/s)	水流及波浪作用力/kN	
						F_x	F_y
管节+沉放驳 +4 艘拖轮顶靠	14.4	0.8	6.0	90/90	0.6		1 364.7
					0.8		1 920.0
		0.8	6.0	60/60	0.6	146.9	1 283.9
					0.8	186.5	1 885.4

5.3.5　研究结论

①根据两次拖航阻力物模试验结果及数模结果,采用 4 艘大马力全回转拖轮吊拖、

4 艘大马力全回转拖轮绑拖能够满足拖航、抗流要求，考虑外海拖航作业的复杂性，为应对基槽横流和其他异常情况建议配置充足的备用拖轮。

②根据操控性数模成果，浮运航道宽度、转向区尺度设置合理，现有拖轮能力可以满足沉管拖航操控要求。

5.4 浮运操控方案研究

5.4.1 管节运输方式调研

根据管节制作区域与安装区域距离的不同，以及管节制作方式的不同，沉管隧道管节的运输方式也有所不同，但基本为船运法（干拖法）和浮运法（湿拖法）两种方法。船运法是指利用半潜驳等大型运输工具载运管节的方法，常见于钢壳混凝土沉管隧道和采用半潜驳进行管节制作的案例中；浮运法则指管节利用自身浮力在水中保持漂浮状态，使用拖轮提供动力拖航至目的地的方法。

浮运方式受航道条件、浮运距离、水文和气象等多种因素控制，根据调研结果主要有拖轮浮运法、岸控绞车与拖轮配合湿托法、半潜驳运输法。下面对三种管节运输方法进行介绍。

1. 拖轮浮运法

当管节浮运距离较远时，一般选择拖轮吊拖拖航的方式。根据各个项目不同的水流条件和拖轮功率条件，拖轮配备的数量和拖航方式有多重选择，包括三拖轮浮运、四拖轮浮运和多拖轮浮运等。目前有记录的沉管隧道案例中，采用拖轮浮运法拖运距离最长的为美国纽约 63 街沉管隧道，拖航里程达 500 km。三拖轮吊拖沉管编队案例见图 5-19。

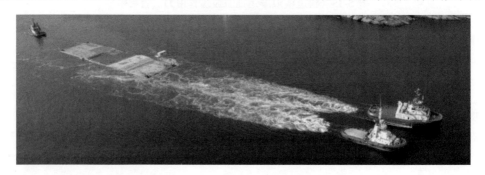

图 5-19　三拖轮吊拖沉管编队案例图

常用的四拖轮吊拖编队和拖航方案如图 5-20 所示，厄勒海峡沉管隧道、博斯普鲁斯海峡沉管隧道、韩国釜山—巨济沉管隧道及上海外环隧道均采用该方法进行管节拖航作业。

图 5-20 四拖轮吊拖沉管编队案例图

图 5-21 为在荷兰常用的五拖轮方案，即除四个吊拖拖轮外，尾端增加了一艘推轮，可以更好地适应运河航道狭窄的环境条件。

图 5-21 五拖轮沉管拖运编队案例图

2. 岸控绞车与拖轮配合湿拖法

对采用轴线干坞法进行管节预制的项目，由于管节浮运距离较近，一般采用全岸控绞车绞移的方法或绞车与拖轮配合的方法，广州珠江隧道、宁波甬江水底隧道及天津中央大道海河沉管隧道等都采用该方法进行管节拖运作业（图 5-22）。

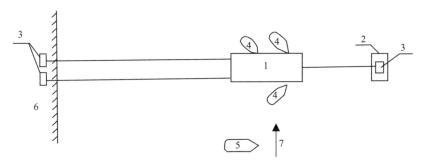

图 5-22 岸控绞车与拖轮配合管节浮运案例图

1：管节；2：方驳；3：液压绞车；4：顶推拖轮；5：备用拖轮；6：河岸；7：水流

3. 半潜驳运输法

半潜驳运输法常见于利用半潜驳进行管节制作的案例，广州仑头—生物岛沉管隧道即采用该方法，如图 5-23 所示。

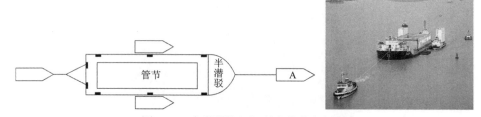

图 5-23　半潜驳拖运混凝土管节案例图

美国钢壳式沉管也有采用半潜驳干拖的案例，主要是为了应对外海恶劣环境条件下的管节超长距离运输问题，如波士顿 Ted Williams 隧道采用半潜驳运输了 12 个管节，单次航程达 900 km；弗吉尼亚州 Second Downtown 隧道也采用半潜驳运输了 8 个管节，单次航程更是达到了创纪录的 3000 km。

日本钢壳混凝土管节施工时，一般选择利用半潜驳完成钢壳半成品的拖运，即自船厂内管节钢壳制作完成后，利用半潜驳将钢壳半成品拖运至码头浮游系泊寄放，并在浮游状态下完成钢壳内的混凝土浇筑工作，如图 5-24 所示为日本新若户公路沉管隧道拖运钢壳结构（管节半成品）的实景图。

图 5-24　半潜驳拖运钢壳管节案例图

根据上述调研情况，针对外海沉管隧道的施工特点，管节运输应优先选用拖轮浮运方案，并且为了应对复杂的外海环境条件，应配备足够数量和功率的拖轮，确保在各种情况下都能有效控制管节姿态。

5.4.2　拖轮配置和编队方式

港珠澳大桥沉管隧道由于其管节体量超大（7.8 万 t），外海环境下海流、波浪等水文条件复杂，部分开挖的浮运航道宽度较窄，拖航环境复杂，受限航道内管节浮运操控难度非常大。

拖轮的配备除了估算拖航阻力外，还应考虑转向阻力，尤其是控制尾部并协助转向的拖轮应有足够的功率。

根据前述管节计算综合受力情况，经过大量的模型试验和多次浮运演练后，管节浮运的拖带方式确定采用吊拖和绑推多拖轮协作的方式。管节四角采用 4 艘拖轮吊拖，两侧安装船位置采用 4 艘拖轮绑拖，基槽浮运时采用 4 艘拖轮顶靠安装船位置用于应对管节横流状态，此外还考虑 1 艘拖轮应急备用，最多时共配置了 13 艘大马力全回转拖轮进行管节的拖航工作。

航道内和基槽内的拖轮编队方式如图 5-25、图 5-26 所示，分别采用 4+4+5 编队方式和 4+6+3 编队方式。其中 1 号和 2 号拖轮提供向前拖力；3 号和 4 号拖轮，在正常状态下作制动用；5 号和 6 号正常状态下并靠在沉放驳两舷，当横流较大时，拖轮顶靠抗横流和控制姿态；7 号和 8 号拖轮并靠管艉沉放驳舷侧，除了可抗横流和控制姿态，还可提供向前拖力和刹车。

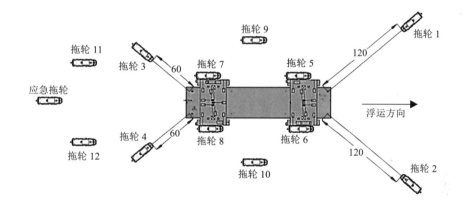

图 5-25　航道内 4+4+5 拖轮编队方式

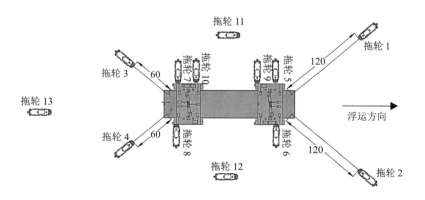

图 5-26　基槽内浮运 4+6+3 拖轮编队方式

受台风、大径流等恶劣天气影响严重时，或预报可能会出现强对流天气情况下，为确保浮运安全，拖航时采用 2 艘 6800 hp[①]、10 艘 5200 hp 和 1 艘 4000 hp 共计 13 艘拖轮进行 4+8+1 编队方式进行浮运（图 5-27）。

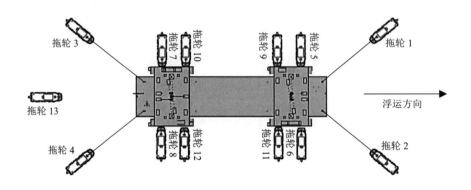

图 5-27　基槽内浮运 4+8+1 拖轮编队方式

拖轮的具体配置为：4 艘（6800 hp +6900 hp +2 艘 5200 hp）大马力全回转拖轮吊拖，8 艘（6 艘 5200 hp +2 艘 4000 hp）全回转拖轮绑拖和顶靠，1 艘（4000 hp）拖轮备用，拖轮总功率达到 67 300 hp。拖轮的性能表见表 5-16。

表 5-16　管节浮运拖航用拖轮性能表

序号	拖轮功率/hp	主机转速/(r/min)	系柱拖力	两节航速系柱拖力	备注
1	6 800	750	前 80 tf，后 70 tf	前 64 tf，后 56 tf	全回转
2	5 200	750	前 65 tf，后 62 tf	前 52 tf，后 50 tf	全回转
3	4 000	750	53 tf	43 tf	全回转

管节在基槽内受力最大，在横流 0.8 m/s、水深 14.5 m 的最不利工况，沉管所受阻力约为 224.7 tf。拖航时按 1 kn 航速进行考虑，根据拖轮相关性能资料推算，12 艘拖轮提供有效拖力为 545.5 tf，拖力安全倍数为 2.4 倍满足拖航需要。考虑风、浪、流影响及前期管节施工经验，另加 1 艘备用。

5.4.3　浮运导航和辅助指挥系统

港珠澳大桥沉管管节浮运编队最多使用 13 艘拖轮同时配合拖运，意味着需要同时完成 13 艘拖轮的指挥，这在国内外均没有先例，单纯地靠指挥人员现场观测拖轮位置根本

---

① 1 hp=745.700 W。

无法满足要求，为此需要研制开发一套浮运导航和辅助指挥系统，将编队浮运过程中的各项技术参数显示，包括航道区、管节位置、拖轮位置、拖带角度、风浪流等数据直观地显示出来，从而达到可视化远程集中指挥的目的。

浮运导航定位系统是在电子航道图背景下，可以实时显示管节、安装船、拖轮平面位置关系和拖航速度，为管节浮运、转向、系泊等待整个过程提供实时导航监控，同时定时更新航道内的流速、流向、波浪、气象等相关参数，为浮运指挥、拖轮船长及相关操作人员提供实时可视的参考信息，为浮运编队提供精确线路导航和决策支持，引导指挥和操作人员准确、高效地将管节运输到指定位置。

1. 导航定位系统组成

浮运导航定位系统通过对沉管和拖轮的 GPS 定位数据进行汇总、分析和计算，最终形成图像及数据实时显示沉管与拖轮关系。按功能区分需安装三套独立的硬件系统，以确保拖航编队的定位数据可以实时不间断地提供给指挥和操作人员。系统主要包括不间断电源（UPS）、计算机、GPS、电台、无线 AP 等设备，具备航道显示、航道预警区显示、风浪流预警显示、编队定位和运动趋势显示等功能。

（1）主定位系统

主定位系统为首选定位系统，以信号稳定性为主，利用一台双天线信标机作为沉管定位设备，通过无线电台传输 9 艘拖轮信标机观测数据，主界面实时显示沉管和拖轮信息，指挥室和参观室通过有线传输视频信号实现软件显示。主要硬件配置见表 5-17。

表 5-17　主定位系统设备配置

序号	名称	数量	功能	安装位置
1	双天线信标机	1	接收信标信号，数据有线接入系统，显示沉管位置信息	天线安装在指挥室顶部
2	日精无线电台	9	拖轮数据接收	
3	研华无线 AP	1	网络数据收发	
4	计算机	1	接入数据	指挥室
5	便携式计算机	1	处理流速数据信息	
6	显示器（40 寸）	2	在指挥室和参观室显示软件信息	
7	单天线信标机	9	接收信标信号，数据通过无线设备接入系统，显示拖轮位置信息	拖轮
8	日精无线电台	9	拖轮数据发送	
9	研华无线 AP	9	网络数据收发	
10	便携式计算机	9	在拖轮实现软件显示	

实时显示沉管和拖轮位置信息：软件界面设置距离标线网格（100 m 为一格），在管节首尾两端系缆桩位置设置 15° 为一格的扇形刻度线，左上角显示流速流与管节轴线关系，并显示与管节轴线夹角；显示沉管方向矢量线、缆绳长度及与轴向方向夹角、首尾航迹线等，显示沉管运动趋势，为指挥人员提供预判。显示界面见图 5-28。

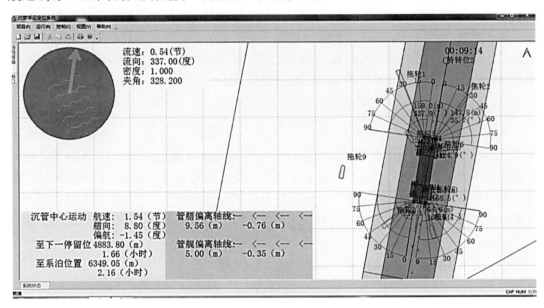

图 5-28　管节浮运导航系统显示界面

（2）第一备用定位系统

第一备用定位系统为次选定位系统，以数据精确性为主，利用 4 台 RTK GPS 接收机作为定位设备，2 台接收预制场参考站差分信号接入一台计算机，2 台接收西人工岛参考站差分信号接入另一台计算机（表 5-18）。

表 5-18　第一备用定位系统设备配置

序号	名称	数量	功能	安装位置
1	RTK GPS 接收机	2	接收预制场参考站信号	天线安装在指挥室顶部
2	RTK GPS 接收机	2	接收西人工岛参考站信号	
3	计算机	2	分别接入两个参考站信号接收机数据	指挥室
4	显示器（22 寸）	2	在指挥室显示软件信息	

（3）第二备用定位系统

第二备用定位系统为备用定位系统，以数据稳定性为主，只接收双天线信标机数据，实施显示船舶信息和沉管位置信息，包括航速、航向、偏航等信息。指挥室通过有线传输视频信号实现软件显示（表 5-19）。

表 5-19　第二备用定位系统设备配置

序号	名称	数量	功能	安装位置
1	双天线信标机	1	接收信标信号，数据有线接入系统，显示船舶位置信息	天线安装在指挥室顶部
2	计算机	1	接入信标机数据	指挥室
3	显示器（22 寸）	1	在指挥室显示软件信息	

2. 系统主要功能

（1）位置解算

实时、同步采集 GPS 的坐标数据，计算各特征点（转向点、调头区、系泊区）与 GPS 之间的空间关系；显示管节在航道、调头区、基槽的地理位置。

（2）实时导航显示

①实时显示浮运沉管和拖轮的位置及已安管节的位置；
②实时显示国家海洋环境预报中心实测的流速、流向数据；
③实时显示测量船现场实测的海水密度；
④实时显示 GPS 模式的已完成路程、剩余路程和已用时间、大约剩余时间及其他在拖航中有参考意义的数据。

（3）数据导入导出

能够导入电子海图、Auto CAD 格式的背景图、设备形状细节图等，结合电子海图或背景图实时显示航道两侧的航标、碍航物等。

能够导入 Office Excel 格式的相关数据，能够导出 Office Excel 格式或自定义格式的相关数据（用户在使用软件的过程中可能希望导出、保存某些数据）。

（4）边界设置和安全预警

用户可以设置使用不同颜色显示不同的水深范围及满足浮运要求的水深范围，设置不同颜色显示沉管浮运航道的控制边线、中心线。

设置沉管固定点距控制边线的距离值，如小于设定值时或其他预设预警值时以声响和屏幕图文提示方式给予及时报警。

流速大于气象窗口要求的流速值时给予报警。

（5）数据记录和回放

所有数据实时记录，数据可回放用于事后观摩研究。
自动记录相关数据为数据库格式。

（6）可靠性保证

系统能够根据设备数据给出的设备健康状况和设备冗余观测数据判断整个系统的定位精度和可靠性，并给出相应的警示。

3．软件操作流程

沉管浮运导航定位系统软件安装在安装船和拖轮上，系统使用简明流程如下。

①安装船上测量设备安装及定位 GPS 接收机位置标定。确定 GPS 接收机与沉管的位置关系，在浮运过程中对安装船及沉管进行定位。

②浮运航道测量。浮运前对浮运航道进行扫测，并形成简明电子海图。

③拖轮测量设备安装。在拖轮上安装 GPS 接收机和无线通信模块，使拖轮的实时位置数据能过传入浮运导航测控系统软件中。

④海流信息输入。将现场流速测点数据通过浮运导航测控软件实时显示。

⑤软件系统将以上数据进行汇总、计算，最终将整个浮运编队的所有相关信息通过浮运导航测控软件显示出来，以便相关人员进行操作调度。

施工现场的工作程序如下：电子海图输入→GPS 显示管节位置→国家海洋环境预报中心测流→流速信息输入软件→指挥人员根据流速和管节位置调整拖轮位置→浮运视频导出。

4．实施效果

导航定位系统包含以下内容：拖轮沉管位置显示；航道区域显示及航道预警区显示；现场流速、流向、航速显示；航迹线和运动趋势显示；以及数据存储等模块，它是管节浮运导航的指挥平台，浮运指挥人员可以在操作室完成沉管浮运指挥。

（1）拖轮沉管位置显示

在拖轮及安装船上安装 GPS 天线实时观测拖轮及管节的位置，并将其显示在浮运作业航路上。浮运指挥员可以清楚看到管节和拖轮的位置，以及拖轮拖曳角度和缆绳长度。

（2）浮运航道显示

浮运航道在导航软件的背景图，可以清晰地看到管节目前处于航道的位置。另外。在转向区、调头区和系泊区设置特征点，实时显示管节到特征点的距离。在浮运航道的边界内 50 m 标出边界警戒区域，提醒浮运指挥员注意控制管节姿态。

（3）航速、流速显示

现场国家海洋环境预报中心的 4 个现场测流浮漂每 15 min 发送一次流速流向信息，

经过判断处理的流速信息显示在导航系统上；沉管浮运航速通过沉管位置差异计算沉管瞬间流速；浮运指挥人员可以通过流速和航速判断沉管受力情况。

（4）航迹线和运动趋势显示

导航定位系统实时记录管节的运动轨迹，并在管节艏端、艉端显示管节的运动轨迹点，很好地为指挥人员提供管节运动趋势，指挥人员可以及时调整拖轮受力保证管节姿态。

新开发的浮运数字化导航和辅助指挥系统，配备先进的 GPS 导航仪器及设备，能够精确定位管节在航道中位置、姿态及航速等，并能实时反映管节与航道的相对位置及其观测水深、水流等情况，实现了超大沉管多拖轮（13 艘）拖航可视化远程集中指挥，保障了管节长距离拖航安全。

5.4.4　浮运拖航操纵性试验

在管节浮运前，建议开展拖航操纵性模拟试验，以掌握管节启动、制动和时长等操纵参数，验证模型试验结果的准确性和方案的可靠度，并根据操纵性模拟试验结果对管节浮运方案和工艺参数进行调整。

1. 管节操纵运动模型

管节操纵运动模型是反映管节在风、浪、流和拖轮作用下运动规律的数学方程，是模拟拖航浮运过程和计算管节航迹带宽度等的基础，管节吃水深、干舷小、排水量大，数学模型应反映管节惯性大、受流影响大、受风影响小等操纵特性。管节操纵运动和无动力船舶或其他尺度管节的操纵性能存在一定的相似性，对管节操纵运动模型的建立有一定借鉴意义，但需要考虑港珠澳大桥沉管隧道工程管节尺度大和 6 个拖轮拖航浮运的特殊性，对模型进行修正。

管节操纵运动模型计算过程如图 5-29 所示，主要包括风干涉力及力矩的计算模型、管节的水动力及力矩计算模型（惯性类水动力及力矩计算、黏性类水动力及力矩计算）、拖船主动力及力矩的计算模型三大部分。

在研究船舶在海上的六自由度运动时，通常会建立两个坐标系：惯性坐标系统与附体坐标系统。$O_0\text{-}x_0y_0z_0$ 为固定于地球表面的惯性坐标系统，取作基准参考系统，规定 x_0 轴指向正北，y_0 轴指向正东，z_0 轴指向地心。$O\text{-}xyz$ 为附体坐标系，规定 x 轴指向船首，y 轴指向右舷，z 轴指向龙骨。由于港珠澳大桥沉管隧道工程管节受外界干扰力如风影响相对较小，故模型中不考虑垂荡、纵摇和横摇运动，只考虑三个自由度。因此，见图 5-30，$x_0O_0y_0$ 表示固定不变的惯性坐标系统，船舶在 $x_0O_0y_0$ 的运动可以用它的位置和姿态来描述。$x_1O_1y_1$ 表示管节的随船坐标系统，$x_iO_iy_i$ 表示第 i 条拖轮的随船坐标系统（i 为大于 1 且不大于 6 的自然数）。

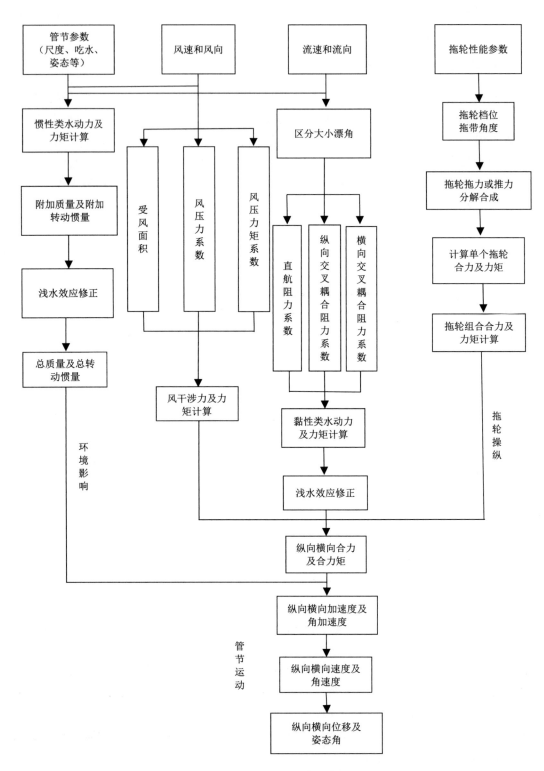

图 5-29　管节操纵运动模型计算过程

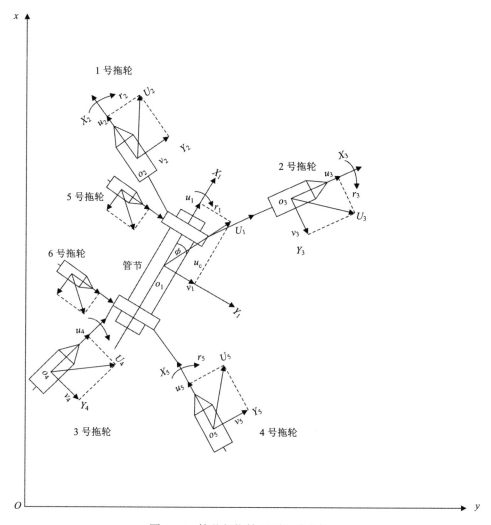

图 5-30　管节与拖轮平面运动坐标图

2. 试验拖带方式

按照采用 4+2 倒拖和顶推的拖带方式，配备 4 艘主拖（2 艘 6800 hp、2 艘 5200 hp）和 2 艘辅拖（2 艘 4000 hp）进行浮运。拖带时，拖轮的系缆位置为管节两端 120 t 的系缆桩和安装船 55 t 十字带缆桩上。管节操纵性试验拖轮拖带示意图见图 5-31。

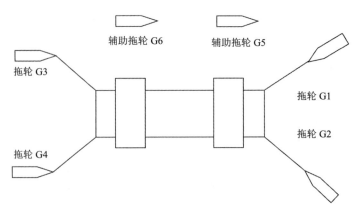

图 5-31　管节操纵性试验拖轮拖带示意图

3. 试验工况

根据航道段和基槽段不同风、流情况设计试验工况，即以该水域常风速、常风向确定试验风速和风向；航道和基槽最大流速及涨落潮方向确定试验流速和流向。模拟浮运工况表见表 5-20。

表 5-20　模拟浮运工况表

编号	状态	风		流		船型
		风向	风速/级	流向	流速/kn	
GZADQ11R01	航道	135°	6	涨潮	2.0	2
GZADQ11R02	航道	315°	6	涨潮	2.0	2
GZADQ11F03	航道	135°	6	落潮	2.0	2
GZADQ11F04	航道	315°	6	落潮	2.0	2
GZADQ11R11	基槽	135°	6	涨潮	1.6	2
GZADQ11R12	基槽	315°	6	涨潮	1.6	2
GZADQ11F13	基槽	135°	6	落潮	1.6	2
GZADQ11F14	基槽	315°	6	落潮	1.6	2

4. 试验方案

试验模拟整个浮运过程，并截取航道转向区典型航道，基槽回旋水域进行重点试验，具体如下。

①航线一和航线二两个转向区；

②典型航道：航线一和航线二公共航道——榕树头航道；

③基槽回旋水域一和回旋水域二分别向东及向西转运。

以上共 8 种情形，每种情形分 4 种工况，共计 32 组试验。试验过程和结果需提供下述数据：提供航道、基槽及转向区的拖轮使用功率大小、拖带方式及带缆长度，分析拖轮操控性；提供管节和拖轮的航迹带宽度及转向区大小，分析其对航道宽度和回旋水域大小的影响；最后以试验过程为基础，进行试验数据分析。

5. 试验结果

（1）管节及拖轮航迹带宽度

根据数据分析，在各种工况条件下，管节航迹带最大宽度为 92 m，拖轮航迹带最大宽度为 54 m（图 5-32）。

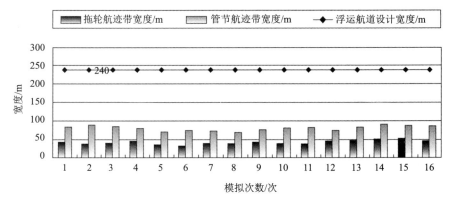

图 5-32　管节及拖轮所需航道宽度数据分析图

根据数据分析，在各风流情况下，管节所需最大回旋水域为 250 m×290 m（图 5-33）。

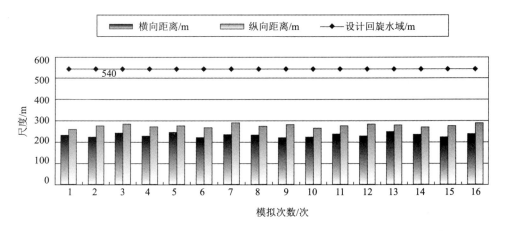

图 5-33　管节及拖轮所需回旋水域数据分析图

（2）拖轮使用情况

管节在航道内浮运过程中，使用 4 艘拖轮进行拖航，分别是管节首部的 G1、G2 拖轮，以及管节尾部的 G3、G4 拖轮，在管节浮运尤其是顶流浮运的过程中，除了 G1、G2 拖轮为管节提供动力和控制管节航向外，G3、G4 拖轮须给管节浮运提供动力；管节在基槽回旋水域浮运过程中，除了 4 艘主拖轮以外，还需要借助两艘辅助拖轮 G5、G6，模拟试验过程中，辅助拖轮须放在同侧进行操作，以助于顶住管节所受横向水流的影响，控制管节位置。

根据拖轮功率数据分析，在风流叠加的条件下，典型航道最大拖轮累积功率为 2 955 141 kW，拖轮累积功率 2547 个单位；在风流抵消的条件下，典型航道最大拖轮累积功率为 1 401 939 kW，拖轮累积功率 1102 个单位。在基槽回旋水域一往右转向时，拖轮使用累计功率最大（工况风向 135°，风速 6 级，流向 355°，流速 1.6 kn），具体使用情况如图 5-34 所示。

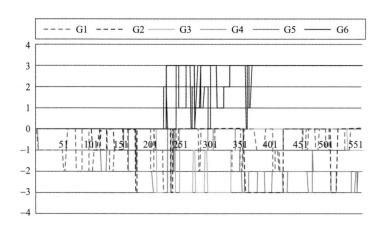

图 5-34　回旋水域一拖轮功率使用情况图

根据拖轮功率数据分析，在风流叠加的条件下，基槽回旋水域一往右转向最大拖轮累积功率为 4 018 392 kW，拖轮累积功率 3700 个单位；在风流抵消的条件下，基槽回旋水域一往右转向最大拖轮累积功率为 2 614 248 kW，拖轮累积功率 2352 个单位。

根据操控性数模成果，浮运航道宽度、转向区尺度设置合理，试验配置拖轮能力可以基本满足沉管拖航操控要求，在实际施工中，为应对不可预料的恶劣天气等意外情况，对拖轮配置数量进行增加，确保有足够的储备能力和安全系数。

5.4.5　浮运拖航实操演练

为了降低首次在外海进行沉管浮运的风险，确保首节沉管管节的顺利安装，港珠澳大桥沉管隧道工程进行了 4 次浮运演练，演练中使用大型半潜驳代替管节进行拖航和出坞模拟演练。

1. 演练目的

演练的主要目的是熟练操作流程、逐步规范指挥口令等，为后期管节正式浮运做好充分的准备。具体演练内容和目标包括以下几点。

①演练浮运决策系统，熟悉浮运决策会议的内容；

②演练浮运指挥系统，增强各船舶之间的沟通协调；

③检验浮运方案实用性，及早发现并解决问题；

④对浮运现场流速、流向进行校核，确定施工窗口；

⑤熟悉浮运线路，包括水深、航道宽度和拖轮可通行的区域；

⑥熟悉拖轮倒拖的操纵性；

⑦测试增加绑拖或艏拖对浮运操控性和浮运航速的影响；

⑧熟悉浮运软件的操作方法，调试检查浮运软件运行情况，检验测量船、拖轮和主控室之间信号传输；

⑨演练坞口编队、航道转向、回旋水域转向和应急情况处理的拖轮配合；

⑩确定现场指挥人员工作职责，增强操作熟练性。

2. 船机配置

第一次、第二次浮运演练被拖船采用重任 1500 号甲板货驳；第三次、第四次浮运演练和出坞演练被拖船采用招商重工 1 号半潜驳。被拖船的情况见表 5-21。

表 5-21　重任 1500 号和招商重工 1 号情况

基本要素	E1 管节	重任 1500 号	招商重工 1 号	备注
总长/m	112.5	110	140	—
船宽/m	37.95	32	56	—
型深/m	11.4	7.5	8.8	—
排水量/t	47 000	20 526	45 595	吃水 6 m

第一次浮运系泊演练共使用拖轮 6 艘，其他作业船舶（含海事）29 艘；第二次浮运演练共使用拖轮 6 艘，其他作业船舶（含海事）27 艘；第三次浮运演练共使用拖轮 8 艘，其他作业船舶（含海事）30 艘；第四次浮运演练共使用拖轮 8 艘，其他作业船舶（含海事）17 艘。参加浮运演练的船舶情况见表 5-22。

表 5-22　浮运系泊演练船机配备表　　　　　　　　　（单位：hp）

类型	第一次演练		第二次演练		第三次演练		第四次演练		备注
	数量	马力	数量	马力	数量	马力	数量	马力	
拖轮	6	22 800	6	30 200	8	38 500	8	38 500	
起锚艇	6	8 640	6	8 640	8	11 440	8	11 440	
测量船	1	300	1	300	1	300	1	300	演练中发现马力不足，故增加拖轮数量和马力
起重船	2	750	2	750	2	750	2	750	
交通船	5	5 510	5	5 510	5	5 510	5	5 510	
安装船	2	—		—		—		—	
总计	22	38 000	20	45 400	24	56 500	24	56 500	

3. 演练内容

4 次浮运系泊演练主要内容见表 5-23，拖轮的拖带方式见图 5-35～图 5-38。

表 5-23　4 次浮运演练的主要内容

名称	主要内容
第一次	全航线拖运演练、人员落水演练、系泊演练、航道断缆应急演练、基槽断缆应急演练、基槽稳船演练
第二次	全航线拖运演练、直拖演练、"出"字形演练、倒拖演练、刹车演练、基槽稳船演练、两次系泊演练
第三次	全航线拖运演练、绑拖提速演练、刹车演练、起拖演练、吊拖和绑拖直拖演练、3 次顺流演练、3 次调头区转向演练、3 次系泊区稳船演练、艉端拖轮不受力演练、出基槽演练、系泊演练
第四次	全航线拖运演练、艉端拖轮不受力演练、基槽稳船演练、大潮时基槽浮运演练、大潮时回旋区调头演练、回拖演练

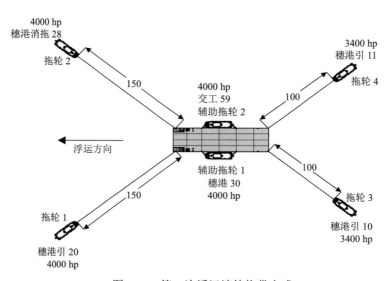

图 5-35　第一次浮运演练拖带方式

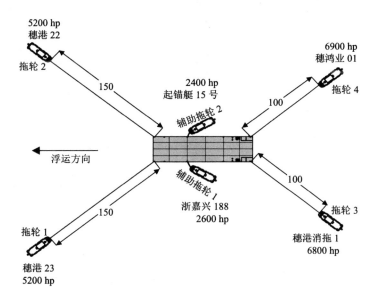

图 5-36　第二次浮运演练拖带方式

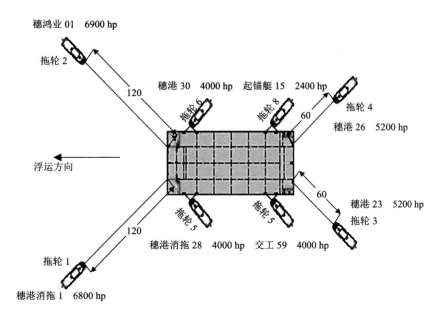

图 5-37　第三次浮运演练拖带方式

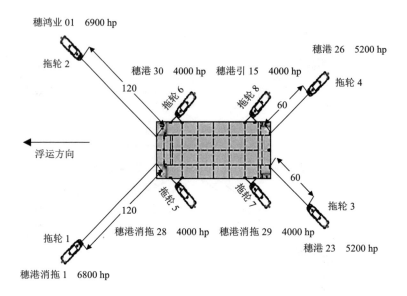

图 5-38　第四次浮运演练拖带方式

4. 演练效果

演练中发现了浮运导航软件信号不好的问题，出现了被拖船偏离航道，以及水文气象观测资料与现场观测存在较大差异等问题。主要改进措施包括以下几点。

①浮运导航软件两套系统同时显示，并且要备用一套系统；

②主拖轮由 4 艘增加到 8 艘，备用充足的拖力确保管节受控；

③加强坞口、基槽、调头区等重点区域的海流观测和预报；

④增加现场测量船，加密现场海流观测频次；

⑤增加指挥人员，并加强海事警戒护航。

总体而言，4 次浮运演练是成功的，让操作和指挥人员熟悉了航道和拖轮性能，完善了浮运操控方案，大大降低了浮运施工风险。同时也清醒地认识到坞口横流、基槽水流力大，风浪影响，浮运航道位置特殊性，多拖轮配合难度大，出坞管节姿态控制难度大，强对流天气不确定性等风险将一直存在。

5.4.6　浮运工艺流程和要点

1. 浮运施工特点

①管节尺寸、重量大，惯性大，现场姿态控制难度大；

②浮运时需 13 艘拖轮同时配合作业，一致性要求高，协同作业难度大；

③外海作业，并临近珠江口，受气象、流场、径流影响大，现场环境复杂；

④基槽区域流向与基槽垂直，水流力较大，横拖距离远，姿态控制难；

⑤岛头段堆载预压碎石开挖后的基槽水域狭窄，管节姿态控制难度加大。

2. 浮运船机设备

沉管浮运船机配备表见表 5-24。

表 5-24　沉管浮运船机配备表

序号	船机/设备	单位	数量	序号	船机/设备	单位	数量
1	安装船	艘	2	7	护航锚艇	艘	2
2	拖轮	艘	9～13	8	机动艇	艘	2
3	锚艇	艘	8～10	9	定位船	艘	2
4	测量船	艘	2～3	10	起重船	艘	2
5	警戒船	艘	10～12	11	潜水船	艘	2
6	交通船	艘	4				

3. 浮运施工步骤

管节浮运施工流程图见图 5-39。

4. 浮运准备

管节浮运准备工作主要包括以下几点。

①向海事部门提交管节浮运安装航行通告申请，配合海事部门做好封航、警戒、限速等相关准备工作；

②协调海事部门、航标部门做好部分航标撤除、调整工作；

③采用多波束测量船对浮运航道进行水深扫测，发现浅点及时清理；

④组织锚艇进行航道检查，发现碍航物及时清理。

5. 管节出坞

管节出坞主要是利用坞口锚点、安装船上的绞车及岸上的卷扬机共同配合，绞移管节离开深坞区进入坞口编队区。出坞前准备工作主要包括以下几点。

①检查出坞锚系；

②检查出坞卷扬机、卸扣、快速脱钩器、引缆小卷扬机等；

③检查出坞舾装件；

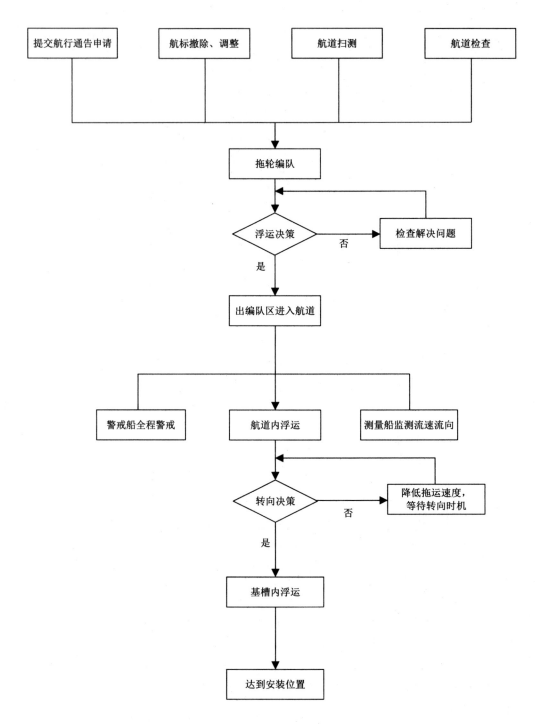

图 5-39 管节浮运施工流程图

④检查安装船绞车系统、电气系统。

由于坞门及坞口航道狭窄，在作业过程中，在统一的指挥协调下水陆相互配合，建立有效的协调指挥机制。利用绞移系统控制好沉管及安装船的位置，避免沉管（安装船）与坞门墩或坞口航道岸坡碰撞（图 5-40）。

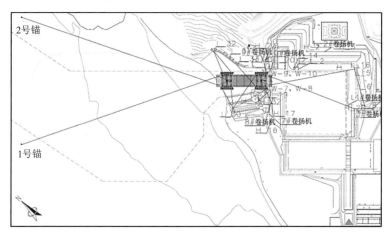

图 5-40 管节出坞施工

6. 浮运编队

起拖时机选择在落潮转涨潮时段，在保持同样对水速度的条件下，可利用顺水流速加快沉管的实际浮运速度，提高其拖航操纵性、减少占用主航道的时间和减缓交通组织的压力。

出坞和编队在落潮末期或平潮的小流速时段进行，以确保管节状态由缆系控制转换为拖轮控制的平稳可控。安装船和管节出坞门后，根据现场实测海流情况，择机进行浮运拖轮的编队，按照 5→1→6→7→8→3→4→2（拖轮编号见图 5-41）的顺序，依次进行拖轮与管节和安装船的拖缆连接。

拖轮需提前 6 h 出发，以确保在管节浮运前 2 h 到达浮运编队区，进行浮运导航系统调试。

挂拖缆的过程中拖轮、管节采取的拖缆传递方式应安全、快速，并且容易在拖轮上操作，使用的拖缆引绳应轻便并具有较高的强度，足以安全地将拖缆牵引上主拖船甲板。管节拖缆在连接主拖船拖缆前，应使用液压钳或其他设施临时固定，拖缆连接好后，应确认所有连接构件紧固。

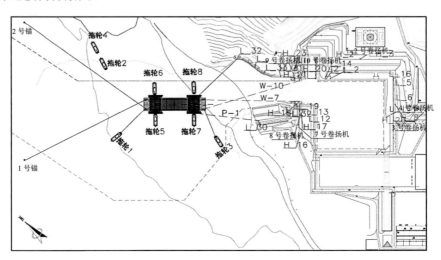

图 5-41 管节浮运拖轮编队

7. 过程控制

起拖时，应以微速前进，不要使缆绳突然拉紧或突然及时停车，交替用车减小拖缆的瞬时拉力，靠惯性使拖缆拉紧，如此反复地缓慢拖带前进。

拖航中应指定人员守望、检查拖带设施、拖缆等的受力情况是否均匀、是否处于正常状态，确保满足拖航要求。拖缆的摩擦点应设有适合的防磨损设备或采取防磨措施，经常润滑，检查防磨装置，长时间拖带时，拖缆的受力处应注意经常调整，防止单处受力、磨损。

在拖航过程中，根据具体情况适当调整拖缆长度，如风浪较大，航经水域水深足够时，可适当增加拖缆长度；航经浅水水域，或船舶通行密度较大时，可适当减速航行，收短拖缆。

管节进入转向区前缓慢降低航速，满足转向条件时由旁拖拖轮顶靠安装船进行转向。

8. 保障措施

（1）航道扫测

在每节管节浮运前，多波束测量船对浮运航道水深进行全方位、多次扫测，如果水深不满足设计要求，立即进行航道清淤，确保航道水深满足施工要求。在沉管出运航道工程完工后及沉管出运之前，均应进行水深扫测，以确保达到设计水深，在沉管浮运的约 3 年时间内（每月出运 1 次），应定期或不定期进行测深，特别是在台风来袭过境后，应及时测深，维护本航道设计水深，以满足沉管浮运的通航安全要求。

（2）碍航检查和清理

安排 2 艘护航锚艇在浮运前进行 3 次航道障碍物检查；浮运时，在浮运编队前方 1 km 处安排 2 艘护航锚艇在浮运编队前方进行检查，清理航道障碍物，同时起重船、测量船、定位船、警戒船现场待命。

（3）实时海流观测

浮运期间，4 个固定流速测点、3 艘测量船、2 台波潮仪均实时向浮运软件系统提供流速、流向及潮位的数据。测量船实时测量流速、流向与浮标数据并进行比对，第一时间反馈给指挥人员。

9. 注意事项

①在满足气象水文等限定条件前提下，沉管浮运拖航尽量安排在白天进行。

②拖航前做好隧道沉管水密性、浮性、稳性等各项安全检查工作。仔细检查拖带设备，查找隐患，拖带设备必须符合检验要求与足够的数量，并且具有合格证书及标明安全负荷的钢印或标志；所有卸扣、环及连接设备的极限负荷能力，应不小于其使用的最大拖缆破断负荷的 1.5 倍。

③在拖带中的转向或避让他船时，尽可能使用小舵角，舵角如果用的过大，很容易引起主拖缆先松弛，再突然绷紧，容易造成拖缆或其他与之连接的索具损坏。

④多船联合拖带的一个重要环节就是船舶间的通信、沟通、协调。拖带航行中，各拖轮均应值守规定的专用频道，指挥人员根据浮运定位软件提供的管节姿态数据，通过通信系统及时联系指挥各拖轮，确保通信畅通。另外，各拖轮与岸上、海事清道护航船之间也要保持通信畅通，以便随时听取主管部门的有关指令和加强与其他船舶的联系。

⑤拖航中最令人担心的是被拖船的偏荡问题，由于偏荡使拖缆突然拉紧，阻力增加，航速下降，严重的偏荡可能会造成拖缆绷断。发生偏荡时，应根据风、浪和流对其影响情况，及时调整拖速，也可释放适当长度的主拖缆，这有利于缓解因拖船和被拖体运动不协调而产生的冲击张力和缓解偏荡等；同时利用旁拖轮协助，克服或减少偏荡的影响，提高拖航稳定性。

⑥夜间备妥强力扫海灯，用于照示主拖缆方向和照亮被拖船。

⑦所有船员都必须加强值班责任心，机舱部应加大巡视力度，确保主副机及其他一切设备始终保持正常运转。

⑧拖航作业完全在广州船舶交通管理系统（vessel traffic service，VTS）覆盖区域航行，应遵守广州海事局船舶交通管理系统安全监督管理细则的各项规定。

⑨沉管浮运拖航属于重大件拖带作业，应加强瞭望，谨慎操作，当发现有他船横越航道时，应采取有效的避让措施，主动鸣声号，夜间可采取灯光照射等措施防止紧迫局面发生。根据避碰规则，拖航作业船舶属于操纵能力受到限制的船舶，即在船舶避让行动中属于直航船，然而，当发觉规定的让路船明显没有遵照规则采取适当行动时，拖带联合体应独自采取操纵行动，以避免碰撞。

⑩沉管拖带作业船舶属于操纵能力受到限制的船舶，需悬挂（显示）操纵能力受限的号型（号灯）。

⑪沉管浮运拖带中，主拖轮应及时预配风流压差，避免在航道中左右摆动而形成大的蛇形航迹。

10. 应急预案

（1）断缆预案

如遇到断缆情况，根据现场情况立即采取应急措施，在恢复系缆前应采取一切必要的手段以确保管节的安全。

①立即报告领航员、巡逻艇、项目部及相关单位。

②立即通知现场各有关方。

③服从 VTS 和现场巡逻艇的指挥。

④指挥各拖轮协调操作，控制管节位置。

⑤必要时立即离开主航道，避免搁浅，避免碰撞他船，避免妨碍他船航行，在不影响他船安全的情况下，由备用拖船替换顶安装船，控制住管节，视情况恢复系缆。

（2）恶劣天气预案

如在浮运过程中有突发恶劣天气情况，根据现场情况应立即采用应急措施，在气象转好恢复航行前应采取一切必要的手段以确保管节的安全。

①服从 VTS 和现场巡逻艇的指挥。

②打开雷达及各种导航设备，保持船位。

③立即通知现场各有关方协同行动。

④指挥各拖轮协调操作，控制管节位置以避免搁浅，避免碰撞他船。

⑤必要时立即离开主航道，根据 VTS 的指示原地控制位置。

⑥保持与 VTS、巡逻艇和各方面的联系，随时报告现场情况和位置。

⑦保持基高频（very high frequency，VHF）安全频道守听。

⑧如果是能见度不良，按照能见度不良航行须知启动雾航程序。

（3）搁浅预案

如果航行中由于偏离航道等任何原因发生被拖管节搁浅根据现场情况立即采取措

施，在脱浅恢复航行前应采取一切必要的手段以确保管节的安全。

①立即报告 VTS、巡逻艇、领航员、公司及相关单位。

②立即通知现场各有关方。

③服从 VTS 和现场巡逻艇的指挥。

④指挥各拖轮协调操作，控制管节位置，往深水一侧拖，防止搁浅越来越严重。

⑤注意利用涨落潮，必要时启动减排水系统，视搁浅情况决定是否可以凭现场资源进行脱浅，否则，申请岸基支援。

⑥无论如何，采用一切可能的措施防止发生管节损害。

（4）其他紧急预案

①若在浮运过程中发生主机闷车事故，应立即报告浮运总指挥，并向现场所有各方及时通报情况，指挥港拖控制管节。谨慎地操作，避免发生与管节或他船碰撞，应采取一切可能的措施确保被拖管节安全。

②若在拖航过程中发生断电，应立即报告拖航总指挥，并向现场所有各方及时通报情况。失控拖轮应立即启用备用发电机、并网，若主配电板故障，则启用应急发电机，检查并修理故障发电机或配电板。

③若在拖航过程中发生舵失灵，应立即报告拖航总指挥，并向现场所有各方及时通报情况，指挥港拖控制管节，失控拖轮应立即启用应急舵，备用转机操纵，并用双车的偏转力矩来协助控制艏向，及时通报动态，开启、显示相应的信号。拖运整个过程不得使用制动舵。

5.5　通航安全保障和管理

沉管浮运属于重大件水上拖带作业，浮运编队规模非常大，涉及数十艘船舶作业，沉管浮运拖带航速较慢，占用航道水域时间较长，势必会增加该水域过往船舶的航行、避让难度，对航经水域的船舶通航环境影响大。重大项目一般由业主委托海事部门牵头建立专门水上安全管理组织机构，提前制定科学合理的水上施工及通航安全管理方案，协调参建和相关各方（项目业主、施工、监理、承拖单位、港口、渔政等部门）予以配合。沉管浮运前召开沉管浮运通航安全专题会议，由海事部门发布航行通告进行必要的封航、限航、限速等工作，浮运过程中海事部门安排海巡船进行清道护航和四周警戒等，确保施工安全和通航安全。

5.5.1　组织与协调机构

港珠澳大桥沉管隧道工程规模宏大，施工水域航运状况复杂，固定航道密集、中小型船舶非固定航线众多，船舶交汇频繁且容易误入施工警戒区，存在极大的安全风险。交通运输部海事局成立了"港珠澳大桥建设水上交通安全监管领导小组"，设专职办公室（以下简称海事局大桥办）开展工作。广东省发展和改革委员会牵头召开了港珠澳大桥建设联席会议，并设立办公室，确定由广东海事局作为沉管施工水上交通安全保障总协调人，广东海事局专门成立了港珠澳大桥海事处，办公场所设立于海事监管趸船上，趸船紧邻施工一线现场进行值守。为了保障沉管浮运与安装施工水上交通安全，海事局大桥办、港珠澳大桥管理局、中交联合体港珠澳大桥岛隧工程项目总经理部共同成立了港珠澳大桥沉管浮运与安装水上交通安全总指挥部，统筹各项工作。其组织架构如图 5-42 所示。

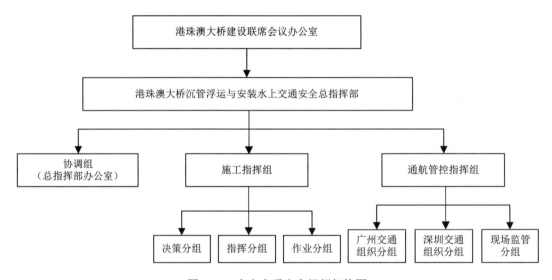

图 5-42　水上交通安全组织架构图

联席会议办公室负责处理难以协调解决的问题。总指挥部负责统筹指挥沉管浮运与安装水上交通安全全局工作，协调沉管浮运与安装涉及的粤港澳及港口、航运、海洋、军队等相关方面的工作。

协调组（总指挥部办公室）负责内外协调工作，组织召开相关协调会议；负责相关方案审查、信息沟通、工作布置、宣传宣贯、总结评估等工作，同时负责协调南海海巡执法总队、广州航标处、广州海事测绘中心相关配合工作。

施工指挥组负责沉管浮运与安装施工决策、施工指挥和施工技术，做好沉管浮运与安装施工技术方案的落实，加强施工现场相关作业船舶和作业人员的管理，与海事部门、国家海洋环境预报中心等密切沟通联系，确保沉管浮运与安装施工作业安全。

通航管控指挥组负责清道护航、现场监管和交通组织方案的编写、汇报和实施，工作人员由广州海事局指挥中心、交管中心、执法支队、港珠澳大桥海事处、沙角海事处、南沙海事处、装备与信息处、办公室、党工部，深圳海事局通航处派员组成。具体负责封航警戒船艇的调配、航行通告的发布、应急保障工作运行、船舶进出港计划编排、安排相关船舶候泊锚地等。

5.5.2　航道转换管理

根据施工工序安排和满足伶仃航道船舶通航的需求，沉管安装总体施工分 7 个阶段进行，具体阶段划分及每阶段的浮运线路和航道转换安排见表 5-25。

表 5-25　施工阶段划分及浮运通航管理表

序号	阶段	起始管节	结束管节	浮运和通航安排
1	第一阶段	E1	E10	E1～E10 采用浮运线路一，伶仃航道通航
2	第二阶段	E11	E14	E11 采用浮运线路一，E12～E14 采用浮运线路二； 伶仃航道禁航，启用伶仃临时航道， 龙鼓西航道封航，启用龙鼓西临时航道
3	第三阶段	E15	E19	E15～E17 采用浮运线路二，E18～E19 采用浮运线路三； 伶仃航道禁航，启用伶仃临时航道， 龙鼓西航道设禁航区，启用龙鼓西临时航道
4	第四阶段	E20	E22	E20～E22 采用浮运线路三，伶仃航道恢复通航， 龙鼓西航道设禁航区，启用龙鼓西临时航道
5	第五阶段	E23	E28	E23～E28 采用浮运线路三； 伶仃航道通航，龙鼓西航道恢复通航
6	第六阶段	E33	E29	E33～E29 采用浮运线路三，由东向西安装； 伶仃航道通航，龙鼓西航道通航
7	第七阶段	最终接头		—

5.5.3　工作机制和程序

沉管浮运与安装施工技术难度大、周期长，水上交通安全保障工作复杂、涉及面广，为加强组织协调、明确职责分工，保证施工安全、有序、顺利进行，海事局、业主和施工单位共同编制了《港珠澳大桥岛隧工程沉管浮运与安装水上交通安全工作手册》。按照上述浮运与安装施工阶段划分，每阶段的水上交通安全保障管理工作机制和工作要求如表 5-26 所示。

表 5-26　通航安全保障管理工作机制和要求

工作任务	时间节点	组织/实施单位	工作要求
浮运与安装方案和水上交通安全保障工作方案审批	首节沉管浮运前半个月	海事局大桥办	施工单位向海事局大桥办提交申请，广州海事局提交方案审批申请，海事局大桥办召开专家审查会，发布审查意见
各阶段浮运安装方案和水上交通安全保障工作方案审查	每阶段前 25 d	海事局大桥办	—
宣贯图制作	每阶段前 25 d	海事测绘中心	每个阶段一幅，图由施工单位委托制作
浮运计划公布	每阶段前 20 d	海事局大桥办	施工单位向海事局大桥办申请，海事局大桥办以通告形式公布

工作任务	时间节点	组织/实施单位	工作要求
各阶段宣贯会	每阶段一次提前7 d	海事局大桥办、广州海事局、珠海海事局	粤港澳三地海事机构宣贯会由海事局大桥办实施，境内宣贯会委托广州海事局实施，粤港澳三地高速客船宣贯会委托珠海海事局实施
中间评估	必要时	海事局大桥办、施工单位	请专家、顾问、港口航运、生产调度等相关单位参加

每节沉管浮运与安装施工，实施浮运与安装水上交通安全保障单节工作机制。以每次沉管浮运作业当天为节点提前 7 d，由中交联合体港珠澳大桥岛隧工程项目总经理部向海事局大桥办递交浮运与安装申请。施工单位需要履行的相关手续如表 5-27 所示。

表 5-27 管节浮运海事管理手续申请表

序号	办理内容	时间
1	向海事局大桥办递交下一管节浮运安装《申请报告》	7 d 前
2	向海事局大桥办递交下一管节浮运安装《航行通告申请》	7 d 前
3	向海事局大桥办递交下一管节浮运安装《施工方案》	7 d 前
4	向海事局大桥办提供《工作岗位主要人员分布表》	2 d 前
5	向广州海事交管中心递交《航行申请》	24 h 前

总指挥部办公室根据浮运与安装申请，召开工作布置会，发布启动指令，启动浮运与安装阶段工作程序。每个管节的通航安全管理标准工作程序（示例）如表 5-28 所示。

表 5-28 管节浮运通航安全管理标准工作程序表

序号	工作阶段	项目	工作内容	备注
1	前期工作安排	工作布置会	召集海事部门、建设单位、施工单位安排、布置沉管浮运与安装通航安全保障各项工作	提前7 d
2		启动工作值班	检查工作落实、收发信息、需要时进行调整	提前7 d
3		航行通告、直通车	—	提前7 d
4		沉管浮运与安装施工方案、水上交通安全保障工作方案完善	根据工作布置会情况，修订、完善方案	提前3 d
5		决策交底会	对沉管浮运安装作业进行交底、确认和决策	提前3 d
6		明确主要人员位置、值班人员安排	编制岗位人员分布表，决策汇报会上发布	提前2 d
7		汇报决策会	对沉管浮运与安装工作是否开展进行分析、汇报和决策	提前1 d
8		施工许可证	对本节沉管浮运与安装签发施工许可证	提前1 d

序号	工作阶段	项目	工作内容	备注
9	前期工作安排	启动工作值守	收发信息、工作记录、现场情况监控	起拖前 3 h
10		所有施工作业人员、船艇安排到位	落实参与施工作业的人员、船艇	提前 1 d
11		现场封航警戒人员和船艇安排到位	落实参加通航安全保障工作的人员、船艇	第一批提前 7 d 第二批提前 5 d
12		航行警告播发	按已有模板	浮运前 1 d 至浮运当天
13		航行警告加密播发	按已有模板	起拖前 7 h
14		封航警戒人员、船艇到达指定位置	警戒人员、船艇到位	第一批起拖前 5 h 第二批起拖前 2 h
15		榕树头航道航标撤除，同步设置告警指示信号（alarm indication signal，AIS）虚拟航标	航标撤除	起拖前 6 h
16	第一时间段（开始出坞至编队完成）	出坞时间	出坞	按方案执行
		编队时间	编队	按方案执行
17	第二时间段（开始起拖至浮运完成）	起拖时间	起拖	按方案执行
		通过预制场支航道时间	浮运	按方案执行
		进入榕树头航道时间	浮运	按方案执行
		预制场支航道管控时间	管控	起拖前 4 h 至通过预制场支航道时间
		榕树头航道封航时间	封航	起拖前 3 h 至出榕树头航道后 1 h
		马友石以西伶仃临时航道段封航时间	封航	进入出运航道前 1 h 至进入基槽后 1.5 h
		基槽内浮运管控时间	管控	进入基槽前 1 h 至到达系泊位置后 0.5 h
		榕树头航道航标恢复（同步取消 AIS 虚拟航标）	海事部门恢复榕树头航道航标	浮运完成后
18	第三时间段（开始系泊至水力压接完成）	沉管系泊安装管控时间	管控	到达系泊位置后 0.5 h 水力压接完成
19		关闭应急值班	—	系泊完成后 1 h
20	第四时间段（开始贯通测量至安装船撤离）	贯通测量管控时间	海事部门对相关水域管控	开始贯通测量至安装船撤离后 1 h
21		关闭工作值班	—	安装船撤离后 1 h
22		总结	—	上一次总结与下一次工作布置结合进行

5.5.4 通航管控和保障措施

1. 宣贯方面

（1）航行通告

依据不同的时间节点和工作需求，航行通告的发布分为两种。

一是关于浮运安装时间计划安排的预告，由施工组向海事局大桥办提交发布下个阶段浮运安装时间计划安排的申请，海事局大桥办通过报纸、网站和直通车的形式对外发布航行通告。

二是关于单次浮运安装的航行通告，具体工作流程及要求如下：

①在每节沉管浮运安装前 7 d，施工组向海事局大桥办提交航行通（警）告发布申请；

②海事局大桥办收到申请后，在作业前 6 d 通过报纸、网站和直通车形式对外发布航行通告；

③广州、深圳交通组织小组将航行通告的内容编制成航行警告，在浮运安装作业前 24 h，通过 VHF 播发。其中，起拖前 7 h 加密播发。

（2）宣贯会议

在沉管浮运安装每阶段开始前和其他必要时，海事局大桥办负责统筹策划宣贯会议，组织制定会议材料，对整个珠江口有关单位和船舶开展宣贯。

（3）宣贯图表

每个阶段的沉管浮运安装须制作对应的宣贯图，由施工组委托广州海事测绘中心将沉管浮运安装航线、交通管制内容等制作成宣贯图，经海事局大桥办认可后，通过宣贯会议、签证窗口和现场派发等形式对外发布。

（4）渔政宣贯

每次航行通告发布后，大桥管理局及时协调省、市渔政管理部门向相关渔港、船舶传达、落实宣贯工作。

（5）其他宣贯

必要时，由总指挥部办公室提请三地委组织港澳海事及相关航运单位召开专题宣贯会议，加强宣贯。

2. 交通组织

（1）交通管制和协调

在沉管浮运期间必须进行严密的水上交通组织，沉管浮运时，需海事部门加强对榕树头航道、大濠水道或伶仃航道的水上交通管理，实施交通管制。浮运航道为单向航道，需安排清道船在前方清道，从沉管浮运起拖至回旋区之间的航道段（约 12 km、6.5 n mile）禁止任何船舶与之对遇或追越，禁止其他无关船舶进出该段航道；港澳线高速客船禁止抢拖轮船艏通过；航道两侧水域的水深条件较好，吃水较小的船可利用航道两侧水域避让。

同时，浮运作业也非常需要港口生产调度、安全管理部门等各方的协调和积极支持。港口相关部门需根据沉管浮运拖航计划，科学合理地安排大型船舶进港，在浮运期间，尽量少安排船舶进出港通过该段水域；同时，施工组需提前向海事部门提前申请发布航行通（警）告，浮运前摸查所需经航道航标情况；浮运期间海事部门进行现场交通组织、清道、护航和警戒，维护好沉管浮运航经水域的水上交通安全。

其他管制措施包括以下几点。

①提前发布航行通（警）告。广州 VTS 中心、深圳 VTS 中心提前通过 VHF 播发航行警告。

②浮运作业前一天，广州 VTS 中心做好应急锚地安排。

③在沉管浮运前后各 2 h 及整个浮运过程中，广州 VTS 中心对榕树头航道实施临时性交通管制，禁止所有船舶与浮运作业船在榕树头航道中会遇及追越、横越；广州 VTS 中心、深圳 VTS 中心根据管节浮运、安装路线计划，确定对伶仃临时航道、伶仃航道、铜鼓航道、龙鼓西航道是否实施交通管制。

④广州 VTS 中心根据浮运方案和交通管制要求进行临时交通管制，避免所有高速客轮横越浮运作业船编队，若高速客轮确需横越浮运作业船编队，必须经过广州 VTS 中心审核，保持距离编队 1000 m 外方可通过。

⑤广州 VTS 中心根据浮运作业船动态发布实时航行安全信息，提醒航经船舶协调避让，必要时可绕道桂山岛东边进出口。

（2）航道航标撤除和恢复

沉管浮运前，检查警戒区、禁航区的标识是否存在碍航等异常情况，海事航标处撤除影响沉管浮运的航标及警戒标，并在浮运结束后及时恢复。

（3）警戒区设置

为保障港珠澳大桥沉管隧道工程施工安全，工程施工水域共进行了 3 次航道转换，5 次施工警戒区、禁航区布设与调整。

（4）禁航区布设

在施工区上下游 1200 m 处设置了施工禁航区，避免了中小型船舶误闯龙鼓西航道的风险。

3. 现场监管

（1）护航警戒

沉管浮运期间，海事部门安排海巡船、渔政执法船在内的警戒船艇组成沉管浮运护航编队，提供沉管浮运期间的安全保障。沉管浮运期间，禁止船舶横越编队和近距离驶过；沉管系泊、安装施工水域，禁止其他船舶穿越并须在足够的距离外慢车通过。护航期间将浮运水域划分为核心警戒区和预警区，安排 10 余艘执法船参与护航警戒工作，如图 5-43 所示。

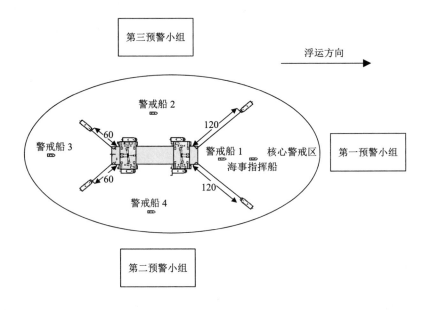

图 5-43　护航警戒编队示意图

浮运作业完成后，根据现场施工需要，安排 3～4 艘海巡船做好沉管系泊、安装期间的安全警戒工作。

安装船撤离后，海事部门安排 1～2 艘海巡船做好管节回填期间的安全警戒工作。航道转换及施工警戒区、禁航区调整期间，项目部安排多艘大马力拖轮配合海事部门进行上下游的安全警戒。

护航警戒工作要求如下。

①护航警戒期间，广州船舶交通管理中心专台加强值班，跟踪进出港船舶，定期发布信息，提醒和监控过往船舶不应妨碍和干扰沉管浮运编队通行和作业。

②负责现场警戒和应急保障的船艇应守听广州船舶交通管理中心 VHF09 频道,并执行交管中心的指令。

③各警戒和应急保障船艇,发现妨碍编队通行和作业的船舶应立即利用高音喇叭、VHF 劝告船舶掉头改航或停航等待;船舶不听劝告时,应予以拦截并立即向现场指挥及局值班室报告。

④与工作组之间的通信应使用 VHF09 频道;浮运编队的内部通信可用商定的频道;其他通信可用手机。

⑤加强源头管理。通过海事部门的政务窗口、签证站点、官方网站尽早公告封航管制信息,减小封航管制期间突发状况的发生。

（2）航道封航与限速

为解决沉管隧道施工与珠江口伶仃航道、龙鼓西航道通航的安全问题,设置了三条浮运线路。受沉管浮运线路与通航航道交叉影响,浮运期间需要进行航道封航管控。铜鼓航道、龙鼓西航道等水域为交通管理中心管控实施水域。实施时间从拖航编队起拖前 2 h 开始,至沉管进入基槽水域。封航水域为榕树头航道,伶仃临时航道、伶仃航道、铜鼓航道、龙鼓西航道等视沉管浮运路线实施封航。

为减小进出港大型油轮、集装箱班轮等产生的船行波对施工造成影响,沉管系泊、安装及回填期间对通航的航道实施 8~12 kn 的限速管控。在沉管安装过程中,广州 VTS 中心在伶仃北报告线、桂山北灯船设置两条预警线,对到达预警线的船舶提供安装作业船的动态信息,提醒航经船舶控制航速,安全有序通过。

4. 总结与评估

根据工作需要,总指挥部办公室及时召集各工作组召开总结评估会议,总结工作经验,查找存在问题,进一步完善各项方案和安全措施,科学评估航道封航时间、管控水域范围,减少对珠江口港航企业正常生产和过往船舶正常通航的影响,切实保障沉管浮运安装水上交通安全。

第6章 外海沉管系泊关键技术和装备

6.1 概　述

沉管安装水下对接要达到厘米级精度要求，需要对管节进行精确定位和调整。考察当前船舶和海洋结构物定位技术的发展情况，从定位原理区分，可分为系泊定位和动力定位两种方式，由于动力定位应用场景的特殊性和技术复杂性，在目前的沉管隧道领域是受限的，也未曾有应用先例，故沉管安装一般选用锚缆组合的系泊定位方式。管节自身体量巨大，在自然环境下受到风、波浪和水流的综合影响，稳定和准确定位难度大，特别在外海条件下，更是需要设计和配置足够强大和稳定的锚泊定位系统。从风险管理的角度上系泊定位系统属于重大风险源，需要综合考虑管节尺寸、施工水域环境条件，水深地质条件及设备配置情况进行确定。

沉管系泊是指管节（船管组合体）浮运至基槽位置待安装区域后，通过将安装船上的缆系与预设在海床上的锚碇连接形成多点锚泊定位系统的过程。港珠澳大桥沉管隧道管节具有断面和体量巨大，受波浪、水流影响极大；安装船与沉管组成多浮体柔性受力体系，动力响应规律复杂；流态复杂，系泊作业时间受限等特点。管节系泊是将管节从拖轮控制转换为锚系控制的过程，属于一个状态转换过程，在外海复杂的作业环境下，管节的稳定受控始终是一个最关键的问题。

为此，港珠澳大桥沉管隧道工程从以下几个方面进行了沉管系泊关键技术的研究工作。

①开展系泊定位方式专题研究，从管节沉放方式、系泊方式的调研和比较选择入手，设计适合港珠澳大桥沉管隧道工程的锚泊定位系统。

②开展系泊控制参数专题研究，通过物理模型、数学模拟试验分析确定双体船沉放驳锚泊系统的锚缆受力情况，掌握管节系泊过程中的动力响应。

③开展锚泊设备的选型专题研究，通过调研分析各类不同型式的锚、锚绞车和锚索的特点和使用要求，结合现场1∶1锚抓力原型试验，最终选择适合港珠澳大桥沉管隧道工程需求的锚泊设备。

④开展系泊操控方案专题研究，通过系泊实操演练确定所需的船机配备和工艺流程，确保系泊作业快速安全完成，管节状态始终受控。

6.2　系泊定位方式研究

截至目前，工程船舶的定位方式有两种，即传统的锚缆系泊定位和新式的全动力定位（借助于推进器保持船舶的位置），由于当前沉管隧道领域最大的安装水深也不超过 100 m（土耳其博斯普鲁斯海峡沉管隧道最深为 60 m），故尚未有应用动力定位系统的案例，仍然都采用传统的锚缆系泊定位方式。

由于沉管系泊定位与后续的沉放对接工序密切相关，稳固的系泊定位可为管节的沉放对接提供基础和保障，二者间相互影响，需要结合起来统一考虑，故在研究具体的系泊方式前需要先确定所用的沉放设备和方式。

6.2.1　沉放设备和方法调研

调研发现，沉管隧道施工所使用的沉放设备和方法，包括拉沉法、起重船吊沉法、浮箱吊沉法、双驳杠吊法、双体船杠吊法、自升平台骑吊法等，适用于不同的环境条件、项目规模、沉管自身体量和现场船机条件等。相关施工案例的沉放工艺如表 6-1 所示。

表 6-1　管节沉放方式施工案例调查表

隧道名称	地点	完工年份	管节尺寸			沉放方式
			长/m	宽/m	高/m	
广州珠江隧道	中国，广州	1993	95～120	33	8	浮箱吊沉法
威杰克（Wijker）	荷兰	1996	95.87	31.5	8.05	浮箱-浮吊结合
上海外环隧道	中国，上海	2003	100～108	43	9.55	浮箱吊沉法
宁波常洪沉管隧道	中国，宁波	2002	95～100	22.8	8.45	浮箱吊沉法
香港西区海底隧道	中国，香港	1997	113.5	33.4	8.57	浮箱吊沉法
厄勒海峡沉管隧道（Oresund）	丹麦-瑞典	1997	175.2	42	8.5	双驳杠吊法
韩国釜山—巨济沉管隧道	韩国，釜山	2010	180	26.46	9.97	双驳杠吊法
土耳其博斯普鲁斯海峡沉管隧道	土耳其	2008	98.5～135	15.3	8.6	双体船杠吊法
海湾水下隧道	美国，旧金山	1972	83.2～111.6	14.6	6.5	双体船杠吊法

管节沉放的方法总体可概括为拉沉法和吊沉法两类，其中拉沉法以预先设置在基槽中的水下桩墩作为锚碇点，利用设在管顶塔架上的卷扬机牵拉固定在水下桩墩上的钢丝绳，将管节拉向水底基础上，该方法充分利用了管节浮力，无需方驳和浮箱提供吊缆缆力，荷兰阿姆斯特丹 IJ 隧道和法国马赛老港隧道（Vieux-Port tunnel）都曾使用该方法进行管节沉放，但该方法对水深较大和水流环境较复杂的沉管隧道不适用，并且设置水底桩墩的费用也较高，故目前拉沉法已基本不用（图 6-1）。

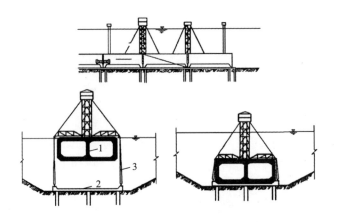

图 6-1　管节拉沉法施工示意图

1：沉管；2：桩墩；3：拉索

目前使用较多的管节沉放方法主要是吊沉法，其中浮箱吊沉法和杠吊法最为常见，此外起重船吊沉法和自升式平台船骑吊法也有使用。

1. 起重船吊沉法

起重船吊沉法最早用于早期钢壳型和建设规模较小的沉管隧道（图 6-2）。沉放时利用 1～2 艘起重船吊着预设在管节上的吊点，缓慢将管节沉放到基槽中的预定位置。荷兰穿越旧马斯河的 Botlek 沉管隧道（1980 年）采用两艘 400 t 起重船进行管节沉放，广州珠江隧道采用一艘 500 t 起重船吊沉和一艘 2000 t 方驳配合成功进行了宽度为 33 m 大型管节沉放工作。总体来说，该方法较多用于内河沉管隧道的沉放，或水深较浅、水流速度不大、浪涌较小的工程地区，其占用水面较宽，对航道交通互相干扰较大。

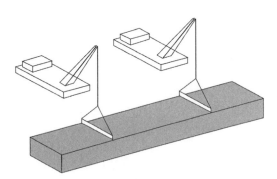

图 6-2　管节起重船吊沉法施工示意图

2. 浮箱吊沉法

荷兰柯恩隧道（Coen tunnel，1966 年）和鹿特丹比内卢克斯隧道（Benelux tunnel，

1967 年）首创浮箱吊沉法，最先使用 4 个浮筒进行管节的沉放，比利时的斯凯尔特隧道（Scheldt E3 tunnel，1969 年）将 4 个浮筒改为定制的方形浮箱（pontoon），形成了浮箱吊沉法。该方法在管顶安设 4 个用钢桁架连接成一体的方形浮箱，浮箱与管节之间设置吊索连接，浮箱上安设吊放管节和自身定位卷扬机，用以提供管节沉放时所需负浮力的水面支撑，管节在水面和水中的水平方向定位采用另外单设的 6 根锚缆，相应的定位卷扬机安装在测量定位塔上。示意图如图 6-3 所示。

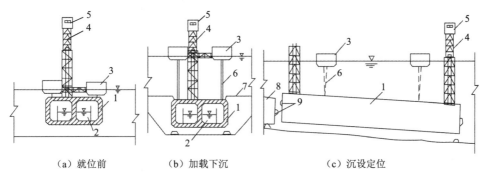

（a）就位前　　　　（b）加载下沉　　　　（c）沉设定位

图 6-3　早期四浮箱吊沉法施工示意图

1：待安管节；2：压载水箱；3：浮箱；4：定位塔；5：指挥室；
6：吊索；7：定位索；8：已安管节；9：鼻式托座

随着施工技术的发展，4 个浮箱逐渐被前后两个特制的平底式浮箱驳船（pontoon barge）替代，并成为目前沉管隧道施工中常用的一种主流做法，称之为双浮箱吊沉法，如图 6-4 所示。

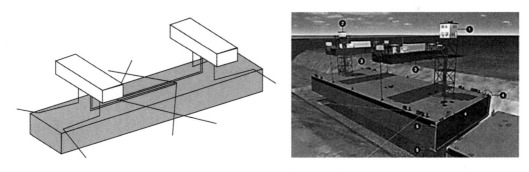

图 6-4　双浮箱吊沉法施工示意图

双浮箱吊沉方法在世界各国和我国都应用较广，包括上海外环隧道、宁波常洪隧道等，图 6-5 为浮箱吊沉法施工实例。但该方法也存在一些缺点，舾装阶段浮箱（或平底船）需要大型起重船吊沉安装至管节顶面，增加的浮箱荷载会导致管节干舷降低，许多情况下需要考虑对管节采取助浮措施，增加了施工工序和施工成本投入；或者设计制作时增大管节自浮干舷，但这又会增加消除干舷的压载水量，产生压载水箱尺寸的被迫增大和压载时间的增加等不利因素。

图 6-5　浮箱吊沉法平底驳船舾装图

此外，也有利用起重船和浮箱联合吊沉管节的案例，如图 6-6 所示为 1996 年建成的荷兰费尔森市 Wijker tunnel 首端采用一艘浮吊，尾端采用一艘浮箱船进行管节的沉放。

图 6-6　起重船联合浮箱吊沉法施工

3. 双驳杠吊法

双驳杠吊法是用两艘双体式浮箱安装驳船（twin hull pontoon barge）来完成吊沉作业，每个安装驳船皆由两侧浮箱和顶部跨梁组成，浮箱用来提供整个沉放驳的浮力，顶部跨梁就像"杠棒"一样承受由吊索传递而来的管节负浮力，并传递给两侧的浮箱。顶部跨梁设置工作平台、绞车和滑轮模组、电力装置及控制等系统，集中控制指挥室控制管节安装的缆索作业。每个安装驳船均采用 4 根锚缆定位，管节自身采用 4～6 根锚缆定位（四边锚或加上前后锚）。所有定位卷扬机均安设在船体上，测量塔只负责测量定位用，而不是作为卷扬机的支撑平台和安装工作的指挥平台（图 6-7、图 6-8）。

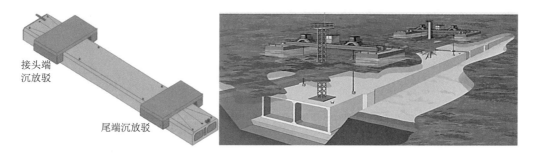

图 6-7　双驳杠吊法施工示意图（一）

与浮箱吊沉法不同，安装驳船自身可以浮游定位，不需要额外大型船机的辅助，也不对管节的干舷造成影响，可以实现定位卷扬机的统一集中操控，利于安装指挥和操作。该方法最早在欧洲使用，后由于其优点明显得到了较广应用，包括丹麦厄勒海峡沉管隧道、韩国釜山—巨济沉管隧道等皆采用该方法进行管节沉放对接。

图 6-8　双驳杠吊法施工示意图（二）

4. 双体船杠吊法

双体船杠吊法与双驳杠吊法原理类似，沉放时吊索连接在"杠棒"上，将负浮力传递给两侧浮箱承担，但与之不同的是，双体船杠吊法是采用一艘双体安装驳船（catamaran lay barge）完成管节沉放作业，如图 6-9 所示，一般两侧的浮箱尺度和体量较大，由前后两个跨梁连成一个整体，所有的竖向和平面定位卷扬机全部安装在船体上，并采用集中控制的方法操作。该方法整体稳定性好，操作方便，适合各种复杂的沉放环境和条件，但专项大型驳船投入费用较高。该方法在美国和日本应用较多，包括日本多摩川和川崎港海底沉管隧道、美国旧金山海湾地区水下隧道、土耳其博斯普鲁斯海峡沉管隧道都采用了该方法进行管节沉放。

图 6-9　双体船杠吊法施工示意图

5. 自升平台骑吊法

自升平台骑吊法的沉放设备为自升式水上平台，可简称为吊沉法（self-elevating platform，SEP）。如图 6-10 所示，自升式平台一般由 4 根桩腿与船体平台两部分组成，平台移位时靠船体浮移，自带锚泊定位系统绞移调整就位，然后利用液压千斤顶或齿轮齿条驱动等方式将桩腿下压至河床以下，平台沿桩腿爬升出水面。管节安装时先将管节牵引进入自升平台下方，使作业平台"骑在"管节上方，连接管顶吊点与平台上的吊放卷扬机，管节压水下沉，所需负浮力传递至平台的桩腿承担，管节的水平定位则需要利用平台上的卷扬机，将钢丝绳通过桩腿上的导缆器与管节上预设的系缆点连接，依靠平台自持力提供管节水平调整定位所需的力。管节安装完成后，利用桩腿驱动系统平台自行下落至水面，拔出桩腿再次移船定位进行下一个管节施工。

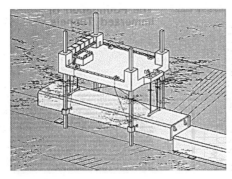

图 6-10　自升平台骑吊法施工示意图

该方法适用于水深或流速较大的工程，沉放时基本不受潮汐和波浪影响，不需要占用大面积水域布设锚缆定位系统，对周边航运影响小。日本京叶线台场沉管隧道和我国香港地铁过海沉管隧道曾使用该方法进行管节沉放作业。图 6-11 为双用途自升平台骑吊法沉管安装示意图，该平台同时具备碎石基床刮铺能力。

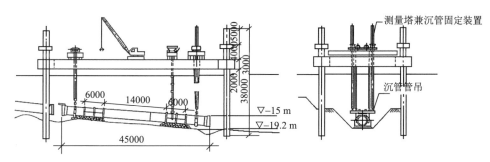

图 6-11 双用途自升平台骑吊法沉管安装示意图

6. 港珠澳大桥沉管沉放设备和方法

综合对比上述各沉放方法的优缺点及适用范围，对外海沉管隧道而言，自然环境相对恶劣，浮箱稳定性较双体船差，并且安装水深一般较深，测量定位塔的使用会受到限制，故双浮箱吊沉法的适用性较差；目前一般认为可在外海环境下应用的沉放方案包括双驳杠吊法、双体船杠吊法及自升平台骑吊法三类，其中杠吊法最为常用，其技术经济性也是最合理的；对于较长的管节（150～200 m），由于双体船需要随之加长，技术经济性降低，此时双驳杠吊法更具优势；对跨海峡等大水深作业条件，则需要进一步研究自升平台式骑吊法的可实施方案。

由于港珠澳大桥沉管隧道工程地处复杂的外海环境，双浮箱吊沉法的稳定性不足，适应性受限；而管节长度达到了 180 m，双体船杠吊法的船体长度太长将导致操控性不良，制作难度大，成本也将很高。综合考虑各方面因素，最终选用稳定性和操控性都较良好的双驳杠吊法进行管节的沉放对接。

6.2.2 锚系布置方式研究

与大多数工程船舶系泊方式类似，沉管安装一般选用悬链线式（系泊线的外形是弯曲的悬链线）多点锚泊系统，即以船管组合体为中心，向四周抛出若干个锚及锚索系住安装船及管节，提供稳固的定位能力和方便的调整能力。

与采用的沉放设备相对应，不同的沉放方法所采用的锚布方式也是不同的。调研上述三种外海沉管安装方法的锚布形式分述如下。

1. 双浮箱吊沉法锚布方式

常用"双三角"锚布方式，利用双浮箱（或平底船）通过滑轮组起吊沉管两端，海床上事先布置好 4 个（或 8 个）大型锚墩，两个控制平台（兼用作测量塔）各设置三台卷扬机，然后通过滑轮组和钢丝绳直接与锚坠连接，水平（纵向和横向）移动沉管，动力系统均设置在测量控制塔上，浮箱（平底船）利用自身锚系进行定位（图6-12）。

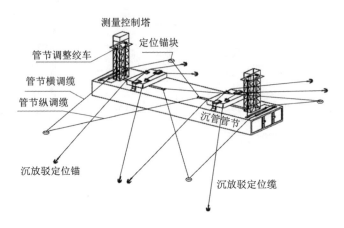

图6-12 双浮箱吊沉法锚布方式示意图

2. 双体船杠吊法锚布方式

双体船由于宽度较大，突出的优点是稳定性好，故该方法主要依靠双体船自身的锚泊定位系统提供可靠的定位能力，而管节定位则采用斜对角方向张拉的吊索系定于双体船上，双体船一般配备8～10条锚缆，船体的四角各设置两根定位缆，抵抗主要水流方向可以多配置2根缆以策安全。

对于在水流和波浪环境比较复杂的情况下采用双体船杠吊法时，除安装船自身的锚系需要考虑足够的安全系数外，管节的调整定位缆系也需要进行改进，如图6-13所示为土耳其博斯普鲁斯海峡沉管隧道所使用的锚布方式，图（a）为锚缆定位平面布设图，图（b）为管节安装缆（操函缆）系立体示意图，与双驳杠吊法类似，卷扬机布设在驳船上，其上的钢丝绳通过设在管顶的改向导缆器与海床上的锚碇连接，在管船分离后可以更好地控制管节位置。

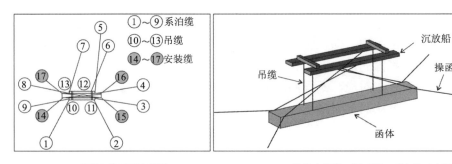

（a）锚缆定位平面布设图　　　（b）管节安装缆（操函缆）系立体示意图

图6-13 博斯普鲁斯海峡沉管隧道管节安装锚布方式示意图

3. 双驳杠吊法锚布方式

双驳杠吊法标准形式多采用 14 点对称锚布形式，按照不同的功能分为两类，分别为 8 条系泊缆和 6 条安装缆，系泊缆直接与海床上的锚碇连接，安装缆通过管节顶面设置的绞缆盘和导缆器与海床上的锚碇连接。所有的定位绞车全部安装在驳船的甲板上并实行集中操控，具体的锚布方式及效果图如图 6-14 所示。

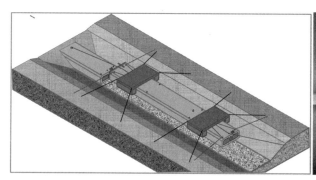

图 6-14　韩国釜山—巨济沉管隧道双驳杠吊法标准锚布方式示意图

6.2.3　港珠澳大桥沉管锚布方式

一般工程船舶定位锚泊系统的确定主要取决于船型，环境条件（波高、周期、风速、流速、水深等）及作业要求。参考已有的双驳杠吊法锚布方式案例，结合港珠澳大桥沉管隧道工程的特点，考虑以下几条原则进行适合港珠澳大桥沉管安装的锚系优化和设计。

①满足在设计作业窗口条件下的稳定系泊定位要求，并考虑一定富余安全度以应对小概率发生和不可预料的超出窗口条件的情况。

②为减少管节安装时移锚的数量，降低使用成本，提高作业效率，管节锚系布置时应考虑相邻管节采用的锚点尽量共用。

③为避免对管节首端 GINA 止水带可能造成的破坏风险，考虑取消艏抽芯缆。

④为避免对尾端后续管节基床、地基或基槽边坡的破坏风险，考虑取消艉抽芯缆。

⑤考虑港珠澳大桥沉管隧道工程深水深槽的特点，基槽坡长长且土质软弱，锚点位置要与边坡位置有足够的安全距离，在确保锚抓力稳定的同时避免拉锚和使用过程中对边坡稳定造成影响。

⑥当锚泊系统达到最大的预见偏移时，锚索（抛出船体外部分）的长度应足以使其与海底相切。

⑦考虑沉管安装精确定位的要求，锚缆布设角度应能方便地对安装船和管节进行纵、横两个方向的调节。

综合上述因素最终确定采用 12 点对称锚泊系统，即单个管节需要布置 12 口锚，包括 8 口操控沉放驳的系泊锚和 4 口操控管节的安装锚。系泊锚和安装锚沿管节两侧平行于隧道轴线布置，深水区和浅水区相同，系泊锚距离隧道轴线 300 m 布置，安装锚距离隧道轴线 200 m 布置，系泊缆和安装缆与隧道轴线的夹角按 45°～60°控制（图 6-15）。

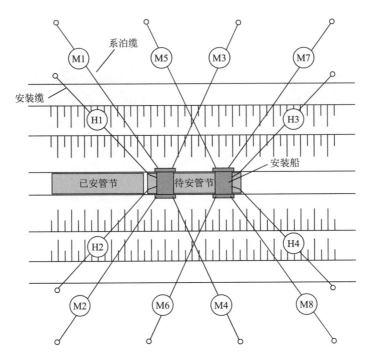

图 6-15　港珠澳大桥沉管安装锚系平面布置图

上个管节（En）安装完成后，下个管节（En+1）的锚系布置时考虑锚位共用，如图 6-16 所示，将 2 口系泊锚和 4 口安装锚进行移位，其他锚位不变。

系泊缆用于控制管节安装时安装驳和船管组合体的水平位移，安装缆则用于控制管节沉放对接时的水平位移。此外，尚需利用吊缆索进行船管间临时连接和控制管节在水中的竖向位移。管节系泊缆（M 缆）和安装缆索（H 缆）的操纵端皆为设在安装船甲板上的锚绞车，系泊缆另一端直接与预设在海床上的系泊锚相连，而安装缆索先自甲板绞车牵引，通过垂直导向轮穿过甲板上的月池至管节顶部，然后通过水平导向轮引至管节两端，再由管节端部导向轮与海床上的 4 口预埋安装锚相连（图 6-17、图 6-18）。

管节在基槽内横拖就位后即可进行锚定，若气象、水文条件不满足管节沉放条件，管节将在系泊位置上进行沉放等待。此时管节和沉放船依靠支墩与吊缆连接在一起（提升绞车缆绳提供部分预紧力），系泊缆通过卷扬机施加一定预紧力，安装缆处于松弛状态，管节水流力由 8 根系泊缆（两船）缆绳承受，4 根管节安装缆（两船）缆绳不受力。

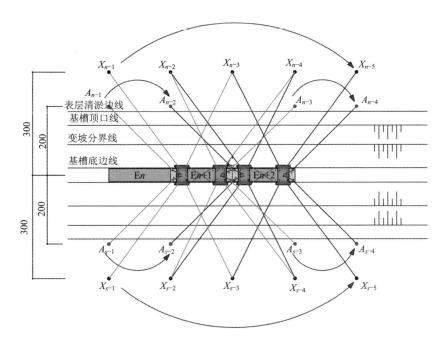

图 6-16　起锚、移锚示意图

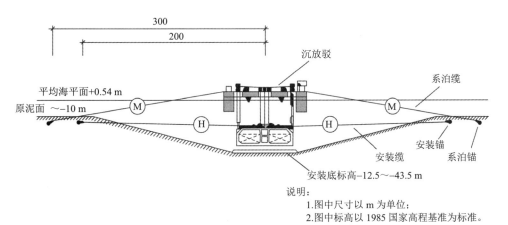

说明：
1.图中尺寸以 m 为单位；
2.图中标高以 1985 国家高程基准为标准。

图 6-17　港珠澳大桥沉管安装锚系立面布置图

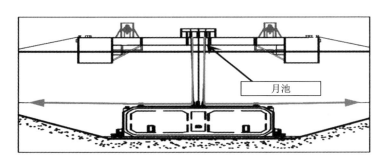

图 6-18　安装缆（H 缆）转向示意图

港珠澳大桥沉管系泊锚布方式的优点是最大化减少了锚缆数量，提高了锚点的共用性，减少了起抛锚和带缆的工作量，较大程度地提高了系泊的工作效率，但与此同时，由于 4 条安装缆需要同时控制管节的纵向和横向移动，操作时两个方向相互影响，所以该方法对安装工艺和人员素质的要求更高，需要提前进行大量培训和演练。

6.3　系泊控制参数研究

管节在沉放等待过程中，波浪、水流条件相对较恶劣，不同工况下的缆系受力极值是主要的考虑因素。缆系受力是锚、系泊缆、卷扬机、沉放驳设计的重要控制参数。

按照挪威船级社（Det Norske Veritas，DNV）规范规定（DNV-OS-E301），临时系泊缆系受力极值应考虑最大极值和偶然极值，最大极值考虑最可能的波浪、水流条件下缆系受力最大值，偶然极值考虑波浪水流同向且顺着某根缆绳方向引起的缆系受力极值。沉管系泊关键控制参数见表 6-2。

表 6-2　沉管系泊关键控制参数表

类型	关键参数
系泊缆	缆绳预张力
	极限工况下的缆绳张力
沉管系泊过程中的动力响应	沉管运动姿态

考虑港珠澳大桥沉管隧道工程沉管体量巨大，国内外相关案例极少，为确保系泊试验研究成果质量，港珠澳大桥沉管隧道工程先后开展两阶段物模试验，分别在大连理工大学海岸和近海工程国家重点实验室和武汉理工大学船模拖曳水池进行。为验证试验成果，港珠澳大桥沉管隧道工程还开展了数模试验工作。以下对三阶段试验成果进行总结。

6.3.1　第一阶段物模试验

第一阶段物模试验在大连理工大学海岸和近海工程国家重点实验室进行，主要试验目的为确定系泊系统布置、系泊系统参数，为沉管安装船设计提供基础资料。

水池长 50 m，有效宽度 28 m，深 1.0 m，配备蛇型三维不规则波造波机，可产生试验要求的规则、不规则波浪，并可通过变频器、整流阀门、出流阀及导流廊道构成的自循环生流系统，在水池中产生任意方向的较均匀的水流。

沉管安装船、沉管管节按照重力相似原则进行制作，模型比尺为 1 : 65。地形按照港珠澳大桥沉管隧道工程 E20 管节基槽（深基漕）、E3 管节基槽（浅基槽）进行制作，系泊缆制作满足重力相似、弹性相似，采用分段弹簧模拟（图 6-19）。

图 6-19　第一阶段沉管系泊物理模型

按照 DNV 规范要求，物模试验对极值工况（ultimate limit state，ULS）和偶然极值工况（accidental limit state，ALS）进行了模拟。ULS 考虑最可能的波浪、水流条件下缆系受力最大值，ALS 考虑波浪水流同向且顺着某根缆绳方向引起的缆系受力极值。具体到物模实验上，试验就横流、横浪和斜流、斜浪两大类工况展开。第一阶段物模试验主要结果如下。

表 6-3 给出了 E20 管节在浪+流（浪方向 0°、T_p=6 s、H_s=0.5～1.5 m；流向 0°、流速 V=1.6 m/s）工况下的缆力最大值。

表 6-3　E20 管节系泊缆力试验结果

流速 V=1.6 m/s；不规则波，浪方向 0°、H_s=0.5 m、T_p=6 s			
测量值	1 号	2 号	3 号	4 号
F_{max}/tf	77.19	19.08	74.73	12.76
F_{min}/tf	57.44	12.8	62.07	8.09
F_{mean}/tf	64.49	15.55	67.24	10.34
流速 V=1.6 m/s；不规则波，浪方向 0°、H_s=0.8 m、T_p=6 s			
测量值	1 号	2 号	3 号	4 号
F_{max}/tf	80.36	19.1	79.92	11.2
F_{min}/tf	57.24	11.58	59.32	7.23
F_{mean}/tf	67.26	15.59	68.35	9.39
流速 V=1.6 m/s；不规则波，浪方向 0°、H_s=1.0 m、T_p=6 s			
测量值	1 号	2 号	3 号	4 号
F_{max}/tf	78.37	19.16	81.87	13.11
F_{min}/tf	57.42	8.89	58.61	6.99
F_{mean}/tf	67.51	14.17	69.02	9.78
流速 V=1.6 m/s；不规则波，浪方向 0°、H_s=1.2 m、T_p=6 s			
测量值	1 号	2 号	3 号	4 号
F_{max}/tf	83.98	18.87	84.53	12.01
F_{min}/tf	54.54	9.45	56.77	6.41
F_{mean}/tf	68.56	14.36	68.74	9.21

流速 V=1.6 m/s；不规则波，浪方向 0°、H_s=1.5 m、T_p=6 s			
测量值	1 号	2 号	3 号	4 号
F_{max}/tf	97.32	18.15	98.08	13.14
F_{min}/tf	55.75	7.39	56.21	5.2
F_{mean}/tf	74.13	12.84	74.91	8.28

表 6-4 给出了 E3 管节在浪+流（浪方向 20°、T_p =6s、H_s =0.5～1.2 m；流向 20°、流速 V=1.8 m/s）工况下的缆力最大值。

表 6-4　E3 管节系泊缆力试验结果（边缆张角 30°）

流速 V=1.8 m/s；不规则波，浪方向 20°、H_s =0.5 m、T_p=6 s			
测量值	1 号	2 号	3 号	4 号
F_{max}/tf	15.1	48.47	81.83	84.04
F_{min}/tf	14.11	34.75	67.79	72.72
F_{mean}/tf	14.56	41.97	74.95	78.34

流速 V=1.8 m/s；不规则波，浪方向 20°、H_s =0.8 m、T_p=6 s			
测量值	1 号	2 号	3 号	4 号
F_{max}/tf	15.18	58.86	96.36	94.32
F_{min}/tf	13.73	34.45	66.13	66.43
F_{mean}/tf	14.37	43.35	78.95	81.5

流速 V=1.8 m/s；不规则波，浪方向 20°、H_s =1.0 m、T_p=6 s			
测量值	1 号	2 号	3 号	4 号
F_{max}/tf	14.72	47.38	100.53	94.99
F_{min}/tf	13.12	8.18	13.08	47.71
F_{mean}/tf	13.78	31.32	68.18	74.6

流速 V=1.8 m/s；不规则波，浪方向 20°、H_s =1.2 m、T_p=6 s			
测量值	1 号	2 号	3 号	4 号
F_{max}/tf	14.15	38.85	84.3	90.15
F_{min}/tf	13	18.7	47.63	56.31
F_{mean}/tf	13.57	27.69	66.89	73.32

6.3.2　第二阶段物模试验

第二阶段物模试验在武汉理工大学拖曳水池开展，水池尺度为 132 m×10.8 m×2 m，模型制作满足重力相似原则，缩尺比 1：40。用钢制假底模拟基槽，系泊缆采用多段弹簧模拟刚度曲线，采用拖曳假底（相对运动）模拟水流，水池一端的造波机提供波浪环境模拟（图 6-20）。

图 6-20　第二阶段船模拖曳水池内系泊试验

考虑深浅基槽的流态、波浪变形有所区别，试验对深基槽的（E20，E3）管节进行的分别模拟。由于试验条件限制，试验波浪采用的是规则波（类似涌浪），规则波能量较不规则波集中，所测缆力应该是偏保守的。第二阶段物模试验主要结果如下。

1. 深基槽试验工况及其结果

深基槽试验工况及其结果见表 6-5、表 6-6。

表 6-5　深基槽系泊试验工况

水深	浪高/m	周期/s	流速/(m/s)
−45.0 m	0.8	6.0	1.3～1.6

表 6-6　深基槽管节系泊沉放等待过程缆绳受力情况

系泊缆绳缆力	相对流速/(m/s)	浮驳缆系各缆实测缆力/tf							
		F1	F2	F3	F4	F5	F6	F7	F8
纯流作用力	1	38.2	17.7	45.6	20.1	28.3	7.3	18.6	2.0
	1.3	67.6	17.5	81.4	22.2	28.7	8.9	17.0	0.8
浪流作用力均值	1	68.4	21.5	70.9	26.8	28.0	7.6	15.2	2.8
	1.3	110.2	32.4	115.0	47.9	29.5	9.8	16.5	1.5
浪流作用力最大值	1	106.1	26.9	91.8	36.2	29.5	9.3	17.3	0.7
	1.3	139.7	51.7	142.6	86.8	31.3	11.6	18.6	0.8

2. 浅基槽试验工况及其结果

浅基槽试验工况及其结果见表 6-7、表 6-8。

表6-7　浅基槽系泊试验工况

水深	浪高/m	周期/s	流速/(m/s)
−22.0 m	0.8	6.0	1.0～1.3

表6-8　深基槽管节系泊沉放等待过程缆绳受力情况

系泊缆绳缆力	相对流速/(m/s)	浮驳缆系各缆实测缆力/tf							
		F1	F2	F3	F4	F5	F6	F7	F8
纯流作用力	1	25.7	17.9	16.7	16.9	10	10.1	12	12.5
	1.3	32.4	20.5	20.3	24.9	8.6	7.8	9.4	9.5
浪流作用力均值	1	56.4	33.6	31.7	43.7	5.5	7.6	11.7	12
	1.3	61.3	37.8	31	45.1	7.5	5.6	8	8.6
浪流作用力最大值	1	97	58.3	58.4	75.6	13.9	13.8	14.5	14.1
	1.3	99.3	67.3	65.7	80	10.6	9.6	11	10.6

3. 结果分析

①深基槽条件下，波浪周期6 s，波高0.8 m，流速1.3 m/s时，物模试验预报的最大缆力为142 tf，最大缆力出现在迎流、迎浪侧，由于试验采用的是规则波（类似涌浪的波形），波浪能量集中，管节-浮驳诱导运动明显，该试验结果应该是保守的；

②浅基槽条件下波浪周期6 s，波高0.8 m，流速1.3 m/s时，物模试验预报的最大缆力为99.3 tf，最大缆力出现在迎流、迎浪测；

③迎流、迎浪测的缆力出现明显的不均匀（数模计算亦发现类似情况），最大张力和最小张力差距近3倍。

6.3.3　系泊数模试验

数模计算包括两部分内容，分别是水流力CFD模型计算和时域系泊模型计算，模型如图6-21、图6-22所示。计算模型采用物模试验结果进行校核，保证了模型的精度。

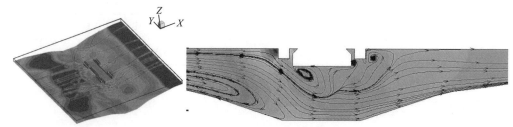

图6-21　水流力CFD计算模型

图 6-22 系泊时域计算模型

数模计算结果包括两部分，分别为静态计算结果和动态计算结果，静态计算的目的是分析管节-沉放驳系泊系统的预紧力选择、水平运动刚度。动态计算主要分析沉管-安装船系统的频域水动力特性，并在时域内考虑波浪、水流综合作用下，沉管-安装船系统的运动情况和缆索受力。

1. 静态计算

表 6-9 为不同预紧力情况下管节-浮驳位移与缆绳张力关系，曲线图见图 6-23～图 6-25。

表 6-9 10 t 预紧力时系泊缆顶部位移与张力关系

位移/m	张力/kN	锚链躺底/m
−4	2 410.9	0
−3	1 607.1	0
−2	835.3	0
−1.5	517.1	10
−1	300.5	80.8
−0.5	170.2	151.6
0	105.2	192
0.5	73.3	222.3
1	56.7	242.5
2	41.8	272.9
3	35.2	283

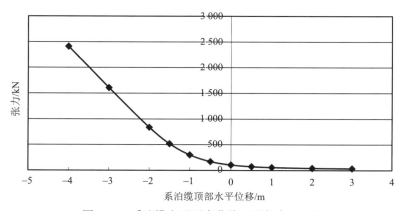

图 6-23 系泊缆水平刚度曲线（预紧力 10 tf）

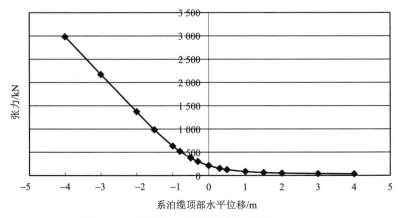

图 6-24 系泊缆水平刚度曲线（预紧力 20 tf）

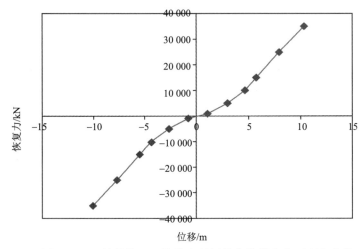

图 6-25 沉放等待工况管节和驳船整体的横向水平刚度曲线

图 6-25 可见，系泊缆预张力为 10 tf 左右时，管节横向运动 2.5 m 左右，缆绳张力接近 100 tf。预紧力 20 tf 左右时，管节横向运动 1.5 m 左右，缆绳张力接近 100 tf。据此，系泊缆预紧力设置在 10～20 tf 是合适的。

2. 动态计算

频域分析的目的是揭示管节-浮驳系统的固有运动特性，特别是运动幅值响应算子（RAO），对于预报管节的大幅波浪诱导运动有重要的意义。

由图 6-26 可知，管节-浮驳的横荡、横摇运动对于 8～10 s 的波浪周期非常敏感，处于这个频带的波浪激励可能诱发管节较大幅度的低频横荡运动，由于横荡运动是引起边缆张力变化的主要因素，可认为 8～10 s 的长周期波应该是缆系张力的控制性输入条件。

图 6-27 表明，垂荡运动对于 10～12 s 的波浪周期较敏感。

图 6-28 表明，相对于 60° 斜浪，横浪条件下，管节的各项运动响应均较为明显。

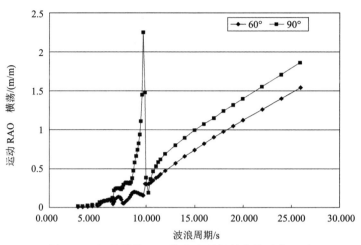

图 6-26　沉放等待工况管节和驳船整体的垂荡运动 RAO

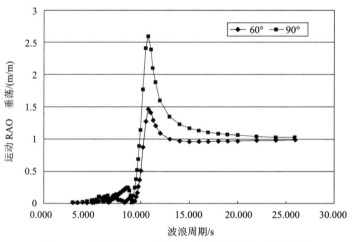

图 6-27　沉放等待工况管节和驳船整体的横摇运动 RAO

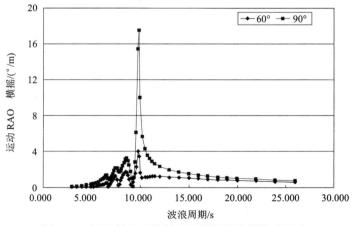

图 6-28　沉放等待工况管节和驳船整体的横荡运动 RAO

表 6-10、图 6-29 为深基槽纯流工况下管节-浮驳水流力 CFD 计算结果及其与物模试验的对比。

表 6-10　横流条件下管节浮驳水流力（深基槽）

工况	流速/(m/s)	流向/(°)	F_x/tf	F_y/tf
1	1	90	0.00	45.73
2	1.3	90	0.00	76.64
3	1.5	90	0.00	104.75

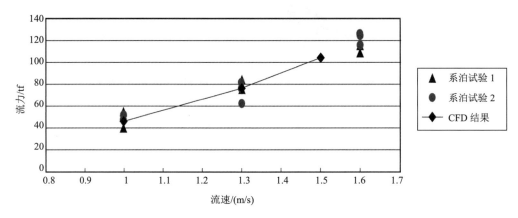

图 6-29　沉放等待阶段沉管-浮驳横向水流力物模数模结果对比

表 6-11 为管节沉放等待数模计算波流组合工况及其计算结果。

表 6-11　数模工况表

工况编号	相对流速/(m/s)	流向/(°)	有义波高/m	谱峰周期/s	浪向/(°)
W7	1.5	60	1.5	6	60
W8	1.5	60	1.5	8	60
W9	1.5	60	1.5	10	60
W10	1.5	90	1.5	6	90
W11	1.5	90	1.5	8	90
W12	1.5	90	1.5	10	90

针对工况 W10～W12，90°浪流同向的情况下，最大缆力发生在 2 号缆和 3 号缆，随着波浪周期的增大缆力逐渐增大，2 号缆最大受力分别为 91.5 tf、101 tf 和 103 tf，3 号缆最大受力分别为 82 tf、90 tf 和 92 tf（图 6-30）。

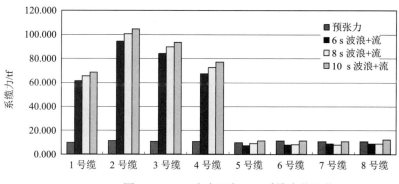

图 6-30　90°浪流同向工况系缆力统计值

　　针对工况 W7～W9，60°浪流同向的情况下，最大缆力发生在 1 号缆和 3 号缆，随着波浪周期的增大缆力逐渐增大，1 号缆最大受力分别为 79.5 tf、95 tf 和 101 tf，3 号缆最大受力分别为 96 tf、109 tf 和 110 tf（图 6-31）。

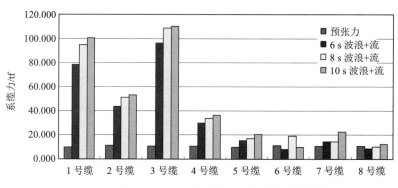

图 6-31　60°浪流同向工况系缆力统计值

　　根据以上分析总结如下。
　　①深基槽管节沉放等待阶段，横流、横浪条件下，有义波高 1.5 m，谱峰周期 6 s 条件下，迎流侧 4 根缆的最大缆力分别为 61 tf、94 tf、84 tf、67 tf；
　　②深基槽管节沉放等待阶段，60°斜流、斜浪条件下，有义波高 1.5 m，谱峰周期 6 s 条件下，迎流侧 4 根缆的最大缆力分别为 78 tf、96 tf、43 tf、29 tf。

6.3.4　系泊参数研究结论

　　①沉管系泊系统在极值工况和偶然极值工况下，最大系泊缆力不超过 100 tf；
　　②8～10 s 的长周期波对系泊系统影响较大，系泊作业窗口波浪周期选择 6 s 是合理的；
　　③系泊缆预张力选择 10～20 tf 是合理的。

6.4　锚泊设备选型

　　沉管锚泊定位系统主要由锚绞车、锚泊线（锚索）及锚碇三部分组成。锚绞车和锚泊线的选型一般由船舶设计单位根据管船组合体在安装过程中受到的最大作用力确定，而可能受到的最大作用力则需依据模型试验结果，分析风荷载、水流荷载和波浪荷载的不利组合情况综合确定；锚碇在锚泊定位系统中占有重要地位，安装驳船和隧道管节最终都需要与海床上的预设的锚碇相连，管节和安装船所受的水流力、波浪力等都会传递至锚碇，故锚碇的稳定性决定了整个锚泊定位系统的可靠性。特别要强调，对管节和安装船组可能面对的最严苛情况要进行充分考虑，因为锚泊定位系统一旦出现问题，现场将可能产生灾难性的重大风险。

6.4.1　定位锚绞车

　　安装船的各系统之中，卷扬系统为核心部件，沉管安装相关缆索系统的工作拉力、极限拉力是卷扬系统设计的核心指标。

　　对定位锚绞车的要求是通过系泊后对锚绞车的操作来保障沉管和安装船能在工作水域精确定位，并沿着设计和要求的运动轨迹自如地前进、后退和横移。锚绞车应具有足够的功率，满足要求的操作拉力及充足的储存锚索的能力，具备机旁和集中遥控操作兼有的能力。锚绞车的拉力要经过系泊力的计算确定，就是要根据风、浪、流条件进行计算分析，一般按照锚绞车中间层缆绳的拉力定位额定拉力；缆绳长度根据施工水深确定，一般是水深的 8～11 倍；锚绞车要有阻尼刹车，主要是用于放缆用；锚绞车一般有两套制动系统，每套制动系统能力最小不小于钢丝绳破断力的 50%。

　　根据物模试验和数模试验的结果，经过船舶设计部门对沉管系泊和安装需求的分析，确定锚绞车性能参数见表 6-12。

表 6-12　锚绞车性能表

类型	绞车能力/tf	额定速度/(m/min)		放缆速度/(m/min)	钢丝绳直径/kN	钢丝绳长度/m	最小破断载荷/kN
安装绞车	65	0～9	满载	20	52	600	≥2017
		18	轻载				
系泊绞车	120	0～9	满载	20	65	685	≥3610
		18	轻载				
杂用绞车	25	0～9	满载	20	48	500	≥2049
		18	轻载				

1. 系泊锚绞车

　　综合物模、数模试验和理论计算水流力结果，同时考虑一定安全储备，港珠澳大桥沉管隧道工程选取总系泊缆力按 300 tf 控制，单根缆力按 100 tf 控制。经过比选，系泊锚绞车选用 120 tf 移船绞车系统，具体性能如下。

①锚绞车额定性能如下。

额定拉力：1176 kN（中间层）；

公称速度：0～9 m/min（中间层）；

轻载速度：0～18 m/min（中间层）。

②带式制动器：≥150%额定拉力。

③高速制动器：≥200%额定拉力。

④钢丝绳容绳量：700 m（共 8 层）。

⑤测力方式：底脚安装销轴式传感器；编码器安装在卷筒上。

⑥电机参数如下。

类型：交流变频；

功率：250 kW；

转速：750/1500 r/min；

电制：380 V/50 Hz；

工作制：S1（连续）。

⑦操控方式：每台绞车配有本地操作控制台，并可以在操作室集中控制；副船绞车可以在主船上控制；带恒张力控制模式。

⑧转向导缆器：用于 120 tf 移船绞车钢丝绳导向，钢丝绳直径为 $\phi65$ mm。

2. 安装锚绞车

综合物模、数模试验和理论计算水流力结果，同时考虑一定安全储备，港珠澳大桥沉管隧道工程选取总安装缆力按 100 tf 控制，单根缆力按 50 tf 控制。经比选，安装锚绞车选用 65 t 管节水平调节绞车系统，主要性能如下。

①绞车额定性能如下。

额定拉力：637 kN（中间层）；

公称速度：0～9 m/min（中间层）；

轻载速度：0～18 m/min（中间层）。

②带式制动器：≥150%额定拉力。

③高速制动器：≥200%额定拉力。

④钢丝绳容绳量 600 m（共 8 层）。

⑤离合器形式：牙嵌离合器，液压控制。

⑥测力装置：安装在船的导向滑轮中，编码器安装在卷筒上。

⑦电机参数如下。

类型：交流变频；

功率：120 kW；

转速：750/1500 r/min；

电制：380V/50 Hz；

工作制：S1（连续）。

⑧每台绞车配有本地操作控制台，并可以在操作室集中控制；副船绞车可以在主船上控制；带恒张力控制。

6.4.2 锚泊线形式

锚泊线又称锚索或系泊链，分为 4 种形式：锚链、钢缆、合成纤维缆和缆链组合方式。锚链系统具有良好的耐用性，能较好地抵御锚链与底部海床的摩擦，但重量大，需要大功率和大刹车力的锚绞车，不符合深水作业要求；钢丝绳系统较轻，只需较低预张力就能比锚链提供更大的复原力，但单纯的钢缆系统需要更长的锚索，并且钢丝绳易受到润滑油的腐蚀及机械磨损；合成纤维缆具有较大水平回复力，减小了浮体的水平位移量，同时具有较小刚度，降低了缆绳的拉伸长度，但缆绳的轴向刚度随轴线作用力及力的作用时间而变化，绳股间容易打滑产生蠕变，并且不能预先放置于海底，只能作为悬浮部分，安装起来相对复杂。

经综合比较港珠澳大桥沉管隧道工程选用的锚泊线为缆-链组合形式，缆指钢缆或钢丝绳，链指锚链，锚链配置在锚与钢丝绳之间，选择一节（名义长度 27.5 m）船用标准锚链，钢丝绳则与绞车相连。缆链组合形式具有低预张力、高复原力、较高的锚抓力及良好的抗磨损性等特点（图 6-32）。

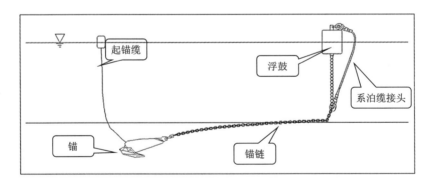

图 6-32 缆-链组合形式示意图

根据系泊控制参数研究成果，系泊缆（M 缆）、安装缆（H 缆）设计额定缆力值和规格型号选择见表 6-13。

表 6-13 沉管系泊线缆规格一览表

线缆类别	类型	额定缆力/tf	缆规格/mm	数量
安装缆索	钢缆（海用）	65	52	5
系泊缆索	钢缆（海用）	120	65	8

在 E20 管节施工遭遇异常波浪影响，缆力实时监测结果表明，沉管大幅运动过程中，系泊缆和安装缆缆力变化剧烈，但全部缆系受力均未超过设计极限值，锚缆的合理选用为沉管安装安全提供了保障（图 6-33）。

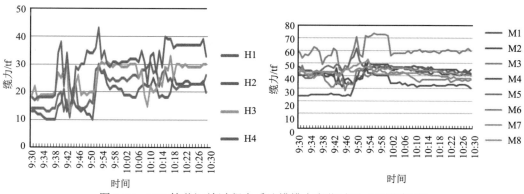

图 6-33 E20 管节沉放过程中系泊缆缆力变化时历（后附彩图）

6.4.3 锚碇形式

锚系统的设计和选型主要考虑以下因素：海底地形地质条件、对锚承受荷载能力的要求（包括承受竖直向和水平向荷载的能力、周期性和极限条件）、锚的安装方法、设计使用寿命、锚的稳性（极限载荷作用下的允许极限位移或拖曳作用下的旋转稳性）、系统检查方法（可继续应用或停用的要求）和资金成本限制等。

沉管隧道施工中所用到的锚碇的形式多样，包括重力式锚、普通船锚、大抓力锚、桩锚、吸力锚和锚碇平台等，不同的锚碇有不同的优缺点，所提供的锚抓力、占用水域的范围、布设所需要的配合船机等也各不相同，其惯常使用的范围及其所配合使用的锚布方式也各有特点。以下介绍包括海洋工程在内的所有锚碇形式，为外海沉管隧道施工选择合适的锚碇形式。

1. 重力式锚

重力式锚（dead weight anchor）属于最古老的一种锚型，可以同时提供水平向和竖直向抗力，设计的抗提升能力取决于沉没的锚重，其承受水平负荷的能力取决于锚块与周围所处底质之间的摩擦力，以及底质自身的剪切强度。在沉管隧道施工中，重力式锚多见于浮箱吊沉法中配合"双三角"锚布方式使用，材料多为钢筋混凝土，外形为方形或棱台形，吸附式重力锚块则将中间做成空腔结构。此外，重力式锚块也常用于桥梁施工中沉井的定位（图 6-34）。

图 6-34　钢筋混凝土吸附式和蛙式重力锚块使用示例

2. 普通船锚

普通船锚种类繁多，但大体可分为有杆锚和无杆锚两大类，主要与锚链和缆绳配合提供水平向抗力，不能提供竖直向抗力，故一般需要在海床上放置足够长度的锚链和锚缆。在沉管隧道施工中，普通船锚一般只用于浮箱吊沉法中浮箱驳船的定位，或双驳杠吊法安装船临时锚泊或防风时用。

有杆锚（stocked anchor）又称海军锚，如图 6-35 所示，特点是锚爪和锚干整体设计和制造，锚爪不能转动，抓重比为 4～8，抓底稳定性比较好。但其收放操作较为不便，锚爪露出泥土时易缠住锚链和刮坏过往船只。

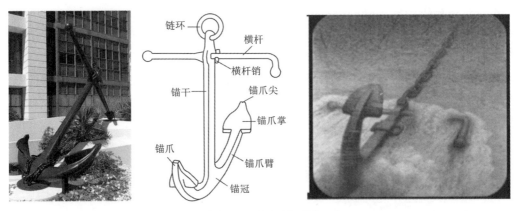

图 6-35　海军锚示例

无杆锚（stockless anchor）又称转爪锚或山字锚，常见类型包括霍尔锚（Hall anchor）、斯贝克锚（spek anchor）和尾翼式锚（tail-stabilizer anchor）等，共同特点是锚爪和锚干分体设计和制造，无横杆，锚爪可以绕锚干尾端转动，回收使用方便，但抓重比相对较小，一般为 3～5。无杆锚被广泛用作船舶的首锚，其抓力小的缺陷则通过增加锚重弥补（图 6-36）。

图 6-36 霍尔锚和斯贝克锚示例

3. 大抓力锚

严格意义上大抓力锚（high holding power anchor，HHPA）与普通船锚统属于拖曳嵌入式沉埋锚（drag embedment anchor），因其具有很大的抓重比，为区别于普通船锚，经船级社认证后可称为大抓力锚。与重力式锚作用机制类似，大抓力锚主要靠锚前部与海床底质的摩擦力来承受外力，能抵抗较大的水平力，但对竖直向力的抵抗能力不强。

大抓力锚在海洋石油工程中得到广泛应用，包括起重船、疏浚船、铺管船等在内的各类工程船的定位锚也一般全都选用该锚型，沉管隧道施工中双驳杠吊法和双体船杠吊法也常选用大抓力锚，为管节和安装船的定位提供稳定可靠支持，故大抓力锚是沉管安装施工锚碇选型的主要研究对象。

常见的大抓力锚有 AC-14 型锚、波尔锚（Pool anchor）、丹福斯锚（Danforth anchor）、斯蒂文锚（Stevin anchor）、德尔泰锚（Flipper Delta anchor）、斯蒂夫帕瑞斯锚（Stevpris anchor）、布鲁斯宽爪双柄锚（Bruce flat fluke twin shank）等，其共同特点是锚爪宽而长、啮土深、稳定性好，能获得较大的抓力。按照有无锚杆可分为有杆大抓力锚和无杆大抓力锚，其中 AC-14 型锚和波尔锚属于无杆大抓力锚，而丹福斯锚和斯蒂文锚属于有杆大抓力锚，有杆大抓力锚收藏时比无杆大抓力锚麻烦，需要在船舷外侧设计专门的锚架，或者采用专门的起抛锚作业船（anchor handling vessel，AHV）收纳。

此外，由于海洋工程的快速发展，出现了超高性能海洋工程用锚，其抓重比特别大，可以达到 15～100，经船级社认证后可称为超大抓力锚（super high holding power anchor，SHHPA），包括斯蒂文锚、德尔泰锚、斯蒂夫帕瑞斯锚、布鲁斯宽爪双柄锚等都属于此类。

AC-14 型锚是英国海洋军事部于 20 世纪 50 年代研制的，两侧对称设置宽大的稳定鳍，入土迅速，地质适应能力强，抓重比一般为 8～11，锚爪可以转动，收取方便，广泛用于大型货运船舶的主锚。该锚对方向性要求低，抛锚、起锚简单，起锚力小，普通锚艇即可完成作业（图 6-37）。

图 6-37　AC-14 型锚示例

波尔锚是荷兰研制的一种大抓力锚，其锚爪平滑而锋利，地质适应能力强，稳定性好，抛收方便，抓重比一般为 7～10。既可作为商用大型船舶的首锚也可以用作工程船的定位锚，在早期挖泥船上应用较多（图 6-38）。

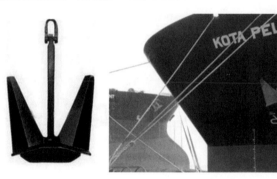

图 6-38　波尔锚示例

丹福斯锚由美国人发明，其将横杆设于锚头处，锚爪可沿锚杆前后转动各约 30°，因锚爪形似燕尾故也被称为燕尾锚，抓重比一般为 8～15，多用于工程船舶定位，如挖泥船、打桩船等（图 6-39）。

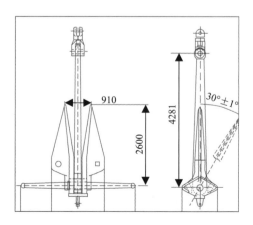

图 6-39　丹福斯锚示例

斯蒂文锚由荷兰 Vryhof 公司于 1972 年研制，目前在生产的为 MK3 型，该型锚的锚杆上设置可移动楔块，锚爪短而面积大，锚爪的转角可根据不同的底质条件通过调整楔块进行调节，抓重比可达 14～26，较多应用于海上石油平台的定位。同类型系列锚还包括斯蒂夫菲克斯锚（Stevfix anchor）和斯蒂夫莫特锚（Stevmud anchor）等，是为不同的地质条件开发的专用锚（图 6-40）。

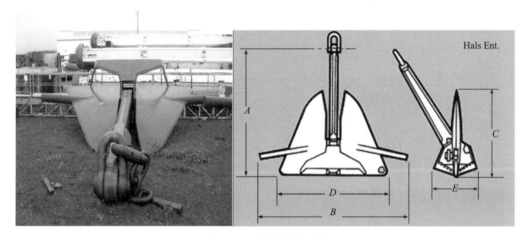

图 6-40　斯蒂文锚示例

德尔泰锚又称宽鳍三角锚或三角翼锚，由荷兰 Wortelboer 公司研制，现多为钢板焊接型，抓重比与斯蒂文锚相近，广泛用于大型浮标定位、海洋平台及其他海洋作业平台等（图 6-41）。

图 6-41　德尔泰锚示例

斯蒂夫帕瑞斯锚，该锚为荷兰 Vryhof 公司开发的新一代大抓力锚，采用焊接钢结构形式，与早期的斯蒂文锚类似，锚爪与锚杆的夹角可调（软黏土和淤泥 50°，中硬度黏土 41°，沙和硬泥 32°），抓重比可达 15～55，具有便于制造，结构简单，锚爪面积大，穿透土质能力强，安装时所需拖曳距离短等特点。目前主要用于海上单点系泊和海上起重、铺管和石油平台等工程船系泊，但该锚的方向性要求较为严格，同时要求起锚设备具备较大的起锚提升力。同类型系列锚还包括斯蒂夫鲨克锚（Stevshark anchor MK5），其结构与斯蒂夫帕瑞斯锚基本一样，只是在锚柄处增设了锯齿形状，使之更适合在硬土和砂质底质中使用（图 6-42）。

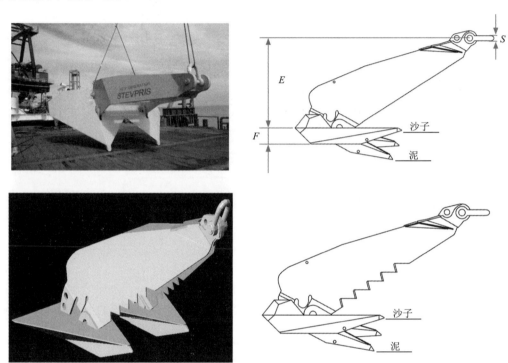

图 6-42　斯蒂夫帕瑞斯 MK6 和斯蒂夫鲨克锚示例

布鲁斯宽爪双柄锚，简称 FFTS 锚，与斯蒂夫帕瑞斯锚相似采用钢板焊接形式制作，锚爪宽大，并且角度可调能更好地适应不同的地质条件，锚抓力可达自重的 30 倍以上（图 6-43）。

图 6-43　FFTS 锚示例

4. 桩锚

桩锚（pile anchor）就是将中空的钢管通过打桩船先行安装于海底，其上端带有连接锚索的眼板，靠管侧与土壤的摩擦力来抵抗外力，除了能承受水平向力，还具有较好的竖直向抵抗力，适用于坚硬的底质条件，一般需要根据所处区域的地质情况专门设计，施工成本较高，沉管隧道施工案例中较少见，多用于浅海海洋石油工程（图 6-44）。

图 6-44　桩锚示例

5. 吸力锚

吸力锚（suction anchor）外形类似于大直径的桩锚，本体为顶面封闭下端开敞的钢圆筒，利用负压原理进行锚的安装，故也称为负压锚。在钢圆筒顶部安设潜水泵抽水使筒内压力小于筒外，当作用在筒顶的竖直向压力超过圆筒受到土阻力时圆筒即可插入海床，依靠筒侧与周围土质的摩擦力来抵抗外力，可以同时承受水平向力和竖直向力。吸力锚移除时利用水泵向筒内打入压力水，使筒内压力高于外部压力，将圆筒从海床中顶起吊离。吸力锚适用于锚抓力要求特别大、安全稳定能力要求高且海底表层土质松软的情况，同普通大抓力锚相比，吸力锚安装后受力状态下的位移量很小，可提供水平向和竖直向全方位抗拔力，在海洋石油工程中应用较多（图 6-45）。

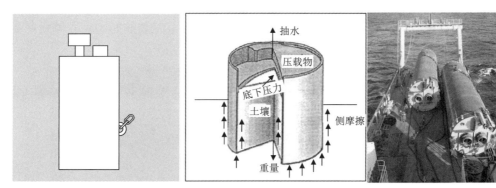

图 6-45　吸力锚示例

6. 板锚

板锚（plate anchor）的受力部件为大面积锚板，依靠与周围底质的大面积接触提供抗力，其突出的特点是具有较强的竖直向抵抗能力，适用于绷紧索张力腿系泊系统。根据埋置方式的不同，板锚目前主要有三种类型：打入式板锚、拖曳嵌入式板锚和吸力埋置式板锚。

打入式板锚由美国海军开发，适用于具有较硬底质的海床。如图 6-46 所示采用钢板焊接方式，将其连接至定位导向桩（pile follower）的端部，利用水下液压震动锤将其打入至预定土层，然后回收导向桩，预拉被留置在土层中的板桩使其变为受力状态，即可承受竖直向和水平向承载力。此外该锚型还具有定位精度高的突出特点，在国外大型桥梁沉箱或沉井基础安装中有较多应用案例。

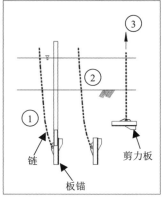

图 6-46　打入式板锚示例

拖曳嵌入式板锚在工作时处于法向受力状态，故也称为法向承力锚或 VLA（vertical load anchor）锚，目前常用的两种类型 VLA 锚分别为英国 Bruce 公司的丹拉（Denla）锚和荷兰 Vryhof 公司的斯蒂夫曼脱（Stevmanta）锚。

斯蒂夫曼脱锚属于一种新型的拖曳嵌入式板锚，能够承受竖向（或横向）荷载，抗拔力可达自重的 100 倍以上。它由一个板和拉紧索系统代替了传统的刚性柄。与传统的安装埋设锚布锚方式一样，它会给泥线上施加一个荷载，以确保尽可能深地锚入，但是通过拉紧索系统和角度调节器可以改变锚的受力模式，使其从安装时的拉拔模式变成工作时的竖向（法向）受力模式（图 6-47）。

图 6-47　斯蒂夫曼脱锚示例

与斯蒂夫曼脱锚采用拉紧索系统代替常规锚柄不同，丹拉锚采用铰链形式的锚柄，如图 6-48 所示，当其达到极限拖曳深度时，在超出设计荷载状态下不会出现失效被拉出海床的情况，而是以定常载荷在海床里水平移动，这样最大限度地保证了船舶作业的安全。此外丹拉锚的回收力较小，约为安装拉力的 1/3。

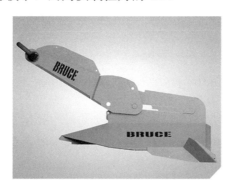

图 6-48　丹拉型 VLA 锚示例

吸力埋置式板锚（suction embedded plate anchor，SEPLA）采用吸力跟踪器（suction follower）进行安装，吸力跟踪器工作原理同上述吸力锚一样，为一端封闭一端开槽的钢管桩结构，下端开槽位置连接板锚一同被吊放至海床上，抽去桩筒内的水形成负压，使跟踪器插入海床内，达到设计深度后再通过注水反压使跟踪器与板锚脱离并回收。在拉动系泊缆索定位的过程中，锚爪旋转达到所需要的竖直向受力状态。其工作过程示意如图 6-49 所示。

图 6-49　吸力埋置式板锚示例

7. 锚碇平台

锚碇平台最初用于绞吸式挖泥船在开挖硬底质航道或基槽时的施工定位，如图 6-50 所示，由于上述各类大抓力锚在砂质或风化岩等底质中无法通过入泥的方式提供足够的绞刀横移切削和船舶定位所需的抓力，锚抓力大幅度减小甚至无法使用，故开发了锚碇平台这一形式。最早发明于 19 世纪 70 年代，严格意义上这属于重力锚原理的特殊应用形式。

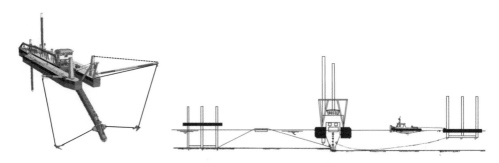

图 6-50　锚碇平台的工作原理和用途示意图

　　锚碇平台用于沉管的安装定位最初见于厄勒海峡沉管隧道，如图 6-51 所示，9 个自升式重力锚（self elevating gravity anchor，SEGA）被用于沉管系泊定位，亦称"锚碇岛"，采用三条桩腿支撑的三角平台结构，由荷兰 Ballast Nedam Dredging 公司研制，可以提供 150 tf 的水平锚力，并且具有快速起浮和定位的优点。

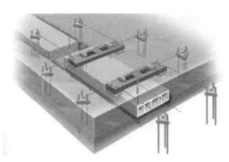

图 6-51　厄勒海峡沉管隧道定位用自升式重力锚碇平台

　　最近十年内 VOSTA LMG 公司发展了锚碇平台形式，新研制的提升式锚碇平台（anchor elevation platform，AEP）在结构形式和工作性能方面进一步提高，如图 6-52 所示采用装配式结构的锚碇平台可以工作于极浅水深（1 m）和较深水深（24 m），能提供 150～185 tf 的锚碇力，并且集装箱式的设计极大地方便了运输和重新组装使用。

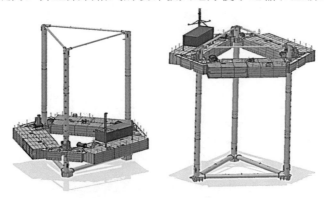

图 6-52　新一代提升式锚碇平台

8. 锚碇调研小结

综前所述，适合外海沉管安装要求的锚碇形式多样，为抵抗长大管节在外海复杂环境条件下的较大波流力，保持对管节姿态的安全稳定控制，宜优先选择海洋工程用超大抓力锚和板锚系列锚型，对硬底质或岩基等特殊条件，需考虑打入式桩锚、重力锚或锚碇平台。

港珠澳大桥沉管隧道所在的海床底质为淤泥及淤泥质黏土层，厚度较大，并且安装水深不大（沉放水深不大于 50 m，海床水深约 10 m），抛锚距离与水深的比值约为 30∶1，属于传统的悬链线式锚泊定位系统，从系泊系统受力原理上，拖曳嵌入式大抓力锚更符合本工程的要求。

6.4.4　锚抓力试验

根据港珠澳大桥沉管隧道工程实际使用条件，用锚应满足以下条件。

①承载力要求：安装锚需要提供 75 tf 承载力，系泊锚需要提供 150 tf 承载力。

②安装锚需要适应竖向 +6°～−5° 的角度变化。

③考虑锚点的共用性要求，系泊锚水平方向上适应缆力 0°～70° 的变化。

④考虑布锚、起锚便利，锚重能够适应现场布锚和起锚设备的能力。

锚的抓力受地质的变化影响较大，港珠澳大桥沉管隧道工程系泊风险特别高，必须进行精确的技术数据和可靠的操控性得以支持，因此，对于已在以往工程应用时得出的抓重比系数和操控性，难以在港珠澳大桥沉管隧道工程中进行定量的分析和直接应用，必须通过在港珠澳大桥沉管隧道工程施工区域进行实体锚试验，得出精确的技术数据和施工操控情况，选取最适合的锚型，确保工程沉管安装的施工安全性和精准控制。

1. 试验目的

通过对大抓力锚的试验，检验大抓力锚对港珠澳大桥沉管隧道工程地质的适应情况，并为抛锚、起锚船机设备的选取提供依据，检测锚的最大锚抓力、抓重比和起锚力，为沉管安装、定位工程施工选择用锚提供依据。

2. 试验用锚

根据笔者对拖曳嵌入式大抓力锚相关资料的收集和对国内外沉管隧道工程系泊定位锚系的分析研究，基于港珠澳大桥沉管隧道工程施工区域淤泥和黏土层较厚的地质特点，同时考虑对配套船机和操作工艺的兼顾，选取了 AC-14 型（3.94 tf）、HYD-14 型（4 tf）、HY-17 型（3 tf）三种大抓力锚进行试验，见表 6-14。

表 6-14　试验用大抓力锚列表

名称	名义抓重比	性能特点
AC-14 型锚	12～14	对淤泥、砂质等地质都有较好的适用性，操控性较好，多用于超大型船、滚装船等
HYD-14 型锚	9～20	用于硬泥地质，适用于工作船、作业船、浮标定位、海洋平台等
HY-17 型锚	10～30	适用于淤泥质及砂质，多用于工程船系泊如起重船、铺管船和石油平台等。制造和结构简单，抓重比系数超大，起锚需专用装备

3. 试验用船机设备

试验用船机设备配置见表 6-15。

表 6-15　试验用船机配置表

序号	船机设备	用途	备注
1	南海救 115 号	试验用拖轮，拉锚和起锚	柴油主机：12 240 BHP
2	交工 55 号拖轮	试验用拖轮，拉锚和起锚	—
3	起锚艇 12 号	起锚艇，配有 70 tf 锚绞车	—
4	满洋 16 号	起锚艇，配有 25 tf 锚绞车	—
5	砂桩 1 号	试验辅助平台船	—
6	水平 8 号	交通船	—
7	拉力计（电子显示仪器）	拉力测试，量程 100 tf	精度不低于 1%

4. 试验方法及步骤

锚抓力试验分两个阶段开展，第一阶段选用质量较小的大抓力锚作为试验锚型，以尽快获取各种大抓力锚在工程地质条件下的各项性能参数和适用性；第二阶段根据初步选定的锚型，进行 1∶1 锚重原型试验，以最终确定各项施工参数和施工工艺。

以大马力拖轮为牵引端，以锚链、钢丝绳、卸扣、测力装置为附件，以大抓力锚为终端组织开展锚抓力试验工作。试验准备工作包括购置各型号大抓力锚、$\phi 52$ mm 长 300 m 钢缆、$\phi 52$ mm AM2 级锚链及附件、连接卸扣、100 tf 拉力计等装置，试验用锚称重及外观质量检查；计算锚位坐标，下锚时根据 GPS 显示准确控制锚位及方向。

试验操作时，拖轮提前在预定位置待机，锚艇在预定区域抛锚完成后，将锚缆端部与测力仪连接，数据采集仪器安放在拖船主控室内，启动拖船进行锚抓力及拖曳试验，拖船以低航速匀速航行，使锚缆逐步带紧。锚抓力试验操作示意图见图 6-53。具体操作步骤和试验内容如下。

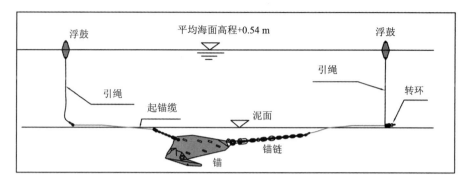

图 6-53 锚抓力试验操作示意图

（1）下锚

根据不同水深加工长度不等的锚头绳（$\phi 32\,mm$），锚头绳一端连接在锚头眼板上，另一端连接浮鼓。下锚前起锚艇将锚缆盘整在甲板上，一端与试验用锚第一节锚链（27.5 m）连接好后准备下锚。将试验锚抛设至预定锚位及时将锚头绳及浮鼓抛入海中。

（2）拉力计连接

根据锚缆长度，拖轮提前在预定位置等待，起锚艇下锚待锚沉入海底后，自航至拖轮，航行时及时松放锚缆并将锚缆送给拖轮。试验装置安放在拖轮上，拉力计一端与锚缆连接，另一端与拖船拖缆连接，试验装置应该在无荷载的情况下，进行仪器归零位调整，确保大抓力锚的试验准确性及严谨性。

（3）检测锚抓力

在大抓力锚试验正式开始之前，仔细检查各连接件的规格、型号及牢靠性，确保试验顺利进行。一切准备工作完成后，拖轮按事先设定的角度以航速 1 kn 匀速前进，使锚缆逐步持力，锚爪入土逐步拉紧锚缆，记录试验过程中最大破土拉力值，即为大抓力锚的锚抓力。

为检测锚受力方向对抓力的影响敏感度，结合工程中可能出现的缆绳变化最大角度60°，在第一次正拉试验完成后，进行斜向 60° 拉力试验。根据拖轮罗盘，调整拖轮方向，拖轮航向按大于第一次试验60°再检测一次，记录锚抓力值。

抓重比系数的确定，依据锚抓力随时间的变化曲线，直至锚抓力随时间曲线出现收敛时即判定该型锚的最大锚抓力，通过最大锚抓力与锚重的比值即为该区域地质的抓重比系数。

（4）检测起锚力

起锚艇重新起锚、下锚，拖轮拖带锚缆达到最大锚抓力值后倒车，拖船后退一定距离，起锚艇准备起锚。起锚艇拉起锚链引绳，将拉力计一端与锚缆连接，另一端与起锚艇锚绞车钢丝缆绳连接，启动锚绞车开始起锚，记录试验过程中试验锚最大破土拉力值，即为该锚所需的起锚力。

起锚力的确定，在锚抓力随时间曲线收敛后，通过起锚艇拉起预留在锚尾端的起锚缆与测力计连接，测力计另一端与起锚艇拉力绳索连接，启动提升设备进行起锚作业，记录起锚过程中拉力随时间的曲线，当拉力达到峰值时突然下降，此时锚破土快速上升时得到的拉力峰值，即为起锚力。

5. 第一阶段试验结果和分析

试验时应记录试验海域气象和海域数据（波高、流速、风向等），并连续自动记录时间-抓力（起锚力）曲线图，取自动记录时间-抓力（起锚力）曲线图中稳定的有效峰值平均值作为锚抓力（起锚力）值，锚抓力与时间关系曲线图如图 6-54 所示。各锚型试验结果见表 6-16～表 6-18。

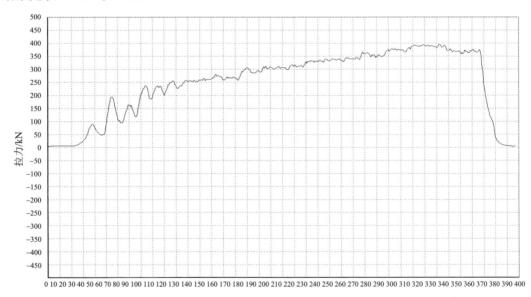

图 6-54　锚抓力与时间关系曲线图

表 6-16　AC-14 型锚试验结果

技术参数	试验一	试验二	试验三	试验四	试验五
泥面标高/m	−10.2	−10.1	−9.6	−9.9	−10.4
试验位置	E3 管节附近	E3 管节附近	E4 管节附近	E4 管节附近	E5 管节附近
锚抓力/kN	90	125	150	135	107
抓重比	2.3	3.2	3.8	3.4	2.7

表 6-17 HYD-14 型锚试验结果

技术参数	试验一	试验二	试验三	试验四	试验五
泥面标高/m	−10.2	−10.3	−10.25	−9.6	−9.6
试验位置	E3 管节附近	E4 管节附近	E5 管节附近	E4 管节附近	E3 管节附近
锚抓力/kN	375	370	400	402	390
抓重比	9.375	>9.25	10	10	>9.75

表 6-18 HY-17 型锚试验结果

技术参数	试验一	试验二	试验三
泥面标高/m	−11.95	−11.9	−12.16
试验位置	E3 管节附近	E5 和 E6 管节附近	E5 和 E6 管节附近
锚抓力/kN	700	650	640
抓重比	23.33	21.67	21.33

对上述各锚型锚抓力和抓重系数进行统计分析，经过对数据平均处理，求得试验用大抓力锚锚抓力数据见表 6-19。

表 6-19 锚抓力试验数据

锚型	锚抓力/tf	抓重比	备注
AC-14 型（3.94 tf）	12.14	3.08	—
HYD-14 型（4 tf）	38.5	9.6	—
HY-17 型（3 tf）	66.33	22.11	—

（1）AC-14 型锚适用性分析

从锚生产厂家资料来看，AC-14 型锚在全部使用锚链时，抓力系数随锚重增加而减小（小吨位锚因连接锚链，锚链产生的附加抓力较大）。如只用短锚链（27.5 m），与现场工况相同，抓力系数减少较多，根据 3.94 tf AC-14 型大抓力锚试验结果分析，AC-14 型锚平均锚抓力为 12.14 tf，其平均抓重比只有 3.08，不适宜在港珠澳大桥沉管安装现场使用。

（2）HYD-14 型锚适用性分析

HYD-14 型锚抓力系数变化较 AC-14 型稍小，在现场试验中锚抓力较同吨位 AC-14 型锚的三倍以上，外形尺寸与 AC-14 型相近，便于收放，并且带有专用起锚转环，适于沉管安装定位现场使用。本次试验测出 4t HYD-14 大抓力锚在施工海域内的平均锚抓力为 38.5 tf，平均抓重比为 9.6；在锚抓力达到 30 tf 时，通过拱船配合平均起锚力约 16 tf，约为锚抓力的 0.5 倍。

HYD-14 型锚由于锚抓力较大，起锚艇直接垂直起锚较困难，必须通过前后拱船才能起锚，在拱锚起锚力达到 50%左右的锚抓力时，可以完成起锚作业。

（3）HY-17 型锚适用性分析

HY-17 型锚外形型尺寸较大，整体为高强锰钢焊接结构，根据现场试验结果分析，HY-17 型锚在施工海域内的平均锚抓力为 66.33 tf，平均抓重比为 22.11；但起锚力较大，不便于收放，方向性要求较强，总体上适合沉管安装定位需要。

HY-17 型锚由于锚抓力较大，起锚艇直接垂直起锚非常困难，通过拖轮反向拖带锚头绳起锚，可以有效地解决起锚问题，大大提高了起锚效率，拖轮反向拖带锚头绳当拖力达到 50%左右的锚抓力时，可以完成起锚作业。

（4）大抓力锚入泥姿态分析

起锚艇在沉管隧道施工海域指定位置下锚，待锚沉入海底后，HY-17 型大抓力锚在大马力拖轮拖带下，钢丝绳锚缆及锚链逐步带劲。当拖力达到一定值后，大抓力锚呈受力状态，大抓力锚锚杆朝向逐步与拖轮航向相同。随着拖力逐步增大，大抓力锚逐步沉入泥层，当拖轮拖力值达到最大锚抓力 65 tf 时，大抓力锚开始走锚，如图 6-55 所示。

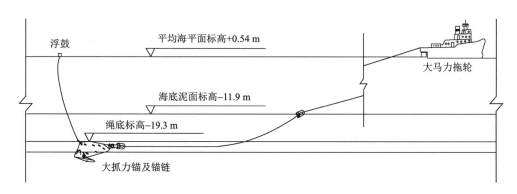

图 6-55　大抓力锚入泥后姿态示意图

（5）拖曳距离与拖力的关系

HYD-14 型大抓力锚在拖轮拉锚入泥过程中，当拖轮拖力达到 22.5 tf、24 tf、27 tf 时测得拖曳距离分别为 7 m、9 m、11 m，当拖力达到最大锚抓力 40 tf 时，大抓力锚开始走锚，此时拖曳距离为 18.69 m，走锚后拖力稳定在 35～38 tf，拖力与拖曳距离关系曲线趋如图 6-56 所示。

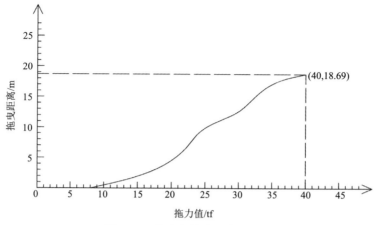

图 6-56　拖力与拖曳距离的曲线关系

HY-17 型大抓力锚当拖轮拖力值达到最大锚抓力 65 tf 时，拖轮停止作业。大抓力锚自初始下锚点位置至达到最大锚抓力位置距离为 25.05 m，HY-17 型大抓力锚达到最大锚抓力后，开始走锚，拖力值稳定在 60～65 tf，拖力与拖曳距离曲线关系如图 6-57 所示。

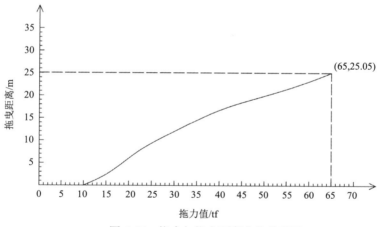

图 6-57　拖力与拖曳距离曲线关系图

6. 第二阶段试验结果和分析

根据第一阶段大抓力锚试验结果分析，由于 AC-14 型大抓力锚锚抓力系数较小，不适合港珠澳大桥沉管隧道工程现场使用；HYD-14 型和 HY-17 型大抓力锚较适合港珠澳大桥沉管隧道工程地质情况。为确保所选锚型的实际能力满足沉管定位要求，根据第一阶段所测的锚抓力系数和沉管系泊所需抵抗的实际水流力，选择 HYD-14 型（15 tf）、HY-17 型（5 tf）大抓力锚为第二阶段 1∶1 试验锚型。

HYD-14 型（15 tf）大抓力锚在拖轮德跃号、拖轮航峰 006 号拖带下进行大抓力锚试验，起锚方式为拖轮反方向（与锚抓力方向相反）进行拖带起锚绳起锚。HYD-14 型大抓力锚试验结果见表 6-20。

表 6-20　HYD-14 型锚试验结果记录表

时间	试验位置	锚抓力/tf	起锚力/tf
2012.2.24	E4 管节以北，距隧道中心线 480 m	115	80

本组试验测出 HYD-14 型锚抓重比为 7.67。当拖力为 115 tf 时未发现锚动现象，当拖力为 120 tf 时，发现锚产生微动，当位移不明显。锚抓力试验完成后拖轮反拖大抓力锚，当拖力达到 80 tf 时，大抓力锚破土而出，起锚耗时约为 15 min

HY-17 型大抓力锚在拖轮德跃号、拖轮航峰 006 号拖带下进行大抓力锚试验，起锚方式为拖轮德跃号反方向（与锚抓力方向相反）进行拖带起锚绳起锚。HY-17 型大抓力锚试验结果见表 6-21。

表 6-21　HY-17 型锚试验结果记录表

时间	试验位置	锚抓力/tf	起锚力/tf
2012.2.23	E6 管节以北，距隧道中心线 600 m	100	—
2012.2.23	E6 管节以北，距隧道中心线 776 m	100	75

本组试验测出 HY-17 型锚抓重比为 20.0。当拖力为 100 t 时锚不动，当拖力为 105 tf 时锚产生较明显位移，走锚后其拖力值未产生明显的变化，其拖力值稳定在 100 tf 左右，锚抓力试验完成后，拖轮开始反拖大抓力锚，当拖力值达到 75 tf 时，大抓力锚破土而出，起锚耗时约为 20 min

从试验结果分析，HYD-14 型大抓力锚随着锚重的增加，其抓力系数呈下降趋势，并且自身重量较大，给系泊作业带来一定的不便。HY-17 型大抓力锚随着锚重的增加，其抓力系数变化较小，走锚后抓力稳定，未产生较明显变化，这一特性对管节系泊作业是有利的。总体上，HY-17 型锚比 HYD-14 型锚更适合于港珠澳大桥沉管隧道工程管节系泊定位。

7. 港珠澳大桥沉管系泊用锚选型

根据对大抓力锚相关资料的调研，通过选用各类原型大抓力锚进行现场锚抓力试验，从施工工艺、施工风险、施工成本等方面对不同类型的大抓力锚充分比选、论证，经过综合分析对比，最终确定 HY-17 型大抓力锚作为港珠澳大桥沉管隧道工程管节定位锚碇，该锚具有抓重比大的特点，实测抓力系数可达到 15~20，可以有效抵抗作用在管节上的波流力，为沉管安装提供稳定定位支持。锚的具体选型见表 6-22。

表 6-22　HY-17 锚选型表

类型	型号	锚重	数量	抓重比	极限锚抓力
安装锚	HY-17 型	5 tf	4 口	20	100 tf＞75 tf
系泊锚	HY-17 型	8 tf	8 口	20	160 tf＞150 tf

6.5　系泊操控方案研究

6.5.1　锚泊系统集成

经综合比选，港珠澳大桥沉管安装采用双驳杠吊法锚泊定位系统，由设在两艘安装船上的锚绞车（相应的钢丝绳锚泊线）、设在管节顶面的导缆器艉装件、设在海床上的 HY-17 型大抓力锚锚碇等组成，系泊连接完成后用以抵抗波流力保持管节位置稳定，在沉放对接过程中通过缆索和绞车来控制管节位移（图 6-58）。

图 6-58　大抓力锚锚泊定位系统示意图

根据不同功能和用途，设置四类锚绞车和相应的缆索，所有的缆索卷筒和绞车均布置在安装驳系统甲板上。其中管节系泊和安装缆索与预设在海床上的 HY-17 型大抓力锚相连，此外，为方便安装驳进出深坞，配备 4 套 25 tf 锚绞车及辅助缆系（图 6-59）。

①安装缆索 H（控制管节安装时的水平位移）；

②系泊缆索 M（控制管节安装时安装驳的水平位移）；

③辅助缆索（辅助安装驳进坞和沉管出坞）；

④吊索缆索 L（控制管节安装时的竖向位移）。

图 6-59　大抓力锚锚泊定位系统示意图

为确保操作准确，每条缆索与其操作绞车对应，每台绞车配有本地操作控制台，并可以在操作室集控。副船绞车可以在主船上控制。移船绞车、管节水平绞车、提升绞车具备拉力监测、行程监测功能。主要设备全部采用交流变频电机驱动，各绞车有恒张力和"寸动"功能，绳长、绳速、绳张力均具备无级调整功能，满足管节的精确定位要求，"寸动"一次定位调整的量值小于 2.5 cm。

6.5.2　系泊实操演练

1. 演练目的

①熟练和规范系泊作业中的锚绞车操作工、锚绞车、锚艇之间的配合；

②检验系泊锚拖曳距离，为管节系泊锚位的准确定位提供依据；

③测算系泊作业工效分析，为管节正式安装计划编制提供依据；

④增进系泊作业中的各单位之间的相互配合，形成以指挥长为核心，以总船长、安装船船长、拖轮船长、起锚艇船长、操作人员为指挥终端的有效指挥机制。

2. 演练方法

与沉管浮运演练相结合，用大型半潜驳代替管节进行浮运和系泊模拟演练。采用重任 1500 号和招商重工 1 号作为被拖物和系泊演练平台，模拟安装船的锚绞车和缆系，进行了两次系泊演练。

提前按照标准管节的锚位在 E28 系泊区域和 E1 管节区域下 4 口锚，按照与正式浮运系泊相同的时段和船机配备，安排拖轮 8 艘、起锚艇 6 艘在涨潮期间进行系泊演练。系泊作业期间要求利用拖轮将半潜驳稳定地控制在作业区域。

　　为提高系泊作业工效，采取两组起锚艇同时进行带缆作业，一组为两艘起锚艇，一艘为全回转起锚艇，另一艘为非全回转起锚艇，按照系泊带缆顺序依次带缆。接缆时锚艇要 90° 顶在船上；接到缆绳后倒车走，走出 100 m 后调头为正拖。带缆期间注意锚艇与拖轮的配合。系泊演练过程示意见图 6-60。

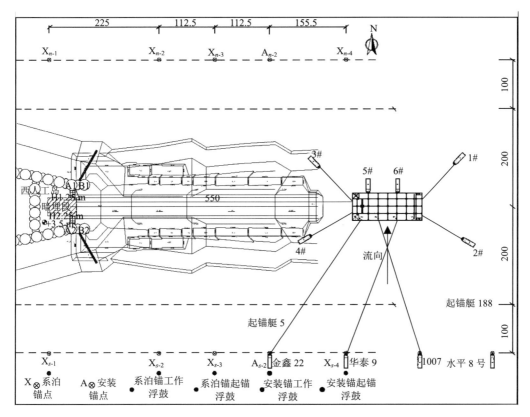

图 6-60　系泊演练示意图

3. 演练效果

　　大型沉管隧道工程开展系泊演练是必要的，港珠澳大桥沉管隧道工程通过系泊演练，发现在整体组织、人员分工和现场操作方面都存在较多问题，具体包括以下几点。

　　①系泊指挥：系泊指挥系统层次多、界限划分不清晰、责任分工不明确，指挥口令不统一，导致锚艇、安装船配合出错。

　　②船机设备：安装船设备保养、维护工作不到位，锚绞车联动功能实现差。

　　③操作方式：锚艇动作不规范、锚艇作业范围和接缆时停靠的位置随意性。

　　④协调配合：安装船、拖轮、起锚艇等船机设备之间的配合不够默契。

　　针对以上问题，项目部进行了深刻的全员分析总结，并再次进行了系泊演练和锚绞车联动试验等，结合操作人员培训工作，细化完善了系泊操作方案，使方案的可操作性和可靠性有了根本性的提高。

6.5.3 系泊工艺流程和要点

管节由拖轮经预制场支航道、榕树头航道、浮运航道、转向区转向，沿基槽浮运至系泊区进行系泊作业，系泊作业包括锚系布置、抛锚、预拉、带缆、解缆、起锚、移锚等内容。

1. 系泊施工特点

①管节尺寸大，系泊时流向与管节垂直，水流力大，操控难，施工风险高；
②管节浮运到位后必须在限定的时间内完成系泊作业，作业时间要求紧；
③考虑管节沉放对接要求，以及锚位共用需求，锚位精度要求高；
④锚艇送缆时易发生缆绳扫荡边坡现象，存在边坡失稳和滑塌等重大风险。

2. 系泊用船机设备

为满足大抓力锚的起锚要求，新建一艘起锚力 120 tf 的全回转起锚艇，同时为该船配备一套多波束扫测系统，兼作多波束测量船，在沉管系泊的过程中，可以及时、方便地对基槽边坡进行监测，有异常边坡破坏时可以及早发现和应对（图 6-61）。

图 6-61 全回转型"起锚艇 15"

3. 系泊组织及流程

系泊作业主要分为锚系预拉及现场缆系连接，锚系预拉包含锚系布设、预拉，现场缆系连接准备工作包括锚系检查、锚艇组织等。具体系泊组织流程见图 6-62。

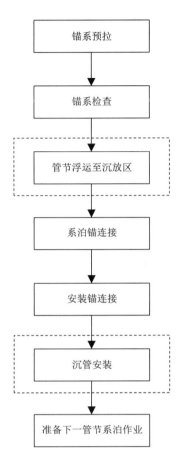

图 6-62　系泊组织流程

4. 锚系布设和预拉

首先计算施工用锚锚位设计坐标,测量人员利用 GPS 精确定位安装、系泊锚点位置,起锚艇到达预设位置后进行抛锚作业。

锚系预拉前进行锚体、锚链、卡环、工作缆等检查,检查合格后进行锚系布设,根据地质条件及预拉方向,锚位抛设点坐标较设计坐标富余一定距离,锚系抛设完成后组织锚艇、拖轮或安装船相互配合进行锚系预拉,预拉过程中实时测量锚位坐标及预拉缆力值。

5. 锚缆连接

锚系布设完成后至管节正式系泊时间间隔较长,其间需定期对锚系进行检查,检查内容包括闪光灯、浮鼓、工作缆、卡环等。

管节浮运至系泊区等待通缆,根据现场流场先带迎流面八字缆,再带另一侧八字缆,逐步解除傍拖拖轮，连接 4 根交叉缆，最后连接 4 根安装缆。

带缆作业包括安装锚、系泊锚锚位处取缆，安装船、管节取缆处取缆，起锚艇送缆、连接等内容。每根系泊缆绳的连接，需 2 艘锚艇配合，1 艘送缆锚艇负责到安装船取缆、送缆至辅助锚艇，1 艘辅助锚艇抓起连接锚链的工作缆将其与安装船缆绳进行连接。

送缆锚艇送缆过程中，放缆速度与锚艇航速相匹配，防止缆绳滑至边坡，保证缆绳不扰动边坡。

所有管节在完成系泊缆连接后，根据现场流态，分别对基槽南、北边坡进行多波束扫测，确保边坡无滑塌；完成安装缆连接后，再次根据现场流态，分别对基槽南、北边坡进行多波束扫测，确保边坡无滑塌。

6. 解缆、起锚和移锚作业

管节安装完成后，需 2 艘起重船、10 艘锚艇配合，将安装缆、系泊缆与工作缆解除。为了便于安装缆、系泊缆解除，系泊通缆时将工作浮鼓预留在安装锚、系泊锚工作缆上。依次解除安装缆、系泊缆后，将安装船撤离安装施工现场，安装船撤离后进行下一管节锚系布置。

7. 系泊操控要点

①抛锚时需有精确的定位设备和准确的水下资料；
②起抛锚时拖船必须将锚拉至水面，禁止拖锚移船；
③锚抛下时必须试拉以确认锚已牢牢抓底并达到预拉力要求，防止走锚；
④送缆时必须保持缆绳处于张紧状态，尽量避免缆绳剐蹭基槽两侧的边坡；
⑤系泊指挥通过导航软件或测量定位系统实时取得管节位置的监控信息，再把指令下达给锚绞车手，锚绞车手听从指挥完成操锚；
⑥通过调节锚缆的松紧稳定管节，根据动态响应程度确定锚缆的预紧力；
⑦严格控制绞移速度，谨慎指挥，谨慎操作，锚缆的收和放不能同步进行。

第7章 外海沉管沉放和对接关键技术和装备

广义的沉管安装包括管节出坞、浮运、系泊、沉放、对接和锁定回填等全过程，狭义的沉管安装只包括两道紧密相连的工序——沉放和对接，由此可以看出管节沉放和对接在整个沉管隧道施工工序中的核心地位。管节沉放和对接是沉管隧道施工中最关键的工序，某种程度上也可以说是最危险的工序，因为整个沉放和对接都在水下进行，操作人员不能直观地目视监察控制，体量巨大的管节在水下要达到厘米级的对接精度，技术难度之大可想而知。对于港珠澳大桥沉管隧道来说，其所处的外海、深水、深槽等独特环境无疑又进一步增加了管节沉放对接的施工难度和风险。

7.1 概　　述

管节沉放是指管节浮运到安装位置并在水面完成系泊定位后，开始下沉直至坐落于基床顶面或基槽内临时支撑上的过程。在整个沉管隧道施工过程中占有相当重要的地位，涉及的关键施工技术包括沉放设备选择和沉放控制方法、管节压载控制方法、测量定位方法等。

管节与安装驳船的组合体在浮运到位后，首先进行锚泊定位工作，即将管节从拖轮拖航状态转换为锚缆系泊定位状态；之后利用管节压载系统向管内预设的水箱注入压载水，直至提供足够的负浮力；在完成水面的沉放准备工作后，即可利用安装驳船及附带的一系列沉放设备进行管节的下沉工作，利用测量定位系统精确指示管节位置，导向定位系统与锚缆定位系统配合将管节沉放至预定的位置（图7-1）。

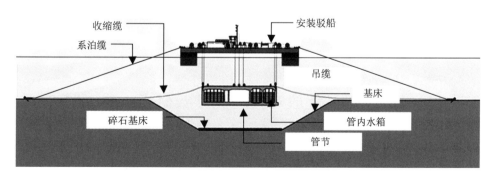

图 7-1　管节沉放施工示意图

管节对接是指管节利用沉放控制系统准确定位下沉至预先铺设好的基床上（先铺法）后，或者沉放至基槽内预设的临时支撑上（后铺法），与上一节已安管节进行精确对位、连接的过程。管节对接可以说是沉管隧道施工中最关键的一个步骤，因为既是对整个安装工艺最终成果的确认，也直接决定着安装质量。管节对接的关键技术包括导向定位技术、水下拉合技术、水力压接技术、管节定线调整技术及最终接头技术等。

管节沉放到位后立即开展对接工作，水下拉合千斤顶系统将待安管节拉向已安管节，并压缩设在管节接头部位的橡胶止水带形成密闭结合腔；之后利用水力压接技术，排出结合腔内封闭的水，在管节尾端巨大的水压力作用下，两管节间的橡胶止水带被充分压缩，管节初步对接完成；之后在管内打开封门上的人孔门进行贯通测量，确认管节尾端轴线位置是否满足设计要求，不满足时需要利用精确定线调位技术对管节的轴线进行调整（图7-2）。

图7-2　管节对接施工示意图

港珠澳大桥沉管隧道具有管节长度长、体量大的特点，管节安装受水流、波浪条件影响大，施工环境相对复杂，施工难度极大。通过独立开展一系列研究，自主研发了双驳杠吊法水下无人沉放对接控制系统，在传统双驳杠吊工艺的基础上实现了多项突破，解决了深水深槽环境下的沉管安装难题，避免了外海施工重大风险。具体开展的研究项目包括以下几点。

①沉放对接控制参数研究；
②沉放对接专用船机设备和专项控制系统研制；
③沉放对接专项操控方案研究；
④特殊管节安装技术研究；
⑤深水沉管锁定回填技术研究。

7.2　沉放对接控制参数研究

在开敞外海实施沉管安装为我国首次开展，无经验可循，国内相关的研究也比较匮乏，为此组织了两次大规模物模试验，第一次试验在武汉理工大学船模拖曳水池进行，第二次试验在大连理工大学海岸和近海工程国家重点实验室进行。考虑物模试验条件的限制，为验证试验结果，岛隧工程还组织开展了相关的数模分析工作。

管节沉放须经过平移、初步下沉、初步靠拢、着床、拉合、水力压接等过程，沉放过程中吊缆、安装缆张力的变化、管节和浮驳的运动响应对于管节结构设计（吊点预埋件设计）、管节结构安全（总纵强度核算）、沉放设备（沉放驳吊放系统设计）、沉放工艺制定、施工风险控制等有着重要影响。管节沉放对接过程需要重点关注的参数见表 7-1。

表 7-1　管节沉放对接关键参数表

类型	关键参数
吊缆缆力	负浮力
	不同保证率条件下吊缆缆力极值
管节运动	沉放过程中管节运动响应
	管节着床前的运动响应
管节拉合	管节与基础的摩擦力

在干舷消除阶段，管节处于水流、波浪的影响区，吊缆长度较短，刚度大，管节、浮驳的波浪诱导运动将引发较大的吊缆缆力；在管底距离基床 4 m 情况下，管节将进行纵坡调整，位置调整，导向杆即将进入导向基座，该工况下管节运动响应对于沉放精度影响较大。据此，数模、物模对干舷消除、管顶与基槽顶面平齐和管底距基床 4 m 三个不同深度工况进行了研究。

7.2.1　沉放物模试验（一）

1. 试验概况

第一次沉管沉放物模试验在武汉理工大学船模拖曳水池进行，水池尺度为 132 m×10.8 m×2 m，是目前国内拖曳水池中宽度较大、水深可调、综合性能较好的水池，在浅水、极浅水拖曳试验方面有明显的优势。本次物模试验采用钢制管节模型，木质沉放驳模型，模型比尺为 1∶40（图 7-3）。

图 7-3　第一次管节沉放物模试验

2. 试验工况

本次沉放物模试验工况如表 7-2 所示，考虑实际情况，深基槽每个浪流组合都进行了三个深度工况的沉放试验，浅基槽进行了消除干舷和距槽底 4 m 两个深度工况的试验。

表 7-2　沉放物模试验工况

工况	基槽深度/m	波浪			水流		负浮力 1.5%/tf
		有效波高/m	谱峰周期/s	夹角 α/(°)	相对流速/(m/s)	夹角 β/(°)	
1	E20 （深基槽）	0.8	6	90	1.0	90	1 200
2		0.8	6	90	1.3	90	1 200
3		0.8	6	90	1.6	90	1 200
4		1.5	6	90	1.0	90	1 200
5		1.5	6	90	1.3	90	1 200
6		1.5	6	90	1.6	90	1 200
7		0.8	6	60	0.8	60	1 200
8		0.8	6	60	1.0	60	1 200
9	E3 （浅基槽）	0.8	6	90	0.8	90	1 200
10		0.8	6	90	1.0	90	1 200

3. 试验结果

按照上述不同试验工况的顺序，重点关注管节在不同深度时的吊缆缆力情况和对应的运动响应状况，限于篇幅下面只给出典型工况六（表 7-3、图 7-4）和工况七（表 7-4、图 7-5）的试验结果。

表 7-3　管节处于不同深度时吊缆缆力统计结果（工况六）

项目	沉管底面 距水面深度/m	管节吊缆缆力实测值/tf			
		D_1	D_2	D_3	D_4
纯流作用力	−11.4	195.1	225.0	169.4	184.0
	−22.0	162.5	206.9	205.6	164.0
	−44.0	206.3	181.9	199.4	192.0
浪流作用力 最均值	−11.4	204.9	222.9	169.0	206.3
	−22.0	149.7	193.3	176.0	179.2
	−44.0	197.2	185.7	170.9	198.5
浪流作用力 最大值	−11.4	375.3	368.7	345.2	317.2
	−22.0	155.5	274.0	192.5	231.6
	−44.0	293.2	173.9	188.6	229.4

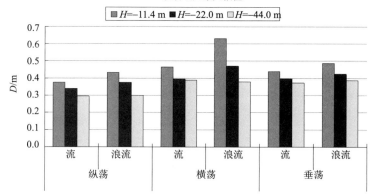

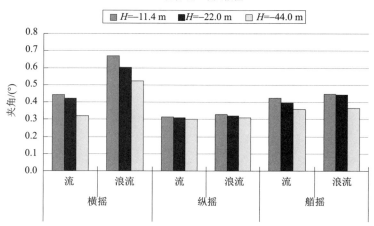

图 7-4　管节运动响应统计结果（工况六）

表 7-4　管节处于不同深度时吊缆缆力统计结果（工况七）

项目	沉管底面距水面深度/m	沉管吊缆各缆实测缆力/tf			
		D_1	D_2	D_3	D_4
纯流作用力	−11.4	189.0	140.8	157.0	173.6
	−22.0	129.4	169.0	127.6	183.8
	−44.0	116.9	150.7	152.5	173.5
浪流作用力最均值	−11.4	150.1	176.0	146.6	134.3
	−22.0	128.4	165.8	124.3	177.6
	−44.0	123.3	149.7	156.7	172.3
浪流作用力最大值	−11.4	286.3	240.7	273.7	270.3
	−22.0	203.4	364.6	230.8	252.3
	−44.0	246.2	369.9	293.1	401.9

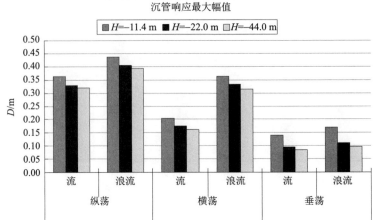

F_f=1200 tf、v_s=0.8 m/s、H_s=0.8 m、T=6 s
沉管响应最大幅值

图 7-5　管节横摇、纵摇、艏摇（工况七）

7.2.2　沉放物模试验（二）

1. 试验概况

第二次沉放物模试验在大连理工大学海岸和近海工程国家重点实验室波流水池中进行。水池长 50 m，有效宽度 28 m，深 1.0 m，水池前端配备蛇型三维不规则波造波机，可产生试验要求的规则、不规则波浪。水池尾部安装了架空斜坡碎石消能设备，以尽量避免波浪的反射。该水池可通过地形制作灵活调整基槽地形，故针对 E3 管节（浅基槽）、E20 管节（深基槽）两个水深条件下开展了物模试验。沉管和安装船制作按重力相似满足以下条件（图 7-6）。

①几何相似：模型与原型保持线性尺度相似。模型的制作完全以原型线形图按比例

缩小。

②重力相似：在满足几何相似的模型中，安装船模型采用内壁增减材质厚度方法，在适当位置放置适当厚度的增强板，使其符合重量要求；沉管采用配钢筋方法，在适当位置放置适当重量的钢筋，同时设置压舱分隔空间，使其符合不同载量时的重量要求。

③动力相似：沉管和浮驳的重心、横摇及纵摇周期符合相似条件。

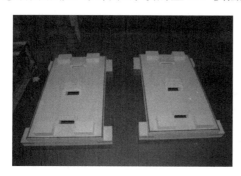 

图 7-6　第二次管节沉放物模试验

2. 试验工况

试验采用不规则波，波浪方向均为横浪向 90°，即波向垂直于管节长度方向（表 7-5）。

表 7-5　不规则波浪模拟组别

波高序列（谱峰周期固定：T_p=6s）					
H_s/m	0.6	0.9	1.2	1.5	1.8	2.0
周期序列（对应 2 组有效波高，分别为：H_s=0.9 m 与 H_s=1.2 m）					
T_p/s	6	8	10	12	14

波流共同作用时的动力条件组合：流速 v=0.6 m/s+不规则波和流速 v=1.0 m/s+不规则波，其中不规则波和上述表中保持一致，波流共同作用时，波浪要素是在稳定流速的流场中的测得的，波流方向为横浪 90°，海流方向为横流 90°。

管节的沉放深度 d 指沉管上表面至水平面的垂直距离，本试验采用准静态试验方法，确定沉管若干关键的沉放深度，最终确定的深度序列为 d=0 m、6 m、10.8 m、20 m、25 m 及 28 m，其中 d=0 m 是指管节消除干舷阶段，d=28 m 是指管节将落底但尚未触底，此时管节底面距离基槽底面约 0.6 m。

负浮力 η 可在 0～2.79%内阶梯性调整。负浮力与沉放深度的对应情况见表 7-6。

表 7-6　不同沉放深度对应的管节负浮力

沉放深度 d/m	0				
负浮力 η/%	0	0.67	1.68	2.03	2.79
沉放深度 d/m	6	10.8	20	25	28
负浮力 η/%	1.32				

3. 浅基槽（E3）物模试验结果

根据最终确定的作业窗口条件，此处仅给出流速 0.6 m/s 情况下沉管的运动响应和吊缆受力分析结果。

（1）消除干舷阶段管节运动试验结果

消除干舷阶段管节运动试验结果见图 7-7～图 7-12。

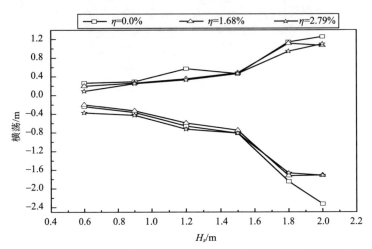

图 7-7　波流共同作用下沉管横移运动在正、负方向上的最大值随有效波高变化

（d=0、η=0～2.79%、T_p=6 s、v=0.6 m/s）

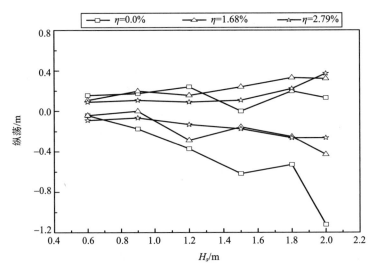

图 7-8　波流共同作用下沉管纵移运动在正、负方向上的最大值随有效波高变化

（d=0、η=0～2.79%、T_p=6 s、v=0.6 m/s）

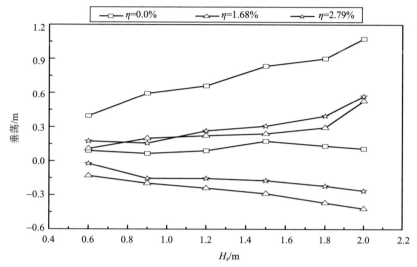

图 7-9　波流共同作用下沉管升沉最大值随有效波高变化

（d=0、η=0～2.79%、T_p=6 s、v=0.6 m/s）

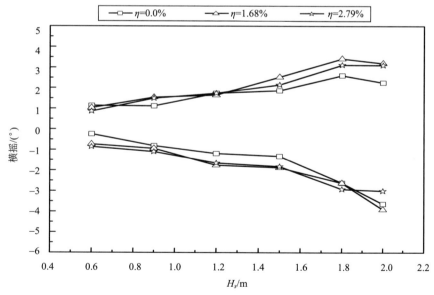

图 7-10　波流共同作用下沉管横摇运动在正、负方向上的最大值随有效波高变化

（d=0、η=0～2.79%、T_p=6 s、v=0.6 m/s）

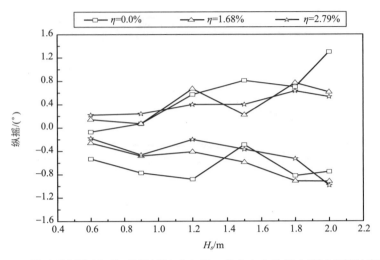

图 7-11 波流共同作用下沉管纵摇运动在正、负方向上的最大值随有效波高变化

（d=0、η=0～2.79%、T_p=6 s、v=0.6 m/s）

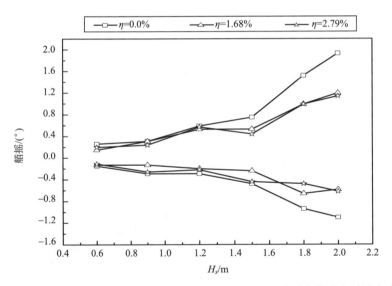

图 7-12 波流共同作用下沉管回转运动在正、负方向上的最大值随有效波高变化

（d=0、η=0～2.79%、T_p=6 s、v=0.6 m/s）

（2）消除干舷阶段管节吊缆缆力试验结果

在不规则波浪有效波高序列（T_p=6 s）+流（v=0.6 m/s 与 v=1.0 m/s）作用下，管节消除干舷阶段，其吊缆缆力最大值及同步最大值与负浮力的关系图，如图 7-13～图 7-16 所示。

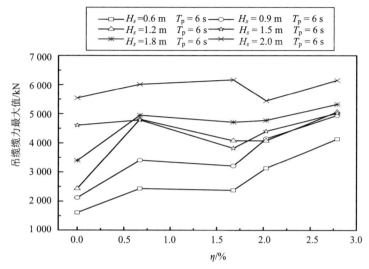

图 7-13　波流共同作用下吊缆缆力最大值与负浮力的关系

（d=0、T_p=6 s、H_s=0.6～2.0 m、v=0.6 m/s）

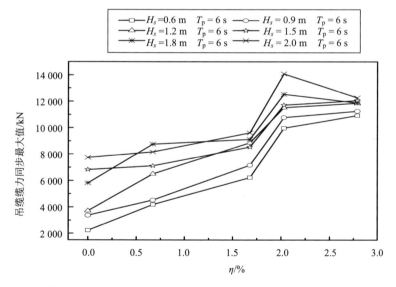

图 7-14　波流共同作用下吊缆缆力同步最大值与负浮力的关系

（d=0、T_p=6 s、H_s=0.6～2.0 m、v=0.6 m/s）

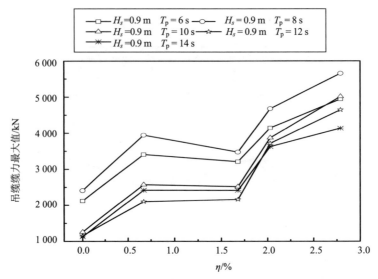

图 7-15 波流共同作用下吊缆缆力最大值与负浮力的关系

(d=0、T_p=6～14 s、H_s=0.9 m、v=0.6 m/s)

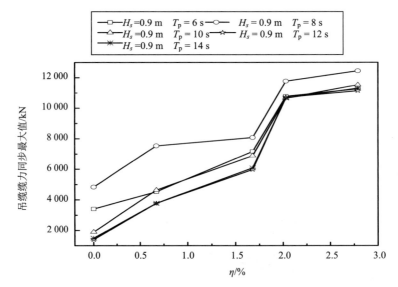

图 7-16 波流共同作用下吊缆缆力同步最大值与负浮力的关系

(d=0、T_p=6～14 s、H_s=0.9 m、v=0.6 m/s)

波(T_p=6 s)流(v=0.6 m/s)共同作用下，当管节位于消除干舷附近时，当沉管的负浮力较小时($\eta \leqslant 1.68\%$)，管节吊缆都会出现松弛现象即吊缆缆力回零。当管节的负浮力较大时($\eta \geqslant 2.03\%$)，若动力要素相对较弱，即 $H_s \leqslant 1.5$ m，则管节吊缆缆力时刻保持张紧状态；若 $H_s > 1.5$ m，则管节吊缆缆力还是会松弛，如果此时要保持吊缆缆力的时刻张紧，还需加大管节的负浮力，这些结论和单纯不规则波浪作用下时一致的。另外，管节负浮力 η=2.79%时吊缆缆力波动范围最大，其次是管节负浮力 η=0.67%的情况，详见表 7-7。

表 7-7　波流共同作用下吊缆缆力最大值、最小值及其波动范围

（d=0、T_p=6 s、η=0～2.79%、v=0.6 m/s）

吊缆缆力	有效波高/m	负浮力				
		0	0.67%	1.68%	2.03%	2.79%
最大值/kN	0.6	1 609.49	2 433.39	2 374.18	3 130.70	4 132.42
	0.9	2 119.59	3 406.04	3 208.05	4 146.01	4 945.81
	1.2	2 433.47	4 814.80	4 081.40	4 076.65	5 063.46
	1.5	4 606.71	4 788.89	3 822.68	4 402.34	5 022.11
	1.8	3 396.48	4 952.72	4 711.95	4 775.20	5 325.41
	2.0	5 546.28	6 015.07	6 170.54	5 446.48	6 151.68
最小值/kN	0.6	0.00	0.00	0.00	681.61	474.89
	0.9	0.00	0.00	0.00	480.10	299.51
	1.2	0.00	0.00	0.00	231.68	225.02
	1.5	0.00	0.00	0.00	110.03	120.98
	1.8	0.00	0.00	0.00	69.03	0.00
	2.0	0.00	0.00	0.00	11.60	0.00
波动范围/kN	0.6	1 609.49	2 433.39	2 374.18	2 449.09	3 657.53
	0.9	2 119.59	3 406.04	3 208.05	3 665.91	4 646.30
	1.2	2 433.47	4 814.80	4 081.40	3 844.97	4 838.44
	1.5	4 606.71	4 788.89	3 822.68	4 292.31	4 901.13
	1.8	3 396.48	4 952.72	4 711.95	4 706.17	5 325.41
	2.0	5 546.28	6 015.07	6 170.54	5 434.88	6 151.68

（3）沉放阶段管节运动响应试验结果

在管节沉入一定深度时，共进行了 5 组不同沉放深度的对比研究，在不规则波浪波高序列（T_p=6 s，H_s=0.6～2.0 m）+流（v=0.6 m/s 与 1.0 m/s）作用下，管节 6 个运动分量在正、负方向上的最大值与沉放深度的关系如图 7-17～图 7-22 所示。

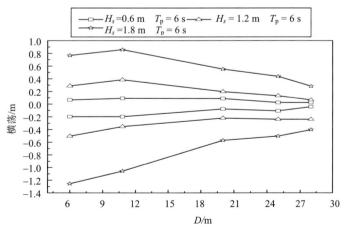

图 7-17　波流共同作用下沉管横移运动在正、负方向上的最大值随沉放深度变化

（η=1.32%、T_p=6 s、H_s=0.6～1.8 m、v=0.6 m/s）

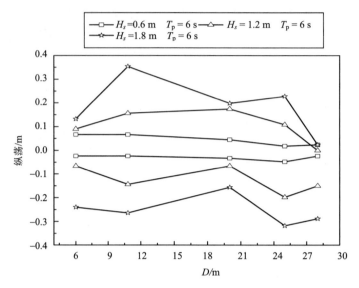

图 7-18　波流共同作用下沉管纵移运动在正、负方向上的最大值随沉放深度变化

（η=1.32%、T_p=6 s、H_s=0.6～1.8 m、v=0.6 m/s）

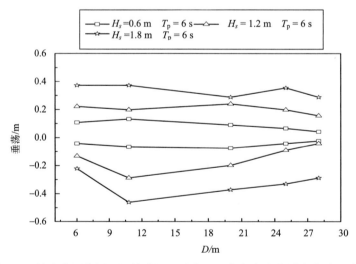

图 7-19　波流共同作用下沉管升沉运动在正、负方向上的最大值随沉放深度变化

（η=1.32%、T_p=6 s、H_s=0.6～1.8 m、v=0.6 m/s）

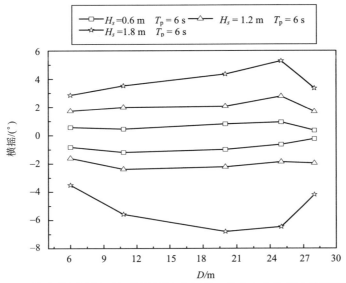

图 7-20 波流共同作用下沉管横摇运动在正、负方向上的最大值随沉放深度变化

（η=1.32%、T_p=6 s、H_s=0.6～1.8 m、v=0.6 m/s）

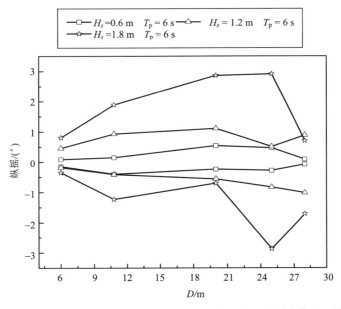

图 7-21 波流共同作用下沉管纵摇运动在正、负方向上的最大值随沉放深度变化

（η=1.32%、T_p=6 s、H_s=0.6～1.8 m、v=0.6 m/s）

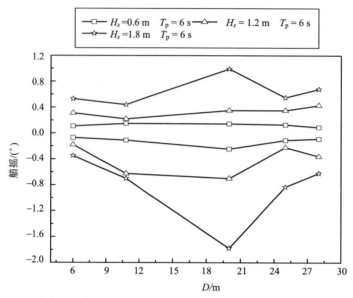

图 7-22　波流共同作用下沉管回转运动在正、负方向上的最大值随沉放深度变化

（η=1.32%、T_p=6 s、H_s=0.6～1.8 m、v=0.6 m/s）

（4）沉放阶段管节吊缆受力试验结果

沉放阶段管节吊缆受力试验结果见图 7-23～图 7-26。

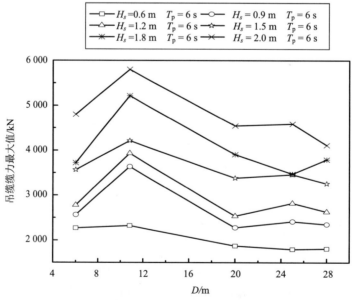

图 7-23　波流共同作用下吊缆缆力最大值与沉放深度的关系

（η=1.32%、T_p=6 s、H_s=0.6～2.0 m、v=0.6 m/s）

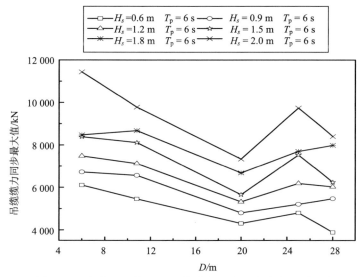

图 7-24　波流共同作用下吊缆缆力同步最大值与沉放深度的关系

（η=1.32%、T_p=6 s、H_s=0.6～2.0 m、v=0.6 m/s）

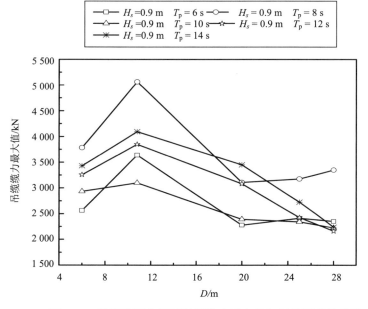

图 7-25　波流共同作用下吊缆缆力最大值与沉放深度的关系

（η=1.32%、T_p=6～14 s、H_s=0.9 m、v=0.6 m/s）

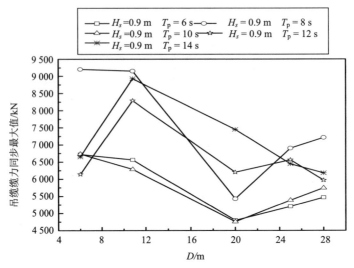

图 7-26　波流共同作用下吊缆缆力同步最大值与沉放深度的关系

（η=1.32%、T_p=6～14 s、H_s=0.9 m、v=0.6 m/s）

当管节沉入一定深度，负浮力固定（η=1.32%）时，在 H_s=1.2 m，T_p=6 s 的不规则波+流（v=0.6 m/s 与 v=1.0 m/s）作用下，由 5 组不同沉放深度的吊缆时间过程线结果可得出：沉放深度 d=6 m 吊缆有些许松弛；沉放深度 d=10.8 m 吊缆时刻张紧；沉放深度 d=20 m 吊缆有松弛；沉放深度 d=25 m，波流（v=0.6 m/s）吊缆时刻张紧，波流（v=1.0 m/s）吊缆有松弛；沉放深度 d=28 m 吊缆常常松弛。规律与单纯不规则波作用下基本一致，水流作用并没有影响吊缆缆绳张力特性与管节沉放深度的关系。

4. 深基槽（E20）物模试验结果

E20 管节运动和动力响应变化规律与 E3 管节基本一致，此处仅给出 E20 管节在不规则波（H_s=0.8 m，T_p=6 s，浪向 0°）+水流（v=0.6 m/s，流向 0°）正向作用时不同工况和沉放阶段的缆索受力情况（表 7-8～表 7-10）。

表 7-8　E20 管节系泊缆绳和吊缆缆力试验结果（消除干舷阶段）

拉力计	缆索	张力最大值/tf	张力最小值/tf	张力平均值/tf
1	安装船 1 吊缆	593.46	15.60	34.99
2		447.17	4.99	44.72
3	安装船 2 吊缆	633.27	6.45	34.38
4		441.10	5.03	31.28
5	沉管	51.00	22.38	37.59
6		40.03	26.45	33.09
7		50.34	22.09	37.10
8		49.55	33.13	40.75

拉力计	缆索	张力最大值/tf	张力最小值/tf	张力平均值/tf
9	安装船 1	72.38	28.29	42.03
10		54.96	14.37	34.16
11		45.37	25.00	33.48
12		46.91	25.85	34.62
13	安装船 2	74.04	28.94	43.00
14		52.54	13.74	32.66
15		46.41	25.58	34.25
16		48.77	26.88	35.99

表 7-9　E20 管节系泊缆绳和吊缆缆力试验结果（泥面平齐阶段）

拉力计	缆索	张力最大值/tf	张力最小值/tf	张力平均值/tf
1	安装船 1 吊缆	426.23	266.61	362.07
2		376.53	239.55	325.71
3	安装船 2 吊缆	392.09	272.46	353.21
4		366.54	330.34	353.87
5	沉管	35.10	20.01	27.21
6		47.91	24.29	35.2
7		34.64	19.75	26.86
8		45.77	23.38	33.87
9	安装船 1	50.75	35.50	43.21
10		45.86	24.64	32.92
11		45.40	31.45	35.57
12		42.67	32.52	36.78
13	安装船 2	51.92	36.32	44.20
14		46.67	25.08	33.51
15		42.22	32.17	36.39
16		44.37	33.81	38.24

表 7-10　E20 管节系泊缆绳和吊缆缆力试验结果（着床阶段）

拉力计	缆索	张力最大值/tf	张力最小值/tf	张力平均值/tf
1	安装船 1 吊缆	411.08	321.51	335.30
2		369.97	282.08	329.98
3	安装船 2 吊缆	371.62	250.88	333.81
4		343.43	298.17	335.06
5	沉管	54.51	35.44	44.56
6		49.14	25.72	38.13
7		51.83	27.13	40.22
8		57.12	39.10	47.63

续表

拉力计	缆索	张力最大值/tf	张力最小值/tf	张力平均值/tf
9		48.13	33.89	39.51
10	安装船 1	48.83	19.90	33.99
11		47.00	30.85	36.00
12		46.32	33.44	39.02
13		50.26	35.69	41.44
14	安装船 2	47.59	19.40	33.13
15		43.71	31.56	36.83
16		45.93	33.16	38.70

7.2.3 沉放数模试验

1. 试验概况

委托上海交通大学海洋工程国家重点实验室进行管节隧道和安装驳船在浮运、沉放等待及沉放过程的数值计算研究，管节消除干舷工况 CFD 计算模型如图 7-27 所示。数值计算结果可为物模试验、后期结构响应计算及工程实际施工提供参考。时域耦合计算采用挪威船级社（DNV）的 SESAM 软件及英国 OCINA 公司的 OrcaFlex 软件共同进行，以便进行数据的相互比较与校核，管节沉放等待工况时域计算模型示例如图 7-28 所示。

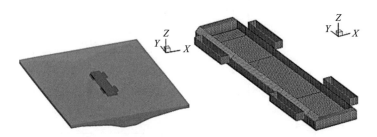

图 7-27 管节消除干舷工况 CFD 计算模型示例

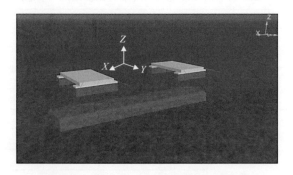

图 7-28 沉放等待工况时域计算模型示例

沉放数值计算以 E20 管节作为典型计算对象，负浮力选择为 1.5%。管节缆系情况见图 7-29。

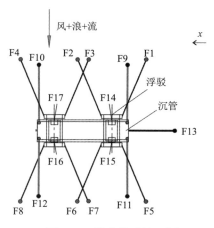

图 7-29　管节缆系情况图

2. 计算工况

计算考虑了管节沉放的三种典型状态，分别是消除干舷、管顶与泥面平行和管底距离基槽 4 m。考虑作业窗口限制条件，每组深度的波浪要素均为 H_s=0.8 m，T_p=6 s，v_c=0.8 m/s，但考虑流向和浪向不同的 4 种计算工况，分别是：浪流同向（均为 90°）、浪流同向（均为 60°）、浪流异向（流向 60°，浪向 90°）、浪流异向（流向 90°，浪向 60°），共计 12 组计算工况（表 7-11）。

表 7-11　管节沉放计算工况表

工况编号	沉放状态	相对流速	流向	有效波高	谱峰周期	浪向
		v_c/(m/s)	dv/(°)	H_s/m	T_p/s	dw/(°)
P1	干舷消除	0.8	90	0.8	6	90
P2		0.8	60	0.8	6	60
P3		0.8	60	0.8	6	90
P4		0.8	90	0.8	6	60
P5	管顶与泥面平行	0.8	90	0.8	6	90
P6		0.8	60	0.8	6	60
P7		0.8	60	0.8	6	90
P8		0.8	90	0.8	6	60
P9	管底距基床 4 m	0.8	90	0.8	6	90
P10		0.8	60	0.8	6	60
P11		0.8	60	0.8	6	90
P12		0.8	90	0.8	6	60

3. 干舷消除工况试验结果及分析

干舷消除为沉管安装过程中的重要控制工况。管节干舷消除或者浸没深度较小时，吊缆可能承受较大的张力，主要原因有以下几点：管节、沉放驳都处于波浪影响区，运动幅值比浸没较深的工况更大；吊缆长度较短，运动量引起的变形率较大，对应缆索荷载较大；可能存在的吊缆松弛、偏载等情况比浸没较深工况明显。

以下四点从统计情况和典型工况两方面对干舷消除工况进行研究。

（1）管节运动幅值统计结果及其分析

管节干舷消除阶段运动幅值统计如图 7-30 所示，分析如下。

管节的横摇运动较明显，最大达 0.55°，表明管节侧舷的起伏运动量可能达到 0.19 m，可能的原因有：①物模试验由于尺度效应或测试误差，横摇的黏性阻尼可能偏小；②根据管节运动 RAO 图，6 s 波浪周期已经接近管节的谐摇（共振）周期，长周期波浪对横摇的影响比较明显。

管节垂荡幅值最大为 0.05 m 左右，浪流同向（90°）条件下的垂荡要大于斜浪或斜流工况（约 2 倍）。

斜浪引起的管节纵摇不可忽略，最大接近 0.08°，可能引起管节端部 0.13 m 左右的运动幅值，纵摇运动也将对吊缆缆力产生影响；

横浪、横流作用下，管节的横荡运动幅值明显大于斜浪斜流工况，最大横荡有 0.16 m。

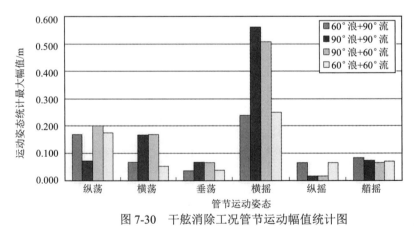

图 7-30 干舷消除工况管节运动幅值统计图

（2）安装船运动幅值统计结果及其分析

管节干舷消除阶段安装船 A 的运动幅值统计如图 7-31 所示，分析如下。

沉放驳水箱的长宽比较大，纵摇运动的恢复力要小于横摇，在波浪作用下，纵摇运动可能会略显著，斜浪斜流作用下，纵摇运动幅值明显大于横流横浪工况。

垂荡运动由于受到吊缆的限制，幅值较小，最大约为 0.02 m。

沉放驳的横摇恢复力较大,且受到双侧吊缆缆力的影响,横摇幅值较小,约为 0.07°,横浪横流工况的横摇要大于斜浪工况。

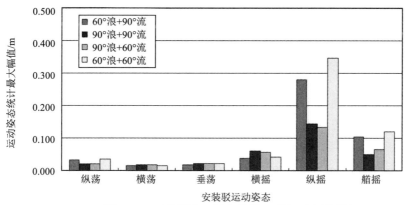

图 7-31　干舷消除工况安装船 A 的运动幅值统计

（3）管节吊缆缆力统计结果及其分析

干舷消除阶段吊缆缆力最大值统计如图 7-32 所示,迎流、迎浪侧（14 号, 17 号）的吊缆缆力要大于背流侧,吊缆缆力最大值出现了 1600 tf 以上的大值,计算方面可能的原因有以下几点:①90° 横浪+60° 斜流工况,迎流迎浪侧（14 号, 17 号）吊缆缆力最大值大于其他几个工况,根据管节的运动统计结果发现,该情况下的纵荡、横荡幅值要大于其他三个工况,据此可知,吊缆缆力对于管节的平面运动较敏感,平面运动可能是两侧吊缆缆力不一致的原因之一;②管节及沉放驳横摇运动可能引起吊缆偏载。

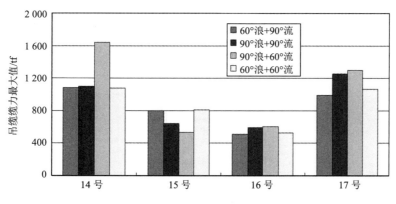

图 7-32　干舷消除工况吊缆缆力最大值统计

时域计算 3 h 采样频率 1 Hz 情况下,吊缆缆力数据总量为 10 800 个,迎流侧的吊缆缆力峰值（全局最大值）为 1600 tf,实际上,这种峰值出现的概率极低,按照美国油气协会（API）推荐做法 API-RP-2SK 和挪威船级社规范（DNV-OS-E301）,缆系受力设计标准值应该按照最大可能极值（most probable maximum，MPM）进行选取。本章的典型工况时历分析采用 MPM 及半概率方法对吊缆缆力标准值进行分析。

分析干舷消除阶段有以下因素导致吊缆缆力出现较大峰值。

①由于吊缆长刚度较大，长度较短，较小的运动量也将引起较大的变形率，形成较大缆力；

②管节离水面较近，受波浪影响，波频运动（短周期）将引起吊缆出现较显著的动力响应；

③安装驳船和管节之间存在水动力干扰问题。

由于以上因素，较小的负浮力条件下（1.5%）下，本次计算结果明显观察到吊缆松弛现象，张力均值呈现一个个的尖峰，动力响应较强烈。由于大量的松弛存在，张力的均值、方差统计结果均偏小，此时应统计张力峰值的平均值及方差。干舷消除阶段，管节受波浪影响较大，负浮力可能需适当增加，以抑制动力响应。

（4）典型工况时历结果（P1）及其分析

在波浪作用下，吊缆缆力时序中呈现高频的动力响应，吊缆缆力从 0 直接变化到 600 tf 以上；沉放驳和管节的运动相位差较短，垂荡的总体运动趋势一致性较好，计算结果中未出现相位刚好相反的状态；沉放驳的运动幅值最大为 0.18 m，管节为 0.04 m。

干舷消除管节下沉初期阶段，迎流迎浪侧的吊缆缆力动力响应的峰值要大于背流测，极端情况下有 8 倍以上的差距；吊缆的偏载是需要重点关注的工况（图 7-33）。

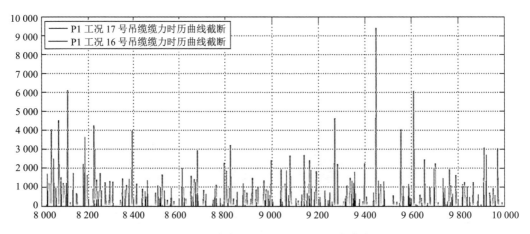

图 7-33　P1 工况条件下 17 号和 16 号吊缆缆力时序对比

吊缆缆力的极值分析按照挪威船级社规范 DNV-OS-E301 进行，得到运动响应和缆力的时间序列之后，通过统计分析，对 MPM（3 h 计算时长内，极值出现次数不超过一次）进行提取，将 MPM 作为设计标准值提出。对迎流侧吊缆（17 号）的分析可知，MPM 为 653.88 tf。90%保证率情况下，吊缆缆力取值为 739.7 tf。详见图 7-34。

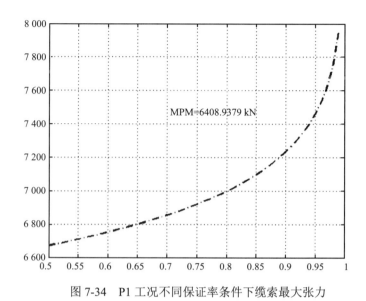

图 7-34　P1 工况不同保证率条件下缆索最大张力

4. 管顶与泥面平齐工况试验结果及分析

（1）统计结果及其分析

　　管节进入基槽后，受波浪影响较小，吊缆长度随着浸没水深的增大而伸长，此时吊缆长度约 12 m，相同的运动幅值下，吊缆伸长率比干舷消除阶段要小若干倍。从统计结果可知，管节在进入基槽后，动力响应明显降低，最小张力没有出现 0 的情况，且均值位于 300 tf 左右。此时波浪影响较小，动力响也显著降低，吊缆缆力变化较平稳，主要以低频运动和响应为主。

　　泥面平齐工况最小张力为 130 tf，出现在 60° 斜浪、斜流情况下，此时管节出现了一定幅度的竖直向运动（垂荡、纵摇），吊缆最大缆力达到 490 tf 左右，但总体的幅值要小于干舷消除工况，如图 7-35～图 7-37 所示。

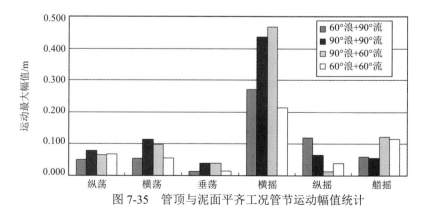

图 7-35　管顶与泥面平齐工况管节运动幅值统计

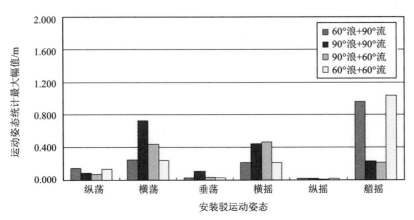

图 7-36　管顶与泥面平齐工况沉放驳运动幅值统计

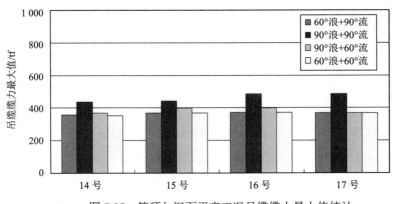

图 7-37　管顶与泥面平齐工况吊缆缆力最大值统计

（2）典型工况时历结果及其分析

管节进入基槽后，吊缆长度增大，管节垂荡的最大幅值为 0.082 m，沉放驳的垂荡最大幅值为 0.05 m，二者垂荡的相位基本保持同步；

吊缆较长，变形率大幅降低情况下，吊缆缆力也随之下降明显；

管节脱离了波浪作用区域，动力响应趋于平缓，缆绳张力未出现从 0 直接增大至 300 tf 以上的情况。

管节进入基槽后，水流力降低，管节受波浪影响减小，迎流侧和背流侧缆绳的张力相位基本一致，幅值基本一致。

通过保证率分析，管顶与泥面平齐状态时，MPM 为 361.12 tf，90%保证率情况下，吊缆缆力峰值为 366.87 tf（图 7-38）。

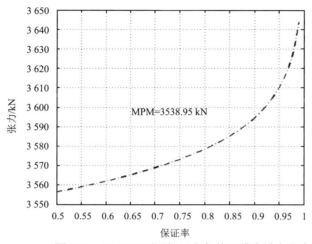

图 7-38　P5 工况不同保证率条件下缆索最大张力

5. 管底距基床 4 m 工况试验结果及分析

（1）统计结果及其分析

本工况的计算结果较为特殊，管节沉放深度越大，受波浪影响越小（特别是进入基槽之后），吊缆长度也越大，相同的运动幅值对应的变形率也越低。但本工况的吊缆缆力却比管顶与泥面平齐要大，分析原因有以下几个方面。

吊缆长度变大之后，对于安装驳船竖直向运动的约束降低，安装驳船的运动响应变大之后可能引起吊缆缆力的变化（吊缆出现松弛，最小吊缆缆力降至 10 tf 以下）对比泥面平齐工况，沉放驳的横摇大了 0.2°，艏摇增大 0.4°，这将引起吊缆缆力的变化，由此可见，管节沉放深度较大时，沉放驳自身的缆系应当适当张紧，以避免吊缆缆力增大；斜浪、斜流对于沉放驳的运动响应影响不可忽略，沉放驳的摇晃可能引起吊缆的偏载。

总体上，本工况的吊缆缆力（全局）极值为 600 tf，均值为 300 tf 左右，表明吊缆缆力的控制因素为低频周期运动（图 7-39～图 7-41）。

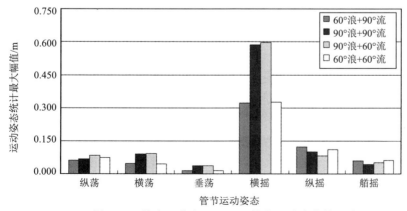

图 7-39　管底距基床 4 m 工况管节运动响应统计结果

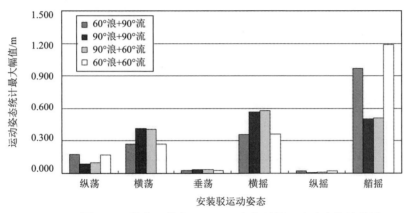

图 7-40　管底距基床 4 m 工况安装驳船运动响应统计结果

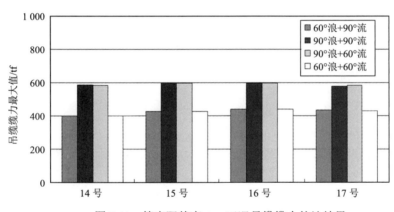

图 7-41　管底距基床 4 m 工况吊缆缆力统计结果

（2）典型工况时历结果及其分析

吊缆的张力相比于 P5 工况（泥面平齐），平均值有所增大，P9 工况吊缆的张力幅值变化较 P5 平稳；管节的运动幅值近 0.5 m，明显大于 P5 工况的 0.082 m，安装驳船的运动幅值约 0.03 m，小于 P5 工况的 0.05 m，可能的原因是吊缆长度增大后，刚度降低，沉管运动过程所受约束减小所致，如图 7-42 所示。

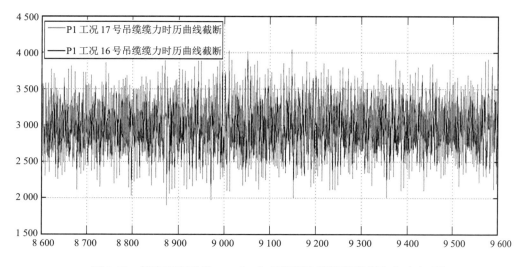

图 7-42　管底距离基槽 4 m（P9）迎流侧和背流侧缆绳张力时序对比

通过保证率分析，管底距离基床 4 m 工况，MPM 为 432.72 tf，90%保证率情况下，吊缆缆力极值为 441.84 tf。详见图 7-43。

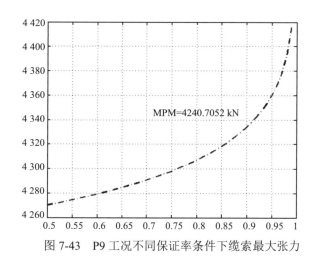

图 7-43　P9 工况不同保证率条件下缆索最大张力

7.2.4　管底摩擦力物模试验

1. 试验目的

通过对管节模型与碎石基床的摩擦系数及碎石基床沉降的试验研究，为管节安装拉合对接、尾端精调等受力计算提供参考依据。

2. 试验要求

（1）基床模型技术要求

基床形式：满铺和带垄沟，带垄沟工况采用三条碎石带，两条垄沟。

碎石粒径：2～6 cm 和 1～3 cm，每组试验完成后，重新整平基床。

碎石采用 2～6 cm 及 1～3 cm 两种粒径、级配碎石，能够自由散落且未受污染，干净、耐久性良好、级配良好的砾石、碎砾石或者高抗碎性的粉碎岩石；岩石风化程度为未风化至微风化。碎石含泥量不大于 1%（按重量计）；碎石材料级配良好，粒径范围满足试验设计要求。

（2）管节模型技术要求

模型按照管节与基床单位面积正压力相似原则进行设计，管节模型在长度和宽度相似的情况下进行简化；管节模型制作过程中，首先保证模型刚度，通过调整钢水箱内的注水量来模拟不同的正压力；管节长度覆盖三条碎石带及其两端垄沟宽度的一半，严格控制边界条件，保证垄沟相似。

（3）加载技术要求

加载方法：采用顶推千斤顶进行水平加载；加载点靠近模型底部，增加千斤顶行程以满足管节沉降观测的需要；水平加载时，左右保持平衡，避免偏心。

3. 试验内容

①碎石粒径 2～6 cm 满铺工况下摩擦系数试验；
②碎石粒径 2～6 cm 带垄沟工况下摩擦系数试验；
③碎石粒径 2～6 cm 旋转及横推试验；
④碎石粒径 1～3 cm 带垄沟工况下摩擦系数试验；
⑤碎石粒径 1～3 cm 满铺工况下摩擦系数试验；
⑥每组摩擦系数试验次数不低于 2 次。

4. 试验设备及材料

试验仪器设备包括水槽、加载系统、量测系统三个部分，试验使用设备见表 7-12。

表 7-12　仪器设备

仪器设施名称	型号	数量
水槽	—	1 个
压力传感器	SF-06-05(15t)	1 个

续表

仪器设施名称	型号	数量
压力传感器配套数据采集系统	RST-B 型	1 套
称重传感器	ST-06-5T	1 台
水准仪	苏一光 DSZ2	1 台
全站仪	Leica TS30	1 台
千斤顶及手动泵	HJB-5(5t)	1 套

管节模型结构下部为 C45 混凝土底板，板顶配置钢水箱，水箱上部设置注水口及排气口，通过水箱注排水调节管节模型自重，模拟 400~1200 tf 几种负浮力工况，管节模型见图 7-44。

图 7-44　管节模型

碎石基床模型分满铺和带垄沟两种工况，其中垄沟坡高比为 1:1，试验中碎石顶面应严格整平，见图 7-45。

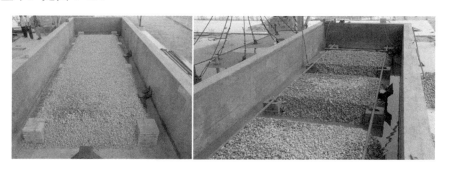

图 7-45　满铺和垄沟式碎石基床布置图

5. 试验过程

（1）设备率定

试验前，千斤顶及手动泵、压力传感器及配套数据采集设备、位移计、称重传感器均采用标准器率定、检定合格。

（2）碎石基床铺设

向水槽内装填 0.35 cm 厚碎石，装填完成后，通过在碎石顶面周边铺设导轨辅助成型，成型后基床采用人工刮道方式进行整平。带垄沟工况时，标准管节碎石与基接触面积为 62%，试验模型接触面积为 63%，与标准管节接触面积基本相同。每组试验做完后，重新铺设碎石基床。

（3）水平加载设备安装及加水

基床铺设完成后后，预安装水平千斤顶及压力传感器，见图 7-46，然后打开注水管道向水槽内加水至相应水位。

图 7-46　千斤顶和压力传感器安装

（4）模型称重、竖向加载

分别计算每次试验所需配重情况，配重计算公式如下：

$$G = F - (P - N)；F = [(F' \times 1000) / S'] \times S；$$

式中，G——配重（kg）；

　　F——竖向荷载控制值（kg）；

　　P——管节模型称量自重（kg）；

　　N——管节模型在水中所受到的浮力（kg）；

　　F'——实际管节的负浮力（t）；

　　S'——实际管节与基床接触面积（m²）；

　　S——管节模型与模型基床接触面积（m²）。

采用吊车起吊管节模型，吊钩与模型之间连接称重传感器，对管节模型进行称重，称重后将其缓慢吊装，防止管节模型冲击碎石基床，见图 7-47。

图 7-47　管节模型称重及吊放

（5）水平加载测读数

采用 5 t 千斤顶及手动泵人工加压的方式为管节模型水平加载。试验中千斤顶通过连接的压力传感器顶推管节模型。水平加载时，保证千斤顶、压力传感器、管节模型三者轴心三点一线。顶推过程中，通过压力传感器数据采集系统实时监测试验水平荷载变化情况，见图 7-48。

图 7-48　数据采集图

（6）顶推位置布置、竖向沉降及水平位移观测

纵向平推工况：纵向平推方向垂直于管节模型宽度方向，顶推作用点位于混凝土底板宽度方向几何中心位置。

转动工况：转动试验包括管节模型一端限位工况和不限位工况，每种工况的管节模型运动情况观测方式为：管节模型上部钢结构顶面布置 5 个观测点（1～4 号观测点分别布置在管节模型钢结构上顶面 4 个角点位置，5 号观测点位于管节模型钢结构上表面几何中心位置），采用全站仪观测的方式，沿顶推前进方向 15 cm 距离，每前进 1 cm 对 5 个观测点的位置进行一次观测。

横向平推工况：横向平推方向垂直于管节模型长度方向，顶推作用点位于混凝土底板长度方向几何中心位置。

竖向沉降采用水准测量方式，水平位移采用全站仪观测。

6. 试验数据分析和结果

试验中摩擦系数达到一极值后趋于稳定，并有缓慢增长的趋势。造成这一现象可能原因是：试验中板底碎石运动情况复杂，存在滚动摩擦情况，摩擦系数达到一极值后，基床碎石密实度增大，滚动碎石减少，摩擦系数缓慢增长。

试验前后碎石基床的变形不明显，无论是满铺还是带垄沟基床，沉降值都很小，随着竖向荷载的增加沉降变化不显著，但通过试验结果可以看出，沉降量与基床平整度相关性大，伴随着基床粗糙程度增加沉降量有缓慢增长的趋势。

（1）摩擦系数对不同接触面积的敏感性

2～6 cm 粒径碎石基床在纵向平推试验中，在相同竖向荷载（模拟 600 tf、800 tf、1000 tf 三组试验）条件下，满铺工况的摩擦系数 6 次试验平均值为 0.41，波动范围 0.41±0.04，；带垄沟（接触面积 63%）工况的摩擦系数 6 次试验平均值为 0.42，波动范围 0.42±0.02，较满铺工况摩擦系数提高 2.4%，摩擦系数对基床采用满铺还是垄沟并不敏感。分析 1～3 cm 粒径碎石基床试验（两次摩擦系数均为 0.44）也可以得到相同的结论。

（2）摩擦系数对基床粗糙程度的敏感性

2～6 cm 粒径碎石、垄沟基床粗糙整平工况（<4 cm）摩擦系数（两次平均 0.41），在相同竖向荷载条件下（模拟 600 tf 负浮力），与垄沟基床整平精细工况（<1 cm）摩擦系数（0.41）相同，摩擦系数对基床整平粗糙程度敏感性很小。

（3）摩擦系数对不同竖向荷载的敏感性

在 2～6 cm 粒径碎石、垄沟基床纵向平推（模拟负浮力 600～1600 tf）试验中，可以看出摩擦系数对竖向荷载大小非常敏感。当竖向荷载变大时，摩擦系数增大，同时，首次达到最大水平推力所需时间变长，后期水平推力缓慢增长，但与竖向荷载较小工况相比，增长速度放缓。

（4）摩擦系数对管节模型平动方向的敏感性

在 2～6 cm 粒径碎石、垄沟基床纵向平推（模拟负浮力 600 tf、800 tf）试验中，横向平推摩擦系数（平均值 0.40，波动 0.40±0.02）比纵向平推摩擦系数（0.41±0.02）降低了 2.5%，可以看出，摩擦系数对管节模型平动方向的敏感性较小。

（5）摩擦系数对碎石粒径的敏感性

在相同竖向荷载（模拟负浮力 600～1000 tf）、相同基床形状条件下，基床采用粒径（1～3 cm）碎石的摩擦系数（平均值为 0.44，波动范围为 0.44±0.01）；基床采用粒径（2～6 cm）碎石的摩擦系数（平均值 0.42，波动范围 0.42±0.02），相对于小粒径碎石基床工况试验降低了 4.5%，摩擦系数对碎石粒径敏感性较小。同时，对于小粒径碎石每两次重复试验，未重新整平基床试验摩擦系数较重新整平基床试验摩擦系数有较大增长，摩擦系数对基床是否重新整平比较敏感。原因是小粒径碎石基床更容易密实，且管节模型板底参与滚动的碎石较少。

7.2.5　沉放对接参数研究结论

①干舷消除阶段是沉管管节动力响应，吊索张力变化剧烈的区域，较小的负浮力可能引起吊缆的松弛现象，松弛后的突然张紧可能引发较大的突变张力，1.5%负浮力情况下，有效波高 0.8 m，谱峰周期 6 s，流速 0.8 m/s 时，吊缆缆力峰值在 700 tf 以内。

②管节体积较大，且为无线型的钝体，各自由度的运动阻尼均较大，运动响应以低频为主，在沉放过程中运动幅值较小，均为厘米量级。

③沉放作业窗口选择有效波高 0.8 m，谱峰周期 6 s，流速 0.6 m/s 是合理的。

④负浮力的取值一般为沉管总浮力的 1%～2%，港珠澳大桥沉管隧道工程沉管重量大、海水密度变化大，因此沉管沉放负浮力不宜太小，取沉管沉放时负浮力为沉管排开表层水总重量的 1%～1.5%控制，为 800～1200 tf。

⑤根据摩擦力试验，管底与碎石基床的摩擦系数取 0.4～0.5。

7.3　沉放对接系统研制

7.3.1　系统综述

1. 需求和功能

沉管的沉放对接控制系统需具备以下基本功能。
①抵抗安装过程中波浪和水流对管节的作用力；
②将隧道管节精确安装至指定深度和指定位置；
③提供安装过程所需所有设备和人员的临时水上作业场所；

④适应工程地质条件、锚力大、安装回收方便的大抓力锚锚碇系统。

由于沉管的沉放对接作业处于水下不可视环境，需要依靠诸多具备精细化操作功能的船机设备，以及数量众多的监测仪器提供可靠的支持数据，用以反馈现场判断和施工决策，需要综合利用工程船舶技术、激光测量技术、水下声呐技术、高精度传感器技术和信息控制技术，进行管节沉放对接控制系统的集成和开发。

此外，外海深水条件下的沉放对接难度和相应的施工风险相较一般沉管隧道成倍增加，为最大程度化解深水和外海复杂环境条件带来的施工风险，沉放对接过程中尽力避免或减少水下和管内有人作业便成了必然选择。

2. 系统组成

在港珠澳大桥沉管隧道工程施工中，经过自主研发、设计制造了集系泊定位、沉放对接、远程操控、监测监控等综合功能于一体的信息化沉管施工装备，该系统包括安装驳船和锚泊子系统、管内压载子系统、测量定位子系统、水下拉合子系统、水力压接子系统、水下摄像监控系统、体内精确调位子系统等，沉放时利用横跨在管节两端的安装船及配套的锚缆系统控制管节的空间位置，利用测控系统对管节进行高精度精确定位。管节下沉时的负浮力由压载水系统提供，并由安装驳船的吊缆传递至安装驳的顶部跨梁。

（1）安装驳船和锚泊子系统

用以提供沉管安装负浮力的反力平台和控制工作平台，以及整个安装过程的管节稳定定位，可以实时显示两船共16根缆系的缆力和出缆长度等参数，并实现了两船联动、主船遥控副船，在控制室内远程精确操控所有甲板锚绞车的功能，极大地提高了对管节姿态和位置的控制能力。

（2）管内压载子系统

用于管节沉放时的压重控制，在安装船控制室内通过专用软件进行远程操控，向管节内的水箱注水或者排水来控制管节的负浮力；主系统具备远程操控管内水泵和阀门的功能，兼具实时监测管节的倾斜姿态的能力，同时集成管内视频监控系统和配套照明系统，能将管内端封门、压载系统状态和画面实时传输至控制室内，专人监控有无异常现象的发生，为决策指挥提供支持。在异常情况下可以实现管内自动排水的功能，实现沉放对接全程管内无人操作，系统性能先进可靠。

（3）测量定位子系统

采用 GPS+声呐组合定位原理，开发专业软件实时解算管节特征点坐标和空间姿态，实现了沉管水下绝对定位和相对定位的结合，精确指导沉管的沉放对接施工；系统在沉放前完成全部安装调试工作，沉放对接全程水下不需人员辅助作业，且在国内外沉管声呐定位领域首次采用无线声呐技术，规避了水下线缆的使用，安装快捷方便。

（4）水下拉合子系统

用于安装过程中待安管节与已安管节的初步对接，压缩 GINA 止水带鼻尖并形成密闭结合腔，为水力压接创造条件；采用反勾结构，最大拉合力为 800 tf，控制台设于安装船控制室内，具备水下自动搭接、远程控制自动拉合能力，具有位移同步和拉力同步等先进的操控模式，同时兼具准确测量管节端面间距的功能。

（5）水力压接子系统

用于水力压接过程实时监测结合腔压力变化，以及结合腔排水流量控制，实现了数字化控制指导水力压接进程，确保 GINA 止水带压缩过程受控；具备精确测量结合腔内压力值和排水流量的功能。

（6）水下摄像监控系统

用于监控水下导向杆进入导向托架过程中的位置关系，以及拉合系统主被动单元的实时搭接情况，最大化减少潜水工作量，为指挥系统提供可靠信息。

（7）体内精确调位子系统

用于管节安装后出现轴线偏差较大的情况时，对管节的线形进行精确调整，使之满足设计要求和标准。

3. 系统特点

新开发的双驳杠吊法水下无人沉放定位系统具有如下特点：系统数字化集成度高，信息技术和遥控遥测技术大量应用，沉放和对接过程中管内实现无人值守和操作，所有操作均在安装船控制室内完成，可将隧道管节精确沉放至指定深度，实现管节姿态调整、轴线控制和精确对接。该系统的研制成功实现了外海深水条件下，大型沉管的水下无人高精度沉放对接。最大沉放水深可达 50 m，综合利用数控绞车、数控拉合和数控水力压接技术可使管节安装过程中的轴线调整量值达到毫米级，管节水下动态定位精度小于 5 cm。

通过配备和使用先进的大型特种船机设备，沉管的沉放对接施工安全和质量得到最大保障，同时，先进的检测和监测技术的运用有助于沉管沉放对接数字化、信息化施工的全面实现。

7.3.2　安装驳船和锚泊子系统

根据工程施工工艺的要求，管节安装驳船应当能够承担管节所受到的水流力，能够保证管节及船自身的稳性和强度，能够通过锚绞车系统达到所要求的调节管节位置的精度，施工过程中能够将辅助安装设备和专项控制系统集中在船上控制室统一操作，并且能够提供动力给所有相关的设备装备。

新研制的双驳杠吊法管节沉放安装驳船包括两艘，分为主船（指挥船）和副船（非指挥船），两船各配置电力、控制、通信系统，同时主安装船能远程遥控副安装船。沉放驳在沉管出坞、临时系泊、浮运及安装的过程中，操作各缆系张弛作业、通信等系统的控制终端位于主沉放驳上二层的控制指挥室，沉放时利用安装船及配套的锚缆系统控制管节的空间位置，利用测控系统提供的支持数据对管节进行高精度精确定位，可以实现对两艘安装驳船的绞缆系统集中操控和深水管节无人沉放安装（图7-49）。

图 7-49　安装船和中控系统

1. 安装驳船船体结构

单艘安装驳船为双体船式金属结构，由两侧浮箱和顶部跨梁三大部分组成，浮箱用来提供整个安装驳船的浮力，承担管节负浮力，顶部跨梁为工作平台，横梁上设置发电机组、卷扬系统、液压系统及控制室，集中控制管节沉放作业。安装驳船长 40.2 m，宽 56.4 m，设计吃水 5.4 m，吊重吃水 7.3 m。

2. 安装驳船锚绞车系统

沉放施工时，主要通过锚绞车和缆线系统控制隧道管节在下沉过程的管节姿态，每艘安装船上的缆线系统包括系泊缆索（M缆）、吊索缆索（L缆）、安装缆索（H缆），每条缆索与其操作绞车对应，所有的缆索卷筒和绞车均布置在安装船系统甲板上。锚绞车选用特大型海工锚绞车，采取变频驱动方式，能够根据用户的需要灵活地更改同步方式及操作速度、恒张力等各方面的合理需求。

每船的锚绞车具体配置包括 4 台 120 tf 定位绞车、2 台 65 tf 定位绞车、2 台 40 tf 提升绞车和 4 台 25 tf 辅助绞车，其中定位绞车具有恒张力功能，提升绞车具有同步功能，可以单船两台同步或两船四台同步，辅助绞车用于管节出坞和安装船进坞等辅助操作（图7-50）。

图 7-50　安装驳船锚绞车系统

　　每艘安装驳船配置的 2 套吊缆索系统,其中心距离由与管节吊点开挡尺寸决定。吊缆索系统主要是用来控制管节的垂直位移,并且把负浮力传递到安装驳船浮箱上。吊缆采用 8 柄滑车,折合额定吊放力极值为 640 tf,安装驳船上吊架极限拉力为 650 tf,该值的选取主要参照了沉管沉放控制参数研究相关成果。

　　每艘安装驳船上配置 4 套系泊缆索系统,其作用是在管节沉放前后控制安装驳船的水平位移,保证安装驳船能够保持稳定在管节上方的固定位置,系泊缆索均与海床上的预埋 HY-17 型大抓力锚直接相连。

　　每艘安装驳船上配置 2 套安装缆索系统,每套各自分别穿过导缆架、开口滑车和钳式导缆器,组成沉放管节定位缆索系统。安装缆索由绞车引导,穿过一个连通管节甲板和安装驳船的中央穿索孔,从卷扬机导向至隧道管节的顶部,再由管节顶部的导向滑轮导向与海床上的预埋 HY-17 型大抓力锚相连。

3. 安装驳船控制系统

(1) 远程控制系统

　　两艘安装驳船中设主船一艘,在主船的集中控制室可以操作本船所有设备,并且通过工业无线遥控系统,还可以控制副船上的主要锚绞车,采用二路互为冗余的工业无线通道,确保遥控指令的正确性,最终达到和本船一样的操作效果。远程控制系统使人员能够集中在一起操作,避免相互协调出现问题导致重大施工事故的发生。

(2) 监测监控系统

　　所有缆索系统均可以显示缆索释放长度及受力情况,并实时显示在主控台的屏幕上,方便操作人员对缆索系统进行监控监测。

（3）安装驳船压载系统

用于控制浮运、安装过程中安装驳船的压载，具备船舶四角吃水和压载舱液位遥测遥报系统，为沉放对接负浮力控制提供重要数据支持。

（4）安装驳船电力系统

每船设置 3 台 500 kW 发电机并网发电，1 台 136 kW 应急发电机，保证锚绞车缆线系统动力需要和驳船本身所需电力，设置灵活的控制系统，便于操作各缆线系统及驳船本身的操作。

4. 集成控制系统

安装驳船控制室设有驳船压载、定位锚绞车和各专项系统等远程操作控制台，可以实现对驳船的吃水、姿态进行实时操作和控制，对船上系泊绞车、调节绞车、提升绞车进行远程操作和控制，对管节内的压载系统、测量定位系统、视频监控系统、水下拉合系统和水力压接系统进行远程操作和监控（图 7-51）。

图 7-51　控制室集成控制系统内景

为了更好地统筹管节安装时各专项控制子系统的监测状况，在主船控制室内配置一台集成显示屏幕，将测控系统、压载水系统、水下可视化系统和气象预报、海流监测、封门监测等信息集成显示，供指挥决策组使用，指导管节安装作业（图 7-52）。

图 7-52　集成监控显示系统

7.3.3　管内压载水系统

1. 管节压载技术调研

　　管节压载水系统用于管节在起浮和沉放时进行压重控制，调控管节沉放所需的负浮力和安装后的抗浮系数，以满足管节在各个阶段的抗浮稳定需求。压载系统的设置部位包括管顶和管内两种，压载物分为压载水和碎石、混凝土等固体物两种形式。

　　管顶压载系统一般见于钢壳式沉管，如图 7-53 所示。管节采用船台法或干坞法制作下水，漂浮系泊状态下浇筑填充混凝土，然后在沉放阶段采用碎石直接压载至管顶预先留置的凹槽内，达到设计所需的负浮力后再进行沉放，对接完后继续在沉管管顶和两侧回填所需的压载量，满足管节抗浮稳定要求。

图 7-53　管顶碎石压载系统案例

　　美国波士顿尖兵堡隧道（Fort point channel）则采用了管顶助浮圆筒兼做压载系统的方式作为压载控制系统，如图 7-54 所示，在管节起浮阶段管顶圆筒起助浮作用，沉放阶段只要向圆筒内加入压载水就可以控制管节的负浮力满足安装要求。但此种方式的应用是有特殊条件限制的，主要是该隧道水深和埋深都较浅，助浮圆筒可以设置适当的高度在管节沉放到位后仍保持在水面以上。

图 7-54　尖兵堡隧道管顶助浮筒及压载水系统

沉管安装最常用的压载系统则是管内压载水系统，由水箱、管路和控制系统组成，即在管节内部设置水箱和管路，在安装船上设置控制系统的终端，利用控制系统操控阀门启闭通过管路向水箱内注水或者排水控制管节的浮力。管节制作完成后，向压载水箱内注排水控制管节平稳起浮，管节浮运至沉放位置后向水箱内注入计算水量提供管节得到设计负浮力，使管节顺利沉放、定位、对接。对接完成后向水箱注满水，使管节保持足够的抗浮系数，确保管节在施工全过程的安全和稳定。

2. 管内压载水系统设计

（1）工作原理

在沉放阶段，管节需要有一定的负浮力才能下沉，大多数情况下负浮力（即浮体所受的重力和浮力之差）是靠向管内水箱加压载水增加管节所受重力获得的。负浮力的表达式为

$$F = W + \sum P_i - V \times \gamma_h$$

式中，W——管节自重；

$\sum P_i$——压载水重量；

V——管节的排水体积；

γ_h——随深度变化的海水容重。

考虑海水盐度分层和基槽底部因回淤，往往会导致海水的容重分层变化，下沉到不同深度需加大压载水重量使管节继续下沉。同时沉放过程中需对海水的容重进行不间断的量测，并根据海水的容重调整压载水，确保有足够的负浮力，避免发生管节沉不下去的现象发生。

（2）主要功能

沉管压载水系统在沉管安装过程中起着关键作用，主要用以在管节起浮、系泊、沉放和最终压载时进行压重控制，提供沉放时的负浮力和沉放后抗浮稳定。压载水系统主要实现以下功能。

①消除沉管干舷和提供负浮力，克服海水密度变化、最终加载时向压载水箱内灌水增加沉管负浮力；

②沉放过程中及沉放完成后遇到问题，需要将水箱内水排出减少沉管负浮力；

③水力压合时，排出结合腔内的水；

④特殊工况下，需要向结合腔内灌水；

⑤浇筑完压载混凝土后，将水箱内的水排出。

（3）设计要求

压载水系统在设计时需要考虑以下要求。

①为避免在大深度沉放作业时的施工风险，整个压载水系统通过远程操控来运行，沉放对接过程管内保持无人状态；

②在压载水箱空的情况下，利用管顶或管内浇筑的压载混凝土把管节干舷控制在设计要求范围，满足浮运安全要求；

③压载水箱均匀分布在管节内部，以便控制管节的弯矩；

④水箱容积须能达到管节在沉放完成后负浮力 5%的要求，考虑沉管周围和基槽底部因回淤、涨落潮和洪水下泄等原因引起海水容重的增加，以及安装纵坡的影响，实际的加载量需要在此基础上有一定的富余量；

⑤压载水系统设计计算选用的参数应与实际施工时实测的参数数据进行对照复核，必要时调整水箱设计方案，确保抗浮系数的实现；

⑥考虑沉放水力压接过程中两端封门间空腔排水的方式。

压载水系统管路设计主要考虑以下几点。

①主水管管径大小的选择应满足施工过程中给排水时间的要求，同时结合排水泵的选型；

②主水管的分节，要充分考虑水管的运输、安装、使用、拆卸等方面的因素，选择合理的分节长度，保证压载水系统的使用方便、安全、可靠；

③管节端封门进口处主水管与管节底板之间的净空高度不得低于 50 cm；

④支管路按单根管，考虑分支管路断面积之和略大于主管路断面积之和。

3. 管内压载水系统组成

体内压载水系统由压载水箱、压载管路和压载控制系统组成，水箱和管路布置在管节内部，通过箱内注水或者排水控制管节的负浮力。其中压载管系布置在管节的中间管廊内，总管两端通过端封门设置通海取排水口，支管通过中隔墙与压载水箱联通，管路在两侧端封门和水箱附近设置阀门。系统进水通过控制和调节阀门利用水压差原理自然进水，系统排水采用设在管内的压载泵进行强制排水。

（1）压载水箱

压载水箱均匀分布在管节内部，以便控制管节的弯矩。水箱的安装在管节预制完成后下水前舾装时完成，水箱的设计和施工最关键的两个要求是容量和水密性。水箱的结构形式多样，包括钢结构水箱、钢木结构水箱和塑料水囤形式的水箱等，根据工艺需求和周转次数等综合选定，但都必须事前计算其容量满足各种工况下的负浮力需求和管节抗浮稳定需求。图 7-55 分别为钢结构水箱、钢木组合结构水箱和塑料水囤压载水箱（荷兰 Caland tunnel）案例图。

（2）压载管系

压载管系与船用压载系统相似，主要材质为钢管和配套连接法兰，主要组成部分包括由主进水管路、分支进水管路和阀门等（图 7-56）。

图 7-55　不同结构压载水箱案例图

图 7-56　压载管系示意图

主要进水管路在管节内通长布置，从管节接头端一直延伸至管节非接头端，在每个端封门上都设有一个出入口用作主要进水管路的进水通路，使其可以同时从管节两端取水，流经主进水管路的水通过分支进水管路进入各个压载水箱，分支进水管路的底标高要求尽量低，以满足排空箱内存水的要求。

阀门安装在主要进水管路、分支进水管路和附近的排水泵上，通过阀门所有压载水箱系统的部件都能独立的开关和使用。

（3）压载水泵

设置排水泵进行水箱排水，水泵功率应足够满足沉放深度下的排水要求，水泵和主要进水管路相连接但是二者之间的操作控制相互独立。

（4）压载控制

对于浅水沉管隧道，通常在下沉管节内安排工作人员进行压载水箱系统和测量系统的操作，同时管节内的工作人员也会在沉放过程中通过肉眼检查管节是否存在泄漏或者其他的问题。

对于深水沉管隧道，管节在沉放过程中若考虑使用人孔并在管节内部安排操作人员具有很高的安全风险，应全程处于全封闭状态，管节内所有的系统都应由水面上的工作人员进行远程操作控制。为了达成这一目标，管节内的压载水操作和监测系统、水下测量系统、视频监控系统都需通过遥控系统进行操作和监控。

4. 港珠澳大桥遥控遥测压载水系统

港珠澳大桥沉管隧道属于外海深水作业，研制的遥控遥测压载水系统主要由压载水箱、压载泵、压载管系、电动阀门、管内控制柜、水下线缆和远程主控台等组成，分布于主船、副船及管节内三大区域。控制系统的终端设在安装驳船控制室内，管内控制柜利用水下线缆穿过尾端钢封门并与安装驳船控制台连接，实现信号的远程传递。其中封门上设置水下专用插座供管内和管外水下线缆连通，水箱内设置高精度水位传感器，水位实时遥测并显示在控制室的屏幕上，通过实施远程给排水控制，能够实现精确加排水，及时调整管节沉放时所需的负浮力等指标（图 7-57）。

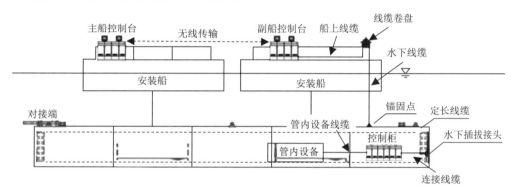

图 7-57　港珠澳大桥沉管隧道压载系统示意图

180 m 长标准管节设 6 个水箱，单个压载水箱由两道相对设置的挡墙、沉管侧墙及中墙围成，平面尺寸为 14.55 m×20 m。挡墙由钢框架及木板墙组成，木板墙高度 5 m，宽度 14.55 m，木板墙内侧附防水布隔水，防水布安装后最大水位高度为 5 m（图 7-58）。

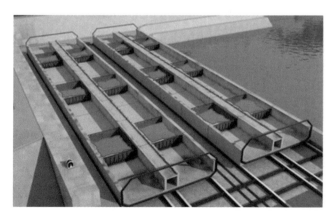

图 7-58　港珠澳大桥沉管隧道工程压载水箱示意图

港珠澳大桥沉管隧道工程的压载水系统管路选择管径为 40 cm，分支管路选择管径为 25 cm，管道长度选取每段 6 m，支架间距 3 m。工程设置主水泵 2 台，1 备 1 用，同时根据管路的布置、管径的大小及排水时间的要求，选择安全、可靠、高效的排水泵型号和规格，水泵排量 600 m³/h，扬程 60 m。

压载远程控制系统主要由阀门遥控系统、水泵遥控系统、液位测量系统和视频监控系统组成。阀门控制器用于控制管路和压载水箱上的各种阀门，所有阀门的开合能由这个系统进行遥控操作同时也可以通过人工手动操作或者通过浮箱上的计算机进行远程控制。取水口处的控制阀门传感器需要安装故障安全系统，以确保在突然失去信号或者断电的情况下阀门会自动关闭，这些阀门开合都能做到相互独立，沉放完毕后这些传感器被拆除，恢复到原始手工操作状态。每个水箱里的水位由安装在其内部的压力传感器测定，并可以进行独立设定，除此之外，压力传感器也可用于监测管节接头内的水压。远程视频监控系统用于检查管节中可能出现渗漏或者出现其他问题的地方。管内的所有数据信息通过管节端封门上的接插件及水下通信电缆/光缆传输至安装船控制室内进行集中操控。

通过远程集中操控的压载水系统，在沉放过程中可以不用在管节内部安排工作人员就能得到管节内基本监测信息和其他视频信息，实现沉放对接全过程管节内无人作业，通过远程集中操控阀门开关和水泵启闭，向沉管内的水箱注水、排水或向单个水箱注水、排水，并实时监控每个水箱内的液位高度和注水量。压载控制系统软件界面图见图 7-59。

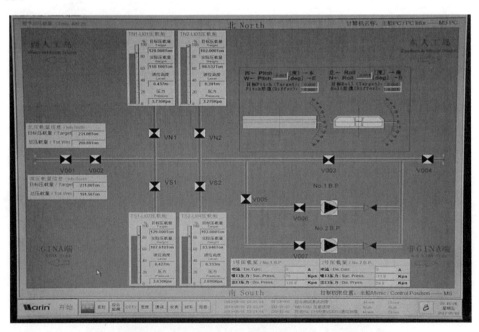

图 7-59　遥控遥测压载控制系统软件界面图

港珠澳大桥沉管隧道工程遥控遥测管内压载水系统的主要操作步骤见表 7-13。

表 7-13 港珠澳大桥沉管隧道工程压载水系统操作步骤表

序号	施工阶段	工作内容	备注
1	一次舾装	系统安装、管道试压和沉管内控制系统安装调试	—
2	浅坞区灌水	水箱同步加水、检漏	自流、满载
3	管节起浮	通过排水泵将水箱内的水排除，要求排空	外部电力供应
4	二次舾装	管内控制系统电力、通信线路与安装驳船中控室连接调试	—
5	消除干舷	所有水箱同步压载	抗浮系数 1.0
6	压载下沉	主吊点下的 4 个水箱加载	—
7	水力压接	对接端空腔内水抽排至已安管节内水箱	设抽水泵
8	轴线调整	控制性排水（可能）	—
9	最终加载	所有水箱均匀加载	—
10	舾装拆除	潜水员解除电力、通信线路水下接头，安装驳船上的绞车收回线缆	—
11	隧道内装	配合压载混凝土浇筑，按次序排水和拆除水箱	—

7.3.4 测量定位系统

1. 沉管安装测量定位技术调研

管节浮运安装过程所用到的主要测量方法有：高精度光学测量法、测量塔定位法（简称测量塔法）、水下声呐测量定位法（简称声呐法）、水下拉线定位法（简称拉线法）等，经调查部分沉管隧道所采用的测控方案如表 7-14 所示。

表 7-14 沉管安装测控系统案例

序号	工程项目	主要测量系统	备用测量系统
1	韩国釜山—巨济沉管隧道	Taut wire 拉线法（沉放阶段）	SSBL 超短基线声呐系统
		距离传感器（对接阶段）	声学回音测深器
2	博斯普鲁斯沉管隧道	超声波端面探测装置	多波束回声探测仪
3	日本多摩川沉管隧道	超声波端面探测装置（沉放 5 m 后阶段）	测量塔光波测距仪（沉放初始阶段）

高精度光学测量主要用于管节起浮前的管节特征点（面）的几何测量、参考点标定、舾装件的定位安装等作业和隧道内贯通测量等。一般采用测量塔法（全站仪或 GPS）进行绝对与相对定位，以声呐定位法或拉线定位法进行沉管对接相对精密定位，并以高精度光学测量法（管内精密闭合导线测量）进行最终绝对定位检核。沉管安装测量塔法、声呐法、拉线法比较见表 7-15。

表 7-15　沉管安装测量塔法、声呐法、拉线法比较表

定位方法	优点	缺点	适用范围
测量塔法	比较常用，速度快，可靠程度高，具有直观、方便及易于控制；采用电磁波原理	测量塔高度过高，易产生形变，稳定性不强，并在海流的作用下易晃动，拆卸和安装不便，影响航道通航等	浅水区 0～50 m；测量设备主要是 GPS 或全站仪
声呐法	较高精度测量相对位置、设备简单及方便操作；属于相对定位系统，采用声学原理，精度 0.5%H	定位精度受到环境噪声、水文条件、温度、盐度及过往船只等影响，外界环境条件要求较高，信号、数据不稳定	深水区 50～1000 m；测量设备主要是声呐定位系统
拉线法	相对定位精度极高、易于安装、数据采集可靠且稳定；定位精度不受环境噪声、水文条件等影响；属于相对定位系统，采用机械原理；拉线精度：5 mm，距离传感器精度：0.02%S	需要潜水员配合完成操作；浅水区与深水区域不方便采用	深水区 50～1000 m；测量设备主要是拉线定位系统

（1）测量塔法

测量塔法一般用于浅水区管节的沉放定位。管节在浮运沉放全过程中测量塔的顶端始终露出海面，由于测量塔和管节被视为一个刚体，通过跟踪测量塔的位置就可换算出水中管节的位置与状态。根据隧道长短不同或管节离岸距离的远近不同，测量塔配置方案分为全站仪+棱镜和 GPS 两种，由于全站仪的使用距离受限，一般只能用于较短长度的沉管隧道，而 GPS 定位则几乎不受管节离岸距离的限制，应用范围较广。但无论采用全站仪还是 GPS，由于整个安装过程管节一直处于运动状态，都需要专门的定位解算软件，实现实时动态定位要求。如图 7-60 所示为测量塔法测控系统的布置示意图，案例见图 7-61。

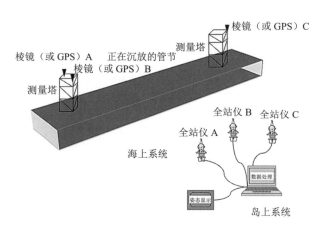

图 7-60　测量塔法测控系统布置示意图

（2）声呐法

声呐法用于测量待安管节与已安管节两个对接面的精确位置，属于相对定位法。通过发射端换能器把电信号变成声信号，在水中传递直至被接收端捕获，根据水中传递时间计算确定相对距离，进而经相关数据处理软件获取待安管节与已安管节之间的三维相对位置（图 7-62）。

图 7-61　测量塔法测控系统案例图

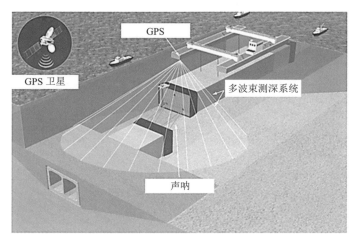

图 7-62　声呐法测控系统示意图（博斯普鲁斯海峡隧道）

基于声学原理的声呐水下定位容易受到海水温度、盐度、过往船只及水下工作的 ROV 等影响，因此对外界环境要求很高。其定位精度则受到环境噪声、水文条件等影响，信号、数据不稳定，因此在沉管对接端相对位置的测量过程中效果会受到较大的影响，尤其是在沉管对接的最后阶段，沉管靠得很近，声学噪声很多，声学定位设备的误差会随之增加，有时不得不依赖潜水员进行水下探摸。此外，声学设备在安装的位置上也有苛刻的要求。更重要的是声学信号的不稳定性，决定了定位数据在持续的跳动，因此操作人员要等待设备给出稳定的数据才可以做出正确的判断。

声呐定位系统主要由工作电源、超声波换能发射器与接收器、数据处理系统、显示设备、同步电缆及绞盘控制器等主要部件组成。采用专用的同步电缆将发射换能器和接收换能器与数据处理设备连接。沉管安装定位时，将超声波发射换能器安装在已安管节顶面已知坐标的位置，接收换能器安装在待安管节顶面设定的位置。声呐法测控系统配置组成图见图 7-63。

当两个管节对接端面的平竖向间距约 10 m 时，声呐法的测量误差为 1～2 m；当相距 5 m 时，测量误差 10～20 cm；在离得更近的对接时刻，测量误差仅为 1～2 cm。

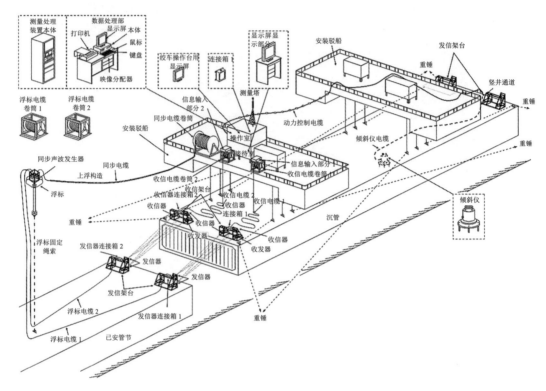

图 7-63　声呐法测控系统（日本）配置组成图

（3）拉线法

为减少深水沉放测量塔定位法使用的难度和风险，通常采用安装船上高精度 GPS 管节初次定位，沉放过程中水下相对距离测量法精确定位方式。荷兰 SEATOOLS 公司开发了拉线法，主要由拉线测距仪（taut wire）和距离感应器（distance sensor）及相应配套软硬件组成。

拉线法系统属于相对定位系统，采用机械原理。拉线测量单元固定在待安管节的连接端，伸出一根金属线盒与已安管节相连接。金属线由恒压工作的恒张力电动机牵引，金属线一旦松弛或释放过快，系统即会发出报警。通过对金属线进行测量，可以精确测量沉管之间的相对角度和距离，再结合待安管节上的光纤陀螺罗经运动传感器，可以获知管节的三维姿态与坐标，主要用以引导导向杆可以进入导向支座。

距离传感器主要在导向杆进入导向支座后，指导管节的精确定位，精度可达到 1 mm。在接近至 40 cm 的时候，固定在沉管之间的距离传感器精确测量沉管靠近的距离，逐步实现管节对接。在缓慢的靠近过程中，通过旁边的视频监控系统实时获取水下图像，同时派潜水员或采用 ROV 设备准确对水下情况进行了解。

拉线法系统的核心是由 1 个拉线测量单元和 4 个距离传感器组成，所有测量数据通过一根脐带电缆传给甲板控制中心，操作软件显示系统所有的测量数据，指挥人员可以实时获知沉管之间的相对位置。拉线法系统拉线单元和距离传感器及连接示意见图 7-64。

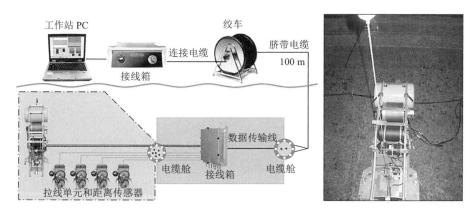

图 7-64　拉线法定位系统连接示意图

拉线法可以精确测量沉管对接端的相对位置，具有相对定位精度极高、易于安装及数据采集可靠而且稳定等特点。拉线法定位精度不受环境噪声、地质及水文条件等影响，信号、数据稳定，测量误差主要来源于拉线丈量精度和线形温差胀缩。该定位系统成功运用于韩国釜山—巨济沉管隧道工程。

（4）其他定位方法

在沉管隧道施工中除了上述三种测量定位方法以外，还有超短基线水声定位法（图 7-65 为韩国釜山—巨济沉管隧道应用该方法作为备用系统）等。此外，大量先进的水下探测仪器也不断地应用于沉管隧道建设，包括水下三维声呐多波束成像系统、高精度光纤罗经等，对辅助沉管水下准确定位发挥了重要作用。

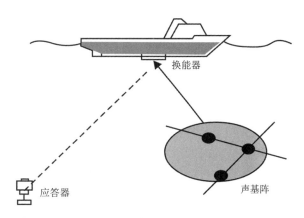

图 7-65　超短基线水声定位法（韩国釜山—巨济沉管隧道）

管节的水下定位技术将直接关系到管节的就位精度和接头的水力压接效果。沉管水下定位方式虽然包括测量塔法、声呐法和拉线法等多种方法，但各有其优缺点，实际应用中一般都选择采用多种方式进行相互校核，不同的系统之间互为备用，特别是在复杂、恶劣和多变的外海施工环境中，发生测控系统问题导致的安装中断将可能会带来不可预料的风险和巨大的损失，故应按上述原则配备多套测控系统，确保不因测控系统工作中断而造成意外事故，而且在几种测量方法有相互误差和不确定因素的情况下，还要由潜水员进行水下人工测量确认。

2. 港珠澳大桥GPS声呐组合测量定位技术

港珠澳大桥沉管隧道工程的沉管段长度近 6 km，通视条件较差，常规的光学测量仪器定位技术受到限制，需要寻求其他的测量手段实现管节沉放的精确定位。为了实现管节的精确安装，采用了尾端测量塔绝对定位与首端水下无线声呐相对定位相组合的测量定位方案，二者的整体系统与原来传统方案相比也进行了较大升级，使其适应外海深水作业条件，实际使用中也取得了满足施工要求的高定位精度。

声呐定位系统包括设在管节端部顶面的应答器及配套安装固定支架、设在安装驳上的送受波器及配套安装固定支架、设在中控室内的数据处理和显示单元等，通过设在管顶的声呐应答器及送受波器等实时解算管节位置，引导管节精确沉放和对接。在已安管节顶面安装有 2 台应答器，待安管节顶面安装有 3 台应答器。管节沉放时，通过测算管节顶面 5 台应答器的相互之间的位置关系，计算已安管节与待安管节之间的相对位置，从而引导待安管节向已安管节靠拢对接（图 7-66）。

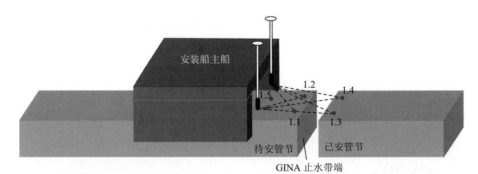

图 7-66　水下声呐测控系统

传统的声呐法采用水下数据线和水面浮标结合的方式将声呐信号传输至控制室，沉放前的准备工作复杂，需要大量的潜水工作，且线缆交叉容易引起意外情况的发生。为了克服这些问题，港珠澳大桥沉管安装所用的声呐法（图 7-67）采用了无线传输方式，即只在管顶设置声呐传感器，取消所有的水下数据线，所有的水下信号传输全部采用声呐的方式，然后在安装船舷侧设置一个送受波器与控制室通过有线的方式连接，大大提高了系统的可操作性，同时提高了安装工效降低了施工风险。

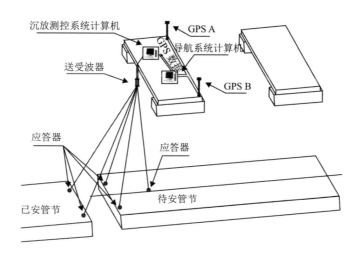

图 7-67　水下无线声呐定位系统示意图

　　测量塔法是利用测量塔顶部安装的 GPS 及其他配套仪器，采用专业软件实时解算管节特征点坐标和空间姿态，精确指导沉管的沉放对接施工。单测量塔定位系统由管顶测量塔架、管内倾斜仪、塔顶 GPS 和棱镜、陆上全站仪和测控软件等部分组成，系统显示界面设在主安装驳控制室内。测量塔法在港珠澳大桥沉管隧道工程中也得到了扩展应用，深水区管节安装使用单测量塔定位技术取得了突破，港珠澳大桥沉管隧道在近 50 m 安装水深中使用尾端单测量塔定位技术达到了定位误差小于 3 cm 的精度要求（图 7-68）。

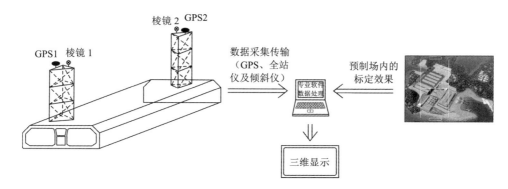

图 7-68　测量塔法定位原理图

　　管节预制结束后一次舾装时，在浅坞区内对管节顶面、端面及内部特征点进行标定测量；二次舾装后管节出坞前完成测量塔顶 GPS/棱镜与管节顶面特征点的标定、倾斜仪的安装、声呐支架的安装标定等工作。

　　管节浮运至现场开始沉放，通过架设在东人工岛、西人工岛和测量平台上的全站仪同步观测测量塔顶棱镜坐标数据（GPS 实时同步采集坐标数据），结合管节内倾斜仪同步采集到的数据，采用专业软件实时解算出管节的空间姿态指导管节的沉放对接施工。

7.3.5 导向定位系统

1. 水下导向定位技术调研

组成沉管隧道的管节一般体量巨大，操控难度极大，特别是要在水下环境中达到较高精度的对接质量，除了依靠第 6 章提到的高精度测控系统以外，如何让管节在水下受控地与上一节管节对接，是沉管对接的难题，现行技术中一般采用锚缆定位与导向定位联合的方法。锚缆定位在沉放前期确定管节在水下的大致位置，由于锚缆的刚度有限，加之受到水流和波浪的影响，无法实现准确定位管节达到对接的要求，导向定位则是为了解决这一问题而设置，在沉放的末期，依靠导向装置逐渐消除管节的晃动，并将之引导至最终目标位置上，当然，导向装置在沉放前需要经过测量的精确标定。

目前常用的导向定位结构有两种，分别是鼻式托座结构和杆式托架结构。

（1）鼻式托座结构

鼻式托座结构设置在两管节对接端端封门上或中隔墙端头上，并经常与管节永久剪力键结合使用，在后铺法沉管隧道中案例较多。如图 7-69 所示，结构分为上、下鼻托两部分，一般下鼻托设置在已安管节端，上鼻托则设置在待安管节端。该导向结构常用于后铺法沉管隧道，为了在管节沉放到位后调节管节姿态，有时在下鼻托两侧安装临时支撑向上垂直千斤顶，其液压工作站也需要装在已安管节内。由于该方法一般采用钢结构形式，在管节制作完成后可根据安装需要进行精确定位焊接，故能达到毫米级精度，具有导向定位精度高的优点，但在一些特殊情况下需要考虑采用控制对接端错牙值调整管节线型时，该导向结构将无法实现。图 7-69、图 7-70 为鼻式托座常用的几种不同的形式。

（2）杆式托架结构

杆式托架结构设置在两管节对接端的顶面，如图 7-71 所示，一般由导向杆和导向托架两部分组成，导向托架安装在已安管节的尾端，导向杆安装在待安管节的首端，导向杆和导向托架的结构强度和刚度要满足管节对接时的冲击需求。该方法结构相对简单，受力形式明确，常用于先铺法沉管隧道，可以适应管节安装时竖向存在的高程偏差，也可通过调整导向托架侧的限位钢板控制管节对接时的错牙值，在调控管节和隧道线型时相对灵活，但同时其定位精度也只能达到厘米级，相对鼻式托座结构略低。

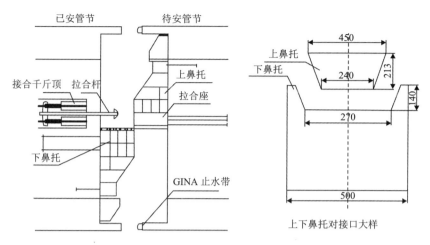

图 7-69　鼻式托座导向结构示意图（单位：cm）

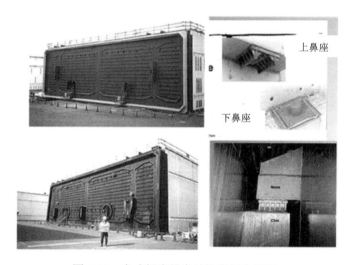

图 7-70　鼻式托座导向结构应用实例图

图 7-71　杆式托架导向结构图

2. 港珠澳大桥沉管隧道水下可调精确导向定位系统

水下可调精确导向定位系统由位于待安管节艏端的导向杆和位于已安管节艉端的导向托架组成，两者对称布置在管节轴线上，安装位置需要在陆上进行精确标定。管节沉放过程中由锚泊定位系统控制管节姿态，测控系统引导使导向杆逐渐进入导向托架内，控制管节对接端的横向定位偏差，直至管节落于碎石垫层上。其中在导向托架结构设计中，限位装置采用了钢垫板和螺旋千斤顶两种形式，可以在对接前和对接过程中由潜水员水下进行调整，精确控制管节对接的相对偏差，能够达到小于 10 mm 的控制精度（图 7-72）。

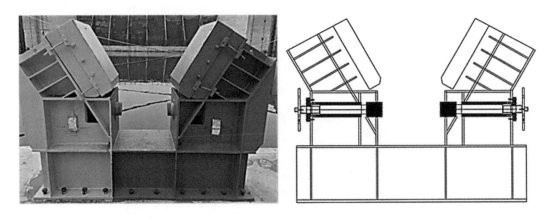

图 7-72 水下可调精确导向定位托架

7.3.6 初步拉合系统

1. 水下拉合技术调研

为确保沉放过程中的管节安全，避免发生碰撞等意外事情，待安管节沉放及着床时需要保持与已安管节约 1.0 m 距离，此部分的对接需要水下拉合完成，即管节着床后，采用绞车或千斤顶将待安管节平稳地拉向已安管节，并初步压缩设在管节对接端面的 GINA 止水带的鼻尖，形成密闭结合腔，为后续的水力压接创造条件。

目前采用的水下拉合技术包括绞车拉合法、管内千斤顶拉合法和管顶千斤顶拉合法三种方案，根据拉合点的数量可分为单点拉合和两侧拉合，需要根据所需的拉合能力和管节结构综合考虑确定。

（1）绞车拉合法

为了控制管节在沉放过程中的水下姿态，设置了多种类型的锚缆，包括设在对接端的控制管节纵向运动的抽芯缆，在后铺法沉管隧道的管节安装中，有部分工程案例利用抽芯缆完成管节拉合过程，如宁波常洪隧道就是利用了陆上绞车配滑轮组进行管节拉合作业。由于绞车的拉合能力有限，绞车拉合法一般只适用于水深较浅和规模较小的隧道，此时 GINA 止水带的硬度相对较低，GINA 止水带的周圈长度相对较短，初步压缩形成密闭结合腔所需的总压力也相对较小，绞车配合动滑轮组可以满足拉合要求（图 7-73）。

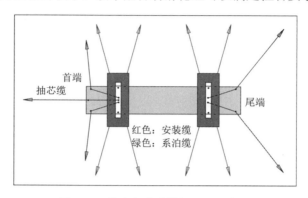

图 7-73 绞车拉合法缆绳配置示意图

（2）管内千斤顶拉合法

顾名思义，管内千斤顶拉合法的千斤顶设在管节内部，一般常见于后铺法，且经常与鼻式托座结构配合使用，如图 7-74 所示，千斤顶布置在已安管节内，伸缩活塞拉合杆端部为纺锤型结构，对应的接应拉合座为长方体空腔结构，设置在待安管节上鼻托内，管节着床后在已安管节内操纵液压油缸伸出活塞杆与拉合座搭接并旋转 90°即可进行拉合作业。由于后铺法中沉管着床后是坐落于临时基础支座上的，其上设置了减小摩擦力的钢板等设施，管节拉合力相对较小，加之管内空间有限，一般选择相对小吨位的千斤顶。此外，活塞杆通过端封门或中隔墙处需要考虑水密结构。

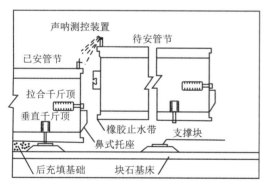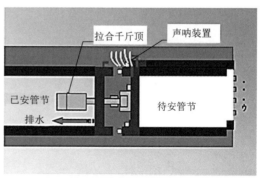

图 7-74 管内千斤顶拉合法示意图

（3）管顶千斤顶拉合法

管顶千斤顶拉合法是将拉合千斤顶设置在管节顶面进行拉合的方案。此做法不需要在管节结构上做特殊处理，可以利用管节拖航的系缆柱作为拉合受力点，设计连接结构将千斤顶与受力点固定，操控千斤顶的液压油缸和控制系统需要布置在安装船上，通过液压油管和水下线缆与千斤顶本体连接。由于管顶空间不受限，千斤顶和连接结构也形式多样，可以相对灵活布设，千斤顶也可以选择相对较大吨位的，从而具备较强的拉合能力，相对管内拉合千斤顶法其适应能力更广，尤其对于先铺法沉管隧道和大型断面沉管隧道而言，管节拉合作业所需克服的基底摩擦力和压缩GINA止水带鼻尖形成密闭结合腔所需的压力一般都较大，应该优先考虑管顶千斤顶拉合法。管顶千斤顶拉合法一般需要潜水员进行水下连接，如图7-75～图7-77为三种不同类型的需要潜水员配合进行水下连接的方法。

图 7-75　管顶千斤顶拉合法示意图（一）

图 7-76　管顶千斤顶拉合法示意图（二）

图 7-77　管顶千斤顶拉合法示意图（三）

外海沉管管节体量巨大，所需拉合力较大，配备的拉合千斤顶的吨位和体积相应较大，综合比较各种拉合方式，宜优先考虑管顶千斤顶拉合法，且应具备水下自动搭接功能，有效避免潜水深水作业困难和工效低等情况。

2. 拉合力计算和分析

拉合千斤顶作业过程分为两个阶段，一是将待安管节拉向已安管节，此时主要需要克服管底摩擦力，二是压缩 GINA 止水带鼻尖，此时需要克服管底摩擦力和施加对止水带鼻尖的压力，故拉合力的计算以第二个阶段为控制工况。此外，由于管节一般都设计有纵坡，故拉合时尚需要考虑管节负浮力沿纵坡方向的分力。

（1）管底摩擦力

$$F_摩 = F_负 \cdot f$$

式中，$F_摩$——管底摩擦力（tf）；

$F_负$——管节负浮力（tf）；

f——管节与基床的摩擦系数。

后铺法管节坐落于临时基础支座上，支座顶面会采用减少摩擦力的钢板，故 f 一般较小，先铺法碎石基床的 f 值一般为 0.4～0.7，为求安全计算应取大值。

（2）压缩鼻尖的挤压力

$$F_压 = L \cdot P_B$$

式中，$F_压$——压缩鼻尖所需挤压力（tf）；

P_B——GINA 止水带鼻尖压缩单位长度所需压力，查止水带压缩变形曲线（tf/m）；

L——止水带周长（m）。

（3）管节负浮力沿坡度方向分力

$$F_分 = F_负 \sin\theta$$

式中，$F_分$——管节负浮力沿纵坡分力（tf）；

$F_负$——管节负浮力（tf）；

θ——管节纵坡（°）。

（4）拉合千斤顶有效拉合力

$$F_拉 = F_摩 + F_压 + F_分$$

考虑拉合千斤顶水下工作状况的不确定性，在确定千斤顶能力的时候还需在上式计算的 $F_拉$ 基础上乘以足够的安全系数。需要说明的是，实际拉合工况中，管节负浮力是可以通过吊缆和管内压载等手段进行调节的，管底摩擦力可以根据需要控制在较小的水平，故拉合千斤顶的选取实际取决于 GINA 止水带压缩鼻尖所需的压力，而这往往又与管节断面尺寸密切相关，即断面周长越长的管节显然所需的拉合千斤顶也越大。

3. 港珠澳大桥沉管数控水下自动拉合系统

拉合系统是在待安管节沉放于碎石基床后，将待安管节拉向已安管节并压缩 GINA 止水带。拉合系统包括拉合油缸、竖向调整机构、拉合油缸支座和拉合钩件支座及配套液压电器控制系统。控制系统布置在主安装驳上，通过水下线缆与布置在管节上的拉合油缸连接。整个拉合过程由安装船上操作人员远程控制操作（图 7-78）。

图 7-78　港珠澳大桥沉管拉合千斤顶

每个管节设两处拉合点，共可以提供 800 tf 拉合力。拉合系统采用反钩结构，由两部分组成，分别是安装在已安管节端部的被动拉合单元和安装在待安管节端部的主动拉合单元。管节沉放前将主动拉合单元和被动拉合单元安装到位，在待安管节沉放于碎石基床后，在安装船控制室内远程操控水下千斤顶顶油缸伸出，反钩结构水下自动搭接和拉合，将待安管节拉向已安管节，直至安设在待安管节端部的 GINA 止水带碰触已安管节端部的端钢壳，然后千斤顶持续压缩 GINA 止水带，与已安管节之间形成密闭结合腔，为后续水力压接创造条件。千斤顶内置距离传感器可以实时掌控拉合的进程，大幅减少了潜水员水下工作量，同时也大幅提高了施工效率和水下工作质量（图 7-79）。

图 7-79　千斤顶自动搭接拉合系统示意图

1：被动拉合单元；2：主动拉合单元

7.3.7　水力压接系统

水力压接技术是随着柔性管节接头的利用发展起来的，其成功将静水压力转化为施工的有利条件，是沉管隧道发展史上一个飞跃性的进步。

1. 水力压接工作原理

20 世纪 50 年代以前，沉管隧道多采用法兰拴接紧固连接或水下灌注混凝土的方法进行管节的水下连接，但水密效果往往并不能令人满意。20 世纪 50 年代末加拿大迪斯（Deas）沉管隧道施工中成功开发了水力压接工法，该技术有两个关键点，一是端封门设在管节端部退后一定距离的地方，便于形成结合腔，二是管节端部设置足够厚度和合适硬度的橡胶止水带，以便与对应的另一对接端压缩水密。

橡胶止水带的形式早期为简单的矩形，但自 20 世纪 60 年代荷兰弗莱特斯顿·伊克帕罗公司为荷兰的科恩隧道和鹿特丹地铁隧道提供了 GINA 止水带后，该橡胶止水带形式即得到了广泛的应用，并在之后与 OMEGA 橡胶止水带联合使用成为沉管隧道成熟的管节接头形式。图 7-80 为水力压接用橡胶止水带形式的发展变化典型案例。GINA 止水带的截面尺寸和硬度取决于其工作荷载和寿命要求，与沉管隧道的横断面尺寸和埋置深度相关，需要根据设计要求和试验综合确定。

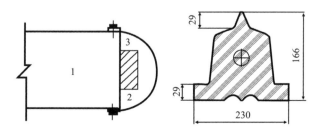

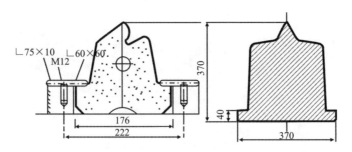

图 7-80　水力压接用橡胶止水带形式图（单位：mm）

水力压接工作原理如图 7-81 所示，利用作用在管节尾端端面上的巨大水压力，使安装在管节首端端面周圈的橡胶止水带发生充分压缩变形，形成安全的水密接头。由于具有止水效果和质量可靠、水下潜水工作量少等优点，水力压接工法在后续沉管隧道管节接头中得到普遍应用。

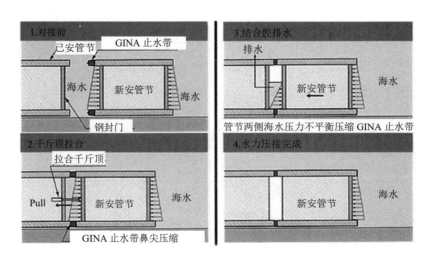

图 7-81　水力压接工作原理示意图

2. 水力压接装置要点

水力压接装置布设示意如图 7-82 所示，具体操作实施的一般步骤如下：管节下沉着地时进行符合精度要求的对位，使用拉合千斤顶或定位卷扬机将待安管节拉向已安管节，压缩 GINA 止水带的鼻尖起到初步止水作用，形成两管节端封门之间的密闭结合腔，然后经前一管节端封门下部的排水阀排出结合腔内被封闭的水，同时利用设在端封门顶部的进气阀向结合腔内放入空气，结合腔内水完全排除后，作用在管节尾端上的水压力将整个橡胶止水带再次完全压缩，达到最终止水要求。完成水力压接后，若经过管内贯通测量确认管节位置偏差满足设计要求，便可拆除端封门使之与已安管节连通，并可开始铺设路面等内部装修工作。

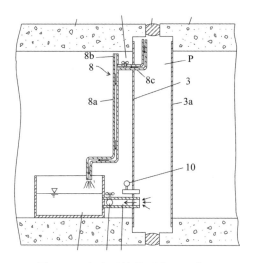

图 7-82　水力压接装置布设示意图

3. 港珠澳大桥沉管数控水力压接系统

随着沉管隧道向着深水、外海环境方向发展，以及对作业安全和质量要求的不断提高，水力压接操控的技术也得到了进一步发展，监测结合腔压力的数字传感器、监测排水时的速度水量的流量计、监测 GINA 止水带压缩量变化的位移计和相应的配套监测记录软件等得以应用，大幅提高了水力压接操作的可控性。

港珠澳大桥沉管隧道工程在传统水力压接技术的基础上开发了水力压接监测和监控系统，系统位于已安管节尾端，主要由排水管系、逆止阀、进气阀、电子流量计、压力表、压载水箱和系统控制软件组成。在管节拉合完成后，开启水力压接监测系统，打开结合腔进气阀和排水阀进行结合腔排水，通过设置的传感器和流量计实时监测结合腔压力，同步控制排水速度，利用管节首尾段的水压差将 GINA 止水带压缩至设计值，使隧道接头达到完全水密的要求（图 7-83）。

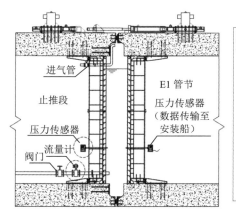
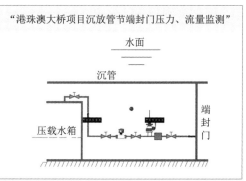

图 7-83　数字化水力压接系统示意图

该系统操作简单，携带方便，压力传感器精度为 0.01 bar[①]，流量计精度为 0.1 L/min，适用于任何水深条件下的工况，将水力压接技术提高至数字信息化精确控制的水平。水力压接系统的操作步骤和操控要点如下。

①初步止水管节稳定着床后启动拉合千斤顶油缸并控制拉合速度，使 GINA 止水带尖头压缩 20 mm，此时通过 EPS（external position system）对管节进行精细的微调，使轴线误差不大于 10 mm；再继续拉合到初步止水，即使 GINA 尖头再压缩 20~30 mm。

②二次压接止水当初步止水结果得到潜水员检查认可后，由已安管节内的操作人员打开端封门上的进气阀（ϕ=100 mm）和排水阀（ϕ=100 mm），将接合端端封门间的水受控制地排掉，利用自由端的巨大水压力使 GINA 止水带进一步压缩。排水阀初期不开启进气阀，只轻微开启排水阀，待端封门间的水压缓慢释放后，同时 GINA 止水带也进行了缓慢压接。后期再开启进气阀，防止端封门受反向真空压力和彻底排出端封门间的水体，GINA 止水带得到充分压缩，起到良好的止水效果。

7.3.8　精确调位系统

沉管隧道线形控制的目标是确保逐个安装的管节平面、纵面和高程位置符合设计允许的偏差要求，是管节对接的重要质量控制点，也直接影响施工期的质量验评和道路的定线工作，管节对接偏差大将给后期的调线调坡带来困难。故在管节水力压接后要及时通过管内贯通测量联系洞外预设的控制点，确认管节压接后的各项指标是否满足要求，若超出设计和规范要求时，就要采取调位技术修正管节的轴线和错牙值等指标达到精确定线的目的。

两管节对接端的错牙值是通过前述的导向限位装置来控制，管节着床对接后的错牙值一般即满足要求，特殊情况下发生错牙值超标的情况，若经评估必须重新调整时，就需要将结合腔重新灌水，做出相应处理后再重新压接。但有时也会故意控制对接端产生一定的错牙值以调整管节的绝对位置和总体线形。

在管节完成水力压接后进行管节轴线调整的技术有许多，按照调整装置所处的位置不同分为体内和体外调位两种方式，体内调位是指将调整所需要的装备和设施放置在管节内部，而体外则指将其放置在管节外部。

1. 体内调位技术研究

体内调位技术所采用的原理是顶头摆尾，如图 7-84 所示，假定管节为刚体，在利用千斤顶或专门装置将对接端一侧顶开一定的距离时，管节尾端将摆动一定的角度，相应的管节尾端轴线将得到重新调整。

---

① 1 bar=10⁵ Pa。

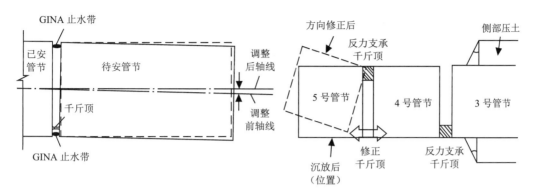

图 7-84   管节体内调位技术原理图

体内调位千斤顶一般安装在结合腔处管节的外墙位置，如图 7-85 所示，千斤顶具体的数量和能力需要根据 GINA 止水带压缩卸载曲线并考虑水压和摩擦力等因素综合计算确定，布置方式还需考虑结合腔及管节外墙尺寸。

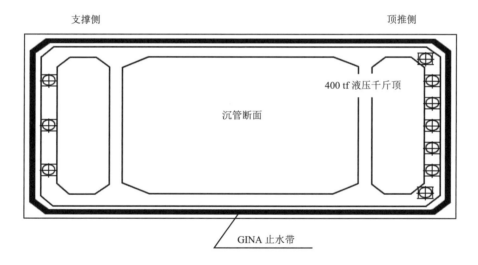

图 7-85   管节体内调位千斤顶安装位置示意图

采用体内千斤顶调位技术的工程案例较多，包括厄勒海峡沉管隧道、日本多摩川沉管隧道、上海外环隧道及港珠澳大桥沉管隧道等，但在选用千斤顶的类型和具体布设位置上却也不尽相同，厄勒海峡沉管隧道采用在已安管节端封门后侧的外墙上预留孔洞的方式，提前将千斤顶装配固定，千斤顶活塞杆通过密封装置穿过封门和混凝土隔墙并推顶待安管节，在水力压接后快速完成管节的精确定位调整操作，取得了良好效果（图 7-86）。

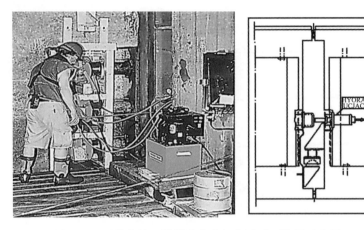

图 7-86　厄勒海峡沉管隧道体内调位千斤顶位置示意图

多摩川沉管隧道千斤顶安装在结合腔内，需要水力压接后打开封门上的人孔门进入结合腔进行千斤顶系统的组装，相较厄勒海峡沉管隧道的方式耗时较长，但其在千斤顶的选型上选用了薄型千斤顶，自重较轻，操作相对便利；上海外环隧道千斤顶也布设在结合腔内，但选用了大行程的千斤顶，自重较重，在狭窄的结合腔内操作困难，虽设置了部分辅助工具，整体施工工效还是相对较低。

除了使用千斤顶进行体内顶推调位外，美国和日本部分工程案例也使用一些特殊装置，包括楔块装置，如图 7-87 所示，在管节中心线两侧对称设置两组楔块装置，采用千斤顶油压或其他方式控制楔块的移动，在水力压接后测量管节尾端轴线位置，必要时将结合腔内重新充水，精确调整楔块至合适尺寸，再重新进行压接，整个操作在安装船上通过液压系统远程操控，操作简便，工效较高，据介绍平均调整时间约 0.5 h。

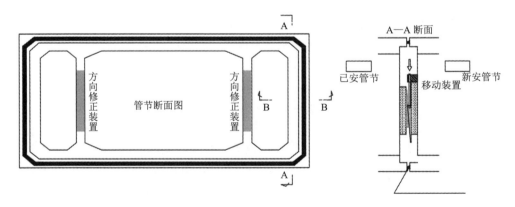

图 7-87　体内楔块调位法示意图

2. 体外调位技术研究

体内调位属于间接调整法，通过调整管节首部来达到修正管节尾端轴线的目的，受管节刚度、管底摩擦力、GINA 止水带张开量受限、千斤顶能力等因素影响，体内调位的效果有时不能达到预想的效果，相比而言，体外调位技术则更直接，选择管节尾端作为调整对象，效果也更明显，但由于管节外形尺寸较大，加之处于水下作业环境，体外调位技术需要大型水下设备支持，设备安拆较困难，且对设备水下工作性能和维保要求较高。

按照所处位置不同，将体外调整装置分为底部和侧面两类。

（1）底部调位装置

博斯普鲁斯海峡沉管隧道使用了底部调整装置，如图 7-88 所示，管节沉放前在尾端底部装配特制的调整装置，该装置主体为钢结构，两侧面与管节接触处设计有竖向千斤顶和水平向千斤顶，在管节着床和压接后该装置开始发挥作用，利用千斤顶调整管节平面轴线和竖向高程达到目标值，然后锁定千斤顶进行基础注浆和两侧锁定回填。由于该沉管隧道为回填法施工，底部调整装置无法拆除重复使用。

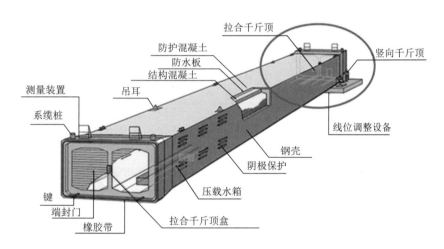

图 7-88　底部调位装置法示意图

（2）侧面调位装置

典型的侧面调位装置是韩国釜山—巨济沉管隧道使用的 EPS，这个系统是为管节连接最后阶段和大深度（隧道最大作业水深近 50 m）管节调整作业所设计的，它能够在管节沉放时做到对其最终连接和侧向定位进行全面控制，降低水流和波浪等环境因素对管节对接的影响。

EPS 由两个门型框架组成（一个安装在管节首端，一个安装在尾端），如图 7-89 所示，框架与管节上的起重耳、吊索滑轮相连接，通过液压升降千斤顶的使用，依靠下部的碎石基础给 EPS 底座提供地基反力和水平调整所需的摩擦力，可以在基础上提升和移动隧道管节，使其与上节管节尾端的连接到位。EPS 的操作可以在沉放驳上遥控实施，并可以重复拆装使用。

利用 EPS 可以在两个阶段进行管节轴线调整，即初步对接形成接头止水前及完成水力压接后，使用门型框架液压系统轻微提起管节，设置在尾端框架系统底座上的横向千斤顶调整管节尾部轴线达到设计要求，再将管节完全放置到基床上，增加管内压载水增大管底摩擦力抵抗恢复力矩。

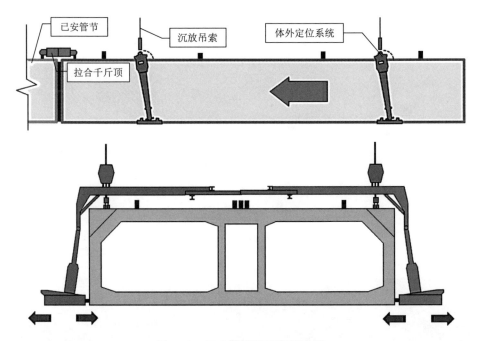

图 7-89　EPS 模型及工作示意图

EPS 在釜山—巨济沉管隧道得到了成功应用，但自身也存在一定的缺点，如需要采用大型起重设备进行吊装，长期在水下环境工作易造成设备机械故障的发生，吊出水面维护修理和重新安装的程序较烦琐，严重时影响工期等。

3. 港珠澳大桥沉管隧道精调系统

精调系统是调整沉管尾端偏差的专用系统，港珠澳大桥沉管隧道安装选用体内调整系统利用"顶头摆尾"的原理，采用体内精调方案，在沉管对接端已安管节和待安管节外侧墙的内侧（GINA 止水带内侧）部位布置顶推千斤顶和限位千斤顶，通过顶推待安管节对接端侧墙，使得待安管节尾端实现纠偏，能够满足水深 45 m 以上的沉管体内精调作业要求。

精调系统由 2 台液压油泵、22 台千斤顶、传感器、油管、分油器、集成控制箱、控制计算机等组成。采用高精度传感器和集成化控制系统，纠偏数值精度高，单侧最大安装 11 台千斤顶，最大顶推力 5500 tf，距离传感器精度为 0.5 mm，压力传感器精度为 0.1 bar。

由于千斤顶设置在两管节之间结合腔内，设计制作了专用运输、安装工具安装精调千斤顶，如图 7-90 所示。

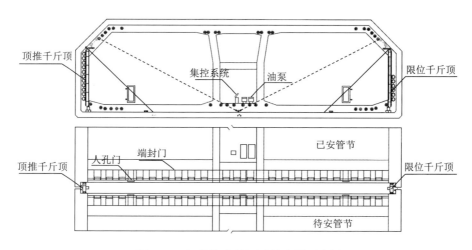

图 7-90 沉管体内精调系统布置示意图

管节线形精确调整系统主要用于管节水力压接后的管节尾端轴线调整。水力压接完成后开启端封门、人孔门，对管节尾端进行贯通测量，根据贯通测量结果确定是否实施精调作业。若需要调整，在调整一侧布置顶推千斤顶，在另一侧布置限位千斤顶。顶推千斤顶的调整量必须经过设计计算，主要取决于水力压接时的 GINA 止水带压缩量、蠕变变形量、可防水的压缩量、地震拉伸量和温度变形量等。

该精调技术无论从设备整体能力和性能还是操控精度和安全保证上都达到了一个新的高度，配合管节预制线形控制和沉放对接系统可以实现对隧道总体线形的良好控制。

7.3.9 水下可视化系统

为提高水下实时监控能力，同时一定程度上减少深水条件下潜水员水下工作量，设计配置了水下可视化系统。如图 7-91 所示，通过在导向杆、拉合千斤顶上安装 3 台高清水下摄像头，并将信号传输至控制室的监视屏幕，全过程监控导向杆进入导向托架及拉合千斤顶与拉合托架搭接过程。

图 7-91　水下可视化系统安装示意图

7.3.10　无线通信系统

沉管安装通信系统分为：安装驳船之间的通信，安装驳船与待安管节内部通信和安装驳船与隧道内通信三部分。

1. 安装驳船之间的通信

安装驳船之间采用无线通信，2 艘安装驳船均配有交换器、无线 IP 设备及信号收发天线，通过信号收发天线实现两船信号传输。

2. 安装驳船与待安管节内部通信

2 艘安装驳船和管内各配有 1 部声力电话，2 艘安装驳船采用电话线连接，"津安 2"与管内信号通过压载水系统水下线缆传输。

3. 安装驳船与隧道内通信

安装驳船与隧道内采用无线对讲通信，在西人工岛设立覆盖西人工岛、东人工岛和施工海域的信号基站主站。西人工岛通过主基站信号分流，分配给两个直放站近端机，近端机将信号通过光纤传送给分布在隧道内的远端机，远端机将信号放大，通过连接的板状定向天线将信号覆盖到隧道中，信号覆盖管内 E1～E28 范围。

东人工岛的直放站可通过近端机的定向天线与西人工岛的主基站进行通信，通过光纤将近端机接收的信号传送到管内的两个直放站远端机，远端机再通过连接的板状定向天线将信号覆盖到隧道中，信号覆盖管内 E29～E33 范围。安装驳船与隧道内通信见图 7-92 所示。

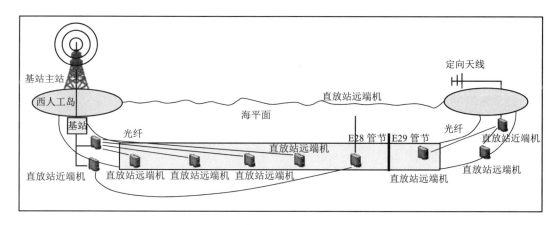

图 7-92　隧道内外通信布置示意图

7.4　沉放对接操控方案研究

7.4.1　综合模拟和演练方案

考虑以下三个方面,在沉管正式安装前开展了多项模拟演练和综合调试工作。一是水下无人沉放对接系统多为新研制开发,系统复杂,集成度高,需要进一步验证;二是专项系统和专用设备操作人员无沉管施工经验,需要进行大量技术培训和实操练习,以达到熟练掌握的程度;三是为降低技术和组织风险,尽可能进行与实际沉放对接条件相同的演练,达到验证方案、熟悉流程和培训人员的目的。

1. 舾装件潜水拆除演练

主要目的是潜水员利用水下拆除工具对管顶舾装件进行实际拆除演练,熟悉操作流程,提前发现舾装件装配过程中影响水下拆除的问题。

2. 拉合系统重载试验

试验目的是验证拉合系统在水下满负荷工作的能力,演练水下搭接拉合的动作。利用管节 GINA 止水带端两个 120 tf 系缆柱拉合台座,验证主动拉合单元和被动拉合单元在设计承载力(400 tf)状态下的正常工作能力,同时模拟水下拉合操作和水下潜水拆除的实操流程。

3. 压载水系统联合调试

安装船进坞后潜水员连接水下线缆插头,对压载水设计功能逐项进行调试,验证软件系统的设计功能；按照实际压载流程进行水箱压载和排水的遥控操作。

4. 沉放综合演练

模拟 E1 管节沉放对接全过程，对指挥流程和实操动作进行演练。

管节在坞内系泊，压载水、测量塔、拉合等单项系统调试演练完成后，第一阶段进行浅水沉放演练，第二阶段坞门关闭，坞内灌水（结合管节起浮横移工况），进行深水沉放演练。

5. 水力压接演练

主要目的是掌握监测仪器和软件的使用，模拟演练水力压接的工作流程。

在暗埋段侧设置正式水力压接用的临时水箱、管路，安装压力传感器和流量计等监测仪器，实际开启阀门测试硬件调试软件；按照水力压接作业指导书，模拟演练水力压接过程。

6. 精调系统联动调试和模拟演练

结合设备进场综合调试，对精调用千斤顶运输和装配工艺进行演练，提前发现操作中的问题，同时对工效进行分析，掌握实际施工耗时。

7.4.2 管节舾装和调试方案

沉放对接在坞内的准备工作内容主要包括：一次舾装、二次舾装、系统调试和沉放演练等。

1. 一次舾装

管节在厂房完成预制后顶推进入浅坞区进行一次舾装施工。浅坞区一次舾装工作内容见表 7-16。

表 7-16　一次舾装施工内容一览表

序号	类别	施工内容
1	管节结构类	预应力张拉和灌浆、节段 OMEGA 止水带安装、中埋式止水带注浆
2	管内舾装类	压载水系统、端封门、临时通风、临时供电和照明
3	管顶舾装类	系缆桩、吊点、短人孔、GINA 止水带、GINA 止水带保护罩、导向杆、导向座、测量特征点标定

根据施工计划安排，考虑三个节段同步养护的需要，标准管节预制完成 7 个节段后、短管节需全部完成节段预制后即可开始管节中间压载水箱的施工；管节预制完成后顶推进浅坞区并达到混凝土强度的 90%后开始临时预应力的施工；临时预应力施工完成后即

可进行中埋式可注浆钢边止水带的注浆施工；中埋式可注浆钢边止水带注浆施工完成后进行节段接头 OMEGA 止水带的安装、两端压载水箱安装；压载水箱施工完成后开始从两端施工端封门及安装 GINA 止水带及保护罩；GINA 止水带及保护罩施工完成后可进行管节的水密性试验。

为检验管节密封和管节自身的防水性能，关闭深坞钢闸门、浅坞钢闸门，启动水泵进行坞内灌水，在干坞加水过程中需进行检漏。水密性试验分为低水位试验和高水位试验两个阶段，低水位水密性试验主要是检验管节底板及底部钢封门的水密性，高水位水密性试验是检验管节侧墙及顶板、人孔及上部钢封门的水密性。在管节水密性试验的同时启动管节的压载系统对压载水箱进行试漏，并对压载系统进行调试。

管节完成水密性试验后，管节压载水箱开始排水，管节起浮，通过坞堤上的绞车将管节横移到寄放区。当两节管节全部横移到位后，坞内开始排水至海面水位时，将管节系泊在浅水位的缆桩上，完成管节的横移和系泊施工。

2. 二次舾装

管节横移到深坞区进行系泊寄放，首先进行干舷调整，通过在管顶浇筑部分压载混凝土的方式调整管节实际干舷，使管节的结构干舷控制在 150 mm 左右。

在干舷混凝土浇筑完成后管节出坞前进行二次舾装作业。二次舾装的内容见表 7-17。标准段管节二次舾装件平面布置图见图 7-93。

表 7-17　二次舾装施工内容一览表

序号	类别	施工内容
1	管内舾装类	压载水遥控设备、摄像监控设备、测控设备
2	管顶舾装类	绞缆盘台座、导缆器、安装船与管节吊点连接、测量塔、人孔管、测控设备
3	安装调试类	管节测量特征点标定、测量系统安装及调试、坞内沉放试验

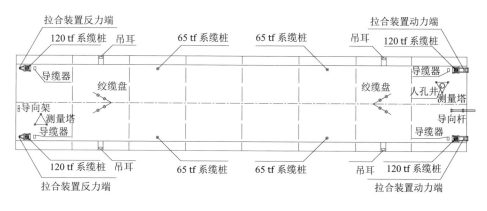

图 7-93　标准管节管顶舾装件布置图

施工时先完成管顶绞缆盘转向台座、导缆器的安装，再进行安装驳上跨管节操作，然后进行测量塔、人孔管等其他管顶件舾装和管内件舾装,最后进行各专业系统的调试工作。

3. 系统调试

二次舾装完成后对管节安装系统进行调试试验,包括各专项系统的静态调试和测量塔控制点的标定,确保管节在浮运、沉放施工中各系统正常作业。静态调试检查内容包括:压载水系统、视频监视系统、吊缆系统、测控系统、拉合系统、安装驳绞车系统、通信系统、远程控制系统和钢封门监测系统等。沉管安装作业前进行各系统的检查、调试、标定主要内容见表7-18。

表7-18 设备检查调试表

序号	系统	组件	检查/调试/标定	备注
1	安装驳船	机车	检查调试安装船机车	
		绞车	检查调试各锚绞车	
		安装驳船吃水	检查调试安装驳船压载、排水检查调试安装驳船四角吃水	
2	压载水系统	通信	调试安装驳船与管内通信传输	沉放演练
		排水泵	调试2台排水泵	
		扫舱泵	调试4台扫舱泵	
		遥控阀	调试13台遥控阀	
		传感器	调试4个排水泵压力传感器;调试4个潜水泵自动传感器	
3	管内CCTV监控系统	摄像头	调试9个摄像头	
4	管内照明系统	照明灯	调试27盏照明灯	
5	端封门监测系统	一套	调试端封门监测系统工	
6	管节姿态监测系统	一套	调试管节姿态监测系统工	
7	拉合系统	控制系统	检查调试控制系统	拉合重载实验
		主动拉合单元	检查调试2个主动拉合单元	
		液压油管及线缆	检查液压油管及线缆	
8	水下可视化系统	一套	检查调试水下可视化系统;检查调试摄像角度	
9	水力压接系统	操控系统	检查调试水力压接控制系统	
		管系、阀门	检查调试排水管系、进气阀	
		流量计、压力表	调试、标定流量计、压力表	
10	精调系统	控制系统	检查调试控制系统	精调演练
		千斤顶	检查调试22台千斤顶	
		液压油管及线缆	检查液压油管及线缆	
11	通信系统	高频通信	检查施工水域高频通信	
		管内通信	检查调试管内通信	

注:表中1~8项在二次舾装区调试;9~10项在已安管节内调试;11项在沉放作业区调试。

4. 沉放演练

沉管安装所需子系统繁多,每节管节安装前多个系统都需重新安装、调试、标定,为了验证各系统的工作性能及稳定情况，管节安装前在深坞区内至少做 3 次沉放演练。同时根据坞内实测海水密度对管节进行负浮力配载，在沉放演练过程中调节管节配载，使管节下放后各吊点均匀受力，管节姿态平稳，沉放演练管节配载作为管节安装时的配载的重要依据，现场沉放时根据现场实测海水密度进行调整。每次沉放演练的目的和主要工作内容如下。

①检验安装船吊放绞车系统，管节压载水系统及其他测控、监控系统是否达到管节安装要求；

②获取准确的管节压载、姿态控制等关键基础数据，更好地指导管节现场安装施工；

③提高操作人员的熟练程度，避免现场安装过程中出现误操作。

7.4.3　潜水配合作业专项方案

潜水是指人在水下或高压环境中，呼吸与环境压力相等的压缩空气或人工混合气，最后返回水面或常压环境的过程。潜水活动从性质上分为专业潜水和休闲潜水，其中专业潜水也叫商业潜水或产业潜水；按潜水装具分为重装潜水和轻装潜水；按呼吸气体不同分为空气潜水和混合气潜水，按中性气体是否在人体内饱和分为饱和潜水和常规潜水；按照呼吸气源可分为水面管供式潜水和自携供气式潜水，管供潜水是指潜水员呼吸从水面储气装置由脐带气管供给到水下的气体。

1. 潜水作业方式选择

港珠澳大桥沉管隧道基槽开挖最深处底标高为 -47.223 m，施工区十年一遇极端高水位是 2.74 m，计算潜水作业最大水深约 50 m，符合空气潜水作业安全深度（最大安全深度为 60 m）要求，也符合水面供气式潜水装具潜水作业安全深度（深度应不大于 60 m）要求。经综合比较，潜水作业采用水面管供式空气潜水作业方式。潜水作业过程中，水深 <24 m 时潜水员采用水下自然减压方式进行减压出水；水深 ≥24 m 时潜水员在完成水下必要的减压后，出水进入减压舱完成水面减压。

根据《空气潜水安全要求》（GB 26123—2010），水面供气式潜水作业条件如下。

①通过潜水梯入水时，水流速度应不大于 0.5 m/s，蒲福风力等级应不大于 4 级。蒲福风力等级大于 4 级小于 5 级（风速 17～21 kn，浪高 1.8 m）时，应评估现场具体条件决定是否潜水。

②通过潜水吊笼入水时，水流速度应不大于 0.5 m/s，蒲福风力等级应不大于 5 级。水流速度超出上述限制条件，因特殊情况需要潜水时，应评估现场具体条件，采取更有效的安全防护措施，确保潜水员安全。蒲福风力等级大于 5 级小于 6 级（风速 22～27 kn，浪高 3.0 m）时，应评估现场具体条件决定是否潜水。

2. 潜水作业装备的配置

项目选用浮吊船作为潜水母船（主船），甲板划分为吊机区、潜水设备区、舾装件临时存放区和生活办公区。减压舱、空压机、储气罐等潜水设备存放在集装箱内，甲板布设发电机 2 台、潜水空压机系统 2 套、潜水减压舱 2 台、潜水吊笼 1 台、20 m³ 空压机 1 台和潜水设备库 1 个。潜水母船上配吊机，能够满足港珠澳大桥沉管隧道工程潜水拆除作业要求。

潜水母船配潜水装具、供气系统、减压舱系统、潜水吊笼系统、水下摄像系统、发电机、液压扳手、水下切割设备、水下焊接设备、入水爬梯等设备，配合管节安装前和安装过程中的潜水作业和舾装件水下拆除作业等（表 7-19）。

表 7-19　潜水作业设备图示

设备名称		图样	设备名称	图样
潜水装具	KMB 型头盔		减压舱系统	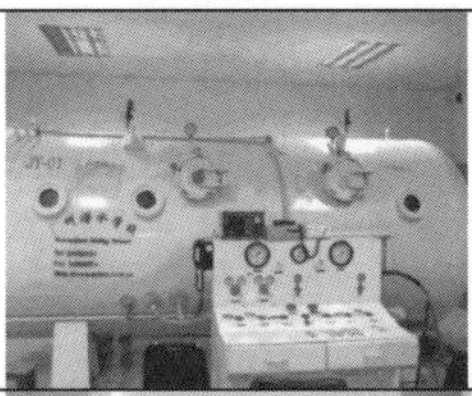
	潜水服		潜水吊笼系统	
	潜水有线电话	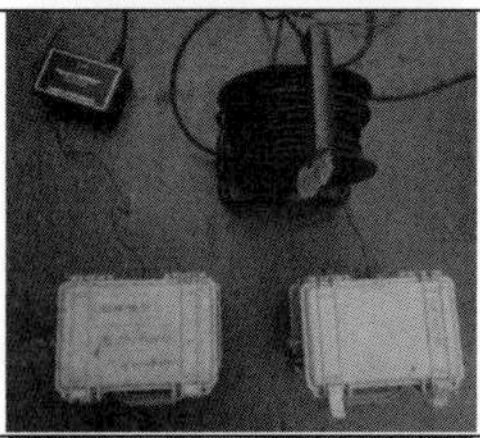	水下摄像系统	
	脐带		配气盘	
供气系统	空压机储气罐	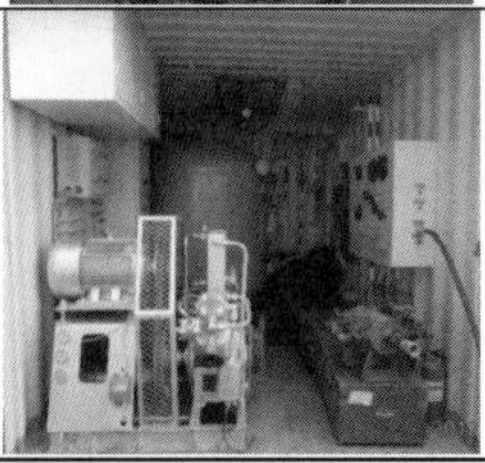	液压扳手	

3. 潜水配合作业项目

潜水作业包括水下检查、探摸、清理和舾装件拆除吊装等作业（表 7-20）。

表 7-20　潜水作业工序表

相关工序	作业位置	作业内容
浮运前	待安管节（深坞区）	①检查清理 GINA 止水带，GINA 止水带及其保护罩是否受损； ②检查清理端钢壳，端钢壳是否受损或有杂物； ③安装尾端钢封门上的控制线缆（电缆、通信线缆等）； ④配合安装测控设备（待定）
	已安管节	①检查端钢壳、拉合托架和导向托架； ②清理端钢壳（回淤、海生物）
沉放前	待安管节（沉放区）	①协助拆除 GINA 止水带保护罩，再次检查清理 GINA 止水带； ②安装测控设备（待定）； ③检查并清理压载水进出水口； ④检查管节尾端控制线缆连接是否松动
沉放对接	管节对接端	①检查拉合千斤顶和拉合托架的连接； ②两管节相距 2.0 m 时检查对接端是否有管线等物件影响 GINA 止水带的压接，测量校核管节间的距离； ③探摸检查初次拉合和二次水力压接 GINA 止水带的压缩情况，测量校核两端钢壳间的距离
对接后	管节	①拆除拉合千斤顶及管线； ②拆除拉合托架； ③拆除测控设备及管线； ④拆除尾端水下电缆管线接口； ⑤拆除尾端水下电缆固定件； ⑥若有测量塔及人孔井，此时拆除； ⑦管节锁定回填后，需要拆除不再使用的舾装件

4. 潜水安全保证措施

①编制潜水作业专项施工方案和应急预案，作业过程安排有序，作业人员分工明确、职责清楚，按规定进行 HSE 技术交底。

②现场监督、现场监护到位，并佩戴相应的标识。

③潜水员须经水下实际操作培训和潜水安全技术培训取得政府主管部门颁发的"特种作业人员操作证"，潜水深度、潜水作业方式不得超越潜水员作业许可限定的范围。

④潜水员应定期体检，年龄和体重符合要求，无潜水职业禁忌的神经、心脏、呼吸等系统疾病，未做过大型胸腔、腹部、骨骼手术和患有一期（含一期）以上骨坏死和急型重型潜水疾病。曾经患有轻度潜水疾病人员，必须出具具有医疗资质的减压医疗单位的诊断证明和能继续从事潜水作业的诊断结论。

⑤潜水员正确穿戴、佩戴潜水用品和个人防护装备。潜水作业前必须先了解或熟悉水下作业环境，清楚影响潜水作业的障碍物，如附近船舶等。

⑥潜水员使用的水下电气设备、装备、装具和水下设施符合现行国家标准《潜水员水下用电安全技术规范》（GB 16636—2008）和《潜水员水下用电安全操作规程》（GB 17869—1999）的有关规定。

⑦潜水母船及潜水装备应证照齐全、保养完好、记录齐备；船用设备必须使用国家认可的定点厂家生产的合格产品；管供作业必须使用有明确标牌的潜水专用拉管，空气滤清器流量必须充足、密封性能好，油水分离器应使用带金属外壳的承压能力、抗震动能力强的产品，压力表量程与供气压力相符；管供作业空压机排气量不低于

0.425 m³/min，工作压力不低于 1.6 MPa；轻潜气瓶充气的空压机，工作压力不得低于 20 MPa，气瓶充装人员必须持有技术监督部门颁发的上岗证书。

⑧水下安装、拆除等潜水作业，应建立统一指挥，随时保持水上与水下的信号联系；为潜水员递送工具、材料和物品时使用绳索进行递送。

⑨作业区域安全警示标志、标识悬挂，安全警戒设防等工作到位；潜水作业时，潜水母船按规定显示号灯、号型（A 旗）。

⑩潜水作业现场应备有急救箱及相应的急救器具；水深超过 24 m 时，潜水员在完成水下必要减压后，出水进入减压舱完成水面减压。

⑪为潜水作业配备经过专业培训的信号引绳员。

⑫应严格控制潜水员工作量，作业前应给潜水员适当的休息时间，潜水间隔时间一般规定在一次潜水完毕后 12 h 以上，在此期间原则上不允许再次潜水，确因执行特殊紧急任务时除外，但两次潜水时间间隔不得少于 2 h，减压时应将两次潜水时间合起来选择适当减压方案。

⑬严禁在下列情况下潜水作业：a. 凡作业前潜水员身体不适、过度疲劳、神志不清、饮酒的；b. 天气预报有 6 级（含 6 级）以上的大风天气的；c. 气温降至 0℃（含 0℃）以下寒冷天气的；d. 水流速度大于 1.5 m/s 的水域。

⑭潜水作业前，潜水人员不得暴饮暴食和剧烈运动，任务要明确清楚。

⑮在装具器材的检查准备中，下水潜水员要亲自参加，检查并准备完毕后，各岗位应向潜水监督报告，潜水长根据情况决定并报告潜水监督可否着装下潜。

⑯潜水员进行水下作业时，要与水面电话员时刻保持联系，随时报告水下情况，通话要清晰。

⑰潜水员水下作业过程中要严格按照水上指挥人员的要求进行作业，不得私自进行任务以外的作业；但遇到突发事件时要向水面及时汇报，并及时出水。

⑱保证潜水员用气新鲜，空压机进气口处不得有任何机械排烟或其他可能导致空气污染的污染源。

⑲供给潜水员的用气量，按常压计算，每分钟不得少于 8 L。

⑳供给潜水员的空气纯度不得低于 98%，氧气含量为 20%～22%。

㉑在使用空压机为潜水员供气的同时，潜水员要自身携带备用应急气瓶，并且压力必须在 20 MPa 压力下，保持 12 L 容量的气体。

㉒潜水领队、潜水员要在潜水作业前检查应急气瓶的气体情况，保证压力和容量满足潜水要求。

㉓水下减压时，按潜水减压表制定的减压方案逐级减压。

㉔进行减压舱减压时，潜水员出水到减压舱加压至水下深度的相应时间不得超过 6 min，然后再按潜水减压表进行逐级减压。

㉕进行减压舱减压后，12 h 内不得远离减压舱，不得暴饮暴食和剧烈运动，不允许乘坐飞机。

㉖减压舱必须满足潜水减压要求，减压舱及其附件必须经过检验合格。

㉗潜水员进行减压期间，潜水医生不得离开减压舱，并时刻与潜水员保持联系，及时有效解决减压过程中的突发事件。

㉘尽量避免夜间潜水作业，如必须进行夜间作业要有足够的照明。

㉙潜水员水下作业期间，禁止在潜水作业区上方进行交叉作业，并对潜水母船上存放的设备等进行加固，防止发生落物伤害潜水员的事故。

㉚潜水作业期间必须要有守护船进行守护，任何船只不得靠近潜水作业水域。

7.4.4　沉放和对接工艺流程和要点

管节系泊开始后，同步开始沉放准备，完成管节系泊和沉放准备后，进行管节沉放对接。沉放对接利用管节压载水系统给管节水箱压载提供负浮力，安装驳船吊装管节下沉，安装驳船系泊缆和安装缆控制管节平面位置和抗流，沉放着床后利用拉合系统和水力压接系统实现管节对接。管节对接完成待贯通测量结果满足要求后抛石锁定管节。与安装驳船相关水下设备及舾装件拆除后安装船撤离，拆除剩余舾装件（图 7-94）。

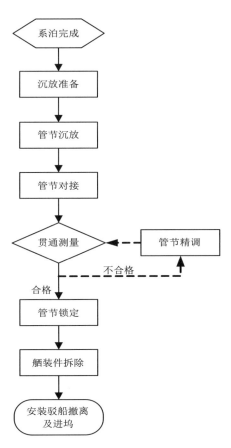

图 7-94　管节沉放对接流程图

1. 沉放准备

管节系泊后，开始进行沉放准备，主要包括：潜水船系泊、管顶舾装准备、基槽边坡扫测、管节压载。

（1）潜水船系泊

大马力锚艇辅助潜水船沿基槽方向就位，船艏带八字缆与主船连接，船艉抛八字锚定位。控制潜水船位置，防止碰撞 GINA 止水带。

（2）管顶舾装准备

管顶舾装准备包括：GINA 止水带保护罩拆除、拆除部分舾装件、安装主动拉合单元、安装水下可视化设备、安装深水测控系统。

（3）GINA 止水带保护罩拆除

利用主船克令吊拆除 GINA 止水带保护罩，吊至主船平台存放，控制起钩吊装过程平稳，注意保护 GINA 止水带。

（4）主动拉合单元安装

主动拉合单元存放于主船，待 GINA 止水带保护罩拆除完成，利用克令吊安装主动拉合单元，安装到位后旋出机械螺旋千斤顶限位。

（5）水下可视化设备安装

在导向杆和 2 个主动拉合单元上安装 3 套水下摄像设备，连接潜水员携带摄像设备至控制室，并统一调试确认。

（6）深水测控系统舾装

完成首端 GINA 止水带保护罩及舾装件拆除后，安装 3 套应答器支架和应答器并测试。

（7）基槽边坡扫测

系泊完成后根据流向选择时机，对基床两侧边坡进行多波束扫测，确认边坡情况（图 7-95）。

（8）管节压载

根据现场实测海水密度，结合沉放演练时管节配载，利用压载水系统向管节水箱内压载，控制管节负浮力在 800～900 tf，管节压载完成后复核安装船吃水。

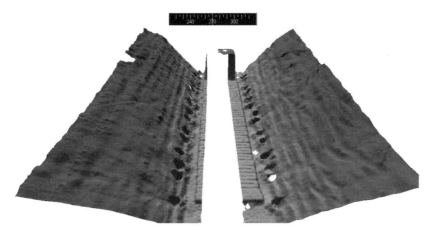

图 7-95　多波束边坡扫测成果图

2. 管节沉放

管节压载完成后，等待沉放作业窗口，进行管节沉放作业。标准管节沉放步骤如图 7-96 所示。

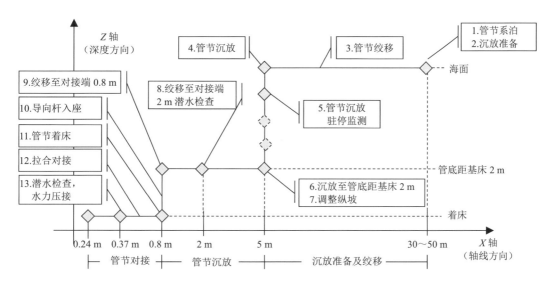

说明：X 轴方向中的数值是指待安管节舾端端钢壳至已安管节艉端端钢壳的距离。

图 7-96　管节沉放步骤图

管节沉放对接测量方法在浅水区采用双测量塔法；在深水区采用深水测控法和测量塔法，深水测控法显示管节舾端偏差，测量塔法显示管节艉端偏差。下放过程全程对封门应力应变、管节姿态、管内视频监控和海流状态进行持续监测。下放过程同步下放管节压载水系统线缆、安装船吊钩液压油管及拉合系统线缆油管。安装船绞移时潜水船跟随绞移,绞移过程保证两船间距>10 m。

（1）管节下放至底面距基床 2 m

管节在距对接端 5 m 位置处开始下沉,根据沉放深度分步下放,下放过程采用 4 根 L 缆"四机联动"模式,控制下放速度在 0.2～0.4 m/min。每次下放完成后驻停 >10 min,监测安装船吃水、封门应力应变、管节姿态、管内视频监控及海流情况。经设计确认后继续下放,直至管节艏端/艉端距碎石基床 2 m。在控制缆力的同时控制管节和安装船位置,控制管节首尾轴线偏差<10 cm,管节与对接端间距偏差<10 cm;控制安装船位置,使吊装缆与船体垂直。施工水域海水密度沿垂线方向变化明显,且测量塔和人孔井使浮力逐渐增大,需在管节下放时关注的驻停时间对管节进行补充压载。

（2）精确调整管节姿态

精确调整管节姿态,调整 4 根 L 缆下放高度,使管节纵横倾与设计值一致,管底距基床 2 m,下放速度 0.1 m/min 左右。控制管节首尾轴线偏差小于 5 cm,管节与对接端间距偏差小于 5 cm;控制安装船位置,使 L 缆保持垂直。

（3）绞移管节至对接端 2 m

通过控制系泊缆和安装缆收放,绞移管节至对接端 2 m,缆绳收放速度控制大于 1 m/min。绞移到位待流速满足潜水施工要求后,潜水检查对接端管节端钢壳、GINA 止水带、三层顶平台及碎石基床等。

（4）绞移管节至对接端 0.8 m

安装缆采用"寸动"模式,控制系泊缆和安装缆收放,绞移管节至对接端 0.8 m,缆绳收放速度控制小于 1 m/min。

（5）下放管节至碎石基床

4 根 L 缆同步下放管节,潜水员在导向杆入座位置处辅助引导导向杆进入导向托架。管节着床过程中利用 H 缆准确控制管节首尾轴线位置,潜水员旋出导向托架的螺旋千斤顶对管节首端进行限位。管节首端限位完成后潜水员测量复核导向杆在导向托架内的偏位,确认管节轴线位置满足要求后继续下放管节至对基床的压力约 400 tf,安装驳船吃水减小至 6.3 m 左右。

3. 管节对接

管节着床后,利用拉合系统将待安管节平稳拉向已安管节,并初步压缩 GINA 止水带,形成密闭结合腔。打开进气阀,利用水压差使 GINA 止水带充分压缩,利用排水泵将结合腔内的剩余水排出，完成水力压接。将待安管节水箱满载，保证管节抗浮系数＞1.05。最后排除结合腔内残余水，进行贯通测量。

（1）管节拉合

管节拉合是指管节着床后至 GINA 止水带初步压缩形成密闭结合腔的过程，共分为 3 个阶段：拉合千斤顶搭接、预紧，距离拉合，拉力拉合。

管节着床后，主动拉合单元伸出，与被动拉合单元搭接，潜水员检查确认。千斤顶拉至一定拉力，消除主动、被动拉合单元与拉合台座之间缝隙，记录拉合千斤顶显示的管节间距作为起始间距。

控制管节各缆力均匀，保持两侧千斤顶距离同步，将待安管节拉向已安管节，使待安管节 GINA 止水带与已安管节尾端端钢壳接触，完成距离拉合。进行潜水检查，确认对接端无异物夹杂，并测量两管节间错牙等数据。

千斤顶继续提供拉力，使 GINA 止水带鼻尖压缩，形成密闭结合腔。为防止 GINA 止水带侧翻，已安管节内操作人员适当开启结合腔排水管，少量、受控的排出结合腔内的水，帮助拉合千斤顶进一步压缩 GINA 止水带鼻尖。

（2）水力压接

管节拉合作业完成后，调整 L 缆缆力＜50 tf，已安管节内操作人员打开尾端端封门上部排水进气阀，将结合腔的水受控制地排出，利用管节尾端的水压力使 GINA 止水带进一步压缩。

为确保止水带均匀压缩，防止出现侧翻，排水初期轻微开启排水进气阀，控制放水速度。待 GINA 止水带压缩 5～6 cm 后，逐步增加排水进气阀开度。待结合腔内液位高度与排水进气阀持平，水力压接完成。

首先向待安管节首端 2 个水箱内各加水 200 t，之后利用压载泵排出结合腔内的剩余水，使 GINA 止水带充分压缩。水力压接完成后，控制 L 缆缆力＜50 tf。

（3）水箱满载

首尾端 4 个水箱加载至 4.2 m，中间 2 个水箱加载至 4.5 m，使管节抗浮系数大于＞1.05。

4. 贯通测量

开启已安管节尾端中管廊人孔门，利用潜水泵排除结合腔残余水，对 GINA 止水带压缩情况进行检查。打开待安管节排气阀排气，之后打开中管廊人孔门，检查管内情况，进行贯通测量。

通过理论分析、控制网优化设计和陆上 1：1 模拟试验验证，港珠澳大桥沉管隧道工程洞内贯通测量导线采用双线形联合锁网布测，网型强度高，对提高横向贯通误差精度增益很大（图 7-97）。

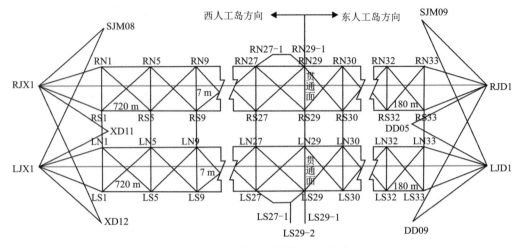

图 7-97　双线形联合锁网示意图

测量人员在结合腔内对进行错牙值及端面间距测量，潜水员在管节外侧进行错牙值及端面间距测量。

5. 管节精调

若贯通测量结果显示管节尾端偏超出设计要求，在结合腔内安装精调系统，顶推待安管节对接端，使尾端实现纠偏。精调时，安装驳船辅助提供向上的吊缆缆力，操作流程见图 7-98。

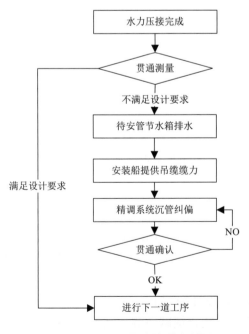

图 7-98　管节精调流程图

（1）千斤顶组及顶杆组安装

根据贯通测量结果，判断管节的调整方向，一侧布置精调千斤顶，另一侧布置限位千斤顶。

（2）管节纠偏

精调系统安装完成后，先将限位千斤顶加压锁定限位；顶推千斤顶施加预顶力，然后设定顶推千斤顶行程。

操作期间关闭钢封门。顶推千斤顶加载进行纠偏，达到预设行程后，打开钢封门，进行贯通测量，直至满足设计偏差要求。

（3）千斤顶卸载

最终压载至 5%负浮力后，进行千斤顶卸载。

6. 锁定回填

贯通结果确定后，选择平潮进行管节锁定，采用 4 艘皮带运输船在管节两侧同步、均匀回填，如图 7-99 所示。

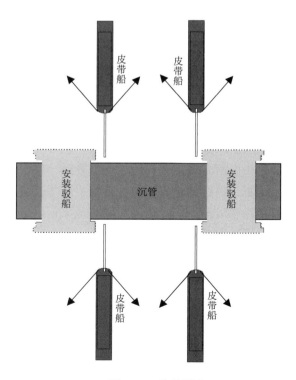

图 7-99　管节锁定

7. 舾装件拆除

安装船撤离前拆除测量塔、人孔井、压载水水下线缆、拉合系统水下线缆及深水测控应答器等，其余舾装件待安装船撤离后再进行拆除。

8. 安装船撤离及进坞

管节锚系预拉完成后，安装驳船撤离基槽拖航至西人工岛南侧抛锚，进坞准备工作就绪后组织拖轮傍拖安装驳船回坞。到达坞口后拖轮稳定安装船姿态，2 艘锚艇配合带缆，首端 2 根缆绳连至沉管系缆柱，尾端 2 根缆绳连至坞外大抓力锚。安装驳船骑坐沉管后，临时固定安装驳船，进行一次缆绳转换后再向前绞移。

7.5 特殊管节安装技术

港珠澳大桥沉管隧道工程施工中有两类特殊环境下的沉管安装，分别是隧道两侧与人工岛衔接部位的岛头段沉管安装，以及隧道中段通航航道下方的深水深槽区沉管安装，此外，隧道东段还处于平面规划设计的圆曲线段上，采用曲线管节安装，有别于一般的标准段直线管节，岛头段、深槽区和曲线段沉管安装需要采用特殊的应对措施。

7.5.1 岛头段沉管安装

岛隧结合部位置特殊，由于筑岛后局部流态发生改变，流速大，流态紊乱，流速过高形成淘涮将直接影响水下作业，如管节沉放、潜水等，也可能导致成形后的基槽发生坍塌、滩槽交换等情况，存在包括岛头挑流及回淤环境复杂、超长施工周期和预报保障系统失效等重大问题，需要通过数模试验或物模试验等手段掌握流态的改变情况，制定相应的挡流、防淤和清淤等应对措施，并需选择特定的气象窗口进行管节沉放对接，根据地形情况调整管节系泊、绞移和沉放方案。

1. 岛头段施工特点

岛头区受人工岛挑流影响流态复杂，水深较浅，受岛头钢圆筒拆除和地形条件限制，作业水域狭窄导致施工作业面窄，基础施工、管节移位和沉放时缆系操控难度大，施工船舶进出困难，锚泊定位系统需特殊布置（图 7-100）。

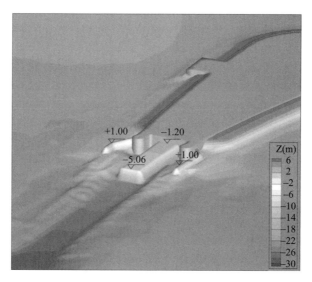

图 7-100　岛头区三维地形示意图

岛头段管节碎石基础需要采用人工、潜水和机械整平多种形式，施工周期长，管节安装前暴露时间较直线管节大幅延长，基床回淤风险很高。

岛头区施工工序复杂，作业周期长，窗口预报不确定性大，存在超长施工周期导致的作业窗口预报失效的风险。

以 E33 管节为例（图 7-101），受东侧大屿山地形和东人工岛挑流及大径流影响，基槽流场及回淤环境比西人工岛岛头更加复杂；受岛头堆载预压及挡流堤等影响，管节需在浅水区系泊，安装水域相对狭窄；E33 管节自潜水人工整平基床开始至管节开始安装的关键作业周期近一个月，作业窗口期超长，已经超出目前海洋环境预报保障系统的有效工作和使用范围，作业窗口预报失效可能导致窗口期遭遇台风；安装期处于台风、洪汛期，极端天气、大径流等对作业窗口也带来巨大的决策风险；碎石基床施工周期长，回淤控制困难，水下人工整平碎石基床区域有效清淤难度大；特殊的地理位置和特殊的安装时机导致 E33 管节安装面临前所未有的风险。

图 7-101　E33 管节安装实景图

2. 岛头段掩护方案

为有效减少和控制施工风险，以专题研究和工艺研究相结合的思路，港珠澳大桥沉管隧道工程组织开展一系列数模和物模试验，包括东人工岛岛隧结合部沉放区掩护方案数模试验、东人工岛岛隧结合部掩护方案三维潮流泥沙数模试验和东人工岛岛隧结合部各类施工临时措施波浪局部整体物模试验等，进而制定实施东人工岛岛头综合防护治理方案，对已完成的东人工岛岛头掩护区内的流场、回淤、浊度、密度等进行观测，为防淤和清淤措施的研究制定提供依据。

（1）西人工岛岛头掩护方案

受人工岛岛头挑流影响，E1 沉放区挑流水流动力明显增强，海流实测结果发现，该区域流速放大系数近 1.5～2.0，流向发生严重偏移（最大近 40°），且局部区域出现了不稳定的漩涡。受岛头挑流影响，各管节沉放区流场分布情况见图 7-102。

图 7-102　岛头挑流物模试验涨落潮表层流场

为改善西人工岛岛头区沉放作业水流条件，根据天津市水利科学研究院物模试验情况，在西人工岛岛头南北两侧设置了挡流块体（图 7-103）。

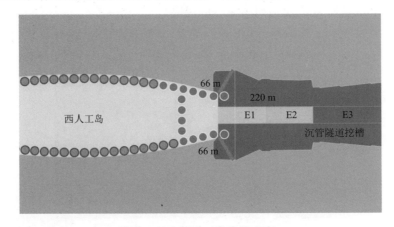

图 7-103　西人工岛掩护方案

（2）东人工岛岛头掩护方案

与西人工岛所处的相对开阔海域相比，东人工岛临近大屿山与暗士顿水道，在东侧、南侧复杂岸线影响下，东人工岛附近潮流流态较西人工岛侧更加复杂，特别是主流流向与西人工岛海域的单一性往复流特征存在一定差异，带有一定的非对称性和旋转性。天然潮流涨落时，在东人工岛西侧岛头的挑流直接影响下，临近沉管基槽内流速有明显增大，根据2015年10月于东人工岛附近的实测潮流资料分析，最大表层流速可达到1.8 m/s，即使小潮期槽内最大流速也在0.6 m/s以上。钢圆筒掩护区内有较大的平面环流，流态复杂，需要采用掩护措施以提供安装所需的条件（图7-104）。

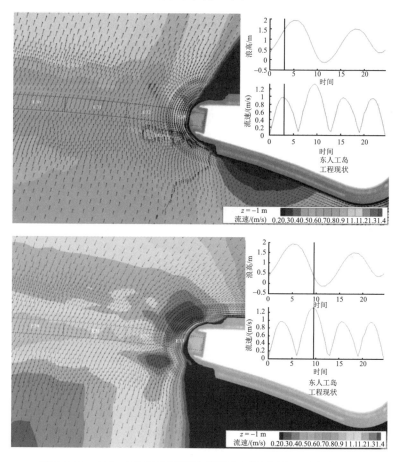

图7-104　东人工岛岛头区域涨落潮表层流态图（后附彩图）

为应对岛头挑流影响，给 E33 管节安装和潜水员水下碎石基床整平创造良好的水流条件，联合交通运输部天津水运工程科学研究院和南京水利科学研究院开展了东人工岛岛隧结合部掩护方案研究，通过 4 个阶段的数模试验，确定东人工岛岛头南北两侧布置方块重力式导流堤方案为：北堤长 72 m，与管节轴线呈 27°夹角（与东西向夹角 35°），堤顶高程+1.0 m；南堤分为两段，第一段长 18 m，与管节轴线呈 35°夹角，第二段长84 m，与管节轴线平行，堤顶高程+1.0 m。导流堤平面布置方式如图7-105所示。

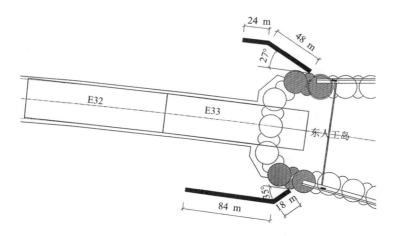

图7-105　E33管节安装导流堤掩护方案

根据数模试验成果，在东人工岛岛头采用导流堤掩护方案后，E33管节所处区域流速皆降至0.5 m/s以下，满足碎石基床潜水整平和管节安装需要。沉管安装所利用的小潮期涨落急表层流场如图7-106所示。

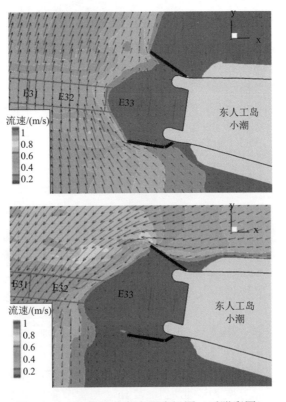

图7-106　小潮期涨落急表层流场图（后附彩图）

E32 管节和 E31 管节仍处于岛头挑流区,且由于为 E33 管节安装而设置的导流堤使得该区域水流更加湍急复杂,不利于 E32 管节安装施工。经过对保留和拆除导流堤后的流场数模分析,采用在 E32 管节安装前拆除南北导流堤的方案(图 7-107)。

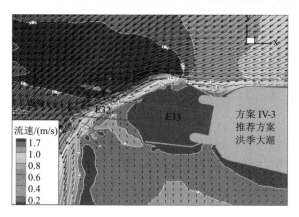

图 7-107　导流堤设置后 E32 管节处数模流场图(后附彩图)

3. 岛头碎石基床防淤方案

E33 管节长 135 m,共 46 条碎石垄,碎石基床铺设方式与 E1 管节相同,受岛头钢圆筒影响,碎石基床分为三部分施工,分别为碎石基床陆上人工整平、潜水水下人工整平和专用整平船机械整平。E33 管节碎石基床分段铺设示意见图 7-108。

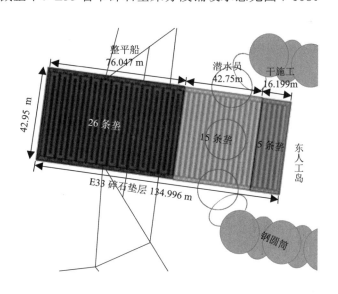

图 7-108　E33 管节碎石基床分段铺设示意图

掩护体设置后,在东人工岛岛隧结合部形成相对静水区域,利于泥沙淤积;水动力条件发生变化后，会在掩护范围内形成淤积敏感区；从基床施工到沉管安装间隔超过 40 d，掩护体范围不确定性因素多。为此，委托交通运输部天津水运工程科学研究院、南京水利科学研究院分析掩护体范围内的淤积敏感区范围，通过优化掩护体布置方式，使敏感区外移，将回淤影响降到最低。

由于东人工岛岛头内的人工陆上整平碎石垫层水下放置时间较长，筒内挖沙及大圆筒切割后可能带来的基床回淤影响，结合 E1 管节施工经验，为避免岛隧结合部碎石基床回淤影响沉管管节的安装，采取基床防淤措施是必要的。

（1）钢盖板防淤方案

陆上人工整平干铺段碎石垫层在钢圆筒切割前铺设完成，在岛内回水后管节正式安装前需要放置很长时间，淤积强度较大，且淤积区域存在不确定性。经综合比选，采用钢盖板防淤和清淤方案，陆上人工整平段碎石垫层铺设完成后，在基床顶面安放临时防淤盖板。在管节安装前清除钢盖板上的回淤物，清淤完成后采用方驳吊机配合潜水水下挂钩的方式将钢盖板和压载物逐块吊出（图 7-109）。

图 7-109 钢盖板防淤

（2）防污屏减淤方案

潜水员水下整平段碎石基床（B 区）施工工效低，施工周期长（15～20 d），已整平完的碎石顶面存在回淤的问题，经综合调研比选，选择采用全断面防污屏减淤方案，通过设置防污屏可以将浑水限制在岛头区域外侧，大多数（95%）细粒固体可防在外侧，减少屏体内外的水体交换，减少、防止碎石垫层上出现回淤，降低基床面的回淤强度和累积回淤厚度。防污屏围帘全长约 160 m，两端固定在南北两侧的挡浪墙上，中间通过两口 5 tf 锚系及混凝土块体固定（图 7-110）。

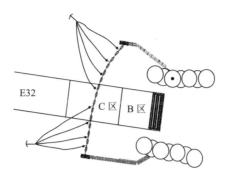

图 7-110　防污屏减淤

防污屏由包布和裙体组成，包布、裙体为长丝机织土工布。浮体为聚苯乙烯泡沫用耐油塑料膜密封，浮子的间距形成柔性段保证防污屏的可折叠性和乘波性，裙体的下端包有链条。实际实施时将浮体以下 3 m 的裙体连接高强度绳网，在绳网的下方连接长丝机织土工布及加强带，在最下方采用锚链。考虑浑水带分布可能不规律情况，同时制作 5 m 长的土工布作为备案，替代高强度绳网。在基槽底部放置一定的配重混凝土块，与防污屏连接，减少裙体较大漂移量。防污屏结构示意图见图 7-111。

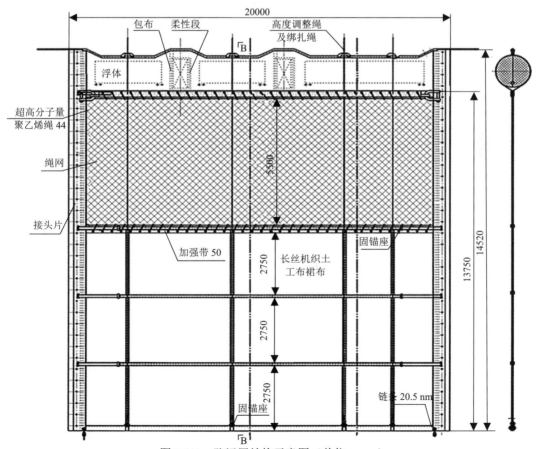

图 7-111　防污屏结构示意图（单位：mm）

通过采用放置回淤盒监测，以及利用浊度计对内外水体实测，根据监测数据分析，增加防污屏后 E33 管节回淤强度降低明显，回淤强度折减率为 50%～70%，减淤效果明显，保证了岛头碎石基床（B 区）在人工整平期间回淤量在控制范围之内。

4. 岛头综合整治方案

由于伶仃洋地处台风频繁经过或登陆的海域，同时东人工岛岛头施工水域狭窄，大型船舶的进出和布设十分困难，在钢圆筒切割移除后，保证东人工岛岛隧结合部的各项施工临时措施在遭遇台风时的稳定性和安全性是十分必要的。

通过开展东人工岛岛头施工期综合整治方案的研究，确定了主要整治对象和内容如图 7-112 所示，同时，通过波浪局部整体物模试验和断面物模试验，验证各项临时结构的稳定性，为整治方案的优化和施工提供依据。

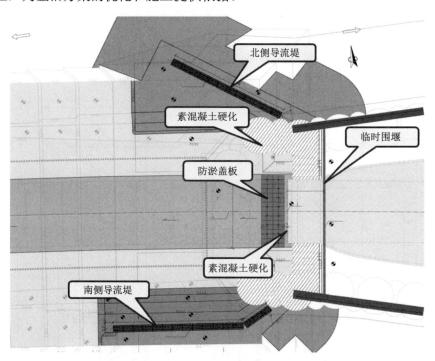

图 7-112　东人工岛岛隧结合部主要整治内容

（1）临时防越浪措施

沉管安装时拆除岛头钢圆筒，此时岛内仍需具备干施工条件，为防止台风期间岛隧结合部受浪影响岛内施工场地。在暗埋段隧道结构及二次止水墙顶部设置临时防越浪围堰，临时围堰采用袋装砂结构，围堰顶标高+7.0 m，围堰中心线距暗埋段起点约 22 m（图 7-113）。

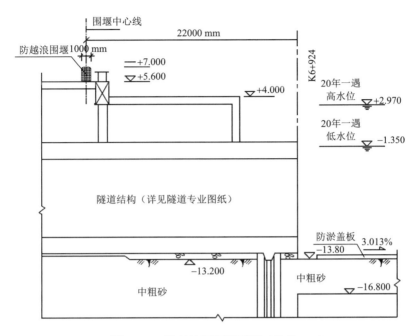

图 7-113　防越浪围堰断面图（单位：m）

（2）临时防冲刷措施

为防止岛隧结合部的钢圆筒、二次止水墙顶部回填砂在波浪作用下被冲刷，在钢圆筒及二次止水墙顶部采用素混凝土进行硬化。同样为了避免钢圆筒切割移除后暗埋段的两侧边坡和碎石基床在波浪作用下被冲刷，将开挖后的边坡表面及管节对接处的碎石基床外露表面均采用素混凝土进行硬化（图 7-114）。

图 7-114　东小岛内开挖后边坡硬化防冲刷

（3）临时防淤盖板稳定措施

防淤盖板为钢结构，共 4 块，单块尺寸为 10.8 m×13.6 m。盖板上压载混凝土块体，单块防淤盖板的重量约为 8.5 t，根据物模试验结果，增加混凝土块体配重至 31 t，保证其在波浪作用下的稳定性。

（4）临时导流堤及其基础

为应对岛头挑流影响，给 E33 管节安装和潜水员水下碎石基床整平创造良好的水流条件，总项目部联合交通运输部天津水运工程科学研究院和南京水利科学研究院开展了东人工岛岛隧结合部掩护方案研究，通过 4 个阶段的数模试验，确定东人工岛岛头南北两侧布置方块重力式导流堤方案。

导流堤采用方块重力式结构，标准块体尺寸为 4.0 m×6.0 m×6.0 m，南堤拐角处块体加强为 5.0 m×6.0 m×6.0 m。导流堤块体的基础采用 10～100 kg 块石，块体安装底标高为–5.0 m，堤顶标高为+1.0 m。同时，为避免波浪作用下，隧道边坡冲刷后块石进入隧道基槽内，在边坡上设置–9.0 m 的平台，平台宽度为 10 m，平台外侧 5 m 范围及以上边坡采用 80 cm 厚 10～100 kg 块石护坡。此外，根据物模试验结果，波浪越过南侧导流堤堤顶后产生向下的冲击力，使得块体后方产生局部冲刷，进而影响块体的稳定性，因此在南侧导流堤块体后方抛填两层 300～500 kg 护面块石（图 7-115）。

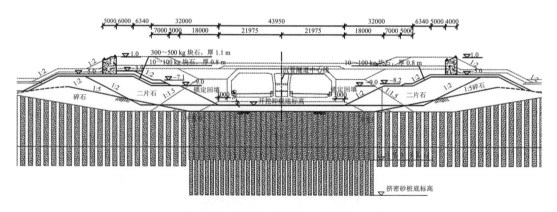

图 7-115　E33 管节导流堤结构断面图

注：尺寸标注单位为 mm，标高为 m。

断面物模试验及局部整体物模试验结果显示：在给定的设计工况及校核工况下，导流堤素混凝土块体稳定性满足要求、隧道基槽内碎石垄垫层及两侧的碎石基础未受到明显冲刷。

（5）其他

采用二次止水墙前波吸力的实测值对其稳定进行了复核，验证了二次止水墙在给定工况下是稳定的。采用钢封门上的波压力、波吸力实测值对钢封门的刚度及强度进行验算，结果满足要求。

5. 岛头区施工安排控制要点

E33 管节所处的东人工岛岛头段施工工序繁多，涉及基槽开挖、钢圆筒拆除、基础处理和岛头防护设施等多工序多工种施工，初步统计涉及如表 7-21 所示的 17 项工作内容，其间伴随工序交叉作业，施工质量要求高安全保障难度大。图 7-116 为 E33 管节总体施工工艺流程图。

表 7-21　E33 管节安装东人工岛头施工工作内容统计表

序号	工作内容	序号	工作内容
1	E30～E33 基槽精挖	10	圆筒区基床水下抛石、夯平
2	E30 抛石夯平	11	导流堤抛石、安装
3	东人工岛岛内基础开挖及防护	12	水下人工碎石整平前清淤
4	陆上碎石铺设	13	水下人工整平
5	防淤设施等安装	14	机械碎石整平前清淤
6	岛内灌水	15	整平船碎石整平（3 个船位）
7	钢圆筒内回填砂挖除	16	防淤保护罩拆除
8	钢圆筒和副格切割、移除	17	E33 管节浮运安装
9	切割后筒顶柔化处理钢帽安装		

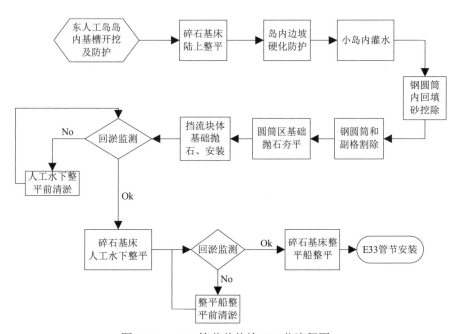

图 7-116　E33 管节总体施工工艺流程图

受东人工岛地形及南北两侧导流堤限制，E33 管节在第三转向区转向后沿基槽横拖约 1 km 后，拖轮作业水域受限，管节可驻留的区域有限，在 E31 管节基槽水域开始系泊之后绞移至安装位置，绞移距离约 300 m。由于系泊绞移期间换缆次数较多，场地狭窄，且缆系操作受导流堤和人工岛周围浅水区影响较大，长距离绞移遭遇异常情况安全操控风险较大，需要根据作业窗口预报流场数据安排合适的时间段进行施工。E33 管节系泊方案如图 7-117 所示。

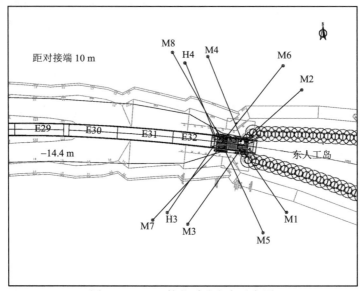

图 7-117　E33 管节系泊方案示意图

7.5.2　曲线段沉管安装

港珠澳大桥沉管隧道 E29～E33 管节平面位于曲率半径为 5500 m 的圆曲线段上，纵向位于竖曲线段上，为本工程最后施工的 5 个管节。该区段管节的平面布置见图 7-118。

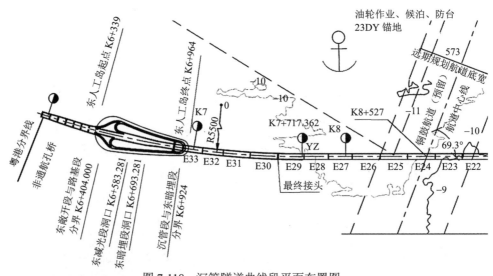

图 7-118　沉管隧道曲线段平面布置图

曲线管节标准横断面与直线段相同,管节预制时采用"以折代曲"的方式进行平曲线的拟合,即 180 m 长曲线管节由 8 节中心线长度为 22.5 m 的直线楔形节段组成,形成一个外长、内短的折线管节,其中组成管节的每个节段为南北两侧长度不同的梯形(直线段管节的节段为矩形)。180 m 曲线管节的矢高为 0.739 m,135 m 管节曲线矢高为 0.416 m。曲线管节平面组成示意如图 7-119 所示。

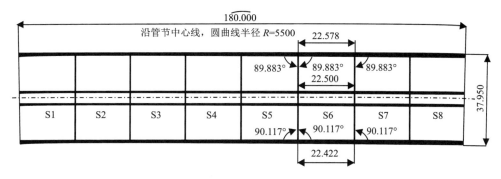

图 7-119 标准曲线管节结构平面示意图(单位:mm)

曲线管节碎石垫层采用"以直代曲"方式进行设计施工。以管节首尾两端中点连线作为碎石基床轴线,所有碎石垄垂直轴线布置,碎石垫层纵坡为首尾两端中点高差与轴线长度比值。曲线段碎石垫层顶宽 42.95 m,较直线段宽 1.0 m,其他参数与直线段相同(图 7-120)。

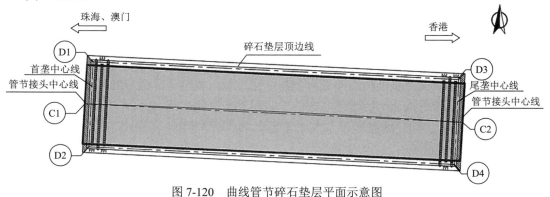

图 7-120 曲线管节碎石垫层平面示意图

此外,在舾装件布置方面,曲线段管节端部舾装件包括首端导向杆、拉合台座、尾端导向托架、拉合台座均按轴线垂直于端钢壳布置。管节压载水箱的布置也要考虑管节形状和曲率的影响,尽量保证压载的重心与管节的重心重合。

1. 曲线段安装主要问题

港珠澳大桥沉管隧道曲线段管节处于东人工岛岛头区,且其间还包括有最终接头,与直线段标准管节相比,曲线管节预制尺寸控制、标定、安装测控难度高,施工环境和作业条件更加复杂，安装精度和质量标准要求更高，沉放对接姿态和安装轴线控制难度更大，总体质量控制风险增高。曲线段管节面临的主要问题和采用的应对措施如下。

（1）曲线管节的偏心问题

曲线管节重心、浮心均不在管节轴线上，重心、浮心与管节形心不重合，且在沉放过程中还会随管内加载量的不同和管顶测量塔、长人孔入水深度等条件的变化而发生变化，沉放时管节平衡和姿态控制难，存在因偏心引起的管节倾斜等稳定性问题。

采用管内压载水配载结合管节吊索调整综合应对，同时利用管节姿态监测系统全程实时监控。首先按照理论计算结果在桂山沉管预制工厂深坞区进行压载水调整配载试验，确定管节在漂浮状态、消除干舷和提供负浮力等不同阶段调平配载方案，同时制定在表底层海水密度发生变化时的配载调整方案；其次在整个浮运沉放过程中需要随时注意管节姿态监测系统数据和系泊安装绞车系统的缆力数据，及时调控管内压载水的配载保持管节稳定平衡，必要时采用吊索辅助进行姿态调整。

（2）曲线管节压接控制问题

受管节曲率影响，管节受到的周围水压力和基底摩擦力不对称，将加剧直线管节中本就存在的压接不均匀问题，先铺法曲线管节对接控制和精度保证难度更大。管节拉合时可能会在基床上出现不规则运动，影响密闭结合腔的形成，水力压接过程中 GINA 止水带也会存在因受力不一致引起的更大程度的不均匀压缩，导致管节尾端轴线不受控的问题突出。

采用信息化的方法调控管节与基床的摩擦力，使 GINA 止水带压接趋向均匀。综合利用安装船缆力监测系统、安装船吃水监测系统、管节拉合监测系统、管节水力压接监测系统等监控管节在对接过程中的受力状态，通过数值模型计算确定对接过程中的调控方案，通过调整管内南北两侧水箱不同的压载量和安装吊索缆力，控制管节在拉合和压接阶段所受的不同摩擦力，抵消不均匀水压力影响，控制管节拉合和压接相对均匀受控。

（3）曲线管节测量控制问题

最终接头处于曲线段管节中间，对两侧管节安装精度和姿态要求相对较高，而曲线管节采用折线拟合过程中节段制作和管节整体张拉都会引起较大累积误差，管节轴线和端面姿态的相对精度较直线管节低，曲线管节自身精确标定困难，此外，受水深限制在标准管节应用成熟的声呐相对定位测控系统在曲线管节中无法使用，加之上述管节偏心引起的安装姿态调整、定位控制难，以及拉合和压接过程中不均匀性因素影响，最终都会导致管节安装轴线精度控制存在问题。

采用绝对定位法进行曲线管节安装过程中的测控定位，辅以管内精调预案解决曲线管节轴线控制问题。使用双测量塔法测控系统进行曲线管节安装过程中的首尾绝对定位，同时采用投点法精确获取管节对接后的绝对坐标和端面姿态，辅以管内精调预案的使用解决曲线管节轴线控制问题，同时开展最终接头测量控制专题研究，制定曲线管节线形控制方案。

双人孔井投点主要利用 GPS 静态测量技术实现首、尾人孔井投点特征点绝对位置坐标采集，利用人孔井投点特征点与管节各特征点之间事先标定的相对位置关系，以及安装到位后管节实际倾斜数据进行空间三维坐标解算，精确得到管节特征点实际隧道坐标和管节端面空间姿态。双人孔井投点方法定位原理图见图 7-121。

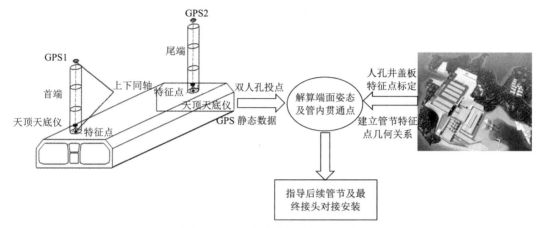

图 7-121　双人孔井投点法原理图

（4）曲线管节线形控制问题

由于 E29 和 E30 管节之间为预制安装式最终接头，需要提前注意两侧曲线管节的总体线形控制问题，制定专项线形控制方案，使最后沉放的 E30 和 E29 管节之间的相对轴线和高程偏差满足最终接头安装容差要求。待 E30 管节安装完成后，采用双人孔投点法和管内贯通法精确测量管节尾端横向偏差与端钢壳扭角，根据测量数据和最终接头对接需求对 E29 管节尾端安装姿态提出要求。待 E29 管节沉放到位后，根据贯通测量结果判断 E29 管节尾端横向偏差及端钢壳扭角是否满足最终接头要求，若不满足则进行管节精调。最终接头位置示意图见图 7-122。

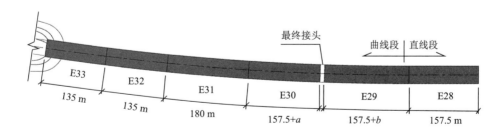

图 7-122　最终接头位置示意图

由于东西进洞导线长度差别极大，西人工岛进洞导线长度近 6 km，测控基准等级存在差异，贯通测量精度不足时会导致最终接头无法对接风险。通过开展贯通测量专题研究将管内导线测控精度提高到了 5 cm 的精度要求。东西进洞导线贯通测量示意图见图 7-123。

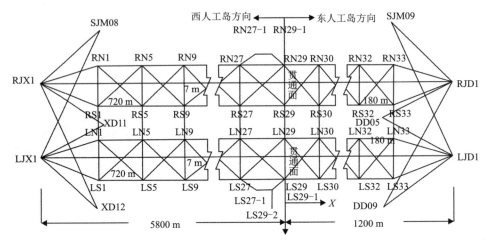

图 7-123　东西进洞导线贯通测量示意图

此外，受管节平面曲率和碎石垫层纵坡综合影响，曲线管节两对接端存在沿管底纵向中轴线轻微旋转错位的现象，如图 7-124 所示，由此会造成两管节对接端实测相对偏差（管顶相对高差和管内端钢壳处相对错牙值）偏大，经核算因此引起的管节顶面轴线理论偏位和管节南北两侧角点理论高差约为 1.5 cm。在水力压接前的潜水检查和之后的贯通测量中应注意由此带来的影响，合理判断和确定管节对接质量和精度。

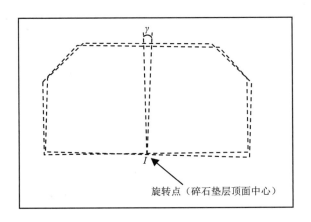

图 7-124　曲线管节对接端旋转错位示意图

2. 曲线管节拉合机制分析

曲线管节对接偏转的原因，是因为管节的惯性力作用点（管节的质心），以及与管节摩擦力合力作用点（管节底板的形心或其他位置），它们不在平行于管节运动方向并过拉合千斤顶合力作用点的线上。通过采用两种计算方法（公式推导和时间分步计算）相互验证，以及利用现场拉合过程实测数据的反演分析，对曲线管节的拉合过程受力运动机理进行了解析（图 7-125）。

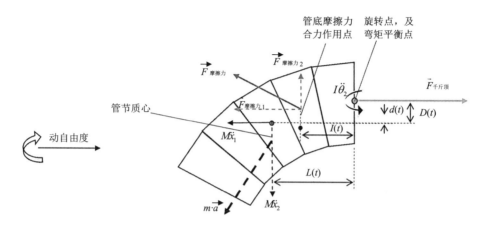

图 7-125　曲线管节拉合受力分析示意图

（1）曲线管节拉合运动模式

虽然拉合千斤顶是行程和压力双控，但是曲线管节不可能与千斤顶同速运动。曲线管节只存在一种运动模式：加速，减速，被千斤顶追上，再加速，反复这个运动过程直至接触 GINA 止水带。

（2）影响尾端偏移量的因素

造成曲线管节尾端偏移主要受三个因素影响：拉合总行程、质心相对位置和动摩擦力作用点相对位置，而拉合速度、拉合力大小、摩擦力大小和管节质量等因素对尾端偏移的影响基本完全可以忽略。曲线管节拉合影响因素示意图见图 7-126。

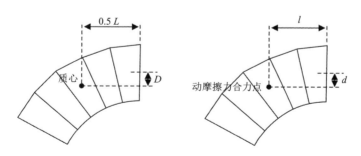

图 7-126　曲线管节拉合影响因素示意图

其中尾端偏移量与拉合总距离（即管节运动行程）几乎成 1∶1 线性增长关系；管节就位后，在拉合前的初始位置，D 越大，尾端偏移量就越大，接近平方关系增长；L 越大，尾端偏移量偏转略微减小；管节被拉合往前运动时，d 越大，偏转越小，几乎成 1：l 线性关系；l 越大，偏转越小，几乎是 1：1 线性关系。

（3）曲线管节拉合尾端偏移量

根据计算，对于长为 135 m 的 E33 管节，由于曲线形状造成的尾端最大偏移量计算结果是 1 cm；如果因尾端吊缆操作而减轻管节尾端压力，导致管节底面摩擦力的合力作用点从形心向前移 1/4 个管节长度，尾端最大偏位可增加至 2 cm。这些计算考虑了碎石基床横向摩擦力分力的有利作用，如果不考虑，简化计算时管节尾端偏位约 5 cm。

此外，考虑与 GINA 止水带接触后 GINA 止水带反力会对管节尾端的偏转控制起到有利作用，拉合行程与偏位呈 1：1 线性增长关系。

3. 曲线管节水力压接分析

相比直线段上的管节，曲线段管节在水力压接后，由于管节形状的不规整，GINA 止水带受到的压缩力不均匀，压缩量差异。为此需分析研究 GINA 止水带不均匀压缩力，计算曲线段管节水力压接后 GINA 止水带的不均匀压缩量程度，确保工程的平面线形可控。

（1）分析思路

按选取典型管节→分析与确定受力模型→计算不均匀力矩→计算 GINA 止水带压缩量的总体思路进行。

首先，从曲线段的若干个沉管管节上选取一个典型管节来分析。确定沉管安装水力压接阶段时该管节上所有的作用力，并计算不平衡力矩。管节上的不平衡力矩将传递给 GINA 止水带，使 GINA 止水带产生不均匀压缩（图 7-127）。

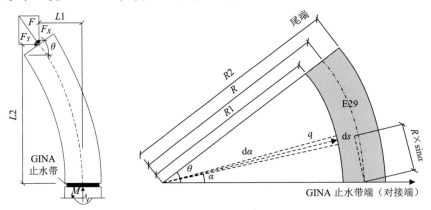

图 7-127　尾端水压力计算模型和侧墙水压力积分计算模型

由于 GINA 止水带的压缩与受力的非线性，无法通过不平衡力矩直接计算 GINA 止水带的理论不均匀压缩量，假定 GINA 止水带的不均匀压缩值，计算 GINA 止水带不同程度的不均匀压缩时的反力力矩。

最后，比较管节自身不平衡力矩与 GINA 止水带反力力矩，评估曲线段管节结构形状对 GINA 止水带不均匀压缩的影响程度。

（2）分析结论

管节尾端端面相对 GINA 止水带端端钢壳存在转角，作用于管节尾端的水压力将对管节产生一个顺时针力矩；作用于侧墙的水压力由于不对称，对管节将产生逆时针力矩；尾端力矩与侧墙力矩相互抵消。由此可知，水压力对管节的 GINA 止水带对接面不产生任何力矩，唯一产生力矩的外部来源是基床摩擦力。

计算表明基床摩擦力对管节弯矩的影响小，基本无影响。基床摩擦力取决于两个因素：管节的负浮力与管节结构形状的偏心量。负浮力越大，摩擦力越大；而偏心程度取决于管节的长度与曲率半径，长度越长，曲率半径越大，管节越偏离压接面的中垂线。

GINA 止水带不均匀压缩时的反力大小取决于 GINA 止水带的硬度，高硬度的 GINA 止水带不均匀压缩时比低硬度的 GINA 止水带需要更多的弯矩，相对更难产生不均匀压缩。

对于港珠澳大桥沉管隧道，沉管管节中心线的曲率半径 5500 m，管节长 180 m，计算得到的 GINA 止水带不均匀压缩量小于 1 mm。GINA 止水带仍保持均匀压缩，对于工程的线形控制的影响可忽略。

4. 曲线管节安装控制要点

与直线管节不同的地方主要是受环境条件和管节曲率影响，包括管节在基槽内的横拖和系泊绞移的操作方法等，其中重点是管节的对接操控方法。

（1）管节着床控制

曲线段管节着床有两种控制方式：第一种为控制管节轴线与隧道设计轴线重合；第二种为控制管节首端端钢壳与暗埋段（已安管节尾端）端钢壳平行。为保证后续拉合作业顺利进行，采取第二种着床方式，如图 7-128 所示。管节尾端控制点实际坐标与设计坐标的横向偏差 ΔX=11.5 cm，ΔY=79.6 cm。此外，根据拉合受力运动机制分析结论，在保证安全可控的前提下，管节着床时距已安管节的距离越近，越有利于后续管节拉合的控制。

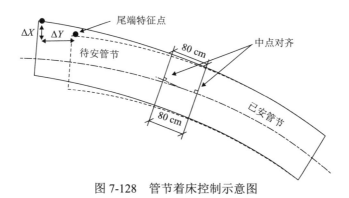

图 7-128　管节着床控制示意图

（2）管节拉合控制

曲线段管节采用与直线段管节相同的"位移相同"拉合模式，即保证拉合过程中两侧拉合千斤顶的油缸收缩距离相同，使管节 GINA 止水带端与东人工岛暗埋段端（或已安管节）钢壳基本保持平行直至 GINA 止水带接触端钢壳。如图 7-129 所示。由于曲线段管节重心不在拉合合力的延长线上，受摩擦力影响在拉合过程中管节尾端可能会存在偏位，此时应注意测控系统显示的管节尾端横向偏差，必要时利用管节安装缆 H3、H4 进行调整。

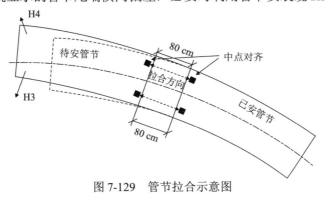

图 7-129　管节拉合示意图

（3）水力压接控制

曲线管节接水力压接方法与标准段管节相同，经过计算在 GINA 止水带压缩过程中管节曲率影响水压力并不会使管节偏向一侧，但存在管节底板与碎石垫层摩擦力不均匀的影响。水力压接过程控制管节负浮力不宜过大。

7.5.3　深槽区沉管安装

有别于世界范围内其他一般意义上的深水沉管隧道，如韩国釜山—巨济沉管隧道，以及土耳其博斯普鲁斯海峡沉管隧道，由于远期规划航道的通航水深所需，港珠澳大桥沉管隧道属于深埋式深水沉管隧道。隧道区海床原泥面实际标高为–6～–12 m，而上述深水区管节（E9～E27）的基槽开挖底标高为–45～–50 m，按原泥面平均标高为–10 m 计算，该区段基槽实际深度为 35～40 m，槽深是同类沉管隧道的 3～4 倍（图 7-130）。

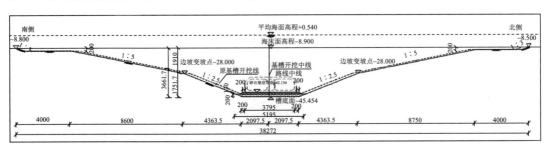

图 7-130　E20 管节（深水区、非航道）基槽断面图
注：图中尺寸标注单位为 mm，标高为 m。

深水深槽沉管安装是世界范围内首次尝试，面临巨大挑战。港珠澳大桥沉管隧道 E10 管节遭遇槽底异常海流造成管节对接偏差偏大，以及 E15 管节遭遇槽底回淤和边坡滑塌造成两次被迫放弃安装，都与深水深槽的特殊环境有直接关系。

1. 深槽区施工特点和难点

管节进入深槽以后，受槽内复杂流态及缆系刚度弱化影响，沉管安装面临诸多问题。管节的质量重达 7.8 万 t，运动中管节动能大，运动响应敏感。沉管安装作业全过程位于水下，基槽深度超过 35 m，最深处达 46 m，管节运动及姿态监测和控制难度大。随基槽深度增加，缆系刚度弱化严重，对沉管运动的约束能力迅速下降。受潮流、径流、海底地形综合影响，槽内流态极为复杂，开展的海流观测发现槽底存在高速水流，对沉管对接精度及安全将造成较大影响。具体难点如下。

（1）槽底海流流态复杂

深水基槽区受多条航道交叉影响，施工区海底地形复杂多变，受海底地形、径流、潮流的综合影响，槽底存在流速高、流向不规则的紊流，海流三维速度矢量离散性较大，有竖直向的分量，同时槽内水流动力强度空间分布不均（图 7-131）。

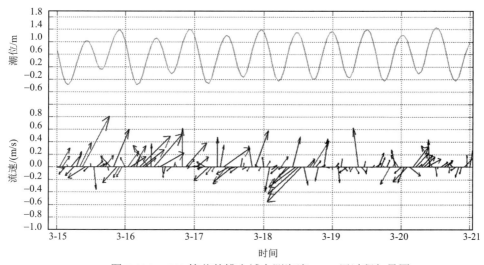

图 7-131　E10 管节基槽水域实测海流 32 m 层过程矢量图

（2）沉放对接操控难度增大

根据实测资料，深水区管节着床对接位置正处于基槽紊流区，由于紊流造成了槽底流向和流速的无规律跳跃性变化，将对管节在水下的姿态控制带来不利影响；同时，受水深增加和深槽边坡影响，安装缆系相应变长，缆系刚度降低深水深槽区的管节沉放对接操控难度和质量保证难度都大幅增大（图 7-132）。

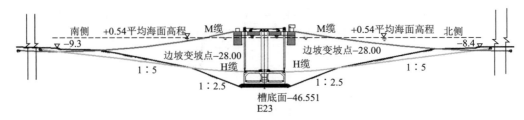

图 7-132　管节安装锚系立面示意图

在沉管对接前，管节尚处于漂浮状态时，由于平面控制缆索长度较大，对管节运动的约束能力降低，在这种复杂水流的作用下，沉管可能发生一定幅值的横荡运动，可能造成沉管对接设备设施的碰撞损坏。

（3）基槽回淤和边坡稳定性风险

深水基槽区受边坡稳定、洪汛季节和外部施工环境（上游采砂和疏浚）等综合因素影响，发生大强度基槽回淤、突淤风险大。具体成因包括：遭受台风影响，基槽内出现大范围突淤现象；深水基槽坡边坡开挖精度控制难度大，边坡平顺质量保证难度大，坡顶和边坡不规则处遭冲刷造成基槽回淤；基槽淤泥质边坡因开挖形成的局部质量问题，在长期的外部荷载条件下发生的突然局部失稳滑落至槽底，造成局部突淤；边坡处长期累积的淤泥质细颗粒在紊流等外部环境条件下引发的突然崩塌，导致的局部突淤现象；深槽区管节着床时，由于管顶处于泥面下，控制管节平面位置的安装缆将嵌入泥面中，操作不当亦会引发边坡破坏。

2. 深槽区海流研究

河口的水流受到径流的显著影响，由于盐淡水混合强烈，使得盐度分布在垂直和水平方向上存在着密度坡降而形成密度流，进而在涨落潮时形成上下层不一致的斜压流。南京水利科学院对珠江口的研究表明，涨潮时，盐水楔随涨潮流从深槽底层潜入，密度坡降与水面坡降一致，涨潮流速增大，另外，由于底层密度坡降显著大于表层，底层流速明显大于表层。2007年8月的中潮和大潮期间，大濠岛测站观测到了底层盐度和流速明显大于表层的现象。港珠澳大桥沉管基槽水域位于珠江口盐水楔活动区，受其影响，底层流速在一定条件下会明显大于表层。

针对深基槽的海流，通过开展大量潮流、密度同步观测，研究深基槽内水流水动力机制，为深基槽水流预报模型的建立提供了理论依据。

（1）基槽海流观测

1）观测仪器

坐底式海流观测采用声学多普勒流速剖面仪（图 7-133），仪器参数如下。

型号：阔龙 600 kHz。

产地：挪威 NORTEK 公司。

最大测量剖面：30～40 m。

测量范围：±10 m/s。

测量准确度：示值的±1%、±0.5 cm/s。

图 7-133　观测仪器

2）仪器设置和安放

坐底式测量流速剖面仪均安置在不锈钢支架内，支架投放在海底，声学换能器发射面朝上，设置每 30 min 记录一次，层距为 1 m。不锈钢仪器支架呈四边形锥体，高 0.9 m，底宽 1.2 m（图 7-134、图 7-135）。

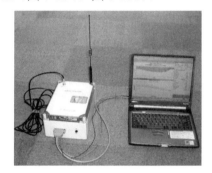

图 7-134　ADCP 高速无线数据遥测系统

图 7-135　海流计安装与测量

3）观测时间和点位

委托中国科学院南海海洋研究所和国家海洋环境预报中心分别进行基槽不同部位的观测，所述施工工区也在每节沉管安装前进行待安管节区域基槽底部的水流观测，空间上从西人工岛岛头 E1～E23 管节，以及东人工岛岛头的 E28～E33 管节处都进行了海流观测。时间上自沉管安装前的 2012 年直至沉管安装完成的 2016 年，据不完全统计，整个基槽内共进行了超过 70 个站次观测，总观测超过 2 万个时次，涵盖了各个季节、各个槽深、各个潮期、各种环境下的海流情况。

4）观测资料分析结论

通过开展大量潮流、密度同步观测，首次发现了深基槽内流速竖直向时空分布的"齿轮现象"。深槽水流的"齿轮现象"指的是深槽中的大流速随潮位呈上下振荡。落潮时，深槽中的大流速位于基槽上层；涨潮时，大流速位于基槽下层。由于该海域位于珠江淡水与南海北部高盐度海水的交汇区，深水基槽上下密度差产生的密度流引发该"齿轮现象"。值得指出的，基槽中下层大流速区往往发生在由涨潮过程中的中间时段，这一特征对诊断和预测低层大流速发生及持续的时间，提供了重要的理论依据（图 7-136）。

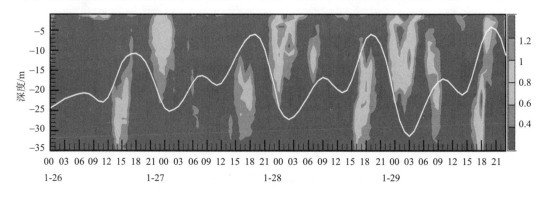

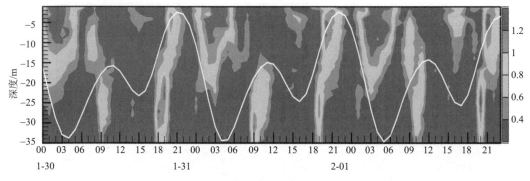

图 7-136　E9 管节测点海流深度–时间剖面图

在国内外首次真正测量了深基槽内部三维流系结构，真实厘清了深基槽边坡、槽内分层流速、流向分布格局，通过测量得出了"深基槽内存在明显的竖直向回流、槽底流速较高、槽内存在螺旋流系"的特征，对深基槽内细部流态和基槽淤积的机制有了新的理论认知。

（2）基槽水流动力机制分析

通常情况下，河口的水下地形平缓，河口涨落潮时的环流情况如图 7-137 所示。落潮时由于上层河流的淡水输入，流速从表面随深度逐渐减小。涨潮时由于高密度海水沿深槽边坡下沉，同时由于低摩擦的作用，使得下层水流流速大于上层水流流速，最大的流速层在接近底部偏上的深度。

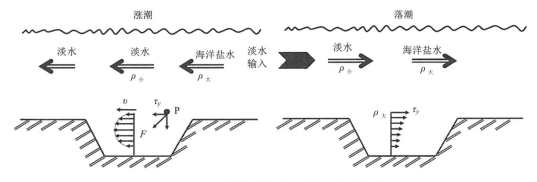

图 7-137　涨落潮时的上下层水流概念模型

受珠江口冲淡水的影响，在潮汐的作用下，近海深槽的海流水平速度在垂直方向呈"齿轮"结构分布；涨潮时，深槽流底层流速大于表层流速；落潮时，表层流速大于底层流速。图 7-138 是涨落潮时典型的流速随深度变化曲线。

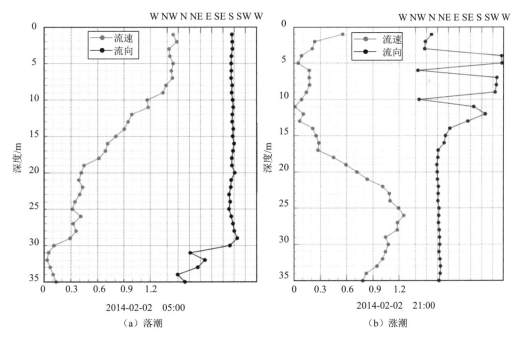

图 7-138　涨落潮时水流随深度典型分布

综上，基槽内水流特征可以概括如下。落潮位相：基槽内上层流速大、下层流速小；涨潮位相：基槽内下层流速大、上层流速小；而且上述基槽内流速不对称分布的现象与水深、径流量和高低潮差有关。

当水深较浅时（小于 20 m）基槽内涨潮时无下层流速大的现象，而是表现为上下层均匀的南北向往复流；当水深较深时（大于 20 m），基槽内涨潮时下层流速大、上次流速小，而且随着水深增加，这种现象越明显。

当径流量小时，河口淡水和外海咸水涨落潮过程中在基槽上方交替，此时涨潮时基槽内下层水流流速大，而当径流量大，以至于涨落潮过程中淡水和咸水的交替在基槽以南，基槽上方基本被淡水覆盖时，涨潮过程中基槽内下层流速大的现象不明显。

当高低潮差大时基槽内下层流速大现象明显，当高低潮差小时基槽内下层流速大的现象不明显。

3. 深槽区施工控制措施

通过对沉管安装经验总结分析，综合考虑深水深槽施工特点和难点，从增加测量控制手段、基槽海流的监测分析、管节姿态的监测分析、沉放对接导向限位装置的改进、加强安装缆系的控制等几方面着手制定深槽安装专项应对措施。

（1）增设海中测量平台

为提高管节测控系统的可靠性，以光学测量作为 GPS-RTK 测量控制的校核和备用手段，在 CORS 系统信号出现问题等异常情况下管节仍然能够定位安装，在 E17 和 E24 管节北侧新建两座测量平台（图 7-139）。测量平台上设置 GPS 参考站，同时架设全站仪，通过追踪观测设在管节尾端测量塔上的棱镜解算管节定位数据，以提高管节安装过程中的测量数据的可靠性和稳定性。

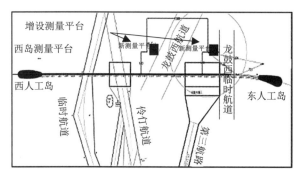

图 7-139　隧道区测量平台位置图

（2）开展深槽内海流实时监测

利用坐底式海流计定点对待安管节处基槽内的海流进行观测，分析槽内海流的特征，判断其对管节沉放对接的影响程度，尽量控制在基槽内管节所处位置为小流速的时段进行管节着床和对接操作，减小管节在水下的控制难度。

考虑沉放过程中由于巨型管节形成的阻水效应，槽内海流状态还会发生变化，在管节安装过程中利用设在安装船上的海流计进行槽内海流的实时监测，研究开发沉管对接窗口专用精细化预报保障系统，对管节的着床和对接时机做进一步分析和选择（图7-140）。

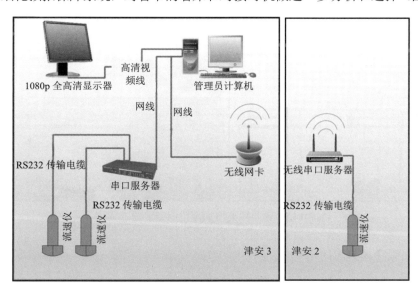

图 7-140　海流监测系统硬件网络图

（3）开展管节姿态监测

利用设在管内的姿态仪监测管节在安装过程中的运动姿态，掌握在深槽条件下管节在水下的晃动幅度和频率，弄清楚在缆系控制和海流影响下的管节运动反应，从而反馈指导后续的施工操作。

（4）优化导向托架结构

优化导向托架的结构形式，采用后限位构造。将导向托架原设计调位用的两侧钢垫板取消，导向杆在导向托架内的可运动空间增大至 10 cm，增大导向杆入座时的可运动空间，降低对导向装置的撞击力（图7-141）。

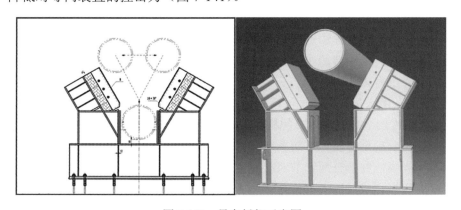

图 7-141　导向托架示意图

此外，在取消原设计的调位垫板的前提下，为提高导向托架的定位能力，尽可能减小安装对位时的错牙量，在导向托架两侧增设限位用螺旋千斤顶，在管节着床后根据错牙值的大小由潜水员配合进行两侧螺旋千斤顶的调节限位，然后再精确调整管节轴线满足隧道线型控制要求（图 7-142）。

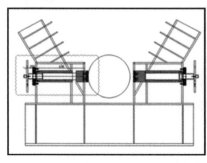

图 7-142　导向托架增加限位用螺旋千斤顶图

（5）加强导向装置防滑移能力

导向托架和导向杆舾装时增加底角限位措施，提高其在水下的防滑移能力。已预制完成的管节，导向杆和导向托架标定完成后，在腰型螺栓孔内填塞月牙形塞块，防止滑移；同时，导向杆和导向托架采用焊接限位块方式防止滑移，限位块焊接在导向杆和托架的预埋件上。

（6）加强安装缆系控制

高度重视缆系的刚度控制与管节运动姿态之间的关系，对安装缆的预张力和沉放各个阶段的缆力加强控制，安排专人监视锚缆状态，必要时安排进行理顺处理；在缆系设计使用范围内根据监测需要适当增大缆力值，同时注意缆系各缆力的相对均匀性，提高缆系的整体刚度，从而减小管节在水下的晃动。

（7）优化潜水配合方案

在待安管节距离对接端约 2 m、距离基床约 2 m 时，潜水员对 GINA 止水带和端钢壳的清理情况和有无附着异物进行检查确认。

在待安管节距离对接端约 1 m，距离基床约 2 m 时，潜水员目视引导导向杆进入导向托架，辅助管节着床操作。

管节着床后，潜水员首先通过探摸底角限位装置确认导向杆和导向托架位置无异常变化，再利用水下专用测尺测量管节的相对偏位是否存在异常，需要时配合调整管节轴线。

管节开始拉合后至待安管节距离对接端约 0.5 m 时，潜水员检查 GINA 止水带和端钢壳之间有无异物，并检查两管节对接端相对错牙是否存在异常，辅助确认管节姿态。

管节水力压接完成后潜水员检查 GINA 止水带压缩状态是否正常，并测量管节端面间距离。

（8）加强基槽回淤和边坡稳定监测

采用多波束系统水下地形测量、单波束双频+浮泥监测系统、槽底浮泥密度检测及潜水探摸取样等多种手段进行基槽回淤监测工作；基槽边坡开挖采用精挖工艺控制开挖质量，必要时进行平顺修坡处理。

台风或强对流天气前后必须安排多波束扫测对比，确定有无突淤问题的发生；加强边坡日常监测，及时发现局部变形和突淤问题；增加多波束检测和潜水探摸的次数，在碎石垫层铺设后沉管浮运至现场前安排 3～4 次检测和探摸，通过加密检查提前发现突淤和异物。

7.6　深水沉管回填技术

为了提供沉管安装到位以后的抗浮稳定性，防止迷航、失控船舶撞击或者抛锚、拖锚冲击破坏，以及避免海底紊流冲刷沉管隧道，给隧道后续安全运营带来隐患，需对沉管两侧及顶部一定范围进行回填防护。

1. 沉管回填分类

从隧道纵向上划分，包括中间段回填、岛头段回填、航道段回填等不同的段落和形式，需根据不同的地形、海流和防护要求设计不同的断面形式，如岛隧结合部露出海床面的隧道斜坡段抛填大块石或人工块体防撞护坦予以保护，航道段需要抛填足够大粒径块石以抵抗大型船舶螺旋桨尾流影响等。在横断面方向，沉管隧道回填防护按照功能分为锁定回填、一般回填和护面层回填三个组成部分（图 7-143）。

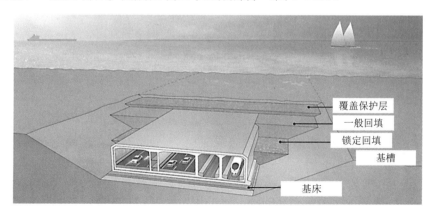

图 7-143　沉管隧道回填防护示意图

锁定回填应在管节沉放对接并贯通测量无误后立即进行，一般选择透水性能好的碎石、砂砾或粗砂，按照"局部锁定在先、横向对称推进"的原则进行。一般回填是在锁定回填后紧接着实施，工程量最大，一般可选择碎石或海砂，同样需要两侧对称进行，实际实施时需要协调好船舶尽快完成。护面层回填一般采用粒径较大的块石，回填时需要选择合适的施工工艺减少对管节主体结构的冲击影响。

2. 回填方式选择

当回填水深较浅时，可选用铲斗式挖泥船或自带反铲式挖掘机的石料驳船进行直接抛填施工，如图 7-144 所示。

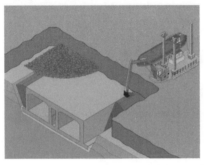

图 7-144　浅水区沉管回填防护工艺示例图

当回填水深较深时，需要考虑采用抓斗式、网包式或溜管式抛石方式，利用 GPS 和水下声呐技术等对回填船和其上的溜管、抓斗和网兜进行准确定位，达到准确定位、定量投放的目标，图 7-145 为深水区回填施工的几种工艺示例。

图 7-145　深水区沉管回填防护工艺示例图

3. 港珠澳大桥沉管隧道溜管式回填方案

外海沉管隧道一般水深较大，为了解决水流冲击带来的回填料水下准确定位问题，以及回填时石料对管顶的冲击破坏问题，宜采用带溜管的回填船、抓斗船或方驳吊机吊网兜进行回填防护施工，可以将石料准确投放至水下预定位置。

为实现深水区沉管两侧同步对称回填的目标，港珠澳大桥沉管隧道专门开发研制了双溜管回填船，如图 7-146 所示，可以在 50 m 水深进行精确回填，最大限度地保证沉管安全。深水溜管回填船设 2 根直径 1.2 m，最大长度约 50 m 的可伸缩溜管，固定于船舶一侧，溜管可沿管节横断面方向移动并上下升降，可实现沉管对称回填。

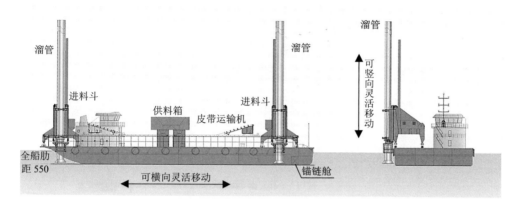

图 7-146　深水溜管回填船示意图

本专用船的回填石料采用皮带机运输，实现机械自动化控制。溜管底部设测深声呐，可实时检测石料回填高度，港珠澳大桥沉管隧道溜管式回填船施工如图 7-147 所示。

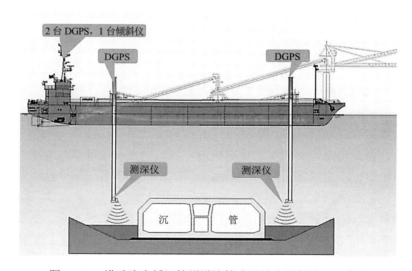

图 7-147　港珠澳大桥沉管隧道溜管式回填专用船施工示意图

第8章 外海沉管隧道新型最终接头关键技术和装备

8.1 概 述

沉管隧道是由若干管节依次沉放对接组成的，由于最后一节管节无论是与岸上段还是水中段对接时都需要留置一定的安装空间，在对接完成后剩下的这部分空间需要特殊处理才能使沉管隧道最终贯通,故称之为闭合接头（closure joint）或最终接头（final joint）。最终接头是沉管隧道的最后一道工序，也是最为关键的、决定整个隧道建设成败的一道工序。

最终接头的设计施工方案与最终接头的设计位置紧密相关，而最终接头的位置需要根据水深、施工环境条件、工期要求等综合选定，要以施工安全、止水可靠、风险最低为目标，尽量选择水深浅、水流稳定、泥沙含量少的区段施作最终接头。根据已成功实施的最终接头案例，一般包括下述 5 种施工工法，分别为水下混凝土法、临时围堰干作法、水下止水板法、终端块体法、V 型块体法和 Key 管节法。需要强调的是，无论采用哪种施工工法都需要考虑稳妥的纵向止退措施，包括设置有足够强度和刚度的纵向临时止退支撑等，防止在排空最终接头部位的水后，由于已安管节尾端水压力消失导致已安管节反弹和移位。

港珠澳大桥沉管隧道最终接头所处工程地质条件和环境条件复杂，初步设计阶段最终接头采用水下止水板法，主要依靠潜水完成水下工作，需要连续的适合潜水作业的时间周期，但由于施工处于外海环境，受潮流中大、中、小潮变化及深槽素流、东人工岛岛头绕流、冬季寒潮等复杂天气影响，使得现场很难找到满足潜水作业的连续长周期时间，潜水水下作业存在断断续续的风险，与此同时最终接头又处于回淤环境，回淤强度为 1~2 cm/d，最终接头长时间的水下施工可能会带来回淤超标问题，清淤作业也会影响施工进度。经全面分析研究后认为，常规的水下止水板法难以满足工程环境和工期要求。

面对挑战，建设者经过长期的调研和技术攻关，结合已有成果资料，通过理论研究、现场测试、施工和监测等一系列方法，在世界上首次提出并研制成功了整体预制主动止水和可逆安装最终接头新结构，实现了沉管隧道的快速对接合龙贯通。该工法大幅减少了潜水作业量，且利用工厂预制法进行结构制作保证了最终接头的工程质量，采用的主动止水系统实现了最终接头安装施工过程可逆，进一步提高了工程的质量安全可控。新型整体预制安装主动止水式最终接头创新了世界沉管隧道最终接头关键技术，大幅提升了我国沉管隧道建设和最终接头施工技术水平。

新型整体预制安装式最终接头实现了沉管隧道最终接头的水下快速安装对接，港珠澳大桥沉管隧道最终接头仅用 1d 即完成了浮运、吊装、沉放、顶推止水、结合腔抽水等对接安装工作，而传统水下止水板法至少需要 3 个月。其突出的技术创新成果主要体现在如下几点。

①首次研发整体安装、主动止水可逆式沉管最终接头结构体系，提出了其设计方法及计算理论，创新了世界沉管隧道最终接头关键技术。

②研发了三明治沉管钢结构制造及控制技术、高流动性混凝土配制及浇筑技术，形成了国内首部三明治沉管高流动性混凝土施工规程及验收标准。

③国际上首次研发 GINA+M 形+Lip 止水带的多重止水系统，首次开发了主动顶推控制系统，实现了最终接头的均匀快速止水。

④研发双线形联合锁网新型贯通测量技术，提出以贯通测量法为主、双测量塔法、双人孔投点法、潜水水下测量法等多种测量技术相互校核的沉管龙口形态控制新方法，实现了港珠澳大桥沉管隧道龙口形态毫米级的精准控制。

⑤研发高精度水下吊装姿态控制及实时定位系统，实现了 6000 吨级构件 28 m 深水龙口内 15 cm 间隙吊装精确就位，研发精确调位系统，实现了最终接头毫米级对接精度。

⑥研发了水下不分离超低强度混凝土和沉管体外后注浆工艺及监控技术，实现了深水沉管基础填充、压密，形成了沉管体外后注浆基础成套技术。

整体式主动止水最终接头新技术，具有海上作业时间短、主动止水、可逆，以及隧道线形可控的优势，可以广泛地应用在不同环境条件下的沉管隧道最终接头设计施工中。

8.2 新型最终接头总体方案研究

最终接头方案包括施工工法和结构体系两部分，二者相互影响。港珠澳大桥沉管隧道工程是一个具有超大横断面、远离陆地、作业条件困难、工期要求比较高的工程，因此在最终接头位置的确定、最终接头工法和结构体系的选择方面需要广泛借鉴国内外的成功经验，在工厂化、整体化、装配化方面做更多的探索，以期选择一个安全稳妥的方案。

8.2.1 现有最终接头方案调研

调研目前已有的最终接头施工工法，主要包括现场浇筑和预制安装两大类。现场浇筑类最终接头是一种在水体中形成无水的空间进行结构施工的方法，其主要原理是利用挡水结构形成密闭空间，然后排干接头部位的水形成干作业环境，在无水的条件下浇筑混凝土，完成最终接头的施工，对于水深较浅、水下环境较为稳定的接头位置，该方法施工难度较小，在我国得到了广泛应用。预制安装类最终接头主要见于日本，该方法在陆地预制一定长度的最终接头，经过浮运、沉放，最后利用特殊的手段与已安管节进行水下对接，适用于工期紧张、水深较深、水下环境恶劣的情况。

1. 水下混凝土法最终接头

早期钢壳混凝土沉管隧道不采用水力压接工法，而采用水下导管混凝土法进行管节的连接，形成刚性接头，这种使用与管节接头类似的工艺完成最终接头的方法，称为水下混凝土法，如图 8-1 所示。由于存在潜水工作量大、水密性不佳和工效低等问题现在已不常用。

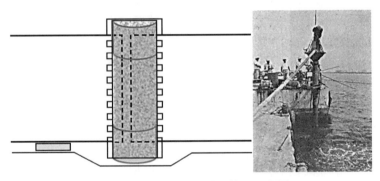

图 8-1　水下混凝土法最终接头示意图

2. 临时围堰干作法最终接头

对采用轴线干坞法的沉管隧道，最终接头一般设置在靠近岸上段的临时干坞坞口位置，常采用临时围堰干作法进行最终接头的施工。如图 8-2 所示，最后一个管节安装完毕后，利用沉放好的管节和坞口，结合周边具体环境条件构筑临时止水围堰，并设置已安管节止退装置，然后即可抽除围堰内侧临时干坞内的水，在干施工条件下施作最终接头和隧道岸上段。日本的东京港第一航道沉管隧道和国内的广州珠江隧道、宁波常洪沉管隧道都是采用该法进行最终接头施工。

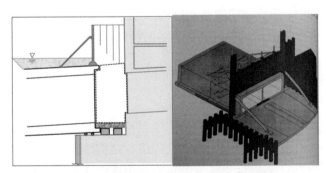

图 8-2　临时围堰干作法最终接头示意图

临时围堰干作法施工流程简单、工法成熟，适用于江河沉管隧道最终接头施工。由于需要构筑临时挡水结构，最终接头位置的水深不宜过深（一般为 15～20 m），施工工期长。

3. 水下止水板法最终接头

对于最终接头无法设置在与岸上段连接位置处，而需要在水中完成的沉管隧道，水下止水板法是最常用的工法。如图 8-3 所示，最后一个管节沉放完成后，首先设置止退装置（钢支撑或楔块），再采用水下钢模板（与管节接触处敷设周圈橡胶止水带）围护住最终接头空间，然后排出封闭空间内的水，钢模板上的止水橡胶在内外压力差作用下被压缩形成可靠的防水体系，最后在管内打开两侧端封门，在无水条件下进行钢筋绑扎和混凝土浇筑作业形成最终接头。该方法应用广泛，国内的上海外环隧道、广州仑头—生物岛沉管隧道和国外的厄勒海峡沉管隧道、韩国釜山—巨济沉管隧道都是采用该法进行最终接头的施工。

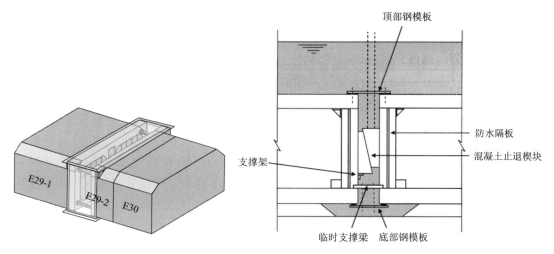

图 8-3　水下止水板法最终接头示意图

水下止水板法施工流程简单，工法成熟，适用于江河沉管隧道和浅水深、水流条件稳定位置处的最终接头施工。但水下止水板法施工主要依靠潜水作业，对于最终接头位于水深较深、水流条件复杂的外海环境的情况，整个潜水施工周期长，潜水员作业风险较大。同时该工法现场施工时间长，从临时止水开始施工到整个最终接头施工完成一般需要 3～4 个月，过程中由于仅有止水板一种止水措施，渗水风险较大。

4. 终端块体法最终接头

20 世纪 90 年代日本大成建设公司在川崎港海底沉管隧道和多摩川沉管隧道最终接头施工中开发使用了终端块体法（terminal block），该工法某种程度上是在临时围堰干作法基础上发展出来的。将最终接头设置在隧道靠近岸上段一侧的暗埋段或到达竖井处，在施工暗埋段或竖井的同时进行终端块的制作，终端块的横断面与一般管节相同，长度约 5 m，采用钢壳混凝土形式，工厂分块制作，现场组装，灌注高流动性混凝土形成整体结构，如图 8-4 所示，制作好的终端块位于暗埋段或竖井的突出部位的内部。当最后一个管节沉放到位后，用千斤顶推出终端块与最后一个管节接触并进行水力压接，然后在预设位置压注无收缩砂浆，在终端块与接收竖井之间形成抗剪键（避免水压力消失后的 GINA 止水带回弹和已安管节移位），待砂浆强度满足要求后即可将结合腔水排除，拆除钢封门，在干作业条件下进行内部接头等施工。该工法的主要混凝土结构全部在无水环境下施工，质量保证度高，潜水工作量下，施工速度较快。

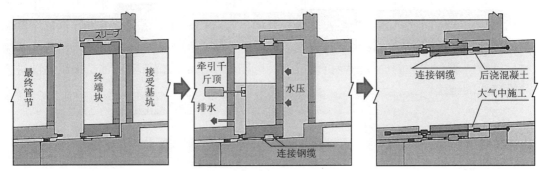

图 8-4　终端块体法最终接头示意图

5. V 型块体法最终接头

V 型块体法最终接头施工工法由日本五洋建设公司于 20 世纪 90 年代开发，成功应用于神户港港岛沉管隧道、大阪南港沉管隧道和新衣浦港沉管隧道等工程建设，该工法是在水下止水板法基础上发展而成。如图 8-5 所示，最终接头的断面由矩形演变成 V 型，与之相连的两侧管节端面也设计为斜面，主体结构由现浇变为预制安装，大幅提高了工效，可以说所有适用水下止水板法的都可以采用 V 型块体法代替。

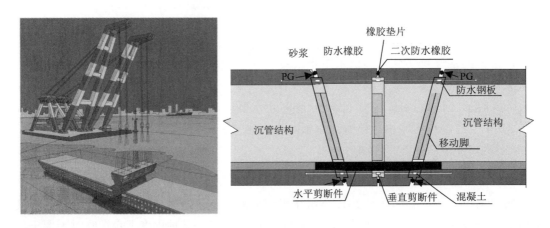

图 8-5　V 型块体法最终接头示意图

　　V 型块体一般采用钢壳混凝土形式，上倒角角度约为 15°，两侧斜面设置橡胶止水带。钢结构部分可在工厂制作，制作完成后可在工厂拼装，拼装完成后浮运到最终接头位置。到现场后，采用浮吊将 V 型块体整体下沉安装，插入两侧已安管节形成的楔形空间内，利用块体自重和 V 型块顶面、底面的压力差压缩橡胶止水带，形成管内干作业环境，最后进行 V 型块与两侧管节的刚性连接。施工基本流程见图 8-6。

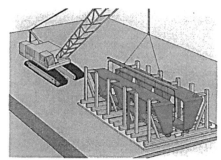

图 8-6　V 型块体法安装流程

　　V 型块体法的关键问题包括：首先，该工法需要对最终接头进行高精度测量，为 V 型接头尺寸和端面定位提供依据；其次，V 型块体中间是 GINA+OMEGA 永久止水结构，止水带在工厂安装，安装前需要采用临时预应力将其充分压缩；最后，在两端已安管节对接端各预设了一条GINA止水带，在用浮吊进行 V 型块整体安装时要确保这两道 GINA 止水带的完好和安全，为此需要设置专门的定位导向装置，避免块体两侧的橡胶止水带在下沉过程中受损。

6. Key管节法最终接头

　　Key 管节法最终接头由日本五洋建设公司在 V 型块体法的基础上开发，并成功应用于大阪港梦洲沉管隧道、那霸港临港公路沉管隧道、新若户公路沉管隧道等工程建设中。如图 8-7 所示，按照 V 型块体法最终接头的外形和工作原理，考虑将其与最后一个管节结合就形成了 Key 管节。

图 8-7 Key 管节法最终接头示意图

Key 管节一般也采用钢壳混凝土形式，管节两侧端面为斜面，根据对已安管节两个端面及之间尺寸的精确测量结果调整最终管节的端钢壳，匹配所需的形状和尺寸，可以采用与一般管节相同的常规工艺进行 Key 管节的沉放对接，不同的是管节结合部使用了特殊开发的可充填伸缩胶囊式止水带（简称可伸缩止水带），以解决因各种因素带来的纵向尺寸误差问题。根据使用阶段不同，可伸缩止水带分为安装前收纳状态、管节对接时伸出初步止水状态及压注无收缩砂浆形成彻底水密状态，砂浆达到预定强度后排出结合腔内的水进行水力压接，然后在管内拆除封门后进行刚性防水板的焊接和永久接头的施工。Key 管节法最终接头施工流程见图 8-8。

1. 最终管节开始下沉，开启端面探查装置、超声波探查装置。

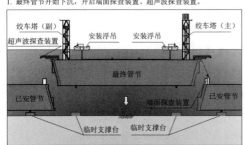

2. 最终管节下沉。将微调件插入微调设备内，顶起千斤顶开始工作。

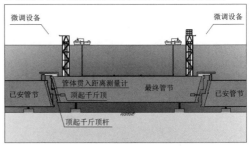

3. 防水橡胶紧密附着，注入砂浆。

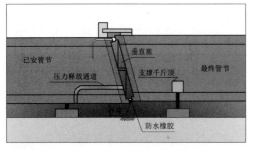

4. 千斤顶下降。

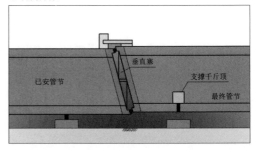

5. 舱壁间减压、排水。

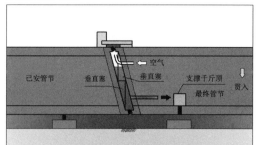

6. 结合部刚性连接。

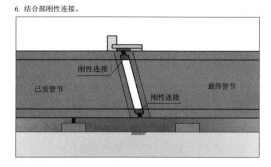

图 8-8　Key 管节法最终接头施工流程示意图

Key 管节法对水下测量精度的要求和管节安装时的导向定位能力较 V 型块体法更高，但其工厂化和标准化程度也更高，施工工效更高，可以大幅加快施工进度。当然，由于 Key 管节两侧最终形成的为刚性接头，对钢筋混凝土管节及基础不均性较高的隧道，其适用性需要综合评估确定。

8.2.2　钢壳混凝土三明治结构调研

在最终接头结构体系的选择上，既要考虑制作的方便性，也要考虑方便与已安管节快速连接的需求，现有的预制安装类最终接头皆采用了钢壳混凝土三明治结构体系，初步判断能很好适应快速施工的基本要求，故对钢壳混凝土结构形式开展了进一步的调研。

1. 钢壳混凝土三明治结构应用调研

钢壳混凝土三明治沉管概念的首次提出是为建设威尔士的 Conwy 河通道。该概念构思的形成和提出基于以下三点：模板作为永久结构，取消脱模工作；钢板和剪切连接件较容易现场制造，避免了昂贵的钢筋细节处理、加工与安装；模板作为防水层，对外荷载有双向作用。由于保留了钢模板，结构抗力验算时对地震等工况考虑了钢结构的贡献，又通过加厚钢板优化了结构尺寸，进而形成了三明治沉管结构的思想。首个钢壳混凝土三明治沉管概念设计方案见图 8-9。

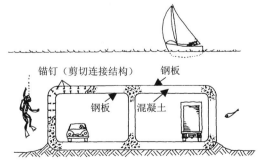

图 8-9　首个钢壳混凝土三明治沉管概念设计方案

三明治沉管管节由墙体、顶板、底板及端面板分段进行钢构件加工与拼接，再整体组装，再往内部浇筑混凝土。图8-10表征了构件的典型组成，纵隔板、横隔板起到传递竖向剪力的作用，也起到混凝土浇筑的分舱作用。混凝土主要抵抗轴向力，而压缩时上面、下面的钢板可能发生屈曲，这对纵隔板、横隔板的设置间距提出需求。混凝土及上面、下面钢板共同承担压弯荷载，期望它们能类似钢筋与混凝土那样协同工作，但前提是混凝土和钢板能共同变形，无相对滑动，因此钢板上一般设置剪力钉或角钢，而角钢又一定程度地提高了剪切承载力，确保在混凝土浇筑前的管节拖运等临时工况及混凝土浇筑时的钢结构抗力及变形控制。

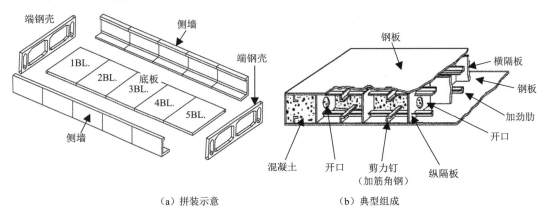

（a）拼装示意　　　　　　　　（b）典型组成

图8-10　钢壳混凝土三明治沉管拼装示意和典型组成

对材料破坏机制的理解仍处于科学发展阶段，想要理解钢壳混凝土三明治结构受到外部作用时的反应，唯一有效的手段仍是通过实验观察。而准确判断结构失效行为是设计方法成立的前提。已有的实验表明钢壳混凝土三明治结构相比混凝土结构存在更多的失效模式（图8-11）。当今沉管隧道结构尺度呈现扩大趋势，对于未经实验证明的钢壳混凝土三明治结构尺度或形式，设计时不应忽视结构理论的尺度局限性，例如，弹性理论有效性及局部剪切连接失效引起的整体结构失效等问题，对超出实践范围尺度的结构需要进行实验验证。

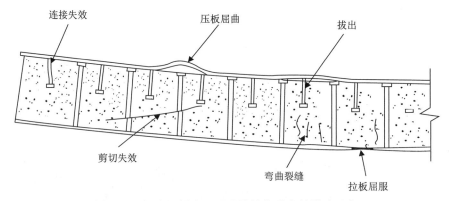

图8-11　钢壳混凝土三明治结构各种失效模式示意

在施工工艺方面，因为两侧钢板的空间限制及剪力钉、角钢的存在，为确保混凝土浇筑密实，对于排气问题，无振捣作业空间的自密实混凝土的配合比问题，以及浇筑方法，都需要制定专门的方法，所以对施工管理提出很高的要求。

采用钢壳混凝土三明治结构施工的优点和缺点包括以下几点。

①钢筋、模板材料的节省，以及相应钢筋、模板制作工序的减少。

②由于钢壳可提前预制装配，故总体工期能够大幅缩短。

③构造形态为密闭的隔室与刚性钢壳，使用常规振动器不能使混凝土充分密实。

④因钢壳与混凝土需要一体化，必须保证混凝土的材料不离析地流动到钢壳的每个角落（特别是各隔室的顶面部），不留缝隙，必须保证混凝土灌注的连续性。

2. 高流动性混凝土应用调研

为克服上述钢壳混凝土三明治结构施工难点，研发使用了高流动性混凝土。日本在1988 年就在世界范围内率先研制出具有自我填充性的高流动性混凝土（国内外多种文献又称自密实混凝土 self-consolidating concrete，SCC），自开始被运用于建筑物已有 30 年，在此期间，无论是在日本还是其他国家，高流动性混凝土被用于很多建筑物。但是，具有自我填充性的高流动性混凝土，在海内外由于应用目的不尽相同，混凝土的级配、施工工法等也各有不同。

高流动性混凝土的优点：具有很高的流动性而不离析、不泌水，能不经振捣或少振捣而自动流平并充满模型和包裹钢筋的混凝土。高流动性混凝土综合效益显著，特别是用于难以浇筑甚至无法浇筑的部位，可避免出现因振捣不足而造成的空洞、蜂窝、麻面等质量缺陷，施工噪声小。强度等级越高，比常态混凝土费用越低。高流动性混凝土配制的关键是满足良好的流变性能要求。

高流动性混凝土也存在施工难点：为确保混凝土填充密实，设计方面需要合理布置纵横隔板分舱、浇筑孔及排气孔位置及细部加劲肋，以便为混凝土流动路径提供可能；施工方面需确保混凝土具备高流动性，不需振捣就能达到内部结构的远端。高流动性混凝土的质量控制指标，受项目环境影响，一般都需要进行现场试浇筑来确认混凝土具备稳定的流动性能，如配合比试验及填充试验。

高流动性混凝土对浇筑工艺需严格控制。例如，日本某三明治沉管隧道浇筑设定使用时间为 60 min，超时后，原则上不使用；对于泵管接头的管理，混凝土的下落高度不超过 1 m，并且软管的上端不能放入混凝土的上面，配合注入的混凝土的上升，边回收泵压送管边进行浇筑；浇筑高度管理是从空气排放孔用批量检尺的方法，高于浇筑高度的区域则使用照相机进行监测管理；一般的浇筑速度以 50 m³/h 设定，特别是在上钢板及水平纵隔板附近的 150～300 mm 以下区域，为了保持连续性，浇筑的速度降到 15～20 m³/h；各浇筑孔的浇筑范围，用敲击等方法确定浇筑状况。

高流动性混凝土的流动性能随时间变化较大，需在有限的时间内完成浇筑，因此要求严密的时间管理和迅速的行动，高流动性混凝土对环境变化非常敏感，要求严密的材料管理及制造管理；因难以观察钢壳内混凝土的填充状况，所以要确立实时全过程数据管理、可以中断工程的权限及明确责任的施工管理体制。

根据日本的施工经验，高流动性混凝土对施工组织与管理的要求非常高，涉及多道工序。高流动性混凝土性能对拌和料的质量及配合比的要求很高，新拌和的混凝土需要进行大量检验工作，而且坍落度随时间变化较敏感，不利于混凝土自身质量控制与管理，限制了生产效率。因为钢壳预制、高流动性混凝土质量控制、浮态浇筑、钢壳浇筑时变形控制等因素，那霸港临港公路沉管隧道单个管节的预制周期需要 1.5 年。那霸港临港公路沉管隧道及新若户公路沉管隧道均为钢壳预制后浮态浇筑的管节，管节总数量 7～8 个，管节长度平均约 90 m，总工期 12～15 年。相比而言神户港港岛沉管隧道只有 6 个管节，在陆地上浇筑，局部采用了高流动性混凝土填充的三明治结构，总工期 7 年。从日本 1992～1993 年各学会、技术刊物等发表的高流动性混凝土在土木工程中应用实例来看，高流动性混凝土特别适合浇筑量大、浇筑高度大、钢筋密集、有特殊形状等的工程。

在欧美国家也有不振捣的混凝土的应用，如美国西雅图 65 层的双联广场钢管混凝土柱，28 d 抗压强度 115 MPa，混凝土从底层逐层泵送，无振捣。在美国为了保证混凝土的浇筑质量以保证钢筋和混凝土的整体性，在钢筋配置密集的钢筋混凝土和几何形状复杂的结构中，也使用高坍落度而能自流平的混凝土，但强调仍需要适当的振捣以确保混凝土足够密实。近年来由于在日本不断有采用高流动性混凝土成功的工程实例，美国也开始注意该项技术。在我国北京、深圳、济南等城市也开始使用高流动性混凝土，从 1995 年开始，浇筑量已超过 4 万 m³。主要用于地下暗挖、密筋、形状复杂等无法浇筑或浇筑困难的部位、解决扰民问题、缩短工期等。

总体而言，钢壳混凝土三明治结构能够提高沉管整体的刚度、强度、防水性、耐久性及抗震性。但是，对于钢壳混凝土内外钢板形成的封闭隔舱，只有采用高流动性混凝土进行填充。由于混凝土成型状态不能通过肉眼进行观察，很难确认浇筑过程及硬化后混凝土的填充状况，无法对成品进行有效检测，对现场混凝土施工质量控制提出了极其严苛的要求，在一定程度上限制了钢壳混凝土三明治沉管的推广应用。

8.2.3 新型最终接头概念方案确定

1. 最终接头工法比较

临时围堰干作法要求最终接头一般设置在靠近岸上段的临时干坞坞口或暗埋段位置，在欧洲和国内有大量的工程应用。由于港珠澳大桥沉管体量巨大，吃水较深，受岛头区地形环境的影响，无法将最后一节管节浮运至岛头靠近暗埋段位置进行安装，故最终接头无法设置在浅水区域，不能采用临时围堰干作法进行施工。

水下止水板法现场施工时间长，从临时止水开始到整个最终接头施工完成一般需要 3～4 个月，且施工主要依靠潜水员作业，对于最终接头位于水深较深，水流条件复杂的外海环境，潜水作业风险非常大，同时该工法整个过程中仅有止水板一种止水措施，渗水风险较大。考虑港珠澳大桥沉管隧道工程最终接头埋深较大（−27.937 m），现场环境复杂（开敞海域外海环境，适合潜水作业的气象及潮流窗口少，处于东人工岛岛头挑流影响区，潮流条件恶化），横断面尺度较大，采用水下止水板法综合风险很高，且潜水作业受各种条件（岛头挑流、水深、寒潮、深基槽等）限制，工程工期和质量难以控制。需要研究一种施工安装速度快、潜水作业量少和工程质量易保证的最终接头工法。

终端块体法是一种快速施工最终接头工法，由于其解决方案相对复杂，使用位置与临时围堰干作法类似，只在靠近暗埋段或临时轴线干坞坞口位置有成功应用案例，且属于日本专利工法，判断不适用于港珠澳大桥沉管隧道。

V 型块体法和 Key 管节法亦属于日本的快速施工最终接头工法，这两种工法的基本原理是将管节的端面设置成斜面，利用最终管节上下面的水压力差完成水力压接。这两种方法的基本原理表明最终接头止水是被动式的，对施工精度要求较高，调整余地有限。港珠澳大桥沉管隧道工程纵向长度长、埋深深，最终接头处施工误差不易控制，上述两种工法在日本也只是用于长度较短的隧道，在港珠澳大桥沉管隧道工程中的适应性受限，由于龙口形态的控制精度问题，实施难度非常大，需要研究容许误差大、施工周期短的新型最终接头工法。

综合调研和分析结果，针对外海环境复杂多变的特点，水下止水板法最终接头潜水工作量大，工效低，工期保证度低，不推荐使用，宜优先考虑新型预制安装类最终接头方案，其中 V 型块体法适应性更强，Key 管节法与沉管标准安装工艺结合得更好，但二者都主要应用于钢壳混凝土三明治结构形式的沉管隧道，且只应用于长度和规模较小的沉管隧道，对长度长、规模大的隧道的适用性还需进一步讨论，此外还牵涉专利权的使用问题，故在预制安装总体思路指导下进行了新型最终接头形式的开发工作。

2. 新型最终接头概念提出

出于对工期和施工风险的综合考虑，港珠澳大桥沉管隧道新型最终接头工法应能满足如下几项要求。

①预制安装快速施工，满足总体工期要求；

②现场水上作业时间少，规避外海作业环境风险；

③潜水工作量尽可能少，减少水下作业风险的同时提高作业工效；

④能够适应较大的合龙口纵横向误差，降低沉管安装线形精确控制难度；

⑤整个安装过程能够可逆，可以灵活应对施工过程中出现的各种可能的意外情况。

通过深入分析港珠澳大桥沉管隧道最终接头建设环境、工程特点、建设风险和工期要求，在调研全球范围沉管隧道最终接头方案基础上，总经理部研究提出了整体预制主动止水可逆安装式最终接头新型结构概念，见图 8-12。

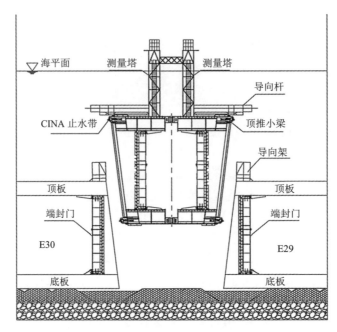

图 8-12　整体式主动止水最终接头概念图

新型最终接头总体概念为：接头主体采用倒梯形钢壳混凝土结构，陆上工厂内完成钢壳制造，然后在钢壳内灌注高流动性混凝土形成三明治结构，大型驳船运输最终接头本体结构到达安装水域，大型浮吊吊装整体结构下沉就位，顶推内藏在最终接头两侧外墙内的千斤顶系统，压缩临时止水带实现与海水隔离，抽排结合腔水，快速实现主动止水，形成管内干作业环境后，在管内进行合龙焊接工作，完成最终接头与其两侧已安管节的连接，最终实现隧道贯通。最终接头吊装沉放见图 8-13。

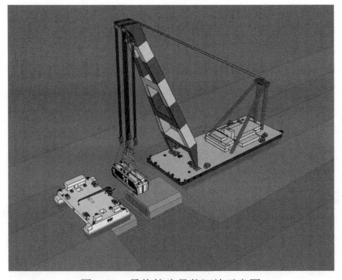

图 8-13　最终接头吊装沉放示意图

3. 新型最终接头的优缺点

新型最终接头结构基于 V 型块体法整体预制安装的基本原理，主体外形为上宽下窄的倒梯形，采用钢壳混凝土三明治组合结构进行制作，通过在结构纵向两侧增加千斤顶顶推小梁主动止水系统，可以利用千斤顶顶推行程补偿沉管安装在纵向长度上产生的较大误差，将 V 型块体法的被动止水调整为主动顶推止水，实现最终接头安装过程的可逆，使施工风险和质量更加可控。

相比其他快速施工最终接头工法，港珠澳大桥沉管隧道采用的整体式主动止水最终接头工法降低了对两侧沉管安装施工精度的要求，首次提出的主动止水概念使安装过程可逆，提高了沉管合龙施工质量和效率保障了施工安全，对各类潜在风险的应对能力更强，相比于常规 V 型块体法和水下止水板法，新型最终接头工法优缺点对比如表 8-1 所示。

表 8-1　典型的最终接头施工工法优缺点对比

施工工法	止水方式	优点	缺点
水下止水板法	被动	①施工流程简单 ②无须规模水下吊装 ③施工方法成熟	①现场施工工期长 ②潜水作业风险大 ③大断面大埋深下荷载变形大
V 型块体法	被动	①施工安装速度快 ②潜水风险小 ③结构预制，施工质量高	①施工安装精度要求高 ②需使用日本专利
整体式主动止水法	主动	①施工安装速度快 ②潜水风险小 ③结构预制，施工质量高 ④对两侧沉管安装精度要求相对较低	自主研发首次使用，需要进行大量论证

8.3　新型最终接头总体设计

新型整体式主动止水最终接头设计目标为：主体结构在工厂预制，船舶运输至指定水域，整体吊装方式沉放就位，通过结构内设主动顶推止水系统与两侧管节间实现临时止水，结合腔内抽水形成干作业环境，焊接刚性连接件并灌注高流动性混凝土形成永久性刚性接头，最后剪断最终接头块上的临时预应力实现接头从施工体系转换为运营体系。为此，确定新型最终接头结构体系包括三明治主体结构、永久管节接头、临时三向锁定装置、主动顶推止水系统、临时舾装设备、刚性接头和复合基础7 个部分。

（1）三明治主体结构

最终接头块采用钢壳混凝土三明治结构，三明治主体结构为两个对称结构单元，通过临时预应力串联成整体。对称结构单元由钢壳结构、钢壳内填充混凝土、焊接材料等组成。

（2）永久管节接头

永久管节接头构造与沉管隧道普通管节接头构造一致，包括端钢壳及止水系统、剪力键及纵向预应力等构造，其中纵向预应力为临时预应力体系，应做专门设计。

（3）临时三向锁定装置

最终接头块通过临时预应力将两个半梯形三明治结构连接为整体，为防止整体吊装过程中两个半梯形之间发生相互错位，需特殊设计临时三向锁定装置。

（4）主动顶推止水系统

最终接头块沿四周设置有空腔，内藏千斤顶及顶推小梁临时止水系统。设置临时止水系统的目的是实现最终接头与龙口两侧管节之间的密闭干环境，并在该环境下焊接刚性接头。

（5）临时舾装设备

最终接头临时舾装设备与普通管节舾装一致，包括吊点、测量塔、人孔井、导向杆和导向托架、系缆桩等。

（6）刚性接头

最终接头沉放就位后，与龙口两侧管节端部钢帽需焊接并灌浆形成环形永久刚性接头，以实现隧道贯通。

（7）复合基础

采用先铺碎石基床和后注浆基础相组合的复合基础结构，最终接头段先沉放至碎石基床上，在与两侧管节刚性连接，管外回填到一定安全度后，对该段碎石基床实施后注浆，使该段基床的刚度更协调。

8.3.1　总体平纵线形设计

1. 总体设计思路

为方便最终接头安装，使吊装沉放过程中施工容许误差由大到小逐步过渡，降低与两侧已安管节碰撞风险，最终接头块立面设计成中心对称的 V 形，且无论最终接头是否处于隧道曲线段，保证其平面投影为矩形、内外边长相同，与此相对应的，最终接头段两侧管节端钢壳亦需设计成倾角一致的楔形节段，使其外端面与最终接头块端面平行。

最终接头横断面形状、尺寸及板厚同标准管节，为工艺需要及管内实现与两侧管节的刚性连接，最终接头采用钢壳内灌注高流动性混凝土形成的钢壳混凝土组合结构。

综合考虑最终接头吊装重量、浮重、基础压应力、施工间隙、施工工期和风险等因素，合理地确定最终接头总体结构尺寸和角度，其中纵向长度应根据已安管节安装累计误差进行合理调整，若考虑工期因素，设计时未能获得全部管节累计安装误差，则应考虑适当的配切值；V 型最终接头端面倾角应综合考虑下沉过程及抽水工况合理顶底面间隙差、最终接头块受力等因素进行确定，最终接头块总重、端封门间距及负浮力等应根据基础垄沟数量、布置及其压缩模量等参数确定，并结合已安管节沉放纵向里程误差动态评估校核。

考虑沉管管节刚性段不宜过长，在最终接头块体结构中间设置永久管节接头，安装过程利用临时预应力让最终接头形成刚性整体，待两侧刚性接头焊接浇筑成型后剪断临时预应力，进行结构体系转换，永久管节接头转入正常使用状态。

最终接头两侧管节端部钢帽需进行特殊设计，要求端面平整、强度足够，既要达到与最终接头主动顶推止水系统相互配合形成临时止水的目的，又要实现与最终接头焊接形成永久刚性接头的目的。

最终接头主动顶推止水系统需进行特殊设计，顶推系统小梁结构需确保端面平整、强度足够，小梁滑动轨道需做专门设计。小梁连接临时止水橡胶，止水橡胶压缩条件、止水性能、设置方法及边角部的加工工艺等均需与厂家配合做专门研究。主动顶推止水系统为可逆系统，小梁顶推临时止水后，不宜灌浆锁死，待刚性接头焊接成型后方可对小梁进行永久锁死。

2. 平纵断面设计

（1）最终接头位置选取

考虑深基槽大水深处水下作业的不确定性风险，最终接头的位置需尽可能选取在水深较浅处。港珠澳大桥沉管隧道工程在沉放 E1～E29 管节时，基槽位置处水深满足沉管浮运要求，但若继续沉放 E30 管节，则 E30 管节以东的管节浮运时水下净空将不能满足要求，故 E29 管节以东的管节调整为 E33～E30 管节自东向西依次安装。综合考虑环境限制条件，最终接头设计位置选取在 E29 管节和 E30 管节之间，平面处于 $R=5500$ m 的曲线上，整体预制安装最终接头块与 E29、E30 管节节段平面关系如图 8-14 所示。

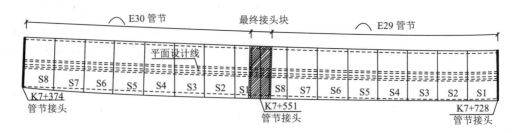

图 8-14 最终接头与相邻管节节段平面布置

（2）纵向长度及坡度确定

最终接头块纵向长度原则上不宜过大或过小，长度下限受到负浮力、舾装设备尺寸、主动止水系统等结构尺寸的限制，考虑最终接头中需要安装顶推千斤顶主动止水系统的空间，以及需要预留辅助安装设施、焊接平台等空间，长度不宜过小；长度上限应考虑浮重、经济性、吊装设备能力等，当最终接头长度较大时，接头在沉放安装时的浮容重更大，可能超出吊装系统允许的荷载。

为便于最终接头块着床，以及使最终接头着床后抽水工况下基础沉降均匀，最终接头块基础设计纵坡为平坡（0%），调整两侧管节基础及沉管就位姿态，实现沉管安装就位后最终接头顶板内侧与两侧管节匹配端面顶板内侧高程一致，最终接头安装端面与两侧管节匹配端面保持面平行，最终接头块与相邻结构底板间微小偏差通过压载混凝土调节，实现纵面线形的平顺协调。最终接头段管节节段划分纵面图见图 8-15。

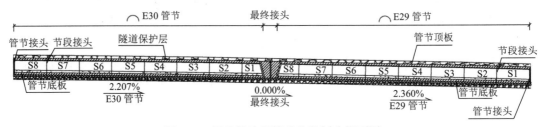

图 8-15 最终接头段管节节段划分纵面图

（3）立面尺寸确定

立面尺寸决定了最终接头块的上下面积进而决定了水压差。为了合理利用水力压接原理，需要对最终接头立面的倾角做完备的验算。当倾角较小时，最终接头在沉放时与已有管节间距较小，过小的间距可能会造成沉放定位困难和风险过大；当倾角较大时，顶面与底面面积会相差较大，在结合腔排水过程会产生较大的竖向压力差，增加最终接头处基础荷载。

结合腔排水过程中，最终接头和相邻 E29 管节及 E30 管节的主要受力如图 8-16 所示。结合腔内部竖向水压力 P_3、P_4 减小直到消失，最终接头竖向原来在水压力 P_1、

P_2、P_3、P_4、干重 G 和基础反力 $F_反$ 的平衡状态被打破，由于水压力的释放会形成向下的不平衡力，必须通过小梁处 GINA 止水带进一步压缩、剪切变形或者通过基础来承担。

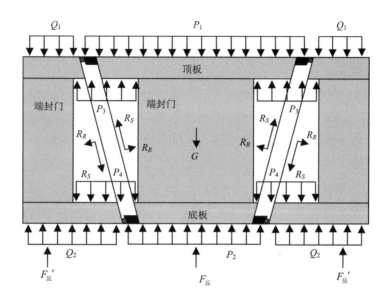

图 8-16　最终接头结合腔排水过程中竖向受力示意图

如图 8-16 所示，最终接头竖向受力平衡，可得

$$1/2 \cdot (G+P_1 - P_2 - F_反)=R_R \cdot (\sin\theta + X_u\cos\theta) + 1/2 \cdot (P_3 - P_4)$$

式中，G ——最终接头干重；

　　　$F_反$——最终接头所受的基础反力；

　　　P_1——最终接头顶板及顶板上小梁上表面所受的向下水压力；

　　　P_2——最终接头底板及底板上小梁下表面所受的向上水压力；

　　　P_3——最终接头顶板及顶板上小梁下表面、中墙上隔板下表面、斜端面所受的向上水压力；

　　　P_4——最终接头底板及底板上小梁上表面、中墙上隔板上表面所受的向下水压力；

　　　R_R——作用在小梁处 GINA 止水带上的压缩力；

　　　X_u——GINA 止水带和已沉放 E29/E30 斜端面的摩擦系数；

　　　θ——最终接头斜端面角度。

　　通过理论计算，不同倾角下内力及施工间隙变化见表 8-2。需要说明的是，由于抽水过程中产生的竖向不平衡力由地基直接承担和 GINA 止水带摩擦承担的分配比例不易明确，出于安全考虑，假定全部荷载增量由基础承担，计算不同倾角的基础应力增量，这样的考虑是偏保守的。

表 8-2　不同倾角下内力及施工间隙变化

倾角/(°)	底板/m	顶板/m	自重/kN	浮力/kN	浮重/kN	不平衡水压/kN	基础应力增量/kPa	间隙/m
5	9.258	11.253	48 778	43 186	5 592	9 626	70.5	1.147
8	8.652	11.856	48 773	43 181	5 592	1 861	136.6	1.752
10	8.244	12.264	48 773	43 180	5 592	24 755	181.2	2.160
15	7.200	13.309	48 775	43 182	5 592	40 358	295.4	3.204

经综合比选，考虑最终接头块体端面倾角选用 6°，底板长度取为 9.6 m，截面厚度同标准管节，立面总高度 11.4 m，最终接头立面尺寸如图 8-17 所示。

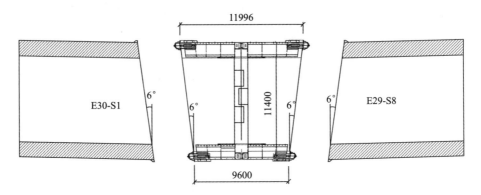

图 8-17　最终接头立面总体尺寸（单位：mm）

与计算地基承受荷载大小类似，上述计算方法认为当抽水产生的不平衡力全部由 GINA 止水带承担，这样的计算也是偏于安全的。在具体计算过程中，首先需要确定小梁处 GINA 止水带可提供的竖向最大抗力 R（即 X_u 取最大静摩擦系数）是否足够承担竖向不平衡力 $G+P_1-P_2-F_反$，若最终接头一侧斜端面小梁处 GINA 止水带所受的千斤顶水平推力为 P，则竖向最大抗力 R 可表示为

$$R = 2P \cdot (X_u\cos\theta + \sin\theta) / (\cos\theta - X_u\sin\theta)$$

GINA 止水带和已沉放 E29/E30 斜端面的摩擦系数 X_u 取最大静摩擦系数 0.3 时，水平千斤顶顶推力 P 为 1800 t 时，小梁处 GINA 止水带可提供的竖向最大抗力 R 为 1514 t，而竖向不平衡力 $G+P_1-P_2-F_反$ 为 674 t，即小梁处 GINA 止水带足够承担由于结合腔排水引起的竖向不平衡力。

8.3.2　总体结构体系设计

新型最终接头的结构主体包括两块对称的钢壳混凝土三明治结构、一个永久管节接头及将其组合在一起的临时预应力和临时锁定装置。在不同的施工阶段，最终接头处的结构受力体系并不相同，钢壳内混凝土浇筑前后、最终接头沉放前后、预应力解除前后存在三次受力体系转换过程，受力变化和结构变形复杂。其中，混凝土浇筑前后是钢壳结构和钢壳混凝土结构受力体系转换过程，开始沉放直至结合腔排水前后则是水压力与临时预应力之间的互相转换过程，解除预应力前后则是预应力与刚性接头间受力转换过程。对临时止水系统所处的接头位置而言，在沉放完成时为主动顶推和水力压接共同作用下的柔性结构，当完成接头焊接和浇筑时则变为刚性结构，当解除预应力后，最终接头则由一个近刚性体变成两个柔性连接部分，且各自与 E29 和 E30 管节刚接成为一体。

1. 永久管节接头设计

最终接头由两个对称倒梯形结构组成，中间设置 E29、E30 永久管节接头。最终接头段永久管节接头设置主要目的为完成对临时接头的置换，刚性接头焊接、浇筑完成后，临时主动止水接头变为刚性接头，若未设置永久接头，则最终接头与两侧管节刚性连接，将形成一段很长的刚性段，对截面被削弱的刚性接头受力不利。隧道刚性段过长将无法释放不均匀沉降和地震荷载引起的结构内力，通过剪断临时预应力后，管节接头形成铰接结构来释放弯矩，从而降低最终接头在运营阶段的受力。

最终接头永久管节接头的设计与标准管节接头相同，共设置两道防水构造，分别为 GINA 止水带和 OMEGA 止水带，GINA 止水带材质为天然橡胶，本体邵氏硬度为 62 度，对应鼻尖的邵氏硬度为 51 度，压件系统中的压板、压块采用内六角圆柱头螺钉固定。OMEGA 止水带材质为丁苯橡胶，带压件系统中的压板、压条、圆钢采用不锈钢双头螺柱、螺母、弹簧垫圈固定。

2. 临时预应力系统设计

考虑最终接头整体浮运安装要求和管节永久接头 GINA 止水带防水的压缩量要求，在最终接头预制时，通过临时预应力将 2 个对称倒梯形结构连接成整体，并使设置于中间的 GINA 止水带达到设计所需压缩量。

为避免破坏三明治结构，临时预应力体系设置于隧道横断面端封门范围内部。临时预应力锚固系统应做专门设计，考虑最终接头为三明治结构，临时预应力锚固系统采用钢牛腿方案。钢牛腿与三明治结构内面板焊接，为方便力的传递，钢牛腿腹板应与钢壳本体结构纵隔板对筋。临时预应力钢牛腿体系可与端封门锚固钢牛腿体系相互结合，以简化体系构造。预应力承压板和端封门钢梁承压板应设置加劲板，以确保在压力作用下板件受力满足规范要求。最终接头临时预应力设置见图 8-18。

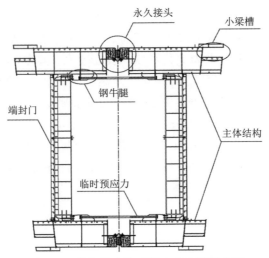

图 8-18　最终接头临时预应力设置示意图

临时预应力及端封门钢牛腿体系设计时应验算以下内容。

①总预应力：截面所需总预应力大小应根据永久接头大 GINA 止水带设计压缩量进行确定；

②预应力承压板：预应力承压板受力相关验算包括局部承压强度验算、挠度验算、mises 应力验算、预应力承压板加劲板抗弯验算等内容；

③端封门钢梁承压板：端封门钢梁承压板受力相关验算包括局部承压强度验算、挠度验算、mises 应力验算、端封门钢梁承压板加劲板抗弯验算等内容；

④钢牛腿腹板：钢牛腿腹板受力相关验算包括腹板与本体结构焊缝抗剪强度验算、腹板稳定性验算、mises 应力验算等内容。

临时预应力钢束应均匀布置于管节顶、底板处，且顶底板数量应大致相等。为避免永久接头端钢壳结构出现过大变形或破坏，预应力张拉应在端钢壳内灌浆并达到设计强度后进行。最终接头顶、底板分别布置 28 束、26 束钢绞线，预应力布置纵断面图如图 8-18 所示。考虑预应力钢束长度仅 5 m 左右，GINA 止水带将随预应力张拉发生约 14 cm 压缩变形，顶板、底板预应力采用对称分批分次张拉方案，详细计算并控制每次张拉吨位，保证先张预应力钢束在后张预应力后残留足够的预应力，保证夹片有效锚固。

3. 临时三向锁定装置设计

最终接头三向锁定装置的设计目的为：①防止在钢壳吊装、三明治结构吊装过程中两个半梯形结构发生横向和纵向相对错位；②在最终接头沉放及对临时止水系统小梁顶推过程中，左右两侧倒梯形结构受到水压及小梁顶推反作用力而产生向内中间挤压的作用，容易造成 GINA 止水带发生过大变形及预应力损失，此过程为动态不可控工况，应避免发生。

在结构制作时于两侧倒梯形结构相向端端面上设置刚性限位块，防止两侧结构的相向运动，刚性限位块与临时预应力对最终接头形成纵向锁定。刚性限位块可采用钢管撑、无源支撑或者无源支撑与钢管撑相互结合等较为常用的承压结构，同时，两侧结构间设置临时的水平及竖向剪刀撑，对最终接头形成水平及竖向的锁定。

三向锁定装置设计时应进行以下验算。

①横向抗错位承载力验算：主要验算横向锁定装置钢管抗错位总承载力及焊缝抗剪承载力是否大于最终接头块整体吊装过程中横向错位力；

②竖向抗错位承载力验算：主要验算竖向锁定装置钢管抗错位总承载力及焊缝抗剪承载力是否大于最终接头块整体吊装过程中竖向错位力；

③纵向承压能力验算：主要验算纵向限位钢管抗压承载力、钢管局部稳定、钢管整体稳定、无源支撑轴向承压能力是否满足要求。

三向锁定装置限制了两侧结构体在浮运及安装阶段的相对运动，从而保证了最终接头的整体性和稳定性。当最终接头实现与两侧管节最终刚接后，拆除临时三向锁定装置及临时预应力。

4. 已安管节稳定性验算

结合腔排水过程中，最终接头结合腔内纵向水压力也会逐渐消失，但是对于最终接头，纵向水压力是一对平衡力，对其稳定性无影响。但是，对于 E29 管节和 E30 管节，纵向受力状态会因最终接头小梁顶推力作用和结合腔内排水导致横向水压力减小发生改变。E29 管节和 E30 管节纵向受力状态的改变可能会引起 E29 和 E28 管节接头及 E30 和 E31 管节接头 GINA 止水带压缩状态的变化，设计中需要计算确定。

最终接头与邻近沉管间轴向相互作用属于典型的土-结构相互作用问题，即最终接头处水压变化，对临近管节内力的影响取决于土对沉管结构的约束作用：当土对沉管结构约束很大，E29 和 E28 管节接头及 E30 和 E31 管节接头在抽水前后变化较小；当土对沉管结构约束很小，受影响的管节将会增加。在隧道纵向，地基约束作用为摩擦力。定性分析可知，摩擦抗力越大，抽水对临近管节的影响越小。因此，按照这一受力分析理念，在实际施工阶段将 E29、E30 压载水箱水位加到 4 m，并完成纵向 140 m 范围内一般回填及覆盖回填，以保证基础和结构间有足够的摩擦力。

最终接头排水过程中 E29 和 E30 管节纵向受力示意图如图 8-19 所示。F_1、F_2 分别为 E29、E30 竖端部 GINA 止水带压缩纵向力，P_1、P_2、P_3、P_4 分别为 E29、E30 上下表面的水压力的纵向分量，f_1、f_2 分别为 E29、E30 与基础和周围土层的摩擦力，T_T 为 E29 或 E30 端部小 GINA 止水带压缩纵向力和纵向水压力。

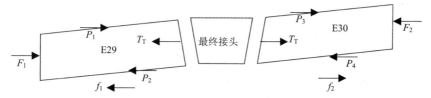

图 8-19　最终接头排水过程中 E29 和 E30 管节纵向受力示意图

千斤顶顶推小梁前，最终接头对 E29 和 E30 管节没有纵向作用，此时 T_T 仅为 E29 或 E30 管节斜端部的纵向水压力，为了保证 E29、E30 管节沉放到位后基础和结构间有足够的摩擦力，将 E29、E30 压载水箱水位加到 4 m，并完成纵向 140 m 范围内一般回填及覆盖回填，根据实测数据分析，管节与基础和周围土层的摩擦力系数取 0.5，偏保守计取 0.4，对应的最大摩擦力大于 8000 tf。纵向各项作用力计算如表 8-3 所示。

表 8-3   千斤顶顶推小梁前 E29 和 E30 管节纵向受力（单位：tf）

纵向力	F_1	P_1	P_2	T_T	$F_1+P_1-P_2-T_T$
E29	10 012	3 051	4 825	8 550	312<f_1
纵向力	F2	P3	P4	TT	$F_2+P_4-P_3-T_T$
E30	7 120	2 299	3 950	8 550	221<f_2

注：1. F_1、F_2 未考虑 GINA 止水带徐变减小影响；
　　2. 有运动趋势时，f_1、f_2 作用，方向与运动趋势相反。

千斤顶顶推小梁后结合腔排水前，E29 和 E30 管节会受到最终接头小梁处 GINA 止水带的纵向压缩力，取不利工况千斤顶水平顶推力 1800 tf，此时 T_T 为 E29 或 E30 斜端部 GINA 止水带压缩纵向力和纵向水压力，此时纵向各项作用力计算如表 8-4 所示。

表 8-4   顶推小梁后结合腔排水前 E29 和 E30 管节纵向受力（单位：tf）

纵向力	F_1	P_1	P_2	T_T	$F_1+P_1-P_2-T_T$
E29	10 012	3 051	4 825	10 350	2112<f_1
纵向力	F2	P3	P4	TT	$F_2+P_4-P_3-T_T$
E30	7 120	2 299	3 950	10 350	1579<f_2

结合腔排水过程，E29 或 E30 斜端部纵向水压力逐渐减小直到消失，T_T 为 E29 或 E30 斜端部 GINA 止水带压缩纵向力（按千斤顶水平顶推力 1800 tf 计）。

表 8-5   结合腔排水后 E29 和 E30 管节纵向受力（单位：tf）

纵向力	F_1	P_1	P_2	T_T	$F_1+P_1-P_2-T_T$
E29	10 012	3 051	4 825	1 800	6438<f_1
纵向力	F_2	P_3	P_4	T_T	$F_2+P_4-P_3-T_T$
E30	7 120	2 299	3 950	1 800	6971<f_2

注：1. F_1、F_2 未考虑 GINA 止水带徐变减小影响；
　　2. 有运动趋势时，f_1、f_2 作用，方向与运动趋势相反。

综上分析，E29 和 E30 管节相对于初始状态始终处于静止平衡状态。

8.3.3　三明治主体结构设计

钢壳混凝土三明治沉管是一种组合结构,包括钢壳结构和充填于钢壳结构中的混凝土,其中钢壳结构由不同尺寸的空心钢隔舱构成,钢隔舱内灌注混凝土均匀充填内外层钢壳间的空隙,产生必要的压重支持,并保护作为永久防水措施的钢壳内侧不受腐蚀。

三明治结构的钢板可以兼作混凝土浇筑的模板,大大提高了施工简便性。三明治结构除了内外面板,还设置有纵横交错的隔板,并划分成多个封闭的小隔舱,隔舱上预留浇筑孔和排气孔,面板、纵横隔板均设有角钢或者扁钢等加劲钢材,以增强其力学性能。为了保证钢壳与填充混凝土共同变形,防止钢板与混凝土的界面发生滑移,按一定间隔设置剪力传递 L 型钢加劲肋,纵向一定间隔设置横向加劲板。

钢壳内填充混凝土采用高流动性混凝土,浇筑过程中混凝土自流平,免振捣。采用分舱浇筑方法,最大程度减少混凝土收缩及内化热对结构的影响。每个隔舱均设置合适直径及数量的浇筑孔、排气孔,确保整体浇筑密实度。典型的钢壳结构示意如图 8-20 所示。

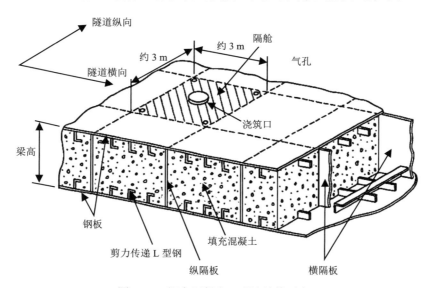

图 8-20　钢壳混凝土三明治结构示意

钢壳混凝土三明治结构的设计包括钢壳结构设计、高流动性混凝土设计和耐久性设计,需考虑的主要设计参数包括环境参数、结构参数、荷载参数等。

1. 钢壳结构设计

对于钢壳结构的设计,首先,应根据钢与混凝土三明治组合结构设计确定钢壳尺寸,包括面板及横纵隔板板厚、隔板布置、加劲板间距及形式等,以此确定钢壳结构构造;其次,验算制造加工过程中钢壳结构是否满足受力要求,进而对其构造进行优化。

钢板、剪切补强钢板及加劲角钢等组成的全三明治结构钢壳，在与混凝土一体化之前，各自须能承受在制作时的荷重。三明治结构加工制造过程中，对于钢壳结构，主要验算混凝土灌浆时的钢壳构件受力安全性，主要包括如下内容：面板刚度计算、横向刚度计算、纵向刚度计算。计算主要参考日本沉管隧道设计规范，若规范中没有具体要求的内容，参考中国设计规范。

三明治最终接头为钢壳内浇筑高流动性混凝土组成的组合结构进行计算，采用极限状态设计方法，设计验算方法参见表8-6。

表8-6　最终接头组合结构设计方法概要

状态		正常使用极限状态	承载能力极限状态
结构对象		钢壳与混凝土组合结构	钢壳与混凝土组合结构
荷载		自重、水压、土压 温度变化等荷载	自重、水压、土压 温度变化等荷载
分析方法		线性分析	线性分析
轴力+弯矩的验算	抵抗构件	①钢板 ②混凝土	①钢板 ②混凝土
	验算方法	弯曲应力的验算	承载能力极限状态时的弯矩和轴力的验算
剪力验算	抵抗构件	—	①混凝土 ②横隔板
	验算方法	—	剪力验算
挤压剪力验算	抵抗构件	—	①加劲板 ②纵隔板
	验算方法	—	承载能力极限状态时挤压剪力的验算

主要计算结论如下。

①在实际正常使用极限状态和承载能力极限状态下，通过验算横断面各控制断面的混凝土压应力、钢板应力、轴抗压承载力和弯矩承载力，确定最终接头横断面内外侧钢板的厚度（考虑腐蚀预留厚度），内侧钢板的最终计算厚度9～28 mm、外侧钢板厚度范围14～22 mm，钢板材质Q420C，L型角钢材质为Q345C，各控制横断面均满足各工况下应力要求和承载力要求。

②在承载能力极限状态下，通过验算横断面各控制断面的抗剪承载力，确定横隔板的布置间距1.5 m，在顶板和侧墙处板厚为14 mm，在底板处板厚为18 mm，钢板材质Q420C，各控制断面均满足各工况下承载力要求。

③在实际正常使用极限状态和承载能力极限状态下，通过验算横断面各控制断面的抗挤压剪力，确定纵隔板和L型钢板的布置及板厚，纵隔板在顶板和侧墙处板厚为14 mm，在底板处板厚为18 mm，钢板材质Q420，加劲内外侧面板的L型钢板为∟200×125×16，钢板材质Q345，各控制断面均满足各工况下承载力要求。

最终接头段处底板水深近30 m，结构高度11.4 m，顶板、底板跨度15 m，顶板、底板厚度达到1500 mm，大于日本已建三明治沉管结构尺度，设计中参考日本规范及案例基础上进行了构造处理包括以下几点。

①根据计算配置顶板、底板、侧墙钢板厚，处于16～28 mm；

②为加强钢板与混凝土间连接，L 形角钢选用加强型∟200×125×16，型材规格大于日本一般选择的角钢（∟150×150×9）；

③为加强结构抗剪能力及整体性，纵隔板、横隔板间距 1.5 m，板厚 14～18 mm，大于日本一般配置。

最终接头标准横断面、纵断面如图 8-21 所示。

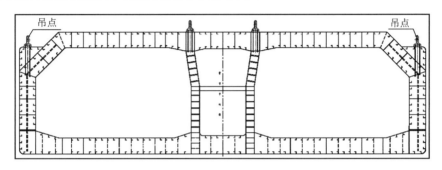

图 8-21　最终接头钢壳结构典型断面图

对最终接头本体结构吊装状态内力进行计算，与运营阶段的各荷载组合工况比较，确定最终接头本体吊装状态是否为控制工况。最终接头本体设置 8 个吊点，通过大型浮吊吊装，最终接头横断面内力计算模式：最终接头本体重量沿横向简化成均布荷载，最终接头本体重量约为 5000 t，则沿横向的均布荷载为 132 t/m；最终接头横断面侧墙处的吊点力都近似为竖向向上。吊装状态最终接头横断面计算最大剪力 1014 kN（单位宽度），而运营阶段各荷载组合相应的最大剪力约为 4000 kN；最大弯矩 4279 kN·m（单位宽度），而运营阶段各荷载组合相应的最大弯矩约为 10 000 kN·m。因此最终接头本体吊装状态在本体结构计算中不是控制工况。在具体吊装施工过程中，临时吊点一般设置在纵横肋相交的位置，对本体结构的局部影响可通过相关构造措施解决。吊点验算包括吊点周边钢结构及吊点焊缝验算，吊装过程还需验算钢壳结构的受力，进行钢壳结构变形计算。

2. 高流动性混凝土设计

关于钢壳混凝土三明治结构中混凝土的作用，可以分为力学作用及物理作用两类，如表 8-7 所示。

表 8-7　钢壳混凝土三明治结构混凝土作用列表

类型	具体作用
力学作用	传达轴力及弯矩
	传达剪力
	传达偏差剪切力
	防止钢材的压屈
	确保三明治结构的刚性
物理作用	提供负浮力，防止沉管上浮

最终接头高流动性混凝土强度等级 C50（28 d 强度），试验检测仪器、方法、过程质量控制参照日本《自密实混凝土的配合比设计·施工指南》进行配合比设计和灌注施工。高流动性混凝土质量控制指标见表 8-8。

表 8-8　高流动性混凝土质量控制指标

新拌混凝土	坍落扩展度	土木学会基准（案）	（65±5）cm
	V_{75} 漏斗实验	实验方法（案）	（10±5）s
	空气量实验（单位容积质量）	JISA1128	5%以下～2.3 t/m³
	温度及气温		5～30℃
	透气率	JISA1123 标准	0
	盐化物量	JISA5308	0.3 kg/m³ 以下
	压缩强度	JISA1108	$\sigma_{ck}=300$ kgf/cm²
硬化混凝土	单位容积质量	JISA1116	约 2.3 t/m³

对于三明治结构最终接头高流动性混凝土设计，宜开展高流动混凝土配合比设计及实验，选择满足性能要求的配合比，配合比设计重点控制好骨料最大粒径、水粉体积比、细骨料含量、水泥、矿渣、高性能减少剂、增黏剂等配合量。配合比设计应遵循试验先行理念，开展配合比及工艺试验验证，并动态反馈设计，必要时对设计局部进行优化。在试验验证基础上，制定标准的施工工艺及质量验收规程指导标准化施工，同时研究制定缺陷修补方案。在混凝土浇筑完成后，对钢壳上的浇筑孔、排气孔、振捣孔进行水密焊接封闭。

对于高流动性混凝土浇筑工艺设计，需注意如下几点。

①应开展高流动性混凝土配合比及工艺试验，制定专项操作规程及验收标准，规范高流动性混凝土生产及浇筑管理。

②对如吊耳等高流动性混凝土质量难以保证区域，设计考虑允许采取振捣浇筑，该部分不能采用高流动混凝土，可采用与混凝土沉管相同配合比，低频幅振捣浇筑。

③应结合试验研究制定对有缺陷的混凝土浇筑施工补救的预案措施，可研究采用钻孔注入环氧砂浆的可行性。

④在混凝土浇筑完成后，对钢壳上的浇筑孔、排气孔、振捣孔进行水密焊接封闭。

3. 耐久性设计

钢壳混凝土耐久性设计是一项系统性工程，包含耐久性分析、应对措施、施工标准、运营期维护保养、监测评估及耐久性再设计，属一种综合性体系设计。首先依据结构所处环境类别及作用等级进行耐久性分析，然后根据各结构构件不同的设计使用年限，对结构构造和材料分别提出耐久性要求，再施加合理的耐久性防护措施。施工时须达到既定的施工标准，并完成监测系统布设；运营阶段既定方案进行维护保养，结合监测结果进行结构状态评估，依据评估结果进行耐久性再设计。

最终接头块的钢壳混凝土结构中钢结构按环境条件可分为：管节外侧（海水泥下区）、管节内侧（大气区）、管节内侧（非大气区），均为永久钢结构（设计使用年限120 年）。

（1）外侧永久钢结构（海水泥下区）

按设计使用年限 120 年考虑，采用铝合金牺牲阳极块+重涂装防腐蚀涂层+预留 2 mm 腐蚀厚度方案，其中重涂装防腐蚀涂层的设计使用年限不小于 20 年。

（2）内侧永久钢结构（大气区）

按设计使用年限 120 年考虑，采用重涂装防腐蚀涂层+预留 5 mm 腐蚀厚度方案，其中重涂装防腐蚀涂层的设计使用年限不小于 20 年。

（3）内侧永久钢结构（非大气区）

内侧永久钢结构（非大气区）主要指管内被压载混凝土封闭区域，采用涂装防腐蚀涂层应对隔绝大气前的防腐蚀。

8.3.4　主动顶推止水系统设计

在最终接头与 E29、E30 管节永久刚接前，需要通过临时止水系统实现最终接头与两侧管节之间的密闭干环境，并在该环境下进行永久止水和刚性接头施工。通过在最终接头段本体四周设置空腔，内藏千斤顶、顶推小梁及临时止水系统，最终接头段沉放就位后，启动千斤顶顶推小梁水平滑动，直至小梁前端 GINA 止水带充分压缩实现止水，确认结合腔形成后，结合腔排水，形成管内干施工环境。顶推及临时主动止水系统包括顶推千斤顶系统、顶推小梁及临时支撑桁架、小梁滑轨、小梁上支座垫块、小梁前端的GINA 止水带、外侧的 M 形止水带及小梁与空腔间的 Lip 止水带。小梁顶推前后的主动止水系统见图 8-22 和图 8-23。

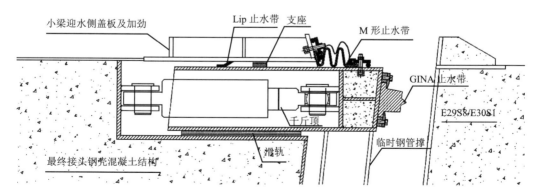

图 8-22　主动止水系统示意图（小梁顶推前）

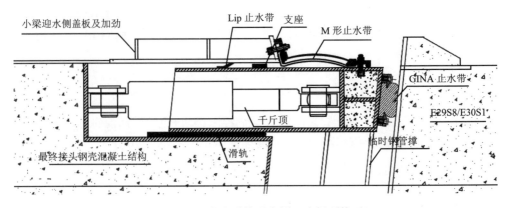

图 8-23 主动止水系统示意图（小梁顶推后）

最终接头主动止水系统的关键在于刚性接头焊接完成前千斤顶顶推系统需处于可活动状态。小梁顶推到位后，内部不进行注浆处理，顶推千斤顶仍处于可自由活动状态。刚性接头焊接施工期间，若小梁端部止水带因意外情况发生松弛则可能发生渗漏水，由于顶推千斤顶行程未满，可让千斤顶继续顶推，进一步压缩止水带，减小渗漏风险；若本体结构因焊接温度产生膨胀，导致千斤顶顶推力出现急剧上升，则可对千斤顶进行适当卸压，以确保顶推系统安全。若出现极端情况，如最终接头块着床且完成顶推和临时止水后，测量发现最终接头块与两侧管节对接偏差较大，由于千斤顶未被锁死，仍可将千斤顶回缩至初始状态，利用浮吊再次吊起最终接头重新对接。

1. 顶推小梁

顶推小梁沿着最终接头本体四周外缘空腔一圈布置，其高度、长度和板厚应根据小梁受力、刚性接头尺寸要求、千斤顶尺寸要求及最终接头段龙口间隙等参数进行确定。为增加小梁整体刚度，小梁端部需设置临时支撑桁架。对于顶推小梁的结构设计及受力分析，需进行顶推小梁横框架分析、小梁端部受千斤顶顶推力计算、小梁外加劲板计算等。顶推小梁长度约为 37.8 m、立面高度约为 11.2 m，其为四周开口式箱体与中间桁架组合形式，且顶推小梁整体断面存在 6° 偏角，具体形式如图 8-24 所示。

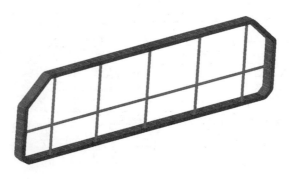

图 8-24 顶推小梁立体图

顶推小梁为钢板焊接成的钢结构，断面高度为 470 mm，长度为 1496 mm，板厚为 20~28 mm，顶推前小梁悬臂长度为 500 mm。小梁迎海水面定义为外面，背海水侧定位为内面，小梁外面上设置支座垫块，通过调整垫块厚度保证与外侧板间隙不大于 8 mm，并在安装工艺可保证的条件下，尽量减小间隙，实现保护 Lip 止水带且利于滑动的目标；小梁内面除顶板处与设置于最终接头本体的滑轨接触组成小梁滑动面外，其他面也设置有垫块以控制间隙值。施工前，根据最终接头段制造、混凝土灌注、小梁安装、预应力张拉等工序，细致分析各阶段变形、变位，合理确定小梁各支座垫块厚度。

2. 小梁临时支撑

为增强小梁整体刚度，避免小梁在水压力作用下产生过大变形和应力，在小梁横断面布置若干临时支撑。小梁临时支撑应布置在小梁最前端，且倾角与最终接头端面倾角一致，如图 8-25 所示。小梁与临时支撑应连接可靠并形成整体受力体系，临时支撑横断面布置应根据计算结果优化。为方便拆除，临时支撑与顶推小梁之间采用螺栓连接或焊接，临时支撑之间采用连接法兰连接、焊接或者螺栓连接等形式。

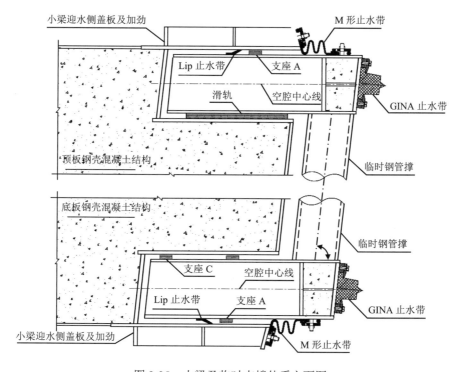

图 8-25　小梁及临时支撑体系立面图

小梁临时支撑体系设计时，最不利工况为小梁顶推到位后结合腔抽水工况。结合腔开始抽水，由于内外水压力差，小梁受到四周水压力的作用。此水压力传递至临时钢管撑体系，其他作用与静水压力相比，基本可以忽略不计。因此，抽水后的水压力作用工况为临时钢管支撑体系的控制工况，除静水压力外，还考虑千斤顶顶推力及结构自重的作用。

在水压力的作用下，小梁及临时支撑体系发生变形，水压力作用如图8-26所示（图中水压力数值应根据实际项目情况计算得到）。

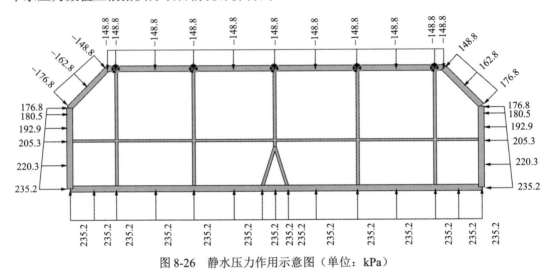

图 8-26　静水压力作用示意图（单位：kPa）

基于有限元计算结果，应对小梁及临时支撑体系进行以下验算。

①强度验算：利用计算得到的顶推小梁及临时钢管撑结构的轴力、剪力及弯矩图进一步计算临时支撑的最大应力。

②屈曲验算：结合临时支撑实际布置尺寸，根据《公路钢结构桥梁设计规范》（JTG D64—2015）、《钢结构设计规范》（GB 50017—2003），对临时支撑进行屈曲验算，包括径厚比及长细比的验算。

③连接节点验算：包括小梁与临时支撑连接节点、临时支撑与临时支撑间连接节点等的强度验算。

④拆撑工况计算：通过假设拆撑顺序，逐步拟合得到最为合理的拆撑顺序，为施工决策进行指导。

小梁临时支撑拆除之前，应在小梁端部设置若干临时垫块，以避免临时支撑拆除后小梁变形过大而造成工程风险。垫块与即将焊接的刚性接头相互结合，临时连接件采用工字型钢板并开浇筑孔洞，兼做刚性接头腹板。临时连接件与小梁之间设置楔块，以便拆除钢管撑后对小梁起到竖向支撑作用。

3. 临时止水带

临时止水带按设置部位的不同分为3种，分别是小GINA止水带、M形止水带和Lip止水带，具体布置如图8-27所示。

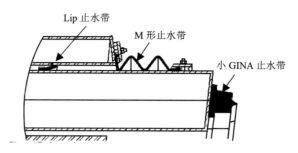

图 8-27　临时止水带布置图

（1）小 GINA 止水带

小梁前端 GINA 止水带（简称小 GINA 止水带）的材质为天然橡胶，止水带本体邵氏硬度为 43 度，GINA 止水带横断面尺寸如图 8-28 所示。小 GINA 止水带通过压件系统固定在小梁的端部斜面上，止水带和压件系统均垂直于小梁端部斜面。止水带沿小梁端部斜面布置一圈，在拐角处均按固定半径的圆弧过渡，圆心与小梁端部斜面共面。压件系统包括压板、压条、内六角圆柱头螺钉和弹簧垫圈。压板、压条应采用防腐涂层，止水带鼻尖加入芳纶纤维加强物以提高强度。

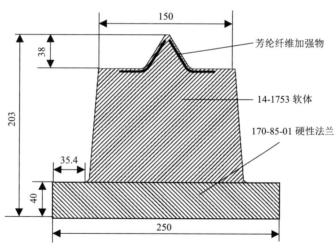

图 8-28　小 GINA 止水带横断面图（单位：mm）

（2）M 形止水带

在顶推小梁外侧布置有 M 形止水带及其保护装置，用于封闭空腔间隙通海路径。M 形止水带材质为丁苯橡胶，止水带本体邵氏硬度为 60 度，能适应 400 mm 的水平伸展变形，且满足 0.3 MPa 的水压力情况下有效止水。M 形止水带采用压件系统与结构相连，压件系统包括压板、压条、双头螺柱、螺母、弹簧垫圈等。M 形止水带及保护罩见图 8-29。

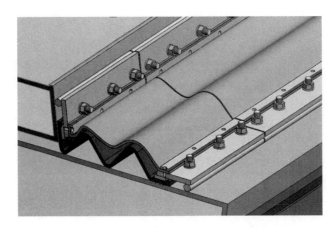

图 8-29 M 形止水带及保护罩示意图

（3）Lip 止水带

为增加防水可靠性，在小梁与结合腔间设置 Lip 止水带，Lip 止水带通过螺栓固定于小梁上，其需适应小梁移动工况，并满足 0.3 MPa 压力下止水可靠性要求。为保证 Lip 止水带、M 形止水带、小 GINA 止水带安全可靠，需按设计要求确保压件螺栓预紧力，保证与止水带接触面钢板平整度。Lip 止水带安装见图 8-30。

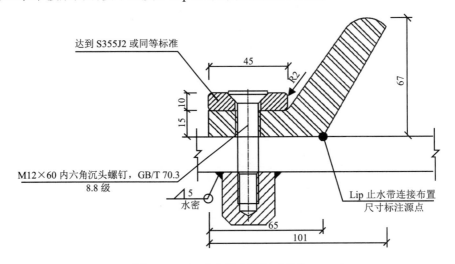

图 8-30 Lip 止水带安装图（单位：mm）

4. 顶推千斤顶系统

合理的千斤顶选型和千斤顶布置是顶推系统顺利完成工作的重要前提，设计时会同专业千斤顶生产公司共同分析决策。顶推系统通过控制系统集成，保证既可整体一致工作，也可分组单独同步作业，达到可以调节小梁顶推姿态的目标，相邻千斤顶之间最大距离应根据小梁计算结果合理取值。千斤顶行程、单个千斤顶可提供的极限顶推力、千斤顶安装长度及外径等均为设计时需考虑的重要参数。

顶推千斤顶设计时需注意以下几个要点。

①千斤顶顶推小梁 GINA 止水带未压缩前，内外侧水压力基本处于平衡状态，千斤顶仅需克服小梁自重引起的较小摩擦力；

②千斤顶顶推小梁导致 GINA 止水带压缩过程中，千斤顶的顶推力随 GINA 止水带压缩逐渐增大，同时 GINA 止水带压缩力会有竖向分量导致小梁滑块处产生竖向作用力，此竖向作用力引起的水平摩擦力也需要千斤顶去克服；

③GINA 止水带压缩完成后，千斤顶行程未满且不锁死，随时可再次增压或泄压，形成主动止水体系。确认结合腔形成后，结合腔排水，排水的过程中会导致小梁上下表面产生不平衡的水压力，此水压力导致小梁滑块处也产生竖向作用力，此竖向作用力引起的水平摩擦力需要千斤顶去克服；

④千斤顶最不利的受力工况为小 GINA 止水带压缩完成、结合腔排完水后，小梁及千斤顶此时的受力如图 8-31 所示。

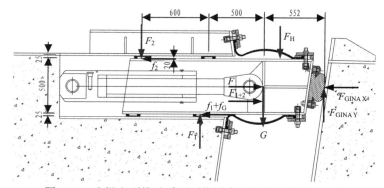

图 8-31　小梁和顶推千斤顶顶推受力示意图（单位：mm）

图 8-31 中，F_1、F_2 分别为下部、上部滑块受力，G 为小梁自重，F_H 为小梁上表面的水压力，F_{GINAY} 为小 GINA 止水带压缩力的竖向分量，f_1、f_2 分别为下部、上部滑块摩擦力，f_G 为小梁自重引起的摩擦力，F 为千斤顶顶推力，F_{H2} 为小梁内部水平水压力，F_{GINAX} 为小 GINA 止水带压缩力的水平分量。通过相关工程信息及力和力矩的平衡，可求解得到各个参数的数值，从而为设计决策作出参考。

综合计算结果和工艺需求，最终接头两侧周圈各布置 27 个千斤顶（两侧共 54 个千斤顶），通过控制系统集成，既可整体一致工作，也可分组单独同步作业，达到可以调节小梁顶推姿态的目标，实现小梁顶推姿态的智能调节。在顶推及结合腔抽水过程中，千斤顶推力可以调节，从而保证 GINA 止水带压缩量，保证临时止水的可靠性，实现临时止水的可逆性。考虑顶推小梁弯曲变形后，千斤顶之间的 GINA 止水带的压缩量满足防水要求，同时考虑一个千斤顶失效的极端情况下，相邻有效千斤顶之间的 GINA 止水带压缩量满足防水要求情况下，设置相邻千斤顶之间最大距离不大于 4 m。千斤顶行程为

400 mm，每个千斤顶可提供不小于 200 tf 的顶推力，单个千斤顶安装长度为 1560 mm，外径为 300 mm，千斤顶沿横断面布置见图 8-32。

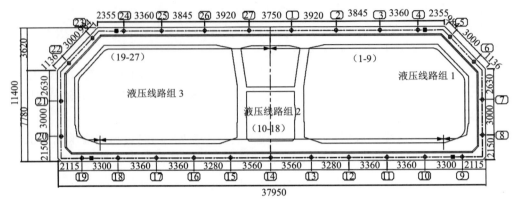

图 8-32 顶推千斤顶沿横断面布置（单位：mm）

8.3.5 临时舾装设计

根据新型最终接头的施工原理和安装的工艺需求，临时舾装设备包括端封门、测量塔、人孔井、吊点、导向装置、防撞装置等。

1. 端封门

与标准管节端封门结构和功能一致，端封门设于最终接头块两端，是实现管内封闭水密的临时辅助安装设施，垂直于结构顶底板设置。端封门主要部件包括有钢封门、焊接型 H 型钢、钢梁牛腿、外侧牛腿、密封钢板等构件。为了减少漏水风险，端封门采用焊接式，通过密封钢板将外侧牛腿与钢封门之间焊接水密。

2. 测量塔

测量塔是管节沉放过程中测量管节姿态、平面位置、高程的重要设备。为了实现高度可调，测量塔一般采用分节装配式的钢管架结构。测量塔应根据沉放工况的气象窗口条件进行变形控制设计。为保证测量精度，塔顶位移≤10 mm。

最终接头段设置 1 座测量塔，布置于节段中部，平面呈四边形，采用分节装配式的钢管架结构，总高度 20 m，分为三段：底座、中间段及顶部段，除底座直接焊接在最终接头本体结构上外，其他段间采用螺栓连接，测量塔顶部根据布设测量设备要求可配置相关平台或连接构造。

3. 人孔井

在顶板上设置 2 个人孔井，一个作为人员通道，另一个作为施工临时管线进出通道，两个人孔井通道必须严格管理，确保安全，避免出现海水灌入的风险。人孔井外径 1.5 m，高 22 m，人孔井内设置贯通顶板的人孔，直径为 800 mm，人孔上设置可开启的水密门，人孔井布置于测量塔附近，并沿高度方向设置 3 道抱箍增加与测量塔的联系，提高人孔井稳定性。

人孔井结构采用分节装配式，分为三段：底座、中间段及顶部段，除底座直接焊接在最终接头本体结构上外，其他段间采用螺栓连接。沉放完成后，对顶板人孔进行封孔，确保永久水密及结构强度。测量塔及长人孔结构三维图见图 8-33。

图 8-33　测量塔及长人孔结构三维图

4. 吊点

港珠澳大桥沉管隧道最终接头，共设置 8 个吊点，分别布置在侧墙和中墙顶部，沿纵向对称布置，如图 8-34 所示。每个吊点采用双耳板结构，并通过耳板将力通过横隔板及纵隔板传递给本体结构，吊点在本体结构加工时安装到位。8 个吊点控制制作精度，实现吊装时保证本体姿态正常。

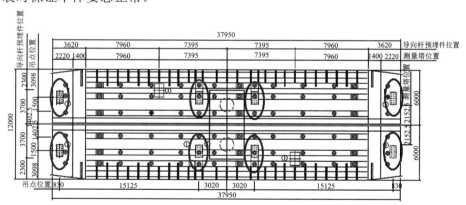

图 8-34　港珠澳大桥沉管隧道最终接头吊点平面布置图（单位：mm）

吊点是吊装作业时的重要构件，吊点处材料强度、吊耳板厚度、销轴强度、加劲板强度、各板件连接强度等应根据起吊重量进行设计校核，吊点处的焊缝必须保证焊接质量，进行 100%焊缝质量检验，确保质量可靠。吊点预埋件锚固安全度亦需进行专门验算。吊点结构及实物见图8-35。

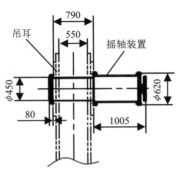

图 8-35　吊点结构及实物图（单位：mm）

5. 导向装置

导向装置的主要作用是控制已安管节与下一管节横向对接的误差，由导向杆和导向托架组成，导向杆位置采用单侧"背对背"形式。结合施工设备尺寸及操作技术能力，考虑待安管节端部在纵向上距离已安管节端部一定距离时进行横向对接，导向杆的悬臂长度根据该确定距离进行取值。在对接横移过程中，管节移动速度不宜过快。

6. 防撞装置

考虑两侧安装施工间隙过小，为了保障最终接头块安全，在最终接头两侧端面设置防撞块。防撞系统结构设置在最终接头竖墙和底板临时止水小梁内侧，高出小 GINA 止水带鼻尖 5 cm，沉放过程中，防撞结构与 E29 或 E30 钢帽碰撞，保护临时止水系统。单面布置 12 个单独的防撞块，两面共 24 个防撞块。防撞结构平面布置如图 8-36 所示。

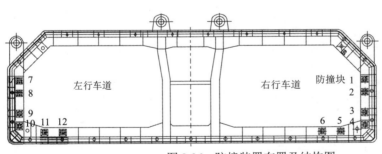

图 8-36　防撞装置布置及结构图

防撞块由橡胶缓冲块及钢架组成，通过螺栓安装于最终接头块侧墙，在最终接头块完成沉放及结合腔排水等工作后，开始结合腔区域永久刚性接头焊接前，拆除该防撞装置。

8.3.6 刚性接头设计

最终接头段与 E29-S8 节段和 E30-S1 节段由焊接钢箱内灌注高流动性混凝土形成的钢混组合刚性接头连接成整体，刚性接头沿横断面内侧一圈布置，刚性接头采用变截面设计，理论高度范围为 791～958 mm、设计纵向理论长度 852 mm。

刚性接头为一圈钢壳混凝土三明治结构，相较于两侧管节的顶底板及侧墙板厚，其断面有所削弱，应计算校核其结构安全性。由于刚性接头与三明治结构最终接头及两侧管节端钢壳焊接，故可将刚性接头视为具有一定跨度的两端固结梁，梁的跨度即为刚性接头区域的长度，刚性接头验算内容包括纵向计算（等效为两端固定梁）、横断面验算等。刚性接头钢结构部分三维效果图见图 8-37。

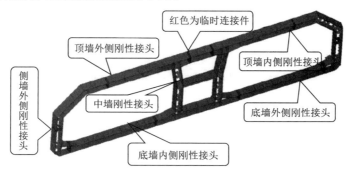

图 8-37 刚性接头钢结构部分三维效果图

永久刚性接头钢箱采用面板及加劲肋、隔板体系，板块划分可结合运输、定位、焊接工艺进一步优化。刚性接头钢板焊接完成并检验合格后，向底板、侧墙内灌注高流动性混凝土，顶板采用向钢壳内注入砂浆工艺实现填充，形成钢壳混凝土组合结构，从而使最终接头与两侧管节连接成整体，实现由临时接头向刚性接头的转变，如图 8-38 所示。

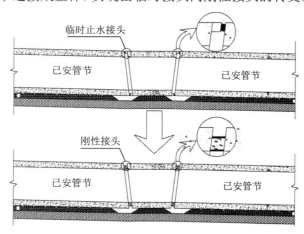

图 8-38 临时接头转变为刚性接头过程示意图

8.3.7 复合基床设计

采用天然地基+组合基床（基础块石+碎石垫层+后注浆）的基础型式来满足工程使用期的沉降与承载力需要。沉管隧道组合基床是通过将柔性碎石层与刚性块石层组合而形成的一种新型的基础垫层，其设计应根据荷载条件、天然地基条件、沉降控制标准、地质条件等因素确定，组合基床可适用于绝大多数的软土地基。

为便于容纳淤泥且利于清除表面回淤淤泥，消除管底沉积淤泥对基础沉降的影响，在隧道基槽顶面抛填一定厚度的块石，厚度可根据沉降及承载力控制确定，一般取 1.5～5 m，块石层一般采用 10～100 kg 块石。抛填块石底面宽为基槽开挖底宽，顶面宽度接至槽底边坡。块石抛填后进行夯平，块石夯平横向范围宽度不小于碎石层底面宽度，以隧道中线为对称。

组合基床中碎石层为上面层，是沉管结构与块石层之间的过渡层，碎石层顶面设计标高与隧道各管节结构底标高一致。碎石层顶面横向宽度为沉管隧道结构外包宽度+结构外缘线两侧的预留宽度，预留宽度可取 1.5～2.5 m，坡率按水下自然休止角考虑，在设计阶段一般可按 1∶1.5 进行确定。碎石层基本构造设置为 V 形槽，纵断面锯齿形，平面 S 形铺设。

综合考虑最终接头内部设备安装和基础受力等因素，最终接头底板长度为 9.526 m，碎石垫层设计由 3 个垄与 2 个沟组成，并以最终接头中心线向两侧对称布置。同时，考虑在结合腔抽水后，最终接头承受的竖向不平衡水压一部分会由基础承担从而产生一定的沉降量，碎石基床在铺设时考虑一定量的预抛高（图 8-39）。

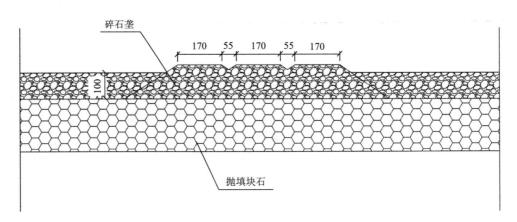

图 8-39　最终接头碎石垫层断面图（单位：cm）

最终接头段完成沉放并与 E29、E30 刚性连接，管外回填到一定安全度后，对该段碎石基床实施后注浆，使该段基床的刚度更协调（图 8-40）。

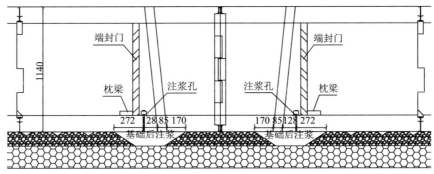

图 8-40　最终接头基础后注浆断面图（单位：cm）

8.3.8　工艺流程设计

最终接头块为钢壳混凝土结构，其中钢壳结构制造和高流动性混凝土浇筑分别在钢结构工厂和沉管预制工厂两地进行，其间采用大型驳船进行钢壳结构的运输并作为混凝土浇筑的场地，最后制造成型后的最终接头块采用大型浮吊进行水下快速安装。

首先在加工厂制造钢结构单元、组拼、焊接成两个倒直角梯形结构，通过临时预应力将两个对称倒梯形钢结构连接成整体，使中间的永久 GINA 止水带达到设计所需压缩量，并采用临时辅助措施保证两个结构刚性连接，然后组装临时止水系统并进行系统调试，采用大型浮吊将钢壳整体结构吊运至驳船上，经海上运输至沉管预制工厂。在预制厂深坞区运输驳船上完成钢壳内高流动性混凝土浇筑，形成钢壳混凝土组合结构；待舾装调试和现场碎石基础铺设后，选择合适气象窗口进行最终接头块的运输沉放和对接工作，通过临时止水系统使最终接头与两侧已安管节分别形成密闭结合腔，排水形成干作业环境后在管内进行刚性接头焊接和注浆作业，实现隧道贯通并完成后续管内外作业。最终接头总体施工工艺流程如图 8-41 所示，施工主要步骤和关键要点分述如下。

（1）钢壳结构制造及组拼

钢壳是三明治结构的主要组成部分之一，最终接头钢壳宜选择在具备大型钢结构生产能力的加工厂制造。首先在钢结构加工厂分别制造钢结构单元、匹配组拼、焊接成钢壳结构，并张拉临时预应力将两个钢壳半结构与中间接头组装成整体。

（2）主动顶推止水系统组装

钢壳整体形成后，安装内藏千斤顶、顶推小梁等设施，安装顶推小梁端部小 GINA 止水带，并进行系统调试。

（3）钢壳结构运输

若钢壳生产场地不具备混凝土浇筑条件，则需将钢壳运输至沉管预制场地进行混凝土浇筑，以确保混凝土浇筑质量。钢壳运输过程中涉及钢壳吊装，应注意吊装前安全性核算及吊装过程中钢壳受力监测。

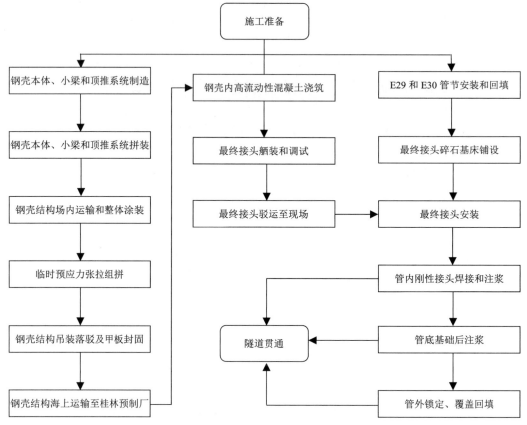

图 8-41　最终接头总体施工工艺流程

（4）高流动性混凝土浇筑

由于钢壳隔舱较多，振捣空间受限，故需浇筑高流动性混凝土。浇筑前宜开展高流动混凝土配合比设计及实验，选择满足性能要求的配合比，配合比设计重点控制好骨料最大粒径、水粉体积比、细骨料含量、水泥、矿渣、高性能减少剂、增黏剂等配合量。浇筑过程可在运输驳船上进行，并严格按照相关规范执行，浇筑后应进行孔洞封堵。

（5）舾装和水密性测试

待混凝土养护至一定强度后，进行管顶和管内舾装，并进行端封门水密性测试，水密合格方能进行下一步操作。

（6）试吊装和沉放演练

由于最终接头钢壳混凝土三明治结构重量较大，龙口施工间隙较小，精确的吊装沉放工作难度极大。为此，需选择合适海域进行最终接头整体试吊装及沉放演练工作，以便为后续实际沉放安装工作积累经验。

（7）基槽清淤、基床铺设

在最终接头正式吊装沉放安装前，需对最终接头预定安装位置基础进行处理，以确保最终接头安装后平纵线形及标高符合设计要求。

（8）浮运、沉放和对接安装

选择合适的作业气象窗口，运输最终接头到位，大型浮吊吊装下沉着床就位后，顶推内藏在最终接头内的千斤顶系统压缩临时止水小 GINA 止水带实现与海水隔离，抽排结合腔水，形成管内干作业环境，在管内干环境施工焊接、浇筑刚性接头，分别实现最终接头与两侧管节的连接，实现沉管隧道贯通。

（9）临时定位措施及临时预应力解除

实现最终接头与两侧管节刚接后，解除临时定位措施、临时锁定装置及临时预应力。临时定位设施包括管顶舾装设备等，临时锁定装置包括三向锁定装置等。临时预应力剪断后，永久接头变为柔性接头，完成与顶推小梁端部两侧临时接头的置换。

（10）基础后注浆、管外锁定回填

最终接头段完成沉放并与两侧管节刚性连接后，管内压载施工前通过底板的预设注浆管实施后注浆基床，加强该区域基础支撑。同时，进行管外回填覆盖，回填防护设计应满足防冲刷、防锚、限制管节侧移、为管节提供足够的抗浮安全度等要求。

（11）压载混凝土及水平混凝土剪力键浇筑

进行管内压载层混凝土浇筑时注意刚性接头区域压载层构造应特殊设计以加强刚性接头区域压载层强度，水平混凝土剪力键浇筑前应割除预应力锚固系统焊接钢板。

8.4　新型最终接头工厂制造

新型整体式主动止水最终接头制造关键技术主要包括：钢壳结构制造、主动顶推止水系统制作与安装、高流动性混凝土配制及高流动性混凝土浇筑，其研究的具体内容如下。

（1）钢壳结构制造

通过总结对船体与桥梁等双层钢结构制作工艺和精度控制方法，结合最终接头钢壳的尺寸和重量及结构特点，研究适合于最终接头钢壳的制作工艺和精度、变形控制方案，设计翻身和转运方案，以及楔形块滑移合体方案，设计工装、台架，形成国内首个海底沉管隧道最终接头梯形块制造工法，总结出首个最终接头构件组装精度要求与密性检测要求。

（2）主动顶推止水系统制作与安装

通过对顶推系统功能，装配关系，止水要求分析，研究出适合小梁制造工艺和精度控制方法，顶推系统安装及小梁滑移方案，设计工装、台架，达到小梁平稳顶推和止水功能要求。

（3）高流动性混凝土配制

根据日本工程与文献调研的结果，进行高流动性混凝土配制及施工技术研究。通过高流动性混凝土的工作性能、强度、水化热、收缩变化规律研究，优选出综合性能最优的高流动性混凝土配合比。在此基础上，通过现场木模、有机玻璃模型、有机玻璃墙模型、有机玻璃顶面+钢隔舱足尺模型试验，验证混凝土配合比及其性能指标，据此进行必要的调整与优化，逐步确立高流动性混凝土原材料、配合比、性能指标、工艺参数，编制专用的验收标准、技术规程，指导和规范最终接头高流动性混凝土施工。

（4）高流动性混凝土浇筑

通过对日本相关技术和施工案例的调研，咨询国际知名顾问公司及专家团队，通过"引进、吸收、转化、创新"的思想，完成最终接头的研究，包括高流动性混凝土分次、分舱浇筑顺序研究、高流动性混凝土品质管理系统研究、成品检测和缺陷修复研究等，最终形成一套适合最终接头高流动性混凝土浇筑的成果体系。

8.4.1 钢壳结构制造

钢壳结构整体为倒梯形结构，由两个对称的倒直角梯形结构经预应力临时张拉组合组成，每个倒直角梯形钢壳结构又分别由本体部分和顶推小梁拼装组合而成。根据最终接头和小梁的尺寸和重量结构特点，并考虑车间内制造、吊装、翻身、组拼、内场转运、冲砂等厂房净空及制造设备条件，同时兼顾几何精度控制焊接变形。本体结构采用车间整体侧拼，采用大型浮吊配合专用吊梁和专用索具进行整体翻身，采用大型液压平板车将最终接头本体转运至外场。采用布置在重载平台的专用滑移工装，通过油压千斤顶缓慢顶推滑轨纵向、横向精确微调。在最终接头本体拼装完成后，将分段制作的顶推小梁与最终接头本体匹配安装。油缸支座采用现场焊，支座间采用工艺撑板和工艺销轴固定。根据装配关系，在安装时，设计了一系列定位、导向工装，确保外侧间隙满足图纸要求。小梁与小梁槽采用两次匹配和横向滑移安装的方式，实现了小梁与本体间滑块精确匹配。

首先进行本体结构和小梁的分段制造，然后在台架上拼装焊接成两个 1/2 本体结构，利用 1/2 本体结构对顶推小梁进行匹配拼装焊接，并组焊顶推千斤顶的上下支座。拼装完成的钢壳结构整体转运至涂装车间进行涂装，之后转运至外场将 1/2 本体结构翻身，完成顶推小梁和顶推系统的调试和正式组拼，在端钢壳注浆及 GINA 止水带安装完成后，对两个 1/2 钢壳结构进行合拢匹配和预应力张拉，形成倒梯形钢壳整体结构，最后安装舾装件和附属设施，完成钢壳结构制造，进入发运和运输环节。钢壳结构制造流程见图 8-42。

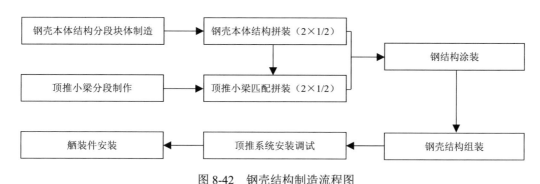

图 8-42　钢壳结构制造流程图

1. 本体结构制造

钢壳本体结构断面形状复杂，体量大，以 GINA 止水带为中心包括 E29 侧和 E30 侧两个对称的部分，在工厂内两个 1/2 本体结构制造平行推进，各自采用分段制造再整体拼装焊接的方法。1/2 本体结构分成 11 个分段块体进行制造，分段划分图见图 8-43。分段块体制造主要包括板单元制造和拼装焊接两大步骤。

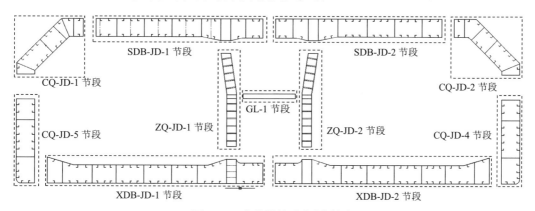

图 8-43　本体结构分段划分图

板单元是分段块体的基本结构，板单元的施工主要为在钢板上进行加劲肋等的焊接组装作业，采用磁力吊吊钢板，并在标准反变形台架上进行拼板焊接。一段完整的分段块体包括顶板单元、底板单元、纵横隔板、小箱体和端钢壳等，上述构件制造完成后即可进行块体的拼装焊接作业，所有块体拼装焊接作业在水平刚性台架上完成。本体结构分段块体制造完成后，在车间以端钢壳面为底面进行拼装，拼装完成并复测结构尺寸合格后，即可进行本体结构拼装焊接作业。焊接时采用由内到外，左右两两对称焊接方式。

最终接头为我国首个沉管钢壳制作，构件组装部分无标准参考，为了明确钢壳结构制造技术标准，确保钢壳制造质量，做到技术先进、经济合理、安全可靠，特制定构件组装企业内部标准，具体如表 8-9 所示。

表 8-9　构件组装精度检测要求

序号	名称	项目	允许偏差/mm	图例
1	钢壳	长度 L	±4	
2		宽度 B	±10	
3		高度 H	±5	
4		内部尺寸 A	±5	
5		顶墙、底墙挠度 Δ_1	±10	
6		中墙垂直度 Δ_2	±5	
7		GINA 止水带安装平整度 Δ_1	每米的平整度小于 2 mm，整体 ≤10 mm	
8		OMEGA 止水带安装平整度 Δ_2	每米的平整度小于 2 mm，整体 ≤10 mm	
9		GINA 横向、竖向垂直度 Δ_3	≤5 mm	
10		小梁安装处高度 H	0～+6	
11	小梁安装处	平整度 Δ	2/m	
12	其他位置	平整度 Δ	3/m	

最终接头头位于水下 29 m 处，为了确保水密可靠，特制定密性检测企业内部标准，对本体外板焊接处，检测方法及评判标准见表 8-10。

表 8-10　钢壳结构防水检测方法及评判标准

检测方法	评判标准（不通过）
在焊缝表面 75 mm 处施加 0.3 MPa 的气压	另一侧气泡形成
0.65 bar（巴）真空箱检测（真空试漏法）	真空箱内气泡形成
煤油渗漏检验（煤油试漏法）	另一侧煤油渗漏

对临时端封门和人孔门焊缝的密性检查，不同部位的检测方法具体如下：对于平板型密封钢板，可采用矩形真空箱进行气密试验，对于弧形密封钢板可采用异性真空箱进行气密试验，为确保密封钢板对接折角处的水密，应特别制作折角处真空箱以便试验能顺利进行。对人孔门的接缝处可采用高压水进行压力喷水试验。

2. 顶推小梁制造

顶推小梁与本体结构为嵌套插入式结构，装配间隙小，制作精度要求高。采用"分段制造→匹配式拼装焊接"的顺序完成两个顶推小梁的制造。将顶推小梁分为 8 个直线段和 4 个圆弧段共计 12 个分段进行制造，在厂内将小梁预拼成整体，然后装焊临时连接件，连接件焊接完成后即可将小梁分段拆除，并转运至车间冲砂油漆，最后在本体结构拼装完成后进行整体最终拼接。匹配拼装焊接流程图见图 8-44。

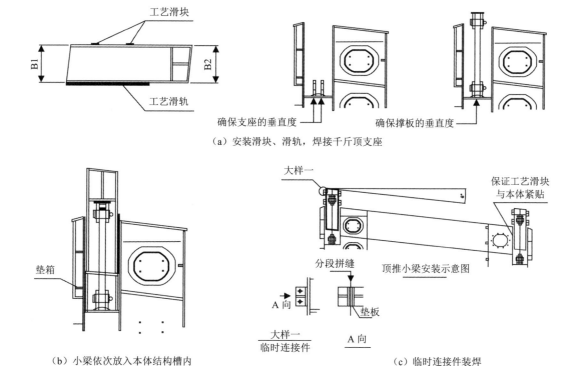

（a）安装滑块、滑轨，焊接千斤顶支座

（b）小梁依次放入本体结构槽内

（c）临时连接件装焊

图 8-44　顶推小梁匹配拼装焊接流程图

3. 钢壳结构涂装

钢壳结构制造完成后，转运至涂装车间进行钢壳结构喷砂除锈、底面漆涂装施工。先将钢壳结构表面铁锈、油污等通过喷砂作业清理干净，然后根据不同区域及不同防腐需求，采取不同的底面漆涂装方案。外侧永久钢壳结构涂层为两层，厚度 800 μm；内侧永久钢壳结构（大气区）涂层为两层，厚度 480 μm；钢壳箱体内混凝土区域涂层为一层，厚度 80 μm。

4. 钢壳本体结构总装

钢壳本体结构涂装完成后，进行包括顶推千斤顶安装、端钢壳注浆、永久止水系统安装、滑移靠拢、临时预应力张拉和临时三向锁定作业等在内的钢壳本体结构整体组装施工。本体结构涂装完成转运至外场后，首先进行顶推千斤顶的安装，然后本体结构翻身进行端钢壳注浆、安装永久 GINA 止水带和 OMEGA 止水带作业，最后通过滑移轨道上辅助措施将两个 1/2 钢壳结构进行合拢拼接，安装预应力钢绞线并通过预应力张拉将两个 1/2 钢壳结构合为一体，完成钢壳本体结构总装。钢壳本体结构总装流程图见图 8-45。

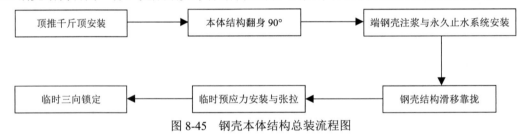

图 8-45　钢壳本体结构总装流程图

（1）顶推千斤顶安装

将千斤顶通过销轴与 1/2 本体结构下部支座连接，依次安装两个 1/2 本体结构小梁槽内的 54 个顶推千斤顶。千斤顶安装到位后，本体结构内预埋油管和千斤顶油管接头进行连接。

（2）本体结构翻身 90°

顶推千斤顶安装完成后，利用 5000 t 浮吊对本体结构进行翻身 90°，并放置在滑轨上进行后续作业。

（3）端钢壳注浆

本体结构翻身后，进行端钢壳注浆作业。

（4）永久止水系统安装

永久 GINA 止水带安装于 E30 侧 1/2 钢壳结构上，GINA 止水带环状整体供应，利用门式起重机将 GINA 止水带整体起吊，吊装及安装方法同标准管节 GINA 止水带安装方法相同。

永久 GINA 止水带安装后钢壳结构合拢前，固定 OMEGA 止水带一侧于 E30 侧 1/2 钢壳结构上；在预应力张拉完成后，固定 OMEGA 止水带另一侧并接驳，接驳方法同标准管节一致。

（5）钢壳结构滑移靠拢

最终接头两半楔形块间端钢壳需要安装 GINA 止水带，而 GINA 止水带是沉管隧道止水的关键部位，GINA 止水带的尖嘴最易受损。因最终接头外形轮廓不规则，采用吊运方法容易导致止水带被碰伤，同时两构件对中及水平相对位置度要求高，故需采用滑移技术将两半楔形块进行合成一整体。

为了安装 GINA 止水带能顺利吊装，两楔形块间距设计为 3 m，根据本体结构钢结构的特点，本体滑移采用工程塑料合金 MGA 板与不锈钢板实现，其摩擦系数干态 0.05～0.09，油润滑 0.02～0.06，压缩强度≥125 MPa。设置 4 条平行顶推滑移轨道，顶推滑移轨道位置设在本体结构侧墙或中墙腹板正下方。

通过油压千斤顶顶推的方式使两个 1/2 钢壳结构在滑轨上缓慢滑移，直至 E30 侧钢壳结构 GINA 止水带鼻尖与 E29 侧钢壳结构端钢壳接触，顶推过程中利用横向千斤顶对钢壳结构的横向位置进行调整，最终达到精确匹配的要求。钢壳结构匹配示意图见图 8-46。

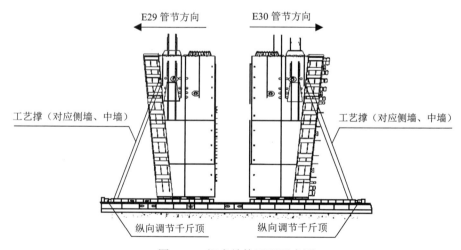

图 8-46　钢壳结构匹配示意图

（6）临时预应力安装与张拉

全断面共 54 束预应力，分别位于顶板及底板，侧墙无预应力束。临时预应力设计为单端张拉工艺，固定端在 E29 侧钢壳结构上，在 E30 侧钢壳结构上进行张拉作业。钢壳结构翻身前钢绞线首先在 E29 侧钢壳结构上穿束，穿束完成安装锚具后，利用千斤顶将夹片提前进行顶紧后安装固定盖板。钢壳结构翻身且滑移靠拢后，在 E30 侧钢壳结构完成张拉端钢绞线的穿束。

54 束钢绞线分七批次进行张拉，每批次 8 束（最后一批 6 束）同时张拉。张拉过程 GINA 止水带压缩，钢绞线位移量大，因此每张拉完成一批次则已张拉批次的预应力存在损失。为保证整个施工过程无预应力钢束应力减为零的情况，在张拉过程中不断对应力损失的预应力钢束进行再张拉。

在张拉过程中，对 GINA 止水带的压缩量进行测量监测，分批次预应力束至张拉力达到设计值且 GINA 止水带满足压缩要求。

（7）临时三向锁定

预应力张拉后在永久接头部位增加三向锁定措施，保证两个 1/2 钢壳结构实现刚性连接。

5. 顶推系统安装和调试

钢壳本体结构预应力张拉完成后，首先根据小梁槽间隙调整顶推小梁尺寸后将全部焊缝施焊到位，然后进行顶推系统的安装和调试及顶推小梁前端的注浆作业。顶推系统包括顶推小梁、Lip 止水带、滑块滑轨等，首先安装顶推小梁，并安装滑块滑轨和连接液压油管，然后进行调试，调试正常后，最后安装 Lip 止水带。

（1）顶推小梁首次入槽

顶推小梁全部焊缝施焊到位后，将专用工装设备与顶推小梁连接；使用滑移工装把小梁滑移插入小梁槽口，插入过程中进行顶推千斤顶与小梁支座的连接。顶推小梁水平滑移工装设备示意图见图 8-47。

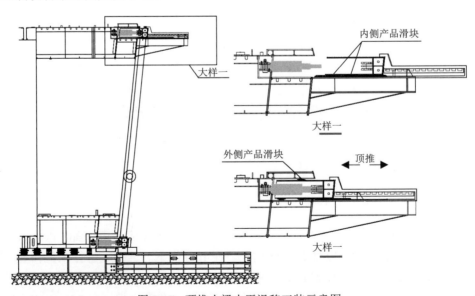

图 8-47　顶推小梁水平滑移工装示意图

（2）顶推系统调试

顶推小梁安装完成后，连接所有顶推千斤顶液压管路、线缆及液压油泵，安装固定小梁外形尺寸的临时钢管撑，解除其与专用工装的连接，进行顶推系统首次调试并对顶推小梁前段进行注浆作业。

调试过程中，测试顶推小梁滑动过程中的间隙变化、液压设备及配套电气设备的工作状况、顶推系统不同工况的反应及顶推过程中的同步性等，调整滑块间距和钢管撑撑杆。所有参数和功能测试合格且注浆完成后，再次连接顶推小梁和专用工装。待解除顶推千斤顶与小梁支座的连接后，将顶推小梁移出小梁槽。

（3）Lip 止水带安装

顶推小梁移出小梁槽后，安装 Lip 止水带。Lip 止水带安装完成后，利用专用工装采取相同的方法将顶推小梁第二次移入槽内，并最终完成顶推千斤顶的连接。

6. 舾装件安装

两个 1/2 钢壳结构通过临时预应力合拢拼装成一个刚性体后，即可进行端封门、OMEGA 止水带、测量塔、长人孔等舾装件和防撞结构、施工平台、刚性接头钢板等附属设施的安装，并进行小梁顶推系统的综合调试。

（1）端封门安装

E30 侧端封门在本体结构与小梁组拼之前安装，安装示意图见图 8-48。E29 侧端封门在钢壳结构预应力张拉完成后安装，安装方法同标准管节相同。

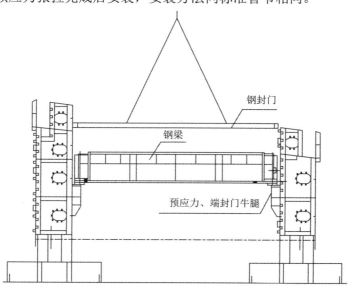

图 8-48　E30 侧端封门安装示意图

（2）测量塔、长人孔安装

在预应力张拉完成后，安装测量塔、长人孔、系缆桩等其他舾装件。

（3）防撞结构安装

在钢壳结构合拢拼装后安装防撞结构，其由钢结构及橡胶块复核而成，每端对称布置 10 个，两侧共 20 套。

（4）施工平台安装

施工平台主要包括管内顶推系统操作平台和管外伸缩平台。在两侧端封门安装完成后，依靠管内侧钢梁和管外侧钢封门进行施工平台的安装。

（5）刚性接头钢板悬挂

根据刚性接头区域预估尺寸，确认刚性接头刚板的余量，修割钢板一侧坡口，采用铰链将钢板悬挂于钢壳结构上。

（6）M 形止水带及保护装置安装

M 形止水带开箱验收合格后，采用龙门式起重机将止水带吊起，从顶板中点开始安装，依次固定顶板→上倒角→侧墙→底板→侧墙→上倒角→顶板的压板螺栓，压板螺栓安装完成后，在顶板位置采用专用工具进行接驳。接驳完成后，完成剩余压板螺栓的安装固定后进行检测，检测合格后，安装 M 形止水带保护装置。

8.4.2 钢壳结构运输

钢封门及舾装件完成安装，钢壳结构整体制造报验合格后，采用大型浮吊将钢壳结构吊装至运输驳船上，经长距离海上运输至珠海桂山沉管预制工厂进行后续作业。

1. 运输底座搭设

最终接头钢壳结构重量（含端封门、测量塔等舾装件和刚性接头钢板、施工平台等附属设施）近 2500 t，混凝土浇筑后重量约 6000 t，需在运输船上完成混凝土浇筑、舾装作业。

钢壳结构摆放于运输船时，要求其底面与船甲板完全贴合，需要根据最终接头块的底面形状，在"振驳 28"船甲板上搭设运输底座，采用"碎石垫层+硬木支垫"的方案。首先，在甲板上 37.6 m×6.7 m 区域设置围挡，围挡内铺填约 10 cm 厚碎石并整平；其次，在碎石上分部沿船长和船宽方向铺设两层高 24 cm 的硬木；最后，激光测量上平面，不平处刨平，确保与最终接头块的接触面高度差在 10 mm 以内。运输底座示意图见图 8-49。

图 8-49　运输底座示意图

2. 吊装落驳

运输船改造且底座布置完成后，采用 5000 t 浮吊将钢壳结构吊运至运输船上，装船地点位于振华南通基底码头。

3. 甲板封固

为保证运输的稳定性，需对钢壳结构进行封固。封固措施主要采用底部三角支撑将其固定。另外，测量塔和长人孔安装后，使得钢壳结构成为高耸结构，将其与甲板利用钢丝绳进行连接，保证运输船稳定且达到防风效果。

4. 海上长距离运输

钢壳结构吊运至运输船，完成封固措施布置后，选用一艘 8000～10000 hp 拖轮作为主拖轮拖运运输船至珠海桂山沉管预制工厂，为确保安全在长江航段增加两艘 4000 hp 全回转拖轮进行辅助拖航，拖航距离约 950 n mile。拖航过程实时观测不同区域的海况、气象情况等，确保钢壳结构安全顺利运至桂山沉管预制工厂。

5. 运输船进坞

运输船长距离拖航至桂山沉管预制工厂坞口区域，依靠坞内卷扬机、船上自配卷扬机和坞内外高低位缆桩绞移运输船至深坞区南侧进行钢壳混凝土浇筑。

8.4.3　高流动性混凝土配制

高流动性混凝土是在较低水灰比条件下，利用外加剂和掺和料的调节作用，降低混凝土的屈服应力，同时混凝土拌和物又具有足够的塑性黏度，使骨料悬浮在水泥浆中，不泌水，不离析，填充钢筋和模板空间，形成均匀致密结构，硬化后具有良好的力学性能及耐久性。采用的技术路线是利用高性能超塑化剂和粉煤灰等掺和料，降低混凝土的屈服应力和水胶比，提高混凝土流动性，保持适度的黏度系数，经合理的配合比设计，使混凝土高性能化，并用合理便捷的方法，对高流动性混凝土工作性能定量评价。

参照日本高流动性混凝土施工经验，确定了港珠澳大桥沉管隧道最终接头高流动性混凝土性能指标，通过高流动性混凝土的工作性能、强度、水化热、收缩变化规律研究，优选出综合性能最优的高流动性混凝土配合比。利用木模型、有机玻璃隔舱小模型、有机玻璃墙模型、有机玻璃顶面+钢隔舱足尺模型 4 种不同尺寸模型，通过"由小到大"逐步接近钢壳沉管实体结构的顺序，在现场进行工艺试验，根据工艺试验混凝土性能及填充性检测结果，不断对高流动性混凝土配合比、浇筑方式、浇筑速度等工艺参数进行验证与调整，确立高流动性混凝土施工的原材料、配合比、性能指标等工艺参数。在高流动性混凝土正式施工前将各种工艺参数稳定固化，形成贯穿施工全过程的标准化品质管理方法，然后按照这种标准化管理方法通过"过程管理"确保成品质量。高流动性混凝土配制技术方案图见图 8-50。

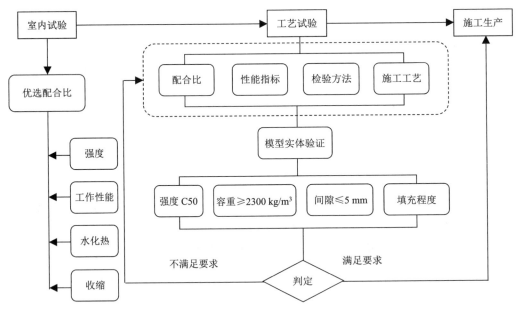

图 8-50　高流动性混凝土配制技术方案图

1. 高流动性混凝土性能指标与原材料

港珠澳大桥沉管隧道最终接头高流动性混凝土根据《高流动性混凝土的配合比设计·施工指南》（2012 年日本土木学会）的要求，利用沉管预制厂现有的技术条件，采用泵送工艺进行混凝土浇筑，其配合比具有以下特点。

①新拌混凝土流动性好，免振捣即能达到自流平性能；

②有良好的填充性、抗离析性及间隙通过性；

③水化热与收缩率相对较低、体积稳定性较高。

根据上述要求，参照日本钢壳混凝土三明治沉管高流动性混凝土施工经验，确定港珠澳大桥沉管隧道最终接头高流动性混凝土性能指标要求如表 8-11 所示。

表 8-11　高流动性混凝土性能指标

混凝土性能			试验方法
新拌混凝土性能	坍落扩展度/mm	650±50	《自密实混凝土的配合比设计·施工指南》（2012 年日本土木学会）
	V_{75} 漏斗时间/s	10±5	
	500 mm 扩展度到达时间/s	3～15	
	U 形填充高度/mm	≥300	
	泌水率/%	0	《普通混凝土拌合物性能试验方法标准》（GB/T 50080）
	含气量/%	≤5	
	初凝时间/h	≥8	
硬化混凝土性能	强度等级	C50	《普通混凝土力学性能试验方法标准》（GB/T 50081）
	容重/(kg/m³)	≥2300	《港珠澳大桥混凝土耐久性质量控制技术规程》[HZMB/DB/RG/1（1）]
有害物质含量	氯离子含量/(kg/m³)	≤0.3	
实体结构	允许的间隙/mm	≤5	最终接头设计图纸

以港珠澳大桥岛隧工程沉管预制使用的混凝土原材料为主，根据高流动性混凝土性能要求，利用粉煤灰、矿渣粉等辅助胶凝材料改善混凝土工作性能、降低混凝土的收缩与绝热温升，所用原材料如表 8-12 所示。

表 8-12　高流动性混凝土原材料

原材料类型	水泥	粉煤灰	矿粉	河砂	碎石	外加剂	
规格	P·Ⅱ42.5	Ⅰ级	S95 级	中砂	5～20 mm	聚羧酸	
原材料厂家	华润（平南）	谏壁发电厂	首钢盾石	西江（上游）	新会白水带	江苏苏博特	BASF

2. 高流动性混凝土配合比管理

高流动性混凝土配合比管理包括三个标准步骤。

（1）试验室标准配合比

混凝土的基本配合比，经试验评估验证混凝土的品质、硬化后的品质等方面满足标准规范性能要求。

（2）标准配合比修正

因高流动性混凝土的性状对环境变化很敏感，按照气温的变化及混凝土工厂的搅拌机、材料的特性，在不影响硬化后的特性的范围内调整配合比。

（3）现场配合比

在混凝土生产时，测定粗骨料及粗骨料的表面水量、混凝土所含水量，调整至与修正配合比相同比例，这些调整可由混凝土工厂的搅拌机操作台设定砂的表面水率的测定值来自动补正。

高流动性混凝土的高流动与自填充性是其区别与普通混凝土的最突出特点，是高流动性混凝土配合比设计考虑的首要因素，涵盖了填充性、抗离析性、间隙通过性三个方面的内容。在高流动性混凝土配合比设计中，遵守流动性和抗离析性平衡的原则，考虑水泥用量、粉煤灰掺量、砂率、外加剂掺量四因素，以混凝土坍落度、坍落扩展度、Orimet 法流下时间、28 d 标养强度为考核指标，建立正交试验表，其设计程序如下：

①确定混凝土强度等级进而确定试配强度；

②计算水灰比；

③计算拌和水用量；

④在胶体总体积含量 0.35 情况下，计算水泥浆各组分的体积含量，确定各组分用量；

⑤根据骨料体积 0.65，确定各强度等级粗细骨料比例（砂率），确定粗细骨料用量；

⑥确定外加剂的掺量。

港珠澳大桥沉管隧道最终接头工程中采用并用体系配制钢壳高流动性混凝土，并用体系由粉体（水泥与一种或多种矿物掺和料的组合，包括粉煤灰、矿粉等）+粗骨料+细骨料+拌和水+高性能减水剂+增黏剂组成，其新拌混凝土具有足够的抗离析性能与质量稳定性。增黏剂和缓凝剂、保坍剂、引气剂、消泡剂等外加剂组分均混合到高性能减水剂中，通过调整各种成分高性能减水剂满足要求。

经过大量室内试验，结果显示混掺粉煤灰与矿粉的混凝土虽然收缩与绝热温升均比单掺粉煤灰混凝土大，体积稳定性略差一点，但其流动性更好、流动速度更快、强度保证率也更高，更适用于最终接头密闭钢隔舱浇筑，确定其为配制高流动性混凝土的优选体系。进而开展试验研究水胶比、胶凝材料用量、砂率、水粉体积比、粗骨料单位体积等配合比参数对混凝土性能影响的研究。

在混掺粉煤灰与矿粉体系混凝土性能研究的基础上，通过室内小尺寸可视化模型对混凝土配合比进行调整与优化，确定现场模型试验的配合比。分别利用尺寸为 40 cm×20 cm×50 cm、50 cm×50 cm×30 cm、50 cm×30 cm×50 cm 的三种钢模+顶面有机玻璃模型，形成小型密闭空间模拟钢壳隔舱，进行高流动性混凝土灌注试验，研究配合比参数、外加剂组分、灌注速度、混凝土性能对模型填充性的影响。室内小尺寸模型试验的过程如图 8-51 所示，通过室内模型试验优选确定了高流动性混凝土配合比。

（a）可视化模型

（b）模型混凝土浇筑

（c）模型混凝土外观

（d）模型混凝土钻芯取样

图 8-51　室内小尺寸模型试验

3. 现场工艺试验

利用室内模型试验优选的混凝土配合比，通过"由小到大"逐步接近实体结构的现场工艺试验验证混凝土配合比及其性能指标，据此进行必要的调整与优化，累计进行了钢壳高流动性混凝土现场工艺试验 7 次，生产混凝土 109 m³，采用不同工艺措施浇筑模型 18 件。通过现场工艺试验逐项验证了混凝土配合比、搅拌设备参数、泵送设备参数、混凝土出泵状态、混凝土浇筑方式、浇筑速度等工艺参数对混凝土填充状态的影响，最终在钢壳高流动性混凝土正式施工前将各种工艺参数稳定固化，形成贯穿施工全过程的标准化品质管理方法，然后按照这种标准化管理方法通过"过程管理"确保成品质量。

钢壳高流动性混凝土现场工艺试验采用 4 种不同尺寸的模型，包括木模型、有机玻璃隔舱小模型、有机玻璃墙模型、有机玻璃顶面+钢隔舱足尺模型。按照下列顺序进行模型试验：木模型验证→调整→有机玻璃隔舱小模型验证→调整→有机玻璃墙模型验证→调整→有机玻璃顶面+钢隔舱足尺模型验证→确定钢壳高流动性混凝土施工工艺参数。根据每种模型试验混凝土性能及填充性检测结果，调整配合比、浇筑方式、浇筑速度等工艺参数，直至模型填充性达到最佳（混凝土模型上表面与顶面模板之间的间隙小于 5 mm），然后按照这些参数进行钢壳高流动性混凝土的施工质量控制。图 8-52～图 8-54 分别为 3 种不同模型试验。

图 8-52　木模模型试验

图 8-53　有机玻璃墙模型浇筑试验

图 8-54　有机玻璃顶面+钢隔舱足尺模型浇筑试验

在工艺试验过程中，根据混凝土生产搅拌、经运输至浇筑现场完成浇筑全过程性能变化情况，对胶凝材料用量、外加剂掺量、外加剂组分、砂率等配合比参数进行了调整，其中外加剂主要调整了保坍、缓凝、引气等组分的含量，确保经长距离运输、长时间停留等待后混凝土流动性仍旧能满足施工要求。

通过多次调研及借鉴日本钢壳混凝土方面的技术，根据工艺试验成果，不断对混凝土配合比参数进行调整与优化，确定优选配合比如表 8-13 所示，其中砂率、外加剂掺量可根据现场原材料性能变化进行调整。

表 8-13　高流动性混凝土优选配合比

水胶比	胶凝材料用量	水泥	粉煤灰	矿粉	砂率	外加剂
0.32	520 kg/m³	0.55	0.3	0.15	53%～55%	1.0%～1.1%

8.4.4　高流动性混凝土浇筑

钢隔舱内混凝土充分填充是钢壳混凝土三明治沉管施工的关键。为确保混凝土填充密实，需要合理布置纵横隔板分舱、浇筑孔及排气孔位置及细部加劲肋，为混凝土提供便于流动的路径；施工方面更需确保混凝土具备高流动性，不需振捣就能达到内部结构的远端，能够在自重作用下流动并均匀填满模板内部空间，混凝土硬化过程中不泌水、不上下分层，钢壳与混凝土之间的间隙不超过 5 mm。

1. 浇筑孔、排气孔设计

封闭隔舱内的空气想尽可能地排出到隔舱外，必须考虑浇筑位置的形状尺寸、浇筑方法、排气孔的设置；只是即使设计排气孔，若浇筑速度太快，有时也会导致空气很难排出，故排气孔的大小和数量须根据浇筑速度决定。并且，排气孔有时是混凝土填充后浆料泄露的原因，故需要注意其形状、大小和位置的设定。如果混凝土硬化后排气孔的痕迹似乎还存在，则需要采取合适的处理方法。

根据工艺试验结论得出：浇筑孔最宜开设在顶面几何中心位置，考虑穿入套管及浇筑管的需要，直径可取 ϕ16 cm～ϕ22 cm 为宜。至于浇筑混凝土的排气孔的直径设计通常不仅取决于排气孔的大小，还应该取决于可买到的上部透明圆管的尺寸，一般取值在 ϕ5 cm～ϕ8 cm，分布在侧边及角落，离边缘净距 5～10 cm。最终接头混凝土浇筑体系布置如图 8-55 所示。

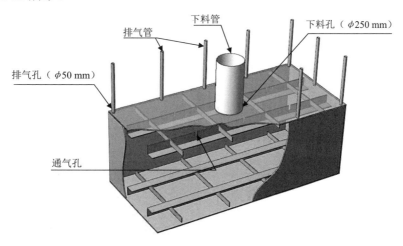

图 8-55　最终接头浇筑孔、排气孔布置示意图

2. 混凝土浇筑顺序

由于最终接头高流动性混凝土浇筑方量相对较大，混凝土重量远超钢壳本体重量，浇筑加荷过程存在较大的结构变形风险，尤其对于顶推小梁系统、GINA 止水带结合面等变形控制极为苛刻，所以如何均匀加载和分阶段加载平衡钢壳的受力至关重要。借鉴日本钢壳沉管浇筑的类似经验，结合最终接头的自身特点，确定最终接头钢壳混凝土采用跳舱浇筑工艺，浇筑分 5 次完成，前一次混凝土强度达到 70%后再浇筑下一次。浇筑顺序示意图见图 8-56。

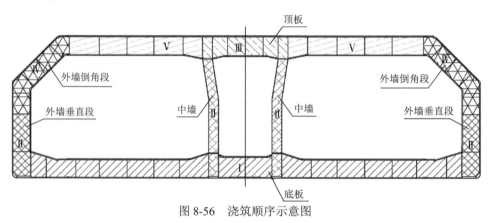

图 8-56 浇筑顺序示意图

3. 混凝土生产

高流动性混凝土采用沉管预制厂的全自动搅拌站进行搅拌生产，包括搅拌系统、制冰系统、冷水循环系统等。高流动性混凝土的全部原材料均自动投料、计量、搅拌与卸料，每盘搅拌混凝土 3 m³，投料完毕后搅拌时间不少于 120 s。

检测每盘出机混凝土的坍落扩展度、500 mm 扩展度到达时间、V₇₅漏斗流下时间、U 形填充高度、L 形仪流动性、含气量及容重等性能指标（图 8-57～图 8-61），当全部性能指标均符合要求时，混凝土运至现场，否则废弃。

图 8-57 坍落扩展度检测

图 8-58 含气量与容重检测

图 8-59　V$_{75}$漏斗流下时间检测　　　　图 8-60　U 形填充高度检测

图 8-61　L 形仪流动性检测

4. 混凝土布料

布料技术主要包含布料系统的选择和布料技术的研究。高流动性混凝土性能要求输送距离尽量短，根据工艺试验结果，混凝土的水平运输采用混凝土罐车实现，垂直运输采用拖泵/泵车+布料杆的方案，可以保证高流动性混凝土的性能，有效地将混凝土坍落扩展度控制在 650 mm 左右。

最终接头钢壳混凝土在沉管预制厂深坞区内驳船上浇筑，浇筑对称均衡进行。兼顾现场实际情况，浇筑施工现场 2 台拖泵分 2 个作业面同时对称布料。浇筑总体遵循横纵向对称、跳舱浇筑；前一次混凝土强度达到 70%后方可浇筑下一次；混凝土有效使用时间控制为出机后 80 min 内，现场施工按 70 min 控制；按照总施工效率，每车混凝土装载量为 6 m³。

高流动性混凝土流动性高，材料分离抵抗能力强，但若从高处落下或流动距离过长，材料也可能发生分离。日本相关研究表明，最大自由落体高度不超过 5 m，最大的流动距离为 8～15 m，但即便如此，为提高现场施工的保证率，依然尽量保证能达到最小落差为宜。因此，需要考虑配合、构造条件、施工条件，通过试验确定并实现确定混凝下落高度和流动距离。根据工艺试验结果，在施工施工过程中可采用漏斗加内嵌布料管的方式浇筑，布料管口距离混凝土液面不宜超过 50 cm，但可深入混凝土。

5. 浇筑速度

高流动性混凝土的浇筑速度实际与自身含气量及排气的速度息息相关，如浇筑速度快，混凝土在高速流动过程中出现较大的扰动，更加容易卷入空气，导致混凝土内部空洞较多，乃至浇筑至顶部时，气泡不易排出，形成顶部较大脱空，因此浇筑速度对于高流动性混凝土而言，是个极为重要的参数。一般地，与普通混凝土相比，高流动性混凝土的浇筑速度往往更小。浇筑到封闭空间时，重要的是确定混凝土的自流平性、浇筑速度及排气孔的位置，以防止出现填充不饱满。虽然设计针对各隔舱顶面均设置有排气孔，但随着浇筑速度增大，空气的排出也变得愈发困难，故理论上排气孔的大小和数量均需要结合浇筑速度决定。

最终接头高流动性混凝土浇筑速度选取室内外不同大小的模型进行试验，当施工开始时的浇筑速度很大，浇筑位置的下端容易出现填充不良，故施工开始时必须慢慢地、谨慎地浇筑。基于拆模后的测试结果，最终确定浇筑速度选择为 50 m³/h 和 15～20 m³/h，具体见图 8-62。

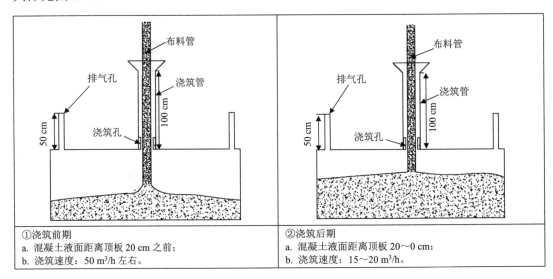

图 8-62　高流动性混凝土浇筑速度图

6. 缺陷检测及修复

在最终接头浇筑过程中，钢壳内部混凝土可能存在一定的缺陷，如填充不饱满、气泡未排出等。针对这些缺陷需采取相应的修复措施，确保高流动性混凝土的浇筑质量。所以在浇筑过程中需要对混凝土性能有差异或接近超标的隔舱进行记录并编号。待浇筑完成后及时检测，针对有问题的隔舱进行缺陷修复。

混凝土无损检测技术，是在不破坏结构构件的前提下，直接在结构物上测试，推定混凝土强度或缺陷及钢筋位置，可对混凝土结构进行重复测试，它既适用于工程建设过程中混凝土质量监测，又适用于工程竣工验收和建筑物使用期间混凝土质量检定。早在20 世纪 30 年代，人们就开始研究混凝土无损检测技术，目前混凝土缺陷无损检测技术主要可以分为三类：第一类是以应力波理论为基础的方法如冲击回波法，超声波法等；第二类是以探地雷达为代表的利用电磁波的技术；第三类是以射线作为探测媒介的方法，如红外成像、X 射线扫描技术等。几种检测方法的主要原理及局限性见表 8-14。

表 8-14　各种无损检测方法的主要原理及局限

检测方法	主要原理	局限性
敲击法	通过声音分辨钢管内混凝土是否密实	基于经验判断，不能够得出混凝土与钢管间的空隙大小和分布范围
超声波法	混凝土无损检测的最常用手段，通过声波在不同介质中的传播速率不同判断混凝土结构是否存在缺陷	一般检测机构都能做，需要对侧面才能进行检测，而且由于混凝土的收缩会导致钢管混凝土的脱黏而影响测试的准确性
冲击回波法	冲击混凝土表面会在其内部产生应力波，通过反射波的频率判断混凝土内部结构的缺陷	适用于只有一个操作面的测试情况，但探测深度较浅
雷达法	根据混凝土内部介质的电磁差异判断混凝土内部缺陷	钢板会产生电磁屏蔽
超声波 CT	混凝土超声波层析成像检测方法	检测需要闭合回路，技术成熟，可用于钢管混凝土的检测
红外成像	通过测量混凝土的热量及热流来判断混凝土内部存在的缺陷	能否适用于灌浆区域值得试验探究
射线法	射线穿过不同材料时衰减量不同引起投射射线强度的变化，而呈现不同的影像	检测效率高，但费用高昂，射线对人体有害

针对钢壳混凝土三明治沉管结构，可选用超声波法、超声波 CT、红外成像等。针对检测出脱空的隔舱，采取钢板上钻孔灌注环氧的方式进行修复，也可在内部预埋预留全断面注浆管，在混凝土达到收缩稳定后注入环氧浆液。

7. 混凝土品质管理

由于高流动性混凝土浇筑进入钢壳后拥有隐蔽工程的特性，成型的状态无法通过肉眼进行观测，目前的检测手段也存在局限性，施工中必须确立明确的品质管理办法，按照管理办法使工程的一个一个作业步骤标准化，通过标准化过程管理来保证质量，并对成品质量进行评估或检验。

混凝土品质管理的目标值除参考日本相应的规范要求外，更大程度上需要借鉴工艺试验中获得的评价结果，作为设定生产管理及施工管理时实施的品质管理试验的目标值及容许范围的技术支撑。实际施工中，关于新拌混凝土的品质，试验人员及施工人员中负责品质管理的人需要参照测试的目标值组织实施相应的检测，并将测试结果反映到调度管理组，再由调度管理人员对整个工序流程进行协调。

（1）原材料检测及储存管理

高流动性混凝土对环境较为敏感，易受使用材料品质变化和计量误差的影响，在生产和施工中需要更严格的品质管理、制造管理及施工管理，尽量减少由原材料误差造成的高流动性混凝土品质变化；对储存场地具备的储藏方法和管理方法要求较高，场地的选择宜尽量减少骨料表面含水率和粒度分布的变化。

（2）混凝土生产和出机检测

新拌高流动性混凝土的品质管理主要是从原材的称量精度、混凝土的投料顺序、混凝土的搅拌时间及搅拌机的负荷电流值等几个方面进行把控。

出机混凝土的全检指标为：坍落扩展度、500 mm 扩展度到达时间、V_{75} 漏斗流下时间、U 形填充高度、含气量、容重、出机温度。每车必检指标为：坍落扩展度、500 mm 扩展度到达时间。全检指标每 50 m³ 检测一次，不足 50 m³ 时最少检测一次，每个搅拌站首车必须进行全检，全检时各项检测应同时开展；为不影响混凝土的有效使用时间，全检应在 30 min 内完成，每车必检指标应在 15 min 内完成。现场应准备两套试验器具，当搅拌站同时开始时，应同时展开试验检测工作。

（3）混凝土入泵检测

根据施工规程、指南设计好的混凝土经过实际施工中生产、运输后在性能上存在不同差异的变化，甚至部分高流动性混凝土已经超出规范要求的设定值。因此浇筑前需要再次测试核实其性能，检查经生产、运输后的混凝土是否具备设定的自我填充性，这也直接关系到构造物的填充可信度。

具体实施过程中，针对入泵检测主要查验坍落扩展度、500 mm 扩展度到达时间，每车检测一次，检测合格后方允许进行混凝土浇筑，每次检测应控制在 15 min 内完成。每工作班至少检测一次同条件混凝土的初凝时间及泌水率。

（4）时间管理

高流动性混凝土的流动性能随时间变化较大，需在有限的时间内完成浇筑，因此要求严密的时间管理和迅速的行动。在工艺试验阶段，通过试验反复验证，高流动性混凝土的性能保持时间一般是在 80～100 min，施工中为取得时间管理富余，确定高流动性混凝土自拌和完成至浇筑完成的时间控制在 70 min，即在该时间内必须完成自混凝土生产、检测、运输及开始浇筑的所有工序任务，不得超限。如出现超过 70 min 的情况，必须采取加强检测的手段确定混凝土性能是否满足规范要求；如超过 80 min 的情况，建议采取强制废弃的手段。

8.5　新型最终接头安装对接

可逆式主动止水最终接头的安装受复杂海流、恶劣天气、水下龙口受限空间内精确安装和国内最大重量 6000 t 构件吊装等技术难点影响，施工难度极大。为此开展了安装关键技术的研究工作，主要内容包括以下三个方面。

（1）龙口形态测控技术研究

要在受海上风浪、流速等不利海况和水深、气象影响大的复杂工况条件下保证沉管隧道接口定位精度±25 mm，难度极大，要求极高，其控制的综合难度是目前世界上同类工程中前所未有的，为确保港珠澳大桥沉管隧道安全顺利贯通，有必要进行外海深水超长沉管接口形态测量控制技术的研究。

（2）龙口流场专题研究

最终接头处受龙口效应影响，海流情况复杂，与 E29、E30 间每侧设计仅 15 cm 安装空间，沉放位置和姿态需要精确控制，而倒梯形不规则钝体在波流联合影响下的姿态反应不明确，姿态控制存在较大困难和未知风险，故需要首先弄清楚合龙口处的流态，进而选择合适的沉放和对接实际，减小安装风险（图 8-63）。

图 8-63　最终接头吊装对接示意图

（3）整体吊装对接关键技术和装备研发

施工工艺在国际上属于首创，无施工经验可循，必须开展在复杂外海开敞水域环境下 6000 吨级构件吊平、旋转、沉放和对接技术的研究，保障最终接头的安装精度和水下安全，以及通过顶推控制系统使最终接头在复杂的水下环境进行可靠临时止水技术，以实现精确对接、快速止水和稳定保压。

8.5.1　龙口形态测控技术

沉管隧道最终接头龙口采用专门制作块体在水下双向对接安装，龙口形态控制质量是沉管隧道是否能顺利贯通的关键，需保证两侧匹配端面"端面平行、轴线重合"。根据安装对接需要，龙口形态平面控制精度要求±25 mm，偏差控制要求明显高于现有隧道工程贯通测量的规范规定，测量精度控制难度非常大。

基于已有沉管安装贯通测量方法，结合双线形联合锁网设计方法的理论分析研究和

1：1模拟试验分析成果，确定了满足沉管隧道最终接头龙口测量精度的贯通测量方法，保障了最终接头龙口形态的测量和控制精度。此外，结合港珠澳大桥沉管隧道现场施工环境、施工工艺、施工设计条件，采用双测量塔法、双人孔投点法与潜水水下测量法对龙口形态交互验证，降低施工风险，保证了沉管隧道接口形态的准确与可靠性。

1．贯通测量方法

贯通测量方法是陆上隧道工程常用的一种绝对定位测量方法，贯通测量是将地面坐标系分别从隧道进出端口引入隧道内部，建立洞内坐标系，与地面平面对应，使用全站仪等测量仪器进行洞内控制测量。贯通测量法主要包括洞外控制测量、联系测量、洞内导线测量等。

由于洞内导线敷设长度随着隧道长度的增加而不断向贯通面延伸，导线测量的误差随着沉管隧道的距离延伸系统误差会不停地累积，从而导致沉管隧道内部引测方位角的定向精度大幅降低。在沉管安装中只采用贯通测量法进行管节安装后的绝对位置的检核，对龙口形态的测量精度尚需进一步检核。

（1）沉管隧道洞内双线形联合锁网设计

首先，根据港珠澳大桥沉管隧道两端东人工岛、西人工岛地理位置关系，综合考虑误差分配原则、隧道内外控制网情况和龙口位置，进行合龙口两侧隧道轴线间设计允许偏差在东人工岛、西人工岛上洞外控制测量、西人工岛端洞内导线测量、东人工岛端洞内导线测量间的分配研究。其次，结合沉管自身结构，充分利用隧道内部空间，从改善导线网网形、增强图形结构、增加多余观测方面着手，在左行车道、右行车道各布设一个导线网，并相互连接，并采用严密估算方法进行沉管隧道洞内控制网的多方案比选、优化，得到不同方案的横向贯通误差。最后，通过陆地1：1实地模拟试验，评估并验证确定的贯通测量方法的理论分析成果。沉管隧道龙口东侧、西侧控制网网形设计见图8-64。

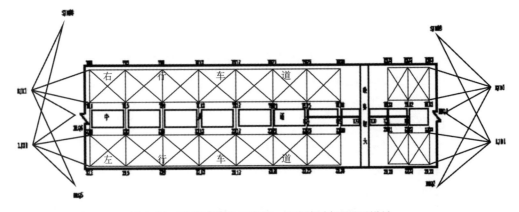

图8-64　沉管隧道龙口东侧、西侧控制网网形设计

沉管隧道洞内西人工岛端导线网，在左行车道、右行车道分别布设交叉双导线网，

每隔 720 m 分别将两车道的外侧导线点相互连接，增加网形强度和多余观测，同一车道内相同里程上的两个导线点之间的短边不进行观测；东人工岛端采用上述方法每隔 180 m 将两车道导线网相互连接。按照导线精度估算方法计算出的龙口处横向误差满足 50 mm 的限差要求。

（2）贯通测量模拟试验

通过实地踏勘、调研，选取与港珠澳大桥岛隧工程条件相近的珠海市金湾区平沙镇升平大道开展贯通测量模拟试验工作。按照 1∶1 比例，布设贯通测量 GPS 控制网和全导线网进行模拟试验观测，加测陀螺定向边，以评估并验证测量方法的理论分析成果。

通过模拟试验研究，贯通点东人工岛导线测量结果和 GPS 网测量结果相比较，坐标差不足 10 mm；贯通点西人工岛导线测量结果和 GPS 网测量结果相比较，坐标差和横向贯通误差大小相近，说明双线形联合锁网测量的结果具有较高的精度和可靠性，6 km 的沉管隧道龙口形态控制采用贯通测量方法可以达到 ±25 mm 的定位精度，试验取得了良好的效果。

2. 双测量塔法

测量塔法是一种绝对定位方法，它利用 GPS-RTK 技术对管节进行实时绝对定位。双测量塔系统是 GPS 定位系统、全站仪检校系统、倾斜仪测姿系统的统一集合，在管节沉放过程中，双测量塔系统通过多子系统的相互配合，完成对管节快速精确绝对定位。

测量塔绝对定位精度受到各个测量环节上的误差影响，包括：测量起算点误差、特征点测量误差、测量塔上 GPS 位置标定误差、沉放定位时 GPS-RTK 的定位误差和倾斜仪测量误差等。通过对各影响因素的综合分析和计算，测量塔法沉放端面特征点纵向、横向精度为 20.9 mm，可以满足沉管安装定位需要。

沉管安装结束后，双测量塔特征点连同测量平台控制点进行静态测量，解算测量塔特征点静态成果，根据测量塔特征点静态解算成果和管节的实际坡度解算管节实际位置，对贯通成果进行验证。双测量塔静态解算原理图如图 8-65 所示。

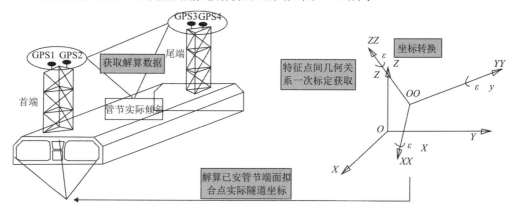

图 8-65　双测量塔静态解算原理示意图

通过将已安管节双测量塔法定位数据和贯通测量法定位数据对比，双测量塔测控系统测量的管节横向绝对偏差为 0～47 mm，符合绝对轴线偏差±25 mm 的精度要求，且和贯通测量法差值均在 50 mm 以内，说明双测量塔法定位精度稳定可靠。

3. 人孔投点法

激光投点是将一台激光投点仪安置在竖井上方，投点仪发出一条激光束，根据激光光斑位置确定激光光束中心点。中心点偏离铅垂激光束的线量偏差即为激光的投点误差，主要受仪器竖轴误差、仪器安置误差、确定激光光斑中心点的误差等综合影响。激光投点具有很高的精度，现场投点验证的误差主要取决于测量塔顶端点位的 GPS 测量误差和测量塔晃动造成的干扰。

结合港珠澳大桥沉管隧道自身结构特点，在管节沉放完成后，通过利用管节首尾端人孔井内向管内投点方式，检核管节定位位置的可靠性。激光投点本身具有很高的精度，现场投点的误差主要取决于测量塔顶端点位的 GPS 测量误差和测量塔晃动造成的干扰，通过改善投点支架，模拟现场环境进行投点精度测试，保证了该技术成功实施。长人孔投点原理示意图见图 8-66。

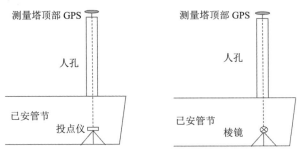

图 8-66　长人孔投点原理示意图

人孔井内投点的具体实施步骤：

①在人孔井盖板上安置天顶天底仪，调整仪器对中事先做在人孔井盖板上表面 ZD1 点，翻转天顶天底仪向测量塔顶部投点，指挥顶部操作人员移动 GPS 天线位置与 ZD1 同轴，现场投点如图 8-67 所示；

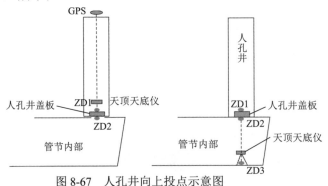

图 8-67　人孔井向上投点示意图

②采集静态数据，得到 ZD1 隧道坐标；

③在管节内部，人孔正下方架设天顶天底仪，调整仪器位置并对中人孔井盖板下表面 ZD2 点（ZD2 与 ZD1 同轴），现场投点如图 8-68 所示；

图 8-68　沉管内投点实景图

④倒转天顶天底仪，将所投点 ZD2 投在行车道地面上，记为点 ZD3；

⑤使用 GPS 静态和 GPS-RTK 测量出点 ZD3 的隧道坐标，同时使用联合双导线网测出点 ZD3 的隧道坐标；

⑥使用首尾投点隧道坐标和管节实际纵横倾计算管内一次标定特征点隧道坐标，并与首尾双线形联合锁网贯通成果比对。

E29 管节投点和贯通测量结果 X、Y 差值分别为 4.8 mm 和 1.2 mm，E30 管节投点和贯通测量结果 X、Y 差值分别为 4.2 mm 和 −7.3 mm。考虑联合双导线网和 GPS 测量、投点的测量误差，成果差值在误差范围之内，进一步说明联合双导线网测量结果的高精度和高可靠性。

4. 潜水水下测量法

一般地表的较近两物体的精确间距容易测量，基本上是利用钢尺量距的方法进行测量，技术难度不是很高，而水下两物体的精确距离测量就不能简单地用钢尺量距，尤其是在远离陆地面积广阔的大海里精确测量两物体的距离，不仅需要专业潜水员的配合，而且受到河流和水深的限制，测量数据也有很大偏差。所以，为了确保港珠澳大桥岛隧工程沉管龙口形态准确，根据港珠澳大桥岛隧工程特点，需要研究适用于工程的一种水下特殊测量方法。

如图 8-69 所示，分别在 E29-S8 端面上的 P1、P2、P3 点量测至 E30-S1 端面上的 P4、P5、P6 点的距离，得到 9 个测量值 L14、L15、L16、L24、L25、L26 和 L34、L35、L36，最后一组角点作为距离检验边 J12。根据潜水测量 9 条边，可以计算 E29、E30 相对位置管节及端面姿态。计算原理如图 8-69 所示。

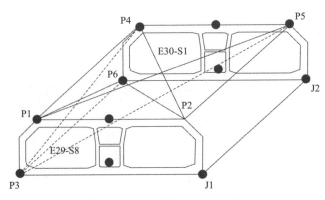

图 8-69　水下测量点位示意图

E29-S8、E30-S1 端面钢帽上各制作了 6 个专用拉尺特征点，特征点编号。特征点有两种类型，一种是拉尺起始特征点，另一种是拉尺的读数点。拉尺起始点使用可转动的圆球组成，拉尺时可以万向转动；拉尺读数点制作了刻度槽，两边切成喇叭口，避免从不同方向拉尺阻挡。特征点的效果见图 8-70，特征点安装效果如图 8-71 所示。

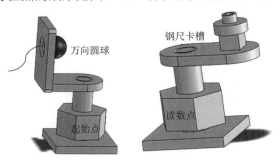

图 8-70　特征点三维效果图

图 8-71　特征点安装实物图

在浅坞区一次标定期间，对拉尺特征点进行准确标定。为了潜水水下拉尺提供有利条件，在 E29-S8 和 E30-S1 钢帽上分别安装拉尺起点和读数点进行标定，潜水水下拉尺可以根据流向，以适合的一个面作为拉尺起点。

沉管龙口潜水水下测量使用 50 m 的尼龙涂层的钢制卷尺，拉尺前，先进行已知距离特征点间拉尺检校。检核完成后，潜水员从 E29-S8 端面特征点 P1、P2、P3、J1 逐个丈量至 E30-S1 端面的特征点 P4、P5、P6、J2，共量测 28 条边，每条边读数 3 次取平均值，特征点丈量如图 8-72 所示。

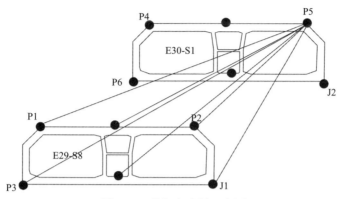

图 8-72　特征点丈量示意图

根据潜水测量 28 条边数据和贯通测量成果，计算 E29、E30 相对位置管节及端面姿态。通过平差计算，得到量测精度指标为 20 m（单位权）的联测精度为 0.014 m。E29、E30 系统之间的平移量为 X 方向最大，数值为 17 mm，这个数值与量测精度相当，因此，两个系统之间实际的平移量与量测误差没有可区分度，但实际数值应在 17 mm 以下的可能性较大。方向的旋转量均小于 1/1000，这个数值同样与量测误差相当，两者之间也没有可区分度，但实际数值应在 0.9/1000 以下的可能性较大。所以，可以判定 E29 与 E30 系统的两边相对位置特征点的相对误差不超过 25 mm，且这个误差包含了量测误差在内。

5. 龙口形态测控技术实施效果

港珠澳大桥沉管隧道龙口在 2017 年 3 月 7 日形成后，先后采用了以贯通测量法为主、双测量塔法、双人孔投点法、潜水水下测量法为辅的 4 种方法对隧道龙口位置和姿态进行了测量。沉管龙口形态测量统计结果如图 8-73 所示。

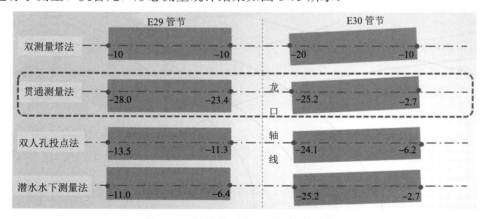

图 8-73　沉管龙口形态测量结果对比图

4 种测量方法具有相互独立性，在各自精度范围内验证沉管龙口 E29 和 E30 的相对截面之间的空间关系。通过 4 种方法测量成果间的交互对比，可以确定 E29 和 E30 截面之间相对偏差在 ±20 mm 以内，达到了 ±25 mm 的研究目标，同时验证了贯通测量定位精度准确与可靠。

港珠澳大桥沉管隧道最终接头龙口形态控制，提出了以贯通测量法为主，双测量塔法、人孔投点法、潜水水下测量法为辅的组合方案体系，在实际操控中得到了充分验证，实现了港珠澳大桥沉管隧道龙口形态毫米级的精准控制，保证了沉管隧道在深水复杂环境下最终接头滴水不漏，丰富了外海深水超长沉管龙口形态控制评估方法。

8.5.2 龙口流场专题研究

最终接头安装的合龙口宽约 10 m，水流龙口效应明显。前期管节安装大量观测表明，深水基槽内存在流场"齿轮"现象，与龙口效应叠加使流场更复杂。12 000 t 起重船吃水深，也引起安装过程中的较强挑流作用，使合龙口的流态更加复杂。最终接头安装龙口区域模型示意图见图 8-74。

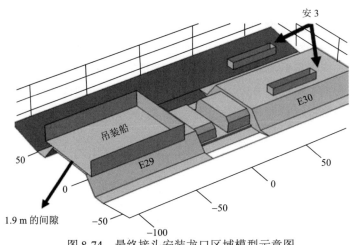

图 8-74 最终接头安装龙口区域模型示意图

由于最终接头与 E29、E30 管节间隙小，最终接头在吊装过程中需要保持水平姿态，对水流环境要求非常高，为此开展了合龙口海流流场专题研究工作，进行的工作主要包括龙口海流流态数模试验、龙口流场观测和预报，进而选择条件最好的时间窗口进行龙口内关键的沉放对接作业。

1. 龙口流场观测分析

为了研究 E29～E30 和最终接头的基槽海流分布变化规律，根据项目总经理部要求分别于 E29 施工前期、E30 施工前期、最终接头施工前期在基槽进行三期海流观测。其中在最终接头施工前,在龙口中间位置偏基槽南侧和北侧分别设置 1 个坐底式海流观测,此外在 E30 管节尾端设置一个水平横扫海流观测点。坐底式海流观测采用阔龙 600 kHz 声学多普勒流速剖面仪,横扫式海流观测采用 ChannelMaster 型水平声学多普勒流速剖面仪。通过 AquaPro 软件提取海流数据,利用 Excel、Matlab 等软件对流速进行处理分析。最终接头龙口海流计布设示意图见图 8-75。

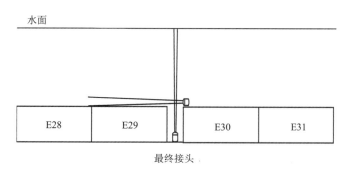

图 8-75　最终接头龙口海流计布设示意图

观测分析结果表明,宽阔深槽"齿轮"现象为主,涨潮下层大,落潮上层大;狭窄深槽龙口效应为主,涨落潮上下层流速比较一致。龙口海流在大潮期时涨落潮时整层流速比较一致,龙口效应明显,合龙口内南北涨落潮流向发生偏转;小潮期齿轮现象和龙口效应都较弱,涨潮时底层有零星 0.3～0.4 m/s 的流速。龙口小潮期典型流速时程图如图 8-76 所示。

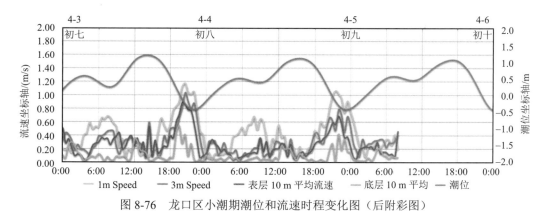

图 8-76　龙口区小潮期潮位和流速时程变化图（后附彩图）

2. 龙口流场数值模拟

受隧址处水深受限,吊装最终接头的 12 000 t 起重船只能选择横流站位,由于起重船尺度大,吃水深,迎流面积大,且船底与隧道顶面富余空间小,阻水效应明显,引起的龙口效应加剧。为了弄清楚影响程度,开展龙口流场的数值模拟分析,如图 8-77 所示。

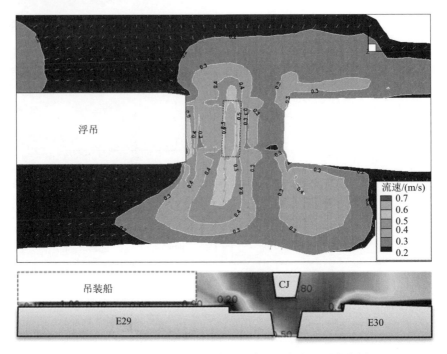

图 8-77　龙口流场数值模拟模型和结果示意图（后附彩图）

综合数模分析结果表明：合龙口效应与吊装船阻水挑流影响叠加，会导致涨急流速增大 50%～90%，落急流速增大 30%～70%，涨潮时吊装船和接头受力大于落潮，最终接头下放对合龙口底层流速影响不大。起重船 Y 方向受力大，最大可达 176 t；最终接头受力随下放的深度增加而减小，X 方向受力大，最大可达 6.5 t。

此外，为确保流场数据的准确性，在最终接头安装前 2 d，起重船驻位后在基槽南北两侧进行坐底式海流计观测实际流场，验证数值模拟结果。安装期间继续对龙口两侧流场开展观测工作，对施工窗口临近预判和订正提供数据支持。

8.5.3　安装专用系统和装备

最终接头是一项系统性工程，涵盖结构、制造、机械、土木、测控、海洋等十几个学科和专业，综合难度极高。为此，建设者用时两年多进行施工方案论证，其间推翻了十多个方案，新开发了包括双塔测控系统、防撞预警系统、小梁顶推系统、南北向调位系统、东西向精调系统、脐带缆系统等多项专用系统，选用了 12 000 t 起重船等关键船机装备。

1. 专用系统

（1）双塔测控系统

最终接头测量定位系统硬件设备主要由高精度定位 GPS、高精度自动照准全站仪、精密倾斜仪、不同距离无线数据传输设备、数据处理计算机及视频设备等主要部件组成。水下安装定位模式用于最终接头安装阶段，着重展示最终接头两个端面与 E29/E30 管节端面位置关系。该模式采用数据+指向箭头的方式表达偏差数值与方向，便于指挥人员把握最终接头的整体偏差变化趋势，及时调整最终接头的位置。水下安装定位模式显示界面如图 8-78 所示。

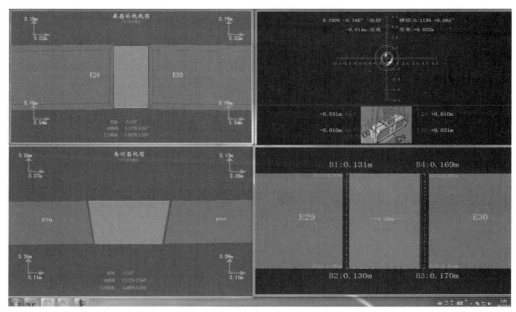

图 8-78　水下安装模式视图

俯视图实时显示顶部和底部的实际位置、设计位置及限位控制之间的几何关系。侧视图实时显示最终接头与 E29、E30 里程方向位置关系，最终接头与基床的相对高度。现场指挥和操作人员根据系统界面实时掌握最终接头端面 8 个点三维位置及整体姿态，调整最终接头处于合适位置。

（2）防撞预警系统

在最终接头安装过程中最主要安全隐患是最终接头与 E29、E30 管节端面的碰撞，为了尽早发现碰撞风险，在安装系统中设置了防碰撞预警辅助系统。预警系统通过安装在最终接头端面底部的水下测距设备实时测量最终接头与 E29、E30 管节端面间距离，在软件上显示它们之间的位置关系，超过设置安全距离，系统自动报警提示，此时须及时调整最终接头位置至安全距离。

预警系统使用声呐高度计，实时测量最终接头与 E29、E30 对接面距离，该设备具有较好的封装性和水下长期工作的可靠性，如图 8-79 所示。最终接头下放过程中，声呐发出声波反射在 E29、E30 钢帽上，从而得到最终接头与 E29、E30 之间的距离。在沉放过程中超出安全距离，预警系统就会报警提示。

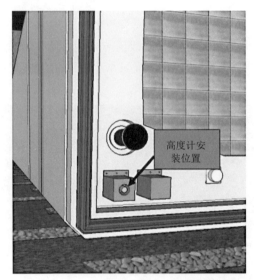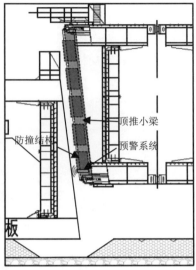

图 8-79 防撞预警系统声呐高度计安装示意图

（3）小梁顶推系统

最终接头的小梁顶推系统是最终接头设计的关键系统之一，由液压系统顶推千斤顶推动小梁完成 E29 和 E30 密封止水带压缩，形成最终接头与 E29 和 E30 管节之间的水密闭空间，为后续的合龙焊接提供必需的施工环境，所以顶推液压系统的工作状况将对最终接头的施工造成最直接影响。

小梁顶推系统主要分为四部分。

1）顶推千斤顶设备

顶推系统由单侧 27 台 HZP200-420 型顶推千斤顶。两侧共 54 台千斤顶组成。综合计算各种工况，单台千斤顶顶推荷载能力设计为 200 t，单侧推力共 5400 t。

2）液压系统及控制油泵

顶推系统的液压布置以 3 点平衡施压、AB 液压油路保护为原则，采用 3 套油泵站，有线远程操作控制。

3）传感器系统

该系统的传感器分为两种类型，分别为压力传感器和位移传感器。每台顶推千斤顶都配备压力传感器，实时监控千斤顶工作压力；在最终接头的每侧管节 4 处拐角部位的千斤顶上，安装有体外防水位移传感器装置。可以实时监控千斤顶活塞位移变化值，从而了解管节 4 个拐角部位的位移、间距变化值，并获得密封止水带的工作状况。

4）监控系统

与顶推系统配套的监控系统，可以远程实时获得全部 54 台千斤顶的工作压力值和 8 个位移传感器的数据值，并可设置相应的监控报警参数，指导操作人员进行监控和远程操作。监控系统终端设置在安装船上，监控界面如图 8-80 所示。

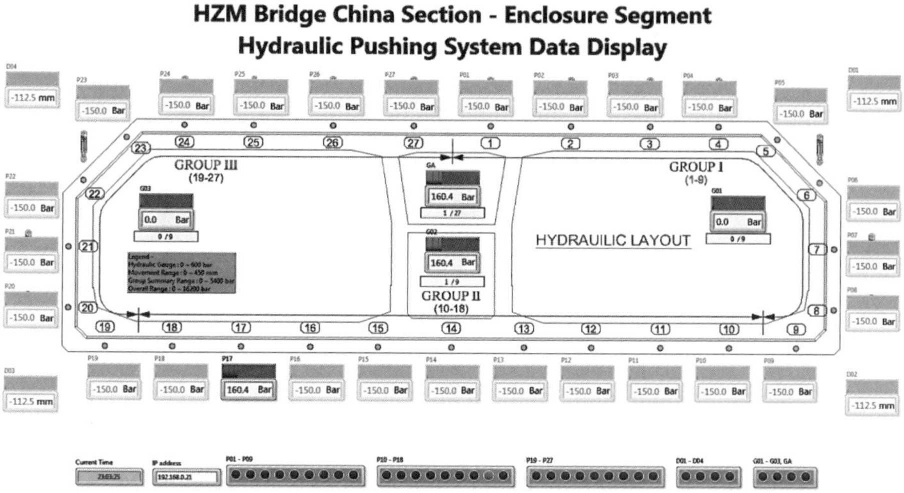

HZM Bridge China Section - Enclosure Segment
Hydraulic Pushing System Data Display
GROUP III
(19-27)
GROUP I
(1-9)
GROUP II
(10-18)
HYDRAUILIC LAYOUT

图 8-80　小梁顶推系统监控界面图

（4）南北向调位系统

为了防止最终接头沉放到位后与 E29 和 E30 管节错牙过大而影响小梁临时止水和管内钢结构焊接，除了利用导向装置限位外，在管节 E29 和 E30 导向托架上侧各布置 2 台调位千斤顶，在导向杆进入导向托架后，根据潜水测量导向杆与导向托架间距的数据，通过导向装置上的千斤顶伸出指定长度，使导向杆居中，达到调整最终接头在南北轴线上的姿态和位置的目的，如图 8-81 所示。

千斤顶
千斤顶支座

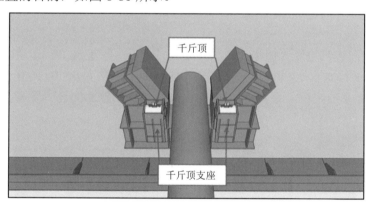

图 8-81　最终接头着床南北调位系统

（5）东西向精调系统

东西向精调系统用于最终接头着床后精确调整其在东西方向的位置和扭角，满足小梁顶推均匀压缩 GINA 止水带实现合龙对接和最终焊接的要求，系统由泵站、千斤顶、油管、控制系统组成，8 台千斤顶安装在最终接头两端上下倒角处，泵站和控制系统位于管内。精调千斤顶位置布设如图 8-82 所示。

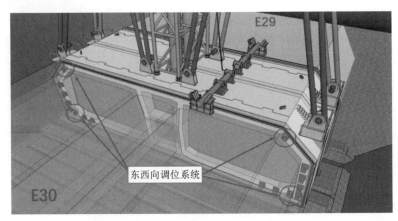

图 8-82　精确调位千斤顶位置图

精调千斤顶设置有行程传感器，最终接头着床后千斤顶伸出顶推 E29 或 E30 钢帽使最终接头与 E29、E30 端面平行，间距相等，达到调整最终接头着床姿态的目的。

（6）脐带缆系统

脐带缆指的是连接安装船与最终接头内的控制柜、配电箱等的线缆。通过人孔井的线缆连接管内控制柜和安装船，为最终接头小梁顶推系统、精确调位系统和测控系统等所有管内系统设备供电，同时承担着将管内 CCTV 视频、各测控和监测系统数据传输至安装船主控制室的重要任务。

2. 关键船机

12 000 t 全回转起重船"振华 30"，总长 297.55 m，型宽 58.00 m，型深 28.80 m，如图 8-83 所示。航行吃水 13.50 m，进港吃水 9.5 m，起重量为 6000 t 时作业吃水 12.3 m。配备 10 台 140 t 系泊绞车，系泊钢丝缆直径 84 mm，长度 2600 m，配备 12 t 重 ST 大抓力锚。

图 8-83　"振华 30"12 000 t 全回转起重船

最终接头运输船"振驳 28"，船长 82 m，船宽 28 m，型深 7.6 m，设计吃水 5.2 m，最大承重 9000 t。

8.5.4　安装对接施工工艺

最终接头安装对接总体流程按照起吊→沉放准备→最终接头沉放→最终接头精确调位→小梁顶推及 GINA 止水带压缩→结合腔排水的施工顺序进行。

1. 最终接头起吊

吊装工程为关键性过程，港珠澳大桥沉管隧道最终接头吊装为目前国内最大吨位级别吊装工程，起吊荷载接近 6000 t，采用"振华 30"12 000 t 双钩浮吊。最终接头设置 8 个吊点，吊点对称布置，采用 4 根吊带，东西方向对称挂钩，每个钩腔挂一股吊带，如图 8-84 所示。吊带在钩腔内有窜动，起吊后，顺隧道方向，接头姿态固定；垂直隧道方向可通过吊钩调节接头水平。

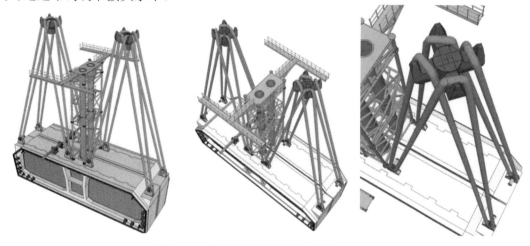

图 8-84　最终接头吊装方案三维效果图

通过开展大件吊平专题攻关研究，采取多项措施控制最终接头起吊后的水平姿态。首先，通过重心精算预估最终接头起吊后姿态，结合 4 根吊带的长度，提前对 4 根吊带进行长度匹配；其次，提高吊带加工精度，控制 60 m 环形吊带加工长度误差小于 5 cm；最后，在"振驳 28"靠泊起重船后进行现场试吊，通过试吊现场姿态实测数据，反算相应销轴的套垫厚度，并现场在销轴处增加轴套将最终接头调平。

运输船靠泊起重船后，根据事先确定的调平方案，销轴处采用衬垫调整，然后正式吊起，旋转 90° 至安装位置，运输船撤离，收紧右前缆绳。起吊和旋转过程中，起重船通过调整压载水保持甲板基本水平状态。吊装过程中，通过安装在吊点和管内监测系统监测结构应力和变形情况。最终接头安装船位布置如图 8-85 所示。

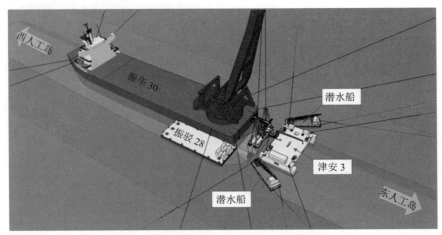

图 8-85　最终接头安装船位布置示意图

2. 沉放准备

自平潮期小流速时将最终接头部分吊放入水，下放过程中采用压载水进行船舶调平，然后进行调位缆绳连接和脐带缆系统连接、调试。调位缆绳包括安装船上 2 根 25 t 绞车缆绳和起重船上 2 根 40 t 绞车缆绳以交叉缆形式连接在最终接头顶面锚点上，如图 8-86 所示。

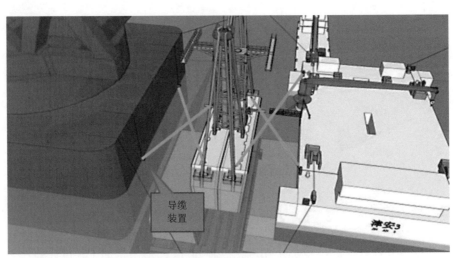

图 8-86　调位缆绳连接完成示意图

调位缆绳连接完成后，将预先盘放在测量塔顶面的脐带缆牵引至安装船甲板，与甲板上控制柜连接，线缆包括动力缆和信号缆，如图 8-87 所示。脐带缆连接完成后，进行各系统调试、确认工作，逐项落实。准备工作完成后，将安装船绞移至与最终接头平行，与最终接头间距约 30 m。

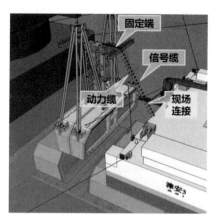

图 8-87　脐带缆连接示意图

3. 最终接头沉放

结合现场实测流速，开始最终接头沉放。下放前，起重船精确调整船位，根据测量塔测控系统显示，调整最终接头实际位置与设计安装位置重合。入水时，起重船通过压载水调整甲板为水平，下放速度按照现场指令进行控制。

下放过程中，通过调位缆绳调整最终接头扭角、平面位置，横向偏差采用旋转吊机方式、轴向偏差采用调整吊臂仰角方式微调。通过 CCTV 系统监视封门是否漏水，管内监测系统监测结构应力和变形等情况。

下放过程中采用压载水进行船舶调平。最终接头因受到水流力和波浪作用，将产生横向、竖向和纵向摆动。由于龙口间隙较小，为防止最终接头块与两侧已安管节发生碰撞，下沉过程中需着重控制其纵向位移。

根据最终接头安装期间姿态监测系统记录的数据显示，最终接头纵倾与横倾保持在 0° 左右波动，吊装过程中接头姿态良好，并保持水平，见图 8-88。

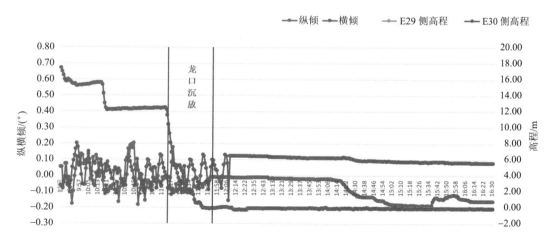

图 8-88　5 月 2 日最终接头吊装姿态数据汇总图（后附彩图）

4. 最终接头精确调位

在导向杆进入导向托架后，潜水员测量导向杆与导向托架间距，根据数据南北调位千斤顶伸出指定长度，使导向杆居中。

起重船保持约 1600 t 左右吊力，使最终接头对基床压力在 300 t 左右。根据定位测控系统数据，采用东西向精调系统调整最终接头与 E29、E30 端面平行，间距相等。首先，8 台千斤顶伸出至与 E29、E30 钢帽接触，利用测距功能记录每台千斤顶伸出长度。根据定位系统数据，计算每台千斤顶顶推距离，并实施顶推。顶推到位后，潜水员复核测量，直至调整到目标姿态。潜水员再次检查、测量导向杆与托架间距，确认横向偏差满足要求后，起重船释放吊力，最终接头完全放置在碎石基床上。8 台精确调位千斤顶全部顶出，锁定位置。最终接头调位示意图见图 8-89。

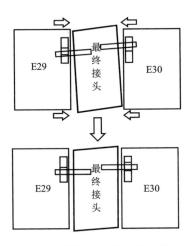

图 8-89　最终接头调位示意图

5. 小梁顶推及GINA止水带压缩

潜水员检查 GINA 止水带与钢帽间无异物，之后两侧小梁同时顶出至 GINA 止水带压缩 7 cm，潜水员辅助测量，检查 GINA 止水带压缩情况。为减少最终接头水下顶推阻力，在 Lip 止水带与 M 形止水带间设置三处通气管。三处通气管外侧设置遥控阀，顶推时阀为常开状态，小梁顶推到位结合腔排水前通过遥控关闭阀门。潜水员检查 GINA 止水带压缩情况，确认行程结合腔后锁定顶推千斤顶。

6. 结合腔排水

最终接头与 E29、E30 管节形成结合腔，两侧结合腔由最终接头中管廊内的连通管连接，保证在排水过程中两侧结合腔压力相同。首先将少量结合腔水排入 E30 水箱内，剩余大量结合腔水利用排水泵排至东人工岛外。结合腔抽排水示意图见图 8-90。

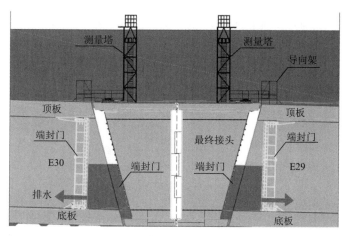

图 8-90　结合腔抽排水示意图

排水完成后，打开 E29 和 E30 管节端封门上的水密门，进入结合腔检查。确认符合要求后，采用扫仓泵将结合腔内剩余少量水排出。

贯通测量确认最终接头安装精度，满足要求后进行最终接头合龙口焊接及其他相关工作。实际贯通测量数据显示安装对接轴线、高程偏差均达到毫米级，临时止水闭合腔滴水不漏，实现了在深水复杂环境下最终接头的精准安装。

8.6　新型最终接头焊接合龙

最终接头焊接合龙施工的主要内容是进行最终接头与 E29、E30 侧管节钢帽之间的连接件的焊接，连接件由临时连接件、刚性接头板、隔板组成。单侧 249 块，两侧共计 498 块板单元组成的连接件。

永久刚性接头是工程的重点及难点，一方面，永久刚性接头是实现最终接头段与两侧管节永久连接的结构，钢板焊接质量、防腐要求、钢箱内混凝土灌注质量均需满足设计寿命要求，施工质量要求高；另一方面，永久刚性接头需要消化已安管节的施工偏差，实现精确对接，同时，刚性接头焊接施工作业条件恶劣，焊接工作量大，要求工效高，施工面临极大挑战。

8.6.1　足尺模型焊接演练

最终接头结合腔排水后需要立即进行刚性接头焊接作业，时间紧、任务重、质量要求高。焊接作业受限在钢封门之间，作业空间狭窄，可使用机械辅助少；加之刚性接头大量焊接作业产生的有害烟尘多，作业环境保障难度大。空间狭窄和有害烟尘的排出困难使刚性接头焊接施工条件恶劣，作业难度大，作业效率存在不确定性，施工风险极大。

针对最终接头现场合龙焊接工作环境恶劣、空间受限、工作量巨大、焊接施工难度高、施工周期短的特点，为使施工现场各项工作能够保质、保量、按时完成，对上述工序进行合龙焊接演练。为保证演练能够真实体现现场实际作业，根据最终接头结构 1:1 比例制作了一套足尺模型演练工装，如图 8-91 所示。

图 8-91 刚性接头焊接足尺模型演练舱

1. 演练目的

实现刚性接头现场对接施工前的演练、验证、优化和培训。

①模拟施工现场实际作业环境，通过演练验证各项 HSE 措施的可行性与可靠性，发现并修正 HSE 应急预案的操作性和执行程序的缺陷，保持预案的科学性和有效性。

②验证刚性接头现场焊接施工方案的可行性，并在演练施工过程中不断优化施工方案。通过演练和持续改进机制对方案进行优化并最终固化，确保在现场恶劣环境条件下可以安全、高效、保质保量地完成最终接头的现场合龙任务。

③研究实现"超短周期完成钢接头焊接"的工效目标，通过多方案专项焊接演练，选择最可行、最高效的方案。

④实现培训。让每一位将进入结合腔内进行刚性接头焊接的施工人员熟悉施工环境、工作内容和工作要求，做到专人专事、职责分明；做到演练内容与实际情况完全相同。经过演练确保每位施工人员在正式作业时能有条不紊地完成刚性接头的焊接作业。

⑤验证施工过程中人员、设备、物料、方法、环境、检验等要素的正确性、合理性。演练完成后进行分析、总结、评价及完善，确保最终接头现场对接施工能顺利完成。

2. 模型设计

模型的设计需首先满足演练目的，能充分还原现场施工环境和作业状态；从结构形式上分析，最终接头截面形状成"回"字型，且结构对称；施工人员和相应设施、机具主要集中在钢接头内外圈对接区域；模型的设计形式应尽可能简约，便于模拟演练前的短周期制备。

综合考虑上述因素，以最终接头与管节钢帽对接区域为蓝本，选取钢接头 2/3 结构部分进行等比例设计；同时在确保顺利模拟现场合龙全流程施工的前提条件下，对钢接头模型的结构形式进行了适当简化。最终确定演练模型总体长度约为 25 m，立面高度约 11.4 m，宽度约 4 m。模型断面为矩形结构，总重约 160 t，如图 8-92 所示。

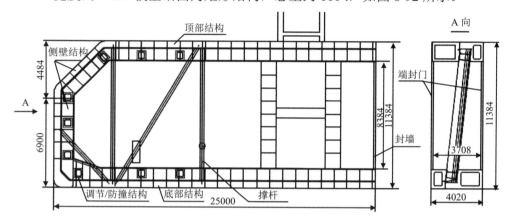

图 8-92　合龙焊接模拟演练模型设计图

3. 实施效果

为确保科学、高效地完成演练施工，将演练工作分成 4 个阶段。

第一步，单项演练阶段。

此阶段的任务，是通过采用多种方法分别论证每一分项工作在狭窄空间下的可操作性和相应工效，分析、比选出单项最佳方案。演练内容包括清理准备、工装解绑及拆除、连接件搬运及装配、连接件测量与余量配切、全位置焊接及检测、HSE 管理与保障措施等各项工作。

第二步，综合优化演练阶段。

此阶段主要模拟在既定施工流程、工效时间及 HSE 组织要求下，验证各项施工交叉作业、穿插工序间的相互配合默契程度；验证现场施工组织的可行性；评估 24 h 连续作业情况下施工班次的合理性，以及夜间施工人员的工作状态；同时，对各项施工环节进行同步改善和优化，形成一整套可行、高效的施工方案。

第三步，系统培训演练。

此阶段根据综合优化演练后总结得出的详细施工步骤，组织施工人员进行系统培训演练。通过系统培训强化各工种施工人员的作业水平、操作熟练度及安全意识；固化各项作业标准、操作流程和动作要素。通过专项考核机制确保全体人员从安全、质量、工效、施工组织等多方面达到演练预期要求，最终确立钢接头现场对接施工标准和专项机制。

第四步，总体实战演练。

此项演练计划在系统培训演练完成后，临近钢接头实物现场施工之前开展实施。根据固化后的施工流程、作业标准和工效，设计、组织一次全流程、全员参与的现场模拟实战演练，系统验证各项施工组织、应急预案的可靠性。

演练工作按"定人、定组、定点、定位、定编号"的五定原则对人员进行分组，对每块板单元、每项工作，逐块演练、轮流演练。具体开展的工艺演练项目包括通电、通气、通风、平台翻转、小 GINA 止水带保护、固定连接件安装、防撞块和千斤顶拆除、钢接头对位测量配切、物料搬运、小梁工艺撑拆除、刚性接头装配、隔板装配、刚性接头焊接、刚性接头探伤等，开展的安全演练项目包括作业空间的通风送风、火场应急处置、窒息中毒事故、高空坠落事故、紧急逃生、测氧测爆检查、有害气体监测等，让全体参演人员熟练地掌握各项应急处置措施。足尺模型演练的开展为后续现场施工的顺利开展起到了关键保障作用。

8.6.2 合龙焊接施工工艺

结合腔排水完毕后，打开已安管节和最终接头端封门的人孔门，进行光学贯通测量，确定安装后管节轴线位置。贯通测量合格后，清理结合腔并对临时 GINA 止水带进行保护，对顶推小梁和刚性接头处进行临时锁定后拆除精调千斤顶和防撞装置，然后进行刚性接头焊接和注浆施工。工艺流程图见图 8-93。

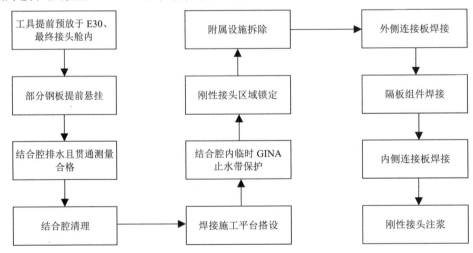

图 8-93　刚性接头焊接注浆流程图

1. 结合腔临时通风

在进行刚性接头焊接施工时，施工人员需进入结合腔内进行作业，焊接作业会产生大量有害气体，因此需在结合腔内设置临时通风措施。在两侧结合腔各设置排风管路，排风管经过 E30、E31 中管廊端封门通往东人工岛隧道口，配备排风机，将有害气体抽出，确保结合腔内空气流通且有害气体及时排出。临时通风示意图见图 8-94。

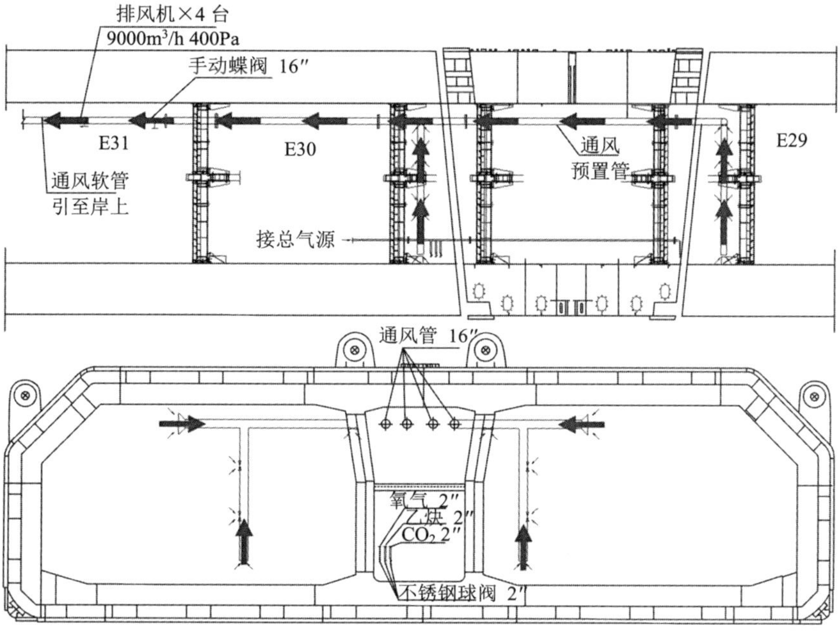

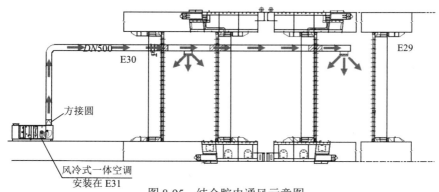

图 8-94　结合腔内排风示意图

　　刚性接头腔内湿度较大，对焊接质量影响大，同时焊接作业会产生大量热量使得结合腔内温度较高，为保证焊接质量和舒适的作业环境，因此需在结合腔内设置临时通风措施。在两侧行车道结合腔各设置通风管路，通风管连接位于 E31 管节的风冷式一体空调，通风管经过 E30、E31 两侧端封门分别进入两侧结合腔，保证结合腔内的环境干燥和适宜温度。临时通风示意图见图 8-95。

图 8-95　结合腔内通风示意图

2. 焊接施工准备

　　刚性接头由外侧连接板、隔板和内侧连接板构成，示意图见图 8-96。为解决连接件数量非常多、狭小空间内运输受制的问题，顶墙内外侧底墙外侧钢接头采用悬挂方式提前布置在本体上，底墙内侧提前铺开固定，侧墙采用堆叠方式，通过以上方法，将搬运工作量降至最低。

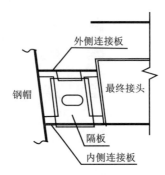

图 8-96　刚性接头组成结构示意图

为提高施工工效，需要进行大量的施工准备工作，具体包括工具提前配置和准备、电路气路的提前布置、钢板提前准备、施工平台搭制及作业面清理和其他辅助设施布置等。

对 GINA 止水带的保护问题，考虑焊接预热区域可能会造成 GINA 止水带损伤，焊接过程中必须控制预热温度和时间，并采用三防布（石棉）或其他保护措施对止水带进行必要的遮盖。

3. 刚性接头区域锁定

在顶推小梁钢管撑拆除之前，为避免顶推小梁受外力移动，导致结合腔内止水失效，通过采取增加码板方式先将顶推小梁与钢帽进行固定，确保小梁稳定无法移动。在整个小梁的截面上均布 10 个码板。

为了防止焊接过程中焊接应力对最终接头块两侧与钢帽间距的影响。最终对间距精确测量前，先利用卡码进行焊接固定，码板固定位置位于最终接头块与钢帽隔板处，码板必须焊接牢固，焊接时注意采用三防布对止水带进行必要的遮盖，码板需对称均匀分布设置，码板布置及结构示意图见图 8-97。

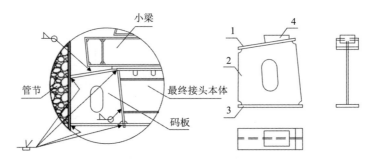

图 8-97　码板位置及结构示意图

1：外侧连接板；2：码板；3：内侧连接板；4：楔块

4. 干涉部件拆除

在顶推小梁固定之后,需要将工装支架内顶推小梁撑杆、调位千斤顶装置及防撞结构进行拆除。拆除过程中对部件进行合理分段,保证人力可以搬运。拆除前需对底部及撑杆处止水带进行遮盖,保护止水带,防止其在作业过程中被损坏。

5. 刚性接头焊接

5 月 5 日进入结合腔内开始进行合龙焊接施工,5 月 17 日完成外侧焊接,5 月 25 日全部完工,总工期 20 d。

(1)匹配修割余量

码板固定完成后分别对四周不同位置进行划区编号,将并做好标记,对连接板连接处的直线距离进行测量,将测量好的数据,与划区记录相对应。测量与下料需采用同一把卷尺。

采用悬挂方式连接板与最终接头侧在制造时已将一侧坡口,已开制完毕,根据对接间距精确测量值,采用自动、半自动气割机吸附在悬挂板上配切下料。对接底部未悬挂设置的连接板在 E29 和 E30 管节施工区域将余量配切到位。

提前悬挂的钢板,可以先利用 1 t 的手拉葫芦从外侧连接板的两侧将连接板向上提起。随后利用千斤顶,将外侧连接板调整至图纸要求的位置,并进行点焊固定。悬挂式钢板装配对位示意图见图 8-98。

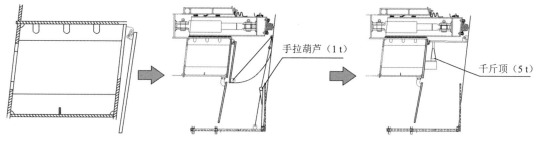

图 8-98　悬挂式钢板装配对位示意图

(2)焊接顺序和原则

焊接时采用多人同时对称施焊,先外侧连接板,后隔板,最后内侧连接板。以外侧举例,单侧焊接时先完成钢接头拼接焊缝,再进行与本体焊接,再进行与管节侧焊接,E29 与 E30 同步骤进行,对称施焊。为保证现场焊接质量,对于对接长度较长的焊缝,比如,焊缝③、④需采用分段对称施焊,从而减少焊接变形的影响。焊接顺序如图 8-99 所示。

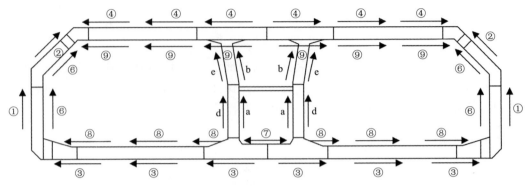

图 8-99　刚性接头焊接顺序图

（3）焊接控制

按照详细的焊接工艺要求进行焊接，在不同的位置，分别运用手工焊、CO_2 气体保护焊、半自动焊接等形式，以实现最大焊接效率为目标，保证焊接工位相互不受影响，严格保证焊接施工质量。

钢结构主材质为 Q420C 及部分材质 Q690E，Q420C、Q690E 作为低合金高强度钢，高强度钢焊接需要避免焊接裂纹的产生。高强度钢焊接过程控制非常重要，如果焊接措施不当，焊缝的综合力学性能很难保证，并且容易产生焊接裂纹；高湿度情况下焊接，会使空气中的水蒸气产生热分解，导致焊缝中氢含量增加，如果焊缝中的含氢量超过允许值，很容易产生裂纹，甚至导致结构的破坏；大湿度情况下焊接，焊缝的急冷效果明显，容易产生高硬度淬硬组织，降低焊缝的力学性能。为保证其焊接性能，需从以下几个方面控制。

①控制焊接热输入，热输入过大，热影响区宽，晶粒粗大，会降低焊缝的力学性能，在焊接过程中严格按照焊接工艺流程（welding procedure specification，WPS）要求选择合适的参数进行焊接。

②焊前除湿措施。每天开工前，查看温湿度计，确认环境温度及湿度，如湿度太高，将作业区域的水汽烘干，烘烤范围为焊缝两侧各 100～150 mm，应保证整条焊缝烘烤，使焊缝区域升温，使局部施工环境满足其焊接要求，即焊接环境温度不低于 5℃，湿度不超过 80%。

③焊接材料的选择和保管。

a. 优先选择抗潮湿能力较强的金属粉型或铁粉型焊材进行焊接作业，现场焊材要求采用真空包装，避免原材料存储环节受潮。

b. 焊接材料应由专用仓库储存，按规定烘干、登记领用。烘干后的焊条应放在专用的保温筒内随取随用。使用的焊条外露不得超过 2 h，超过 2 h 重新烘焙，焊条烘焙次数不超过 2 次。

c. 包装损坏的药芯焊丝不得使用；焊丝包装打开后必须 4 h 内用完，若焊丝暴露空气超过 4 h 不得使用。

d. CO_2 气体纯度不小于 99.5%，焊接时气路中应接入保护气体流量计（采用瓶装 CO_2 气体时，流量计应能够加热）。

④焊前预热及道间温度控制。焊接采用 CO_2 气体保护焊，预热温度不低于 80℃，预热温度和层间温度必须在每一焊道即将引弧施焊前加以核对，层间温度不超过 200℃。如果焊接过程中道间温度超出了最低预热温度或最高温度的限制，则应采取相应的预热或冷却措施，保证焊接的每一道层温在要求的范围内才能进行下一道的焊接。

⑤焊中措施。随着焊接的进行，每焊完一段焊缝即采用石棉垫覆盖保温，焊接后道焊缝时再测温，温度满足预热要求时，即可焊接。

⑥焊后缓冷。焊接完成后，为控制冷却速度、隔离水汽，在焊缝焊接完成后加盖至少 50 mm 厚的保温棉使焊缝及其焊缝两侧缓慢冷却。焊缝两面应尽可能覆盖，必要时做一些小支架。

⑦大湿度环境的焊接控制，贯穿整个焊接过程，必须控制每一个细节，才能保证焊接质量。另由于湿度过大，为防止触电，工人焊接过程中应穿戴绝缘、安全防护用品，所有设备、工具要有良好的绝缘和防水性能。

检验检测的工作必须在焊接施工中穿插进行，严格按照焊接的检验检测标准，做好焊接过程监控及质量控制。焊接完成后，由质检人员对焊缝表面质量进行目视检查，并使用多功能量规对焊缝尺寸进行测量，确保符合焊缝表面质量及尺寸符合图纸及项目规范要求。探伤人员根据项目探伤要求对焊缝进行 100%无损探伤。

8.6.3 刚性接头注浆施工

刚性接头注浆是在焊接形成的刚性接头空腔内灌注高流动性混凝土，形成钢混凝土组合结构，使刚性接头与最终接头本体结构形成复合结构，最终成为沉管隧道永久结构的一部分。

刚性接头注浆原则和钢壳混凝土结构本体的高流动性混凝土浇筑基本一致。刚性接头混凝土浇筑按底板→墙体→顶板的顺序进行，底板和墙体采用的高流动性混凝土直接泵送入舱，自流平灌注；顶板区域的水泥浆采用压浆机压注。如图 8-100 所示，Ⅰ、Ⅱ、Ⅲ、Ⅵ4 个区域均浇筑高流动性混凝土，顶板部分Ⅴ、Ⅵ两个区域压注水泥净浆。

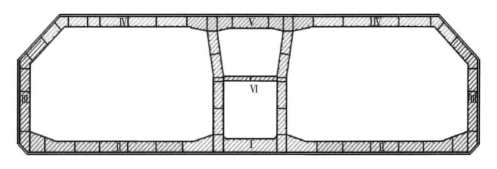

图 8-100　刚性接头浇筑分区断面示意图

1. 注浆用配合比

刚性接头注浆采用 C50 高流动性混凝土和 M50 高流动性净浆，底板、侧墙内灌注高流动性混凝土，顶板采用向钢壳内注入净浆工艺实现填充。刚性接头注浆混凝土配合比和性能见表 8-15 和表 8-16。

表 8-15　刚性接头注浆混凝土配合比　　　　（单位：kg/m³）

水	水泥	粉煤灰	矿粉	细骨料	粗骨料 10～20 mm	粗骨料 5～10 mm	外加剂
175	301	164	82	828	484	323	8.04

表 8-16　刚性接头注浆混凝土性能

指标	坍落扩展度	500 mm 扩展度到达时间	V75 漏斗流下时间	填充高度	含气量	28 d 强度
试验值	650 mm	3.9s	9.0s	310 mm	3.8%	61.0 MPa

高流动性净浆配合比和性能指标分别见表 8-17 和表 8-18。

表 8-17　高流动性净浆配合比　　　　（单位：kg/m³）

水胶（灰）比	水	水泥	灌浆剂
0.26	430	1500	130

表 8-18　高流动性净浆性能指标

硬化后要求的性能	新拌净浆性能要求			
强度等级	流动扩展度	28 d 自由膨胀率	流锥时间	泌水率
76.5 MPa	345 mm	0.2%	出机 16 s，30 min 为 21 s	0%

2. 底板和侧墙注浆施工

首先按照泵送平面布置图完成泵管的铺设，先完成中管廊底板和中墙（Ⅰ区域）灌注；由于Ⅰ区域与顶板Ⅴ区域互通，故浇筑过程中在中墙与顶板连接处旁侧开设观察孔，若该孔出现漏浆时及时停止注浆并封堵该孔。完成中管廊浇筑后两条泵管线路分别移至两侧行车道，经行车道区域预留浇筑孔对底板（Ⅱ区域）注浆，待隔舱接近饱满时放慢浇筑速度，保证最终所有的排气孔均有混凝土溢出方可停止注浆。转移泵管至侧墙区域（Ⅲ），连接完毕后即可进行侧墙浇筑；侧墙浇筑孔分上倒角浇筑孔和下倒角浇筑孔，首先选择下倒角浇筑孔灌注，直至浇筑液面将达到上倒角浇筑孔时停止注浆，转移泵管至上倒角浇筑孔。与中墙一样，注浆区域分界线位置开设观察孔，当观察孔有混凝土溢出后方可停止浇筑。

刚性接头混凝土浇筑时出浆控制为浇筑质量控制的关键，浇筑时混凝土泵送速度控制在较小排量，并使用钢筋棍从有机玻璃管对混凝土进行捅涌，使隔舱内气泡充分排出，有效保证隔舱填充饱满。

3. 顶板注浆施工

为保证顶板区域水泥浆泵注时注浆饱满,在排气孔处插入镀锌钢管至距顶面 1 cm 处进行焊接,并安装排废料软管,注浆时待水泥浆泵注至排气孔排出浓浆再进行保压可确保注浆饱满。顶板区域注浆管和排气管设置示意图见图 8-101。

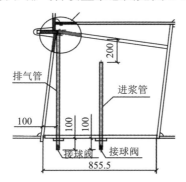

图 8-101　顶板区域注浆管和排气管设置示意图

由于刚性接头顶板注浆施工工况与预制沉管顶板人孔封孔注浆类似,设计对注浆材料性能要求与沉管顶板人孔封孔的净浆配合比性能要求一致,故顶板注浆净浆配合比采用沉管顶板人孔封孔的净浆配合比。水泥浆在现场搅浆完成后再压浆至刚性接头隔舱,水泥浆采用 ZJ-400W 高速制浆机完成浆体的拌制,经注浆泵送料入舱,施工过程中应严格控制浆液的性能及注浆压力。

4. 缺陷修复

在刚性接头浇筑过程中,内部混凝土可能存在一定的缺陷,针对这些缺陷在刚性接头隔舱内预先布设全断面注浆管,在注浆后进行检测和压力注浆修复。

浇筑完成后作业人员使用铁锤敲击每个隔舱顶面布置的 9 个点(按照九宫格进行布置),对脱空情况进行标记及记录。待混凝土达到设计强度后统一灌注高强环氧灌浆液。注浆管从进浆口注浆,待出浆口出浆时关闭出浆口,稳压 5 min 即可停止;若出浆口不能顺利出浆,应保持注浆压力 15 min 后再停止注浆;每根注浆管的注浆压力宜控制在 0.5~1 MPa,注浆持续时间宜控制在 7~15 min;若出浆口没有顺利流出浆液,可加大注浆压力,但压力不应超过 1 MPa。记录每个隔舱环氧注浆量及注浆压力,并与隔舱混凝土浇筑记录情况进行对比,进一步分析、检测隔舱混凝土缺陷情况。

8.7　新型最终接头基础后注浆

为保证 E29、E30 管节及最终接头的沉降均匀性,给运营期控制基础沉降及管节接头差异沉降留有充足的余地，根据设计要求，在最终接头安装完成后对基础空腔进行后注浆填充，后注浆材料采用超低强度水下不分散混凝土。

沉管体外后注浆基础成套技术主要包含设计原理设计方法、超低强度水下不分离混凝土配制、后注浆施工技术研究、监测关键技术研究 4 个方面。

8.7.1 基础后注浆原理分析

沉管后注浆基础技术研究的初衷是为了填充最终接头管底基础垄沟与间隙，提高最终接头基础的整体刚度，保证运营期管节的稳定性，但是该技术的首次使用是在 E32～E31 管节接头处基础处理上。港珠澳大桥沉管隧道基础采用了复合地基+组合基床的方案，管节安装时的瞬时沉降为 5～15 mm，管顶回填及管内压载混凝土浇筑等施工期间的沉降大约为 40 mm，随后便呈现收敛趋势。E32 管节是 33 个安装的管节中唯一一个沉降规律不同的管节，安装之后尚未加载时，E32 与 E31 管节接头端的沉降监测情况异常，发生了近 50 mm 的沉降，且不收敛；在碎石整平船插拔桩腿时，E32 管节的竖向姿态还出现跳跃变动的反应，一端下降时另一端抬升，竖向运动呈现"跷跷板"反应。如果不能妥善处理，可以预见的是在回填加载过程中，E32 管节的沉降及与 E31 管节的差异沉降将不可接受。经过多方考虑研究，采用了在管外对管节接头处基础进行后注浆的处理方式，通过采取措施在管底设置形成封闭压力腔，经压力腔注浆抬升沉管，对已安管节的高程进行了调节，解决了沉降不可控的问题。

沉管基础后注浆材料采用水中不分离超低强度混凝土，其所起的作用和固结稳定原理分析如下。

①挤密排水：由于混凝土不离析能力较强，注浆材料注入地层后，在混凝土注入后能有效地将海水挤压出压力腔，混凝土填充腔。

②渗透密实：由于基床碎石间存在大量的间隙，利用该注浆混凝土的高渗透性能较好的在泵送压力作用下让混凝土渗透至各碎石间隙中，提高基床的密实度。此外，在浆液持续压力作用下，地层可能会沿应力较大面产生劈裂，浆液进入裂隙内对软土地基起到一定的加固作用。

③体积稳定：该类型混凝土收缩量极小，几乎可以忽略，所以在浆液完全填充凝固后与沉管和碎石基床间几乎不存在缝隙，对后期运营期基础稳固能力又提供了一份保障。

基础后注浆工法充分利用了先铺法沉管隧道工程独特的条件：管节接头下方有一段不铺设碎石基床的空间，恰好可作为上抬力的作用面；管节两侧的回填施工可自然形成密闭空间，密闭空间是混凝土在水压力作用下产生额外压力的必要条件；管节考虑其自身浮力后不需很大的额外压力就能被抬升；需要有提前配置的超低强度水下不分散混凝土。沉管基础后注浆原理图见图 8-102。

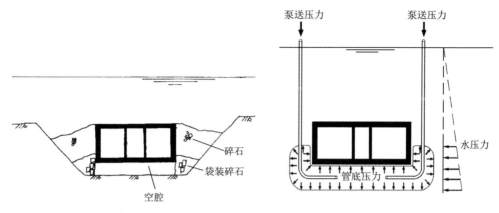

图 8-102　沉管基础后注浆原理图

利用原基础、碎石层及覆盖层形成的封闭垄沟空腔，采用低渗透性的水下不分散混凝土对垄沟进行填充，利用帕斯卡定律，增加浆液的压力，可以实现对沉管底部进行加压，压密基础，提前完成瞬时沉降。

8.7.2　水下不分散混凝土配制

1. 混凝土性能要求

超低强度水下不分散混凝土浆液需要具备一些特殊性能：①密闭腔的压力形成是必要条件，这就要求浆液在水下能够长距离流动，并保持不分散的状态；②为达到形成整体垫层的目的，要求浆液凝固后具备一定强度且体积稳定；③需要考虑整体垫层与周围的碎石基床协调受力，因而要求浆体为超低强度等级混凝土浆液；④要达到预压抬升管节的目的，形成压力密闭空间是前提条件，因而对混凝土的骨料粒径和用量需进行控制，以保证浆体不向碎石孔隙中渗透析出，同时需具备一定的自填充性能；⑤还要考虑浆体能适应长距离向下输送条件，同时适应混凝土泵和压浆泵泵送要求，具有良好的工作性能。

为保障后注浆填充饱满性及与碎石基床刚度相匹配，后注浆材料采用超低强度、水下高流动性混凝土。结合港珠澳大桥沉管隧道工程实际结构物条件（无配筋）、环境条件（海水中）、施工条件（泵送，最大水平流动距离 6 m），初步确定混凝土性能指标如表 8-19 所示。

表 8-19　超低强度水下高流动性混凝土性能指标

混凝土性能			试验方法
新拌浆体性能	坍落扩展度/mm	600±50	《自密实混凝土的配合比设计·施工指南》（2012 年日本土木学会）
	V$_{75}$ 漏斗流下时间/s	7～20	
	500 mm 扩展度到达时间/s	3～15	
	U 形仪填充高度/mm	≥300	
	泌水率/%	0	《普通混凝土拌合物性能试验方法标准》（GB/T 50080—2016）

混凝土性能			试验方法
硬化浆体性能	28 d 抗压强度/MPa	0.5	《普通混凝土力学性能试验方法标准》（GB/T 50081—2016）

2. 配合比设计和试验

由于混凝土强度要求 0.5 MPa，调研发现无明确的配合比设计方法。参考高流动性混凝土相关规范，通过试配并逐步优化，最终通过模型实验论证确定最优配合比。确定配合比设计总体思路为：通过较低的水泥用量、较高的水胶比，引入大量的气泡、添加惰性掺和料的手段实现混凝土的超低强度；通过充足的浆体、良好的级配、合理的外加剂实现混凝土的高流动性；通过性能较优的混凝土水下不分散剂的使用实现良好的混凝土水下不分散性能。

混凝土的自密实性能和水下不分散性能是相互制约的，在第一阶段大量室内试验、室内小模型试验的基础上，预先确定出分别侧重于自密实、水下不分散性能的两个基准配合比，然后通过第二阶段工艺试验，通过木模排水泵送、低渗透性、流动性、常压模型试验验证，优选出基础后注浆配合比。

依据相关规范单位粉体量选择 300～450 kg/m³。试配试验使用相同的矿物掺和料及掺量，在相同的水胶比下，胶凝材料总用量分别为 300 kg/m³、370 kg/m³，通过调整外加剂掺量、砂率等，观察混凝土的和易性，以选择合适的胶凝材料总用量。拟定一个试验配合比再通过试验陆续验证掺和料的选择、粉煤灰掺量的确定、水胶比的确定，最后确定拟定采用的配合比。

采用这个推荐配合比针对水下自密实性能开展了室内小模型试验，超长缓凝时间对比试验，低渗透工艺模型试验，以及验证混凝土生产的工艺模型试验、现场木模长距离泵送及水下灌注试验、混凝土流动性验证的足尺模型试验及常压模型试验，见图 8-103。

（a）木模长距离泵送试验　　　　　　　　（b）流动性试验

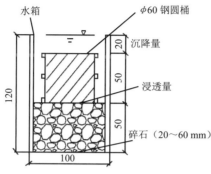

（c）渗透性试验

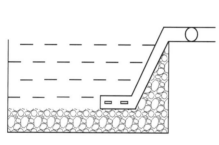

（d）常压模型试验

图 8-103　基础后注浆工艺试验

综合室内试验和工艺试验结果，优选出基础后注浆配合比和对应的性能分别如表 8-20、表 8-21 所示。

表 8-20　基础后注浆混凝土配合比　　　　　　（单位：kg/m³）

水泥	粉煤灰	砂	碎石 5～10 mm	水	AD-300B	FF-55
64	176	600	635	264	1.3	2.0

表 8-21　基础后注浆混凝土性能

坍落扩展度/mm	容重/(kg/m³)	7 d 抗压/MPa	28 d 抗压/MPa	28 d 水下抗压/MPa	500 mm 扩展度到达时间/s	pH	浊度	V₇₅ 漏斗流下时间/s
650	1770	0.50	1.05	0.95	12.5	8.1	136	16.4

超低强度水下不分散混凝土配合比设计要点包括：较低的水泥用量、添加惰性掺和料、较高的粉体用量、较高的水胶比、较小的碎石粒径、引入大量微气泡、使用高效减水剂、大量掺加增黏剂或抗分散剂。该类型混凝土具有良好的填充性能，超低强度可适应碎石基础变形下应力的二次分配要求。

8.7.3　基础后注浆施工工艺

最终接头碎石基床共包括 3 条碎石垄，垄沟宽 0.55 m，垄中心距 2.25 m。E30 和 E29 管节安装前，在碎石基床垄沟内布设气囊，最终接头安装前，在两个刚性接头处底部安装注浆管路，最终接头安装及锁定回填后在两侧安装竖向注浆管路，利用整平船做工作平台，拌和船供料，泵送工艺对刚性接头部位的基础进行后注浆处理。基础后注浆施工总体工艺流程如图 8-104 所示。

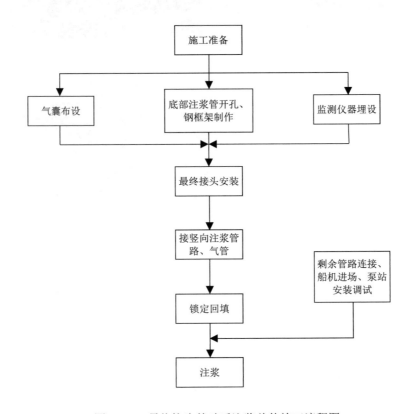

图 8-104　最终接头基础后注浆总体施工流程图

1. 纵向挡浆气囊布设

为控制浆液路径，形成密闭结合腔，需要在纵向、横向及竖向设置挡浆措施。E30、E29 管节安装前，潜水员配合分别在其碎石基床垄沟内布设气囊，形成纵向挡浆措施。首先在碎石基床垄顶及垄沟内布设两层土工布，采用碎石压载固定，垄沟内布设两个相互搭接气囊，搭接长度约 3 m，气囊的两端与碎石垄端位置保持一致。注浆前对气囊充气使之贴紧管底，阻挡注浆浆液向纵向两侧扩散。纵向挡浆气囊布设示意图见图 8-105。

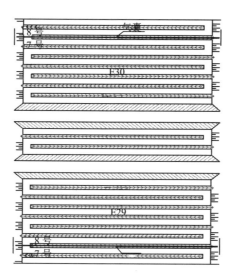

图 8-105　纵向挡浆气囊布设示意图

2. 水平注浆管布设

最终接头管节安装前，提前在 E29、E30 管节尾端底部布设水平注浆管，最终接头安装及锁定回填后在两侧安装竖向注浆管路与之连接，采用泵送工艺进行基础后注浆施工。管底水平注浆管布设示意图见图 8-106。

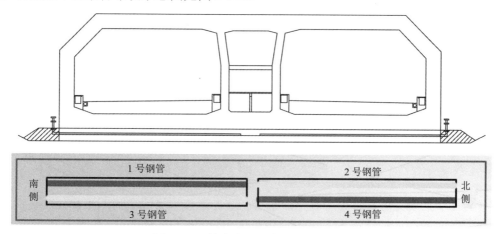

图 8-106　管底水平注浆管布设示意图

注浆管采用泵送管，单根水平注浆管长 18 m，管径 125 mm，壁厚 8 mm。由于每个接头处两侧需对称灌浆，为避免泵管堵塞等特殊情况影响注浆效果，泵管考虑一用一备。为便于注浆管的水下安装，泵管采用钢框架组合结构，共制作 4 套钢框架，每套钢框架内并列固定两根注浆管。压浆管及钢框架组合结构实物图见图 8-107。

图 8-107　压浆管及钢框架组合结构实物图

注浆管钢框架采用三点吊将钢框架吊放至管节接头的垄沟内，保持水平状态。注浆管钢框架在吊装下放的过程中，注浆管钢框架入水后吊点与已安管节端钢壳的水平距离保持在 0.8～0.9 m，在钢框架底部下放到基础顶部的高程时停止下放，潜水员进行水下检查，确定无障碍物后，向已安管节方向推钢框架使其进入指定垄沟内，直到钢框架与垄底接触并保持稳定状态。

3. 竖向注浆管及横向挡浆设施布设

刚性接头焊接完成后，首先进行竖向注浆管的连接。竖向注浆管采用长度为 29 m、厚度为 8 mm 的无缝钢管组合连接的形式，分为上下两节。第一节竖向注浆管与水平注浆管连接，采用潜水船吊装、潜水员水下连接法兰盘的方式进行对接。

第一节竖向注浆管连接完成后，在基础两侧覆盖土工布及袋装碎石，对 E29、E30 尾端及最终接头进行锁定回填，使接头垄沟形成密闭空腔。锁定回填期间避免注浆管受到挤压而倾斜。

4. 注浆施工

锁定回填后首先进行整平船驻位，再进行竖向注浆管第二节的连接，将注浆管的顶端焊接在整平船的底层甲板上，甲板上布设大象 BSA 2109HPD 型拖泵 6 台（4 用 2 备），同样通过泵管将竖向注浆管与注浆泵连接。

其后进行两艘拌和船的就位，并组织进行水下不分散混凝土的搅拌和布料。根据施工中泵送管的布置，灌注沿着管节横断面两侧泵管灌注入基础底，两侧注浆同步进行，注浆步骤如下。

①完成混凝土输送系统、压力监测系统的安装，如布料杆、拖泵、泵管整套输送系统布置，泵管上安装压力表，压力计调试，等等。

②混凝土搅拌船完成后经船尾布料机将混凝土投料至整平船上拖泵内，拖泵将混凝土泵送至沉管基础底部。

③浇筑过程中需要随时监控两艘搅拌船上混凝土的注浆量，若注浆量差异较大时，应适当降低注浆量较多的搅拌船生产速度，但不宜停止等待。

基础后注浆工作可以划分为三个阶段：填充阶段、预压密实阶段和抬升阶段。考虑实际功能需要，最终接头基础后注浆只需要完成前两个阶段即可。填充完毕后进入预压密实阶段需要根据压力表、水准仪的读数不间断调整注浆量。压密阶段完成后继续注浆，管节将出现被抬升的状态，但为确保管节接头的 GINA 止水带和节段接头不会张开、GINA 止水带上的侧压力不会导致 GINA 止水带侧翻等，该节段均需要缓慢、间歇性注浆，等待观察。

5. 灌浆要求

①同一接头处基础两侧和两个接头处都必须对称注浆。

②出浆口位置在接头的下方，横向对称布置，间距设置应覆盖浆液扩散半径。

③填充施工时出口压力应控制在：水压压强（考虑潮位变化、海水密度）+ (0.05～0.1) MPa。

④抬升管节时，出口压力应控制在：水压压强（考虑潮位变化、海水密度）+ (0.15～0.2) MPa。

⑤注浆（入口）压力应根据出口压力、浆密度、出入口高差及管道损失等因素重新核定。

⑥在满足工效前提下，应尽量低速注浆，取 5～40 m³/h 的下限值。

⑦在注浆管道上合理设置阀门，便于施工控制及反浆等问题的处置。

8.7.4　基础后注浆监测技术

通过对沉管基础后注浆施工过程中管底压力进行监测，可以实时显示后注浆施工过程中管节底部压力变化，分析判断注浆材料流动情况及封闭腔形成情况；通过监测沉管姿态，可以实时显示后注浆过程中管节沉降变化，从而反映管节整体线形姿态变化的调整。

1. 注浆压力监测

注浆的全过程管节底部压力监测是沉管基础后注浆施工过程中一项重要监测内容，通过对管节底部压力实时监测，可以反映注浆材料流动情况、腔内压力变化等主要技术指标，可以为现场精细化施工及注浆效果判断提供参考。

管节基础后注浆压力监测的仪器布置主要根据注浆材料的流动范围确定，监测仪器布置在碎石基床顶面，沿管节底部横向及纵向均匀布置，如图 8-108 所示。沿管节横向垄沟内的压力监测可以反映出注浆材料的填充高度及管底压力，沿管节纵向碎石基床表面的压力监测可以反映出注浆材料的流动范围。

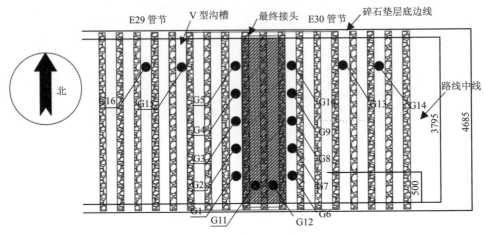

图 8-108　最终接头管节碎石基床垄沟内仪器位置示意图（单位：cm）

根据压浆施工的目的及内容，选择仪器量程，前期计算压浆最大产生压力（含静水压力）不超过 0.7 MPa，因此在监测过程中选择量程为 1.0 MPa 的土压力计。土压力计随注浆管绑扎，并一同布置于基床顶面。全部线缆连接采用水下接头，并在线缆端部用水下接头密封，保证连接后承受 25 m 水压，见图 8-109。

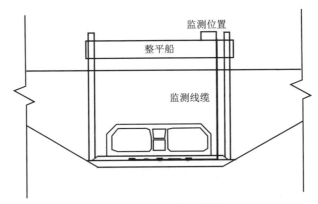

图 8-109　基础后注浆监测线缆连接示意图

管底压力监测的结果主要受注浆材料高度、密闭腔内压力、潮位影响，注浆材料高度及密闭腔内压力是指导施工的重要依据，由于注浆材料在水中的密度较小，与潮位变化对压力的影响在同一量级上，有必要在监测过程中同时监测潮位变化，用以修正实测压力值。实际压力监测结果应该取压力变化值，即

$$P_{(监测结果)} = P_{(实测压力)} - \rho_{(海水密度)} \cdot h_{(水深)} - \rho_{(海水密度)} \cdot \Delta h_{(潮位)}$$

土压力计监测到的压力值为测点处的实际压力，压力变化量应修正水压（与潮位、海水密度有关）的影响，提前编制程序以保证及时提供测点实际压力值及修正后的压力变化量。当压力监测值达到 0.5 MPa 时提醒施工注意，达到 0.6 MPa 时及时报警。最终接头管节基础后注浆压力监测结果见图 8-110。

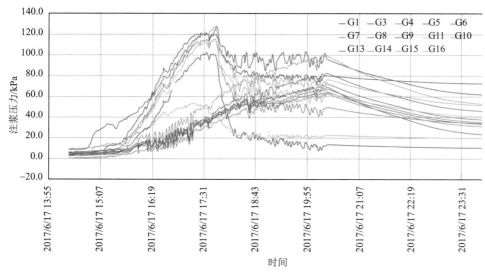

图 8-110　最终接头管节基础后注浆压力监测结果（后附彩图）

2. 管节姿态监测

注浆过程中还需要监测沉管姿态的变化，管节底部密封腔形成后，管节底部压力将随着注浆量的增加而增加，当压力增加到一定量值时可能使管节上抬。通过沉管后注浆过程中管节姿态监测，可以实时监测管节沉降。

管节姿态监测采用静力水准系统，利用连通管原理可以实时监测管节纵向首尾或横向南北两点间的高差变化。以 E32 管节为例，如图 8-111 所示为布置在管节首尾两端的静力水准仪。图 8-112 所示为 E31～E32 管节接头后注浆阶段管节姿态监测数据图，可以看出注浆过程中管节南北侧沉降差不明显，注浆结束后管节有一个迅速自身调节回原来姿态的过程。

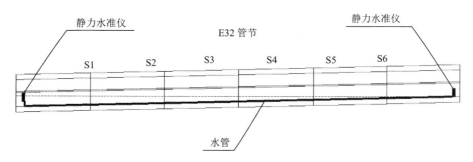

图 8-111　管节姿态监测静力水准仪布置示意图

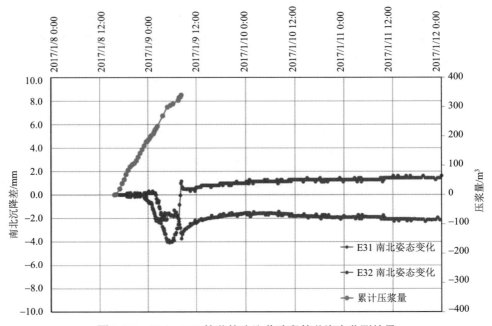

图 8-112 E31～E32 管节接头注浆阶段管节姿态监测结果

　　总体来说，后注浆基础处理工艺具有与沉管技术接合紧密优点，通过建立全新的封闭式沉管基床后注浆设计体系，能有效地控制沉管不均匀沉降、压密碎石基床和抬升沉管的作用，能发挥压密、填隙、预抬升等保证沉管结构稳定安全的功能。

第9章 外海沉管安装全过程监控管理

9.1 概 述

沉管隧道的天然特性就是技术含量高、不确定因素多及跨学科和跨专业综合应用集中，而沉管安装又是沉管隧道施工中技术难度和综合风险最高的部分。借鉴世界上多个典型沉管隧道项目可知，在管节浮运安装作业中均不同程度地出现过风险事故，给工程项目的受控实施带来了很大的负面影响，故实施风险管理并将其落到实处是沉管安装必须要考虑的最重要的管理课题。港珠澳大桥沉管隧道在这一方面进行了成功的探索，形成了一整套全过程监控管理体系，具有很强的可操作性和对同类工程的指导意义。

此外，由于沉管隧道设计所需的参数和边界条件包括：地质参数、水文条件、气象条件等。地质参数主要通过现场钻探、物理试验等获得，往往具有较大的离散性，因此有限的地质钻孔很难精准地揭示地下的真实状况。水文和气象条件主要参考历史资料，通过过去来预测未来，但是这样难免会与实际情况有所偏差。为了掌握施工过程中相关结构及系统的真实状态，需要进行全过程信息化监控施工，发挥设计施工相互驱动的优势，根据实测结果对设计和施工方案进行进一步优化和调整以达到最佳效果。

9.1.1 总体监控目的

港珠澳大桥项目因其特殊的建设背景，社会关注度高，所以在施工质量及安全方面不容有任何的闪失。通过对沉管隧道全过程监控体系的研究及应用，可有效控制施工风险；另外，为应对工程面临的世界级挑战，项目设计采用了大量的新技术、新工艺，并且通过施工监测及反分析验证其合理性，从而可为今后类似工程提供经验。

为有效量化沉管施工过程控制，保障工程施工的顺利推进，同时为结构安全、防水可靠等决策提供科学依据，项目充分发挥设计施工总承包模式的优势，将"信息化施工监控与动态设计"的理念贯穿到沉管隧道施工全过程中。港珠澳大桥沉管隧道工程研究并建立了沉管隧道全过程施工监控体系，将施工监控贯穿到隧道基础和安装施工全过程中，配合现场施工计划安排展开监控测量并及时给出施工指令，可做到既能控制施工质量，使施工期沉管隧道结构安全可控，又能通过施工监控进行设计反演，实现"信息化施工监控与动态设计"的理念目标，同时还能在不影响施工进度的前提下更好地指导后续工序施工，使沉管隧道的安全和质量始终处于可控状态。

9.1.2 总体监控管理内容

从风险管理的角度出发，港珠澳大桥沉管隧道工程中直接影响施工期沉管安装质量和安全指标的主要因素，包括沉管基础、沉管舾装和沉管测量三个方面，这三者的工作质量是否受控至关重要。对运营期沉管隧道的安全和防水起决定性的因素，则主要包括地基基础施工质量、管节结构受力和隧道线形控制三个方面。具体来说，基槽内回淤、精度控制等地基基础施工质量，直接影响结构受力及防水安全；施工过程管节结构受力及变形变化（随施工荷载及时间变化），影响管节结构受力及止水安全；平、纵面线形及纵向位置安装偏差，影响超长沉管对接及总体线形；辅助安装的舾装设施施工质量，直接影响管节浮运、安装作业安全。上述各个方面是否得到良好控制，直接决定了沉管安装过程能否顺利，以及沉管安全运营的各项指标是否受控。

按照牵头单位的不同，监控项目又分为设计牵头类和施工牵头类，但最终的监控信息全部汇总到指挥管理机构，供沉管施工各类决策参考使用。具体监控类别划分和体系如图 9-1 所示。

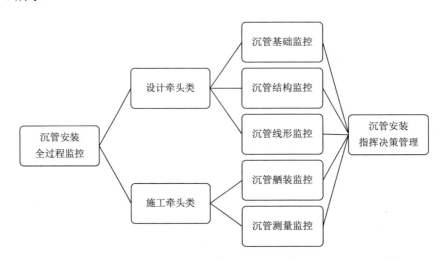

图 9-1　港珠澳大桥沉管安装全过程监控管理体系

9.1.3 总体监控组织

如图 9-2 所示，总经理部牵头成立沉管隧道监控决策组，设计分部为施工监控牵头部门，总经理部总工办为接口管理部门，下设沉管施工监控组和沉管施工现场监测组。

施工监控组由设计分部、总经理部总工办、工程部组成，设计分部为牵头部门；

施工现场监测组由中交天津港湾工程研究院有限公司、第三方监测单位、总经理部测管中心、各相关工区组成,其中中交天津港湾工程研究院有限公司负责现场监测工作,第三方监测单位负责独立第三方平行监测。

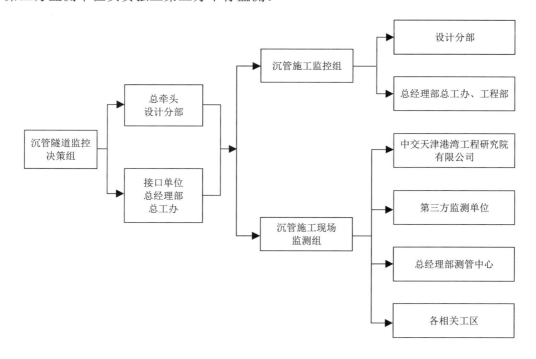

图9-2 沉管隧道施工监控组织体系框图

沉管隧道施工监控组织体系中各部门、工区及单位职责划分如表9-1所示。

表9-1 施工监控各部门、工区及单位职责划分表

序号	部门或单位	工作职责
1	监控决策组（总经理部）	负责整个沉管施工过程中各项施工监控决策
2	总经理部总工办	施工监控监测接口管理部门,负责施工监控日常接口管理工作
3	设计分部	施工监控总牵头部门,负责对现场监测数据进行分析,给出监控指令
4	中交天津港湾工程研究院有限公司	施工现场监测总牵头单位,负责沉管各项监测数据的采集、资料收集、整理和初步分析工作;需提交日报和周报
5	第三方监测单位	总经理部委托的第三方监测复核单位,对整个沉管监测平行进行,负责各项监测数据的采集、资料收集、整理和初步分析工作;需提交日报和周报
6	总经理部测管中心	负责对各相关工区提资的测量数据进行复核确认
7	总经理部工程部	负责督促工区对监控指令的执行
8	各相关工区	各工区应根据监控需要提供相应的资料,监控指令下发后依照指令进行施工

施工监控项目主要包含:基槽开挖和基础施工(施工质量和回淤监测等);管内舾装件拆除(端封门、压载水箱等);管内舾装件安装(管节钢剪力键安装、管节混凝土剪力

键施工、管节大 OMEGA 止水带安装、钢绞线剪断等）；线形控制（管节碎石基床铺设标高控制、管节安装线形控制）；管节加载（管内压载混凝土加载、管外覆盖回填、减载沉箱安装、岛内回填）；测量测控程序和数据参数的核算确认，以及沉管施工中需要控制的其他方面等。各相关工区的具体提资单位或内容见表 9-2。

表 9-2　监控项目及提资单位或工区一览表

序号	监控项目		提资内容	责任工区	备注
1	管内舾装件拆除	En–1（暗埋段）管节尾端和 En 管节首端封门拆除	En+1 管节锁定回填是否完成	V 工区	—
			已安管节未拆除封门数量	Ⅲ-2 工区	
		En 管节压载水箱拆除	En 管节回填情况（锁定回填、一般回填、覆盖回填）	Ⅰ、Ⅱ、V 工区	—
			OMEGA 止水带及 GINA 止水带保护情况	Ⅰ 工区	—
			水箱压载情况	V 工区	—
			当前管节压载混凝土施工情况（浇筑分布、方量）	Ⅰ 工区	根据设计要求，到达置换水箱要求的压载数量时及时上报
2	管内舾装件安装	钢绞线剪断	监测报告	中交天津港湾工程研究院有限公司	—
		管节钢剪力键、大 OMEGA 止水带安装	监测报告	中交天津港湾工程研究院有限公司	—
		管节混凝土剪力键施工	监测报告	中交天津港湾工程研究院有限公司	—
3	线形控制	En 管节碎石基床铺设标高、纵坡控制（含轴线里程的调整、碎石基床铺设时机）	En–1 管节碎石基床铺设后的验收测量数据	V 工区	—
			En–1 管节安装后的初始贯通测量数据	V 工区	—
			En–1 管节锁定回填后的贯通测量数据	V 工区	—
			En 管节碎石基床施工计划	V 工区	—
			监测报告	中交天津港湾工程研究院有限公司	—
		En 管节安装线形控制（平面和轴线）	En–1 管节安装后的初始贯通测量数据	V 工区	—
			En–1 管节锁定回填后的贯通测量数据	V 工区	—
			E1～En+1 管节预制结构尺寸验收数据	Ⅲ-1、Ⅲ-2 工区	—
			E1～En+1 管节端钢壳的测量数据	Ⅲ-1、Ⅲ-2 工区	需总经理部测管中心复核确认
			E1～En+1 管节干舷调整各项数据	Ⅲ-1、Ⅲ-2、V 工区	根据设计提供的干舷调整统计表格填写后提供
			监测报告	中交天津港湾工程研究院有限公司	—
4	管节加载	E1（E33）管节减载沉箱安装	沉箱安装计划	Ⅰ、Ⅱ 工区	—
			监测报告	中交天津港湾工程研究院有限公司	—

续表

序号	监控项目		提资内容	责任工区	备注
4	管节加载	E1（E33）管节岛内回填	回填计划	Ⅰ、Ⅱ工区	—
			监测报告	中交天津港湾工程研究院有限公司	—
		各管节管外覆盖回填	回填计划及回填顺序	Ⅰ、Ⅱ、Ⅴ工区	—
			监测报告	中交天津港湾工程研究院有限公司	—
		En管节管内加载（压载混凝土浇筑）	En管节管压载混凝土施工计划	Ⅰ工区	—
			监测报告	中交天津港湾工程研究院有限公司	—

9.1.4　总体监控流程

提资责任工区均应在第一时间进行提资，具体时间要求应尽可能在该工序完成后2～3 d内按提资流程完成提资。监测单位（含第三方监测单位）在监测日报告、周报告中应对沉管安装后的管内作业工序完成情况和沉管内外荷载变化情况进行详细描述，以便将各相关施工工序完成时间和完成情况与工区提资进行对比，确保监控指令的准确性和及时性。设计分部应在各项提资齐全后3～5 d内提交监控指令，对于部分特殊监控指令可根据实际计算情况适当延长。沉管隧道施工监控总体流程如图9-3所示。

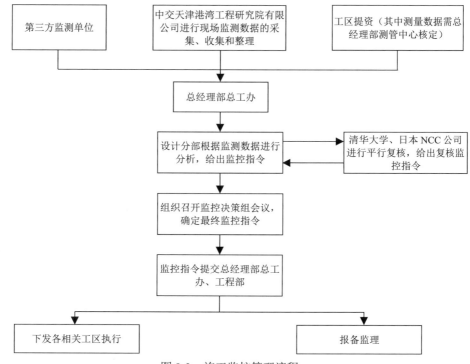

图 9-3　施工监控管理流程

9.2 沉管基础监控管理

超长沉管隧道管节基础施工是影响沉管安装质量与安全的关键工序，一旦基础出现回淤问题或基床铺设不达标等导致的沉管隧道不均匀沉降的问题，轻者造成管节相对错位大，重者将影响隧道止水安全和使用寿命。

为实现沉管隧道的精确对接，进一步提高沉管隧道的止水能力，确保沉管隧道的整体安全性，港珠澳大桥岛隧工程对沉管隧道基础施工精度提出了较高的控制标准，该标准的实现必须依赖于动态化的设计与施工监控管理方案。动态化的设计与施工监控管理方案包括如下内容：提出合理精确的施工监控控制标准，制定高效完善的施工监控管理流程，成立专业互动的施工监控团队。

9.2.1 基础监控标准

基础施工监测主要包括基槽开挖平面尺寸与立面尺寸及高程监测，基础块石铺设位置及平整度监测，碎石垫层铺设位置及平整度监测，以及不同施工工序之间的基槽回淤量监测。

基槽的平面尺寸主要包括基槽的轴线位置和基槽的边坡坡线，基槽的立面尺寸主要指槽底标高。基槽不同位置的控制标准有所区别，对于基槽轴线位置和基槽槽底标高这类直接关系到工程安全性的指标采用了精度较高的控制标准，而对基槽边坡坡线位置的要求则相对宽松，采用了较低的控制标准。基槽尺寸的方法采用多波束测深系统探测和密度计测量相结合的方法开展。基槽开挖相应的控制标准如表9-3所示。

表 9-3　基槽开挖相关检测项目及标准

序号	检测项目	允许偏差/cm	备注	检测方法及频次
1	轴线	±50	（−100，−50）、（+50，+100）测点不超过10%	多波束测深系统探测、密度计测量；每5～10 m一个测试断面，每2～5 m一个测点
2	基槽边坡单边坡线	−20～+250	槽底与碎石垫层顶面之间	
		−300～+300	碎石垫层顶面至管顶之间；管顶以上位于淤泥质土中的边坡按不陡于设计边坡控制	
3	槽底标高	−60～+40	（−85，−60）、（+40，+65）的断面随机测点不超过20%	

注：表中加号"+"表示向上或向外，减号"−"表示向下或向内。

基槽开挖完毕后，需要对基槽底部的沉管基础进行地基处理，地基处理的方案是在块石基础上铺设碎石垄沟垫层。为确保沉管安装后能达到变形协调的均匀受力状态，沉管基础施工过程中的块石与碎石垄沟铺设同样需要满足一定的控制精度。与基槽开挖监测类似，块石与碎石垄沟铺设的精度控制主要是以高程控制为主，平面尺寸控制为辅，相应的控制精度如表9-4和表9-5所示。

表 9-4　基础块石相关检测项目及标准

序号	主控项目		规定值或允许偏差/cm	检测方法及频次
1	块石顶部标高	夯平后测点允许偏差	±30	多波束测深系统探测、密度计测量；每 5～10 m 一个测试断面，每 2～5 m 一个测点
2	块石两侧顶边线与设计位置平面允许偏差		0～+100	

注：1. 夯平宽度不小于 46 m；
　　2. 设计边线位置以轴线为对称，平面允许偏差应严格控制负偏差。

表 9-5　碎石垫层相关检测项目及标准

序号	检查项目	规定值或允许偏差	备注	检测方法及频率
1	垫层顶部标高测点允许偏差①	±40 mm	每垄 85%以上测点满足偏差要求	—
2	垫层两侧顶边线与设计边线平面允许偏差②	−200～1000 mm	—	声呐法逐垄测试
3	碎石垄纵向宽度③	负偏差不大于 100 mm	设计宽度 1800 mm	见注 3
4	单个管节相邻整平船位内碎石垄顶测点平均值（或基面）④	不大于 20 mm	相对值	同 1、2 项

注：①对所有声呐法的测点偏差进行统计，不进行人为剔除；
　　②平面允许偏差应严格控制负偏差；
　　③碎石垄施工采用专用固定整平设备，垄宽度参数与设备尺寸直接相关。纵向垄宽度保证在不小于设计宽度的情况下，按每管节进行抽查（潜水员测量或数据拟合），沿垄宽方向每垄至少两个断面；对淤积较严重区段，纵向垄宽等指标进行特殊考虑；
　　④横向测量范围为管节外缘宽度再向两侧各延伸 200 mm，即 37950+2×200=38350 mm。

在基槽开挖及基础施工的各个阶段，基槽内部的回淤不可避免。回淤沉积物的厚度如果超过一定范围将会严重影响沉管管节的安装施工精度，因此有必要对施工过程中的每个环节的回淤厚度开展严格的监测工作。主要的回淤厚度监测包括基槽精挖后、抛石夯平后及碎石整平后三个关键环节，清淤的标准参考回淤沉积物的密度进行确定，检测方法主要采用水下定点采样探摸，并结合使用水下探测仪器辅助探查，详细检测细节规定如表 9-6 所示。

表 9-6　回淤沉积物检测及清除标准

序号	检测时机	淤泥清除标准	检测时机及频次	检测方法
1	基槽精挖后，抛石夯平前	当隧道基槽底含水率＜150%或者密度＞1.26 g/cm³ 的回淤沉积物厚超过 30 cm	抛石夯平 7 d 测一次；探摸每个管节不小于 6 个点或测深仪每 10 m 一个断面	采用测深仪或潜水员水下探摸
2	抛石夯平后，碎石整平前	密度＞1.26 g/cm³ 的回淤沉积物厚超过 10 cm	碎石整平前 15 d、7 d 各一次；探摸每个管节不小于 20 个点或测深仪每 10 m 一个断面	
3	碎石整平后，管节沉放前	密度＞1.26 g/cm³ 的回淤沉积物厚超过 4 cm	管节沉放前每 2～5 d 一次；探摸每个管节不小于 10 个垄/沟	

注：1. 管节沉放前回淤沉积物密度测试过程中应保护好碎石垄，以免受损坏；
　　2. 如遇台风过境等极端气候条件，以及隧址上游进行施工作业时，应加强监测，并适当缩短测试时间间隔。

9.2.2　基础监控组织

　　为进一步确保沉管基槽的施工能够按照既定的技术指标与监控流程有效实施，设置了三个职能工作组，分别为质量管理组、现场监测组及地质勘察组。组织关系如图 9-4 所示。

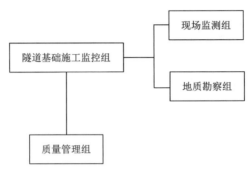

图 9-4　基础施工现场技术质量监控小组

　　现场监测组和地质勘察组负责现场各个施工工序的监测与勘察工作，由于两个小组的工作配合密切，两个小组合称为隧道基础施工监控组。隧道基础施工监控组主要负责提出隧道基础施工监控监测技术要求，对现场监测组的监测数据进行分析，对基础施工质量进行评估，给动态设计提供依据，对现场施工给出施工指令。

　　质量管理组负责评估与验收隧道基础监控组的成果，确保监测数据的可靠性及最终的施工成果能够达到设计标准。

　　现场监测组负责制定隧道基础各工序监测方案，落实现场各项施工监测工作，实现各工序的质量自检，并将监测数据及时共享给其他工作小组。

　　地质勘察组负责在基槽精挖过程中随时对开挖出的土质进行检验，如发现开挖至设计标高时现场采样土质不符合设计要求，应及时通报其他工作小组并采取相应措施。

　　质量管理组负责协调解决沉管隧道基础施工中遇到的各项技术问题，落实施工质量监控措施，对现场监测组的监测数据进行分析，对施工过程中可能存在的质量风险进行评估，预防沉管隧道基础发生质量事故或存在质量隐患。

　　基槽的开挖、夯平、碎石垄沟垫层铺设及各个阶段的清淤施工工作均以沉管管节为单位逐段开展。为保障各个管节的施工进度与施工安全，针对"沉管基槽的天然地基+抛石夯平基础"的施工工序提出了如下监控管理流程：设计单位提出监测技术要求，施工期间实时对现场监测组的监测数据进行分析，对基础施工质量进行评估，给动态设计提供依据，对现场施工发出施工指令。依据"信息化施工监控与动态设计"的理念，加强基础施工的过程控制，确保沉管隧道基础各工序施工质量。具体流程如图 9-5 所示。

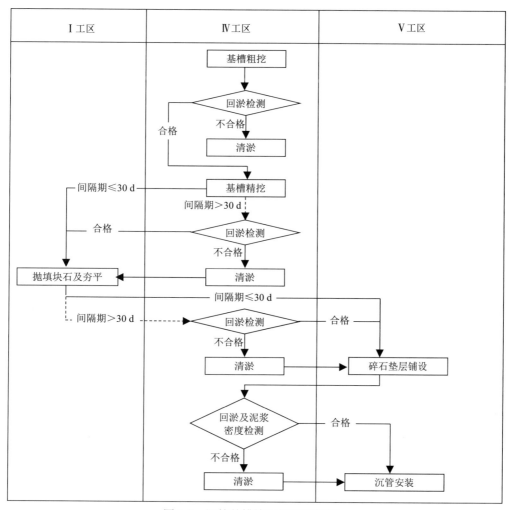

图 9-5　沉管基槽施工控制流程图

9.2.3　基础监控过程

基础施工的主要监控内容包括精挖前的清淤监控、精挖监控、抛石夯平监控、碎石垫层铺设监控和沉管安装期间监控 5 个主要部分。

1. 精挖前清淤监控

沉管隧道基槽开挖一般分为基槽粗挖和精挖，在基槽精挖工作开展前，经过粗挖的基槽内易产生较为不均匀的回淤，较厚的不均匀回淤会对基槽精挖带来显著的不利影响。为保证精挖施工质量，通过多波束水下地形测量反映基槽在粗挖阶段的回淤状态，若沉管隧道基槽所处施工区域存在回淤超标问题，基槽精挖前必须清淤，在清淤工作基本完成后，一般采用多波束测深系统探测和密度计测量，并对比分析测图数据判定清淤效果，经监控组及设计单位判定合格后方可开展精挖工作。

2. 精挖监控

精挖期间，除常规的施工标高监控（要求精挖作业达到指定精度要求）外，还需对底层土质取样以确认土质，地质勘察组应当及时确认现场土质。设计单位根据多波束测深图评定精挖范围及标高是否满足设计要求，通过泥浆密度测量的手段进行土质评定，以确保基槽同时达到平面和高程精度标准及相应的土质标准。

3. 抛石夯平监控

沉管隧道组合基础采用 10～100 kg 块石进行夯平。抛石夯平前，通过多波束水下地形测量结合人工探摸方式监测基槽回淤厚度，并且通过数据分析反映基槽在精挖结束后至抛石夯平开始前的回淤状态，设计单位根据探摸结果和数据分析下达开工指令，若回淤量超标，需先完成清淤工作。

由于基槽土质的不均匀性和水下抛石的随机性，抛石基础的平整度与施工要求之间不可避免地会出现一些差异。对于产生差异的部分，施工中采用水下夯平技术进行处理。施工期间，设计单位通过夯板振动时间与夯沉量的对应关系及多波束测量数据对抛石夯平的施工标高及偏差范围进行评估。

由于抛石的平整度要求较低，设计允许偏差可达 30 cm，所以抛石夯平可以采用多波束测深方法进行监控。抛石夯平施工期间，基槽内依旧会发生一定程度的回淤，对于该部分回淤厚度的监控仍然采用潜水员水下探摸的方法。

4. 碎石垫层铺设监控

水下抛石夯平后需要在抛石基础上进行碎石垄沟垫层铺设。因此这个阶段的监测工作主要包含两个内容：碎石垄沟的铺设质量是否满足设计要求；碎石垄沟内的回淤厚度是否超过设计规定。其中碎石垄沟垫层的铺设质量监测采用声呐和多波束测深技术实现，垫层铺设前回淤沉积物的厚度监测仍然采用潜水员水下探摸的方法进行。

（1）铺设前监控

碎石垫层铺设前，潜水员水下探摸基础回淤厚度及采用多波束测深，设计单位根据探摸结果和测深数据下达开工指令，并根据上一节已安管节的最新贯通测量结果，设计单位提出待安管节铺设碎石垫层的预抬量指标。若回淤量超标，则需施工前完成清淤工作。

基床整平前，在完成回填施工的已安管节西侧位置沿南北方向设置截淤坝，东侧利用"捷龙号"动态清淤，防止沿基槽方向的水流带动回淤沉积物至施工基床位置造成回淤。

（2）铺设期间监控

若沉管隧道处于回淤异常的区域，则在碎石垫层铺设期间，需要每天对已铺设的基床及未铺设的基槽进行回淤监测。主要的监测手段有回淤盒、多波束测深、潜水探摸及取样、上下游的浑水带巡测等。

基床整平完成 2 个船位后，根据沉管隧道基础施工监控指令安排装有多波束测深系统的"起锚艇 15"对基床及边坡进行测深，监测基床回淤状况和边坡稳定情况。

（3）铺设后监控

碎石垫层铺设完成后，根据整平船上的声呐检测系统对垫层铺设标高、坡度等参数进行检测，采用多波束测深和潜水员水下探摸测量整体铺设质量，检查回淤量是否超标，评定是否满足设计及施工要求。

在基床整平完成后至沉管安装前，根据隧道基础施工监控组指令安排潜水员对基床指定区域进行水下扰动（或利用压缩空气法），防止基床回淤。

5. 沉管安装期间监控

在基础施工完毕后到沉管安装施工的期间仍然需要密切关注基槽内的回淤情况，这个阶段所采用的主要监测手段是潜水员水下探摸及在基槽设置回淤盒进行回淤状况探查。

（1）沉管安装前基础监控

考虑管节碎石基床可能存在回淤或异物落底等风险，碎石基床铺设完成后至管节安装期间，潜水员需多次水下探摸已铺基床的回淤厚度或放置回淤盒，有条件的可进行基槽边坡多波束测深，至少一天一次，防止基槽边坡滑塌造成基床破坏，监控组及设计单位实时评估基床质量。

沉管安装前回淤监测通过多波束水下地形测量结合潜水员水下探摸的方式开展，通过测量数据分析反映已铺设整平后的碎石基床在沉管安装前的回淤状态，若发现已铺基床回淤物达到一定的厚度，则采取一定的减淤、清淤或其他措施。在碎石基层铺设期间至沉管安装前，多波束测深的频率为一天一次，潜水员水下探摸的频率根据现场作业情况决定，一般为一天一次。

（2）沉管安装期间基础监控

为防止沉管出坞后碎石基床出现异常情况，通常情况下，沉管出坞及浮运系泊期间，对基床进行最后确认，具体的确认方法有多波束测深或者潜水员水下探摸，监控组及设计单位根据监控结果给出施工指令，为沉管安装决策提供重要依据。

管节浮运前 24 h 对基床测深 2 次，监测基床回淤状况和边坡稳定情况；管节系泊完成后，沉放对接前对基床测深 1 次，监测基床回淤状况和边坡稳定情况。

（3）已安装沉管回淤监测

已安装沉管回淤监测通过多波束水下地形测量数据绘制横断面图、计算管顶回淤厚度、分析已安装沉管自然回淤状态，多波束测深频率为3～6个月一次。

9.2.4　基槽回淤和边坡监控

当裹挟泥沙的水流经过基槽附近时，由于过流断面水深加大，水流流速减小，泥沙极易在基槽内淤积。实际工程监测资料表明：基槽开挖及基础施工后，基槽内的泥沙回淤现象普遍存在，且局部区域回淤较为严重，甚至引起了基槽边坡上的回淤沉积物大面积滑坡，给沉管基础的后续施工带来极大的困扰，因此开展基槽边坡回淤沉积物监控和稳定分析是有必要的。

1. 回淤监测方法

隧道基础回淤监测采用的主要工程手段包括：多波束测深回淤监测、潜水员水下探摸取样、回淤盒监测和音叉密度计回淤监测等方式。

（1）多波束测深回淤监测

针对港珠澳大桥沉管隧道基槽监测要求，选择大型专用测量船来应对复杂水文环境下高频率的回淤监测。采用船底固定安装换能器的方法来减小安装角度变化带来的误差影响，并通过对各设备位置精确校准以消除相对位置偏差造成的误差影响。通过多波束测深波束开角设定研究及声速剖面模型构建应用来修正声速变化引起的测深误差，同时利用数据信号融合方法提高多波束测深精度。另外，针对影响测深精度的因素，通过持续系统地开展误差分析、参数优化、比对训练，将多波束测深精度提高到厘米级，为港珠澳大桥沉管隧道基槽回淤监测提供精确数据支撑。

多波束测深法每隔一定时间对水下基床进行一次测深获取基槽高程数据，并可以沿着基槽轴向方向每隔10 m输出一个基槽断面，用于精细的回淤厚度分析。如图9-6所示。

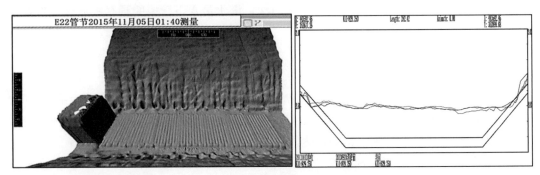

图9-6　多波束测深色块图及断面数据输出图

（2）潜水员水下探摸取样

潜水员水下探摸是确定基槽回淤厚度与回淤沉积物性状最直接最简单的方法，探摸路径需要遵循一定的采样原则，港珠澳大桥沉管隧道工程对块石基床面所采用探摸路径如图 9-7 所示。除此以外，潜水员还需要进行水下回淤沉积物厚度、回淤沉积物性状的初步判断，并在必要时进行回淤沉积物取样。

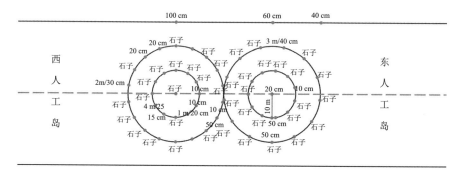

图 9-7　沉管基槽施工水下探摸

根据隧道基础施工监控组指令安排潜水员对指定区域进行探摸，并对碎石基床面回淤状况进行探摸，监测路径及记录如图 9-8 所示。

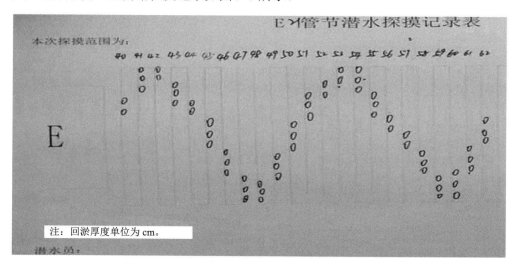

图 9-8　潜水员水下探摸记录表

（3）回淤盒监测

与潜水员水下探摸和槽底取样方法相比，回淤盒在监测基床回淤方面有着成本低、效率高的优点。基槽回淤监测只需在基槽内或碎石垫层上放置回淤盒，一定时间后取出，就可以直观判断回淤沉积物厚度及性状，如图 9-9 所示。

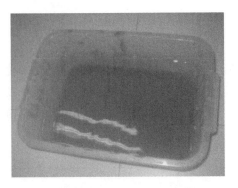

图 9-9 回淤沉积物回淤盒采样分析

根据隧道基础施工监控组"安放回淤盒的工作指令"（图 9-10），要求在已安管节尾部管顶和基床安放回淤盒监测施工区域回淤状况。

关于在 E21 尾部安放回淤盒的工作指令

1. 安放位置：E21 尾部管顶。
2. 安放数量：两个，依次编号为 1 号、2 号。
3. 取放要求：
   1）回淤盒做好编号（按在盒上系球的数量进行编号）和时间记录；
   2）第 1 天，放置 1 号、2 号；
   3）第 2 天，取 1 号；
   4）第 3 天，取 2 号，放回 1 号、2 号；
   5）第 4 天，重复第 2 天；
   6）结束时间等待监控组指令。
4. 每次取盒前均应封闭盒盖，取出后记录准确的放、取盒时间和位置信息。
5. 取出回淤盒后，送交总部 0129 房间。

图 9-10 安放回淤盒的工作指令

（4）音叉密度计回淤监测

音叉密度计用于检验水体密度，可以精确判断水体中泥沙含量的分布情况。槽底取样是与水体密度测量同步开展的，主要用于判断淤泥的性状及验证基槽底部回淤的测深监测成果，相关仪器如图 9-11 所示。

图 9-11 淤泥性状采样分析

2. 基槽边坡稳定性监控

边坡稳定性监控主要由多波束水下地形测量实施，反映边坡精挖完成后至对应管节安装期间的稳定性状态，为工程的各项决策提供数据支持。边坡稳定性监控多波束水下地形测量的频率为一月一次。

边坡稳定性分析是通过多波束水下地形测量数据绘制横断面图及水深差值色差图，分析基槽边坡的回淤沉积物厚度变化、坡度变化及异常滑塌等情况，重点关注精挖完成后至边坡清淤前及边坡清淤后边坡的稳定性状态。

沉管隧道基槽回淤沉积物的力学性质是影响基槽边坡回淤沉积物稳定的重要因素。由于现场钻探取样过程中对原状淤泥的扰动及室内土工试验的仪器精度影响，通过钻探取样和室内土工试验得到的回淤沉积物力学指标可作为设计和施工过程中的参考。结合实际工程中的实测数据对回淤沉积物力学参数进行反演，则可以验证回淤沉积物室内土工试验的可靠性，得到可靠的边坡回淤沉积物稳定临界厚度控制标准。

回淤沉积物力学参数反演是参照现场基槽边坡回淤沉积物滑坡前后多波束测深结果，确定边坡回淤沉积物的稳定临界状态，并在此已知的极限状态下根据边坡滑动的极限平衡理论，进一步反演出回淤沉积物力学指标。

反演过程做出如下假定。

①由多波束测深结果所确定的沉管隧道基槽边坡塌方前的回淤状态为极限稳定状态，所对应的实际稳定安全系数为 1.0。

②假定基槽边坡的回淤模式为沿着边坡形成均匀厚度的淤泥层，并在此条件下反演得到回淤沉积物的力学指标。

③基槽边坡回淤稳定性计算采用二维典型横断面进行计算分析。

港珠澳大桥沉管隧道工程在 E15 管节安装的施工过程中监测到了基槽北侧 1∶5 的边坡上发生了较大面积的回淤沉积物滑坡。基于此次滑坡监测数据开展相应的回淤沉积物力学参数反演分析。通过反复试算，得到临界回淤沉积物厚度约为 0.7 m。如图 9-12 所示。

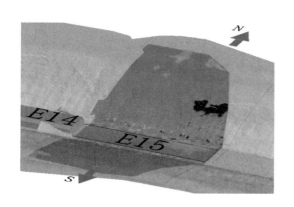

清/回淤厚度表				
编号	清/回淤最小厚度值/m	清/回淤最大厚度值/m	面积/m²	颜色
1	−1.46	−0.60	887.05	
2	−0.60	−0.40	811.36	
3	−0.40	−0.20	2188.08	
4	−0.20	0.00	21147.54	
5	0.00	0.20	26930.72	
6	0.20	0.40	3352.66	
7	0.40	0.60	1317.01	
8	0.60	0.80	222.25	
9	0.80	1.27	38.03	

说明：负值代表消除淤泥厚度；正值代表回淤厚度。

图 9-12　E15 管节滑动位置测深结果（后附彩图）

9.2.5 清淤和防淤措施

基槽防淤和清淤是保证沉管安装质量的基础。港珠澳大桥沉管隧道工程综合采用截淤坝、动态截淤等应对措施减少回淤量的发生，通过增加潜水员水下扰动频次并采用水下空压机吹淤措施有效控制碎石垫层顶面回淤厚度。

清淤是指粗挖结束后至精挖前对基槽淤积泥沙的清除，以及精挖后对基槽底和基床面回淤的浮泥层的清除。港珠澳大桥沉管隧道工程通过研制深基槽和基床面专用清淤装备，具备了在深槽高边坡、块石基床面和碎石基床面的组合式高效清淤能力，可以做到 50 m 水深精确清淤而不扰动已铺设的碎石基床面。

对大面积大方量的槽底和边坡回淤，港珠澳大桥沉管隧道工程成功地应用具有动力定位和动态跟踪功能的大型耙吸船完成了清淤，在保证边坡稳定的前提下实现了清淤的高效率。

对块石基床面上的清淤采用专用定点清淤船"捷龙号"完成（图 9-13）。该船充分考虑了对基床面的保护，具备先进的定点吸淤能力和高效的清淤效率，满足 50 m 水深精确清淤要求，通过高精度音叉密度计、产量计、高清摄像头实现清淤效果的实时监测，在高差相对较大的块石基床面和板结程度较高的稠密淤泥等工况下的清淤工况适应性良好，同时可以有效避免清淤施工中对已安管节钢封门造成破坏等重大风险的发生。

图 9-13　港珠澳大桥沉管隧道工程专用清淤船示意图

对碎石基床面上的清淤则采用新研制的平台式外海深水先铺碎石基床面清淤装备完成（图 9-14）。该装备集定位测控、深水定点高精度清淤、碎石铺设整平等多功能为一体，实现了在不扰动先铺基床碎石情况下高效清除回淤沉积物，可以清除水深 10～50 m 内管节碎石垫层上回淤淤泥，具有一天清除一个船位碎石垫层上淤泥的能力，解决了碎石基床面上的清淤难题。

此外，港珠澳大桥沉管隧道工程还在深水基础纳淤和控淤的研究方面取得了领先的成果。通过研究先铺碎石基床的纳淤机制，提出了回淤环境下组合基床的纳淤设计流程及方法；通过创造性地将全断面深水防污屏应用于沉管碎石基床的防淤工作，减淤效果达到 50%，成功解决了人工岛岛头段基础防淤控淤难题，为沉管安放提供了重要保障（图 9-15）。

图 9-14　碎石基床面无损清淤装备

图 9-15　现场防淤屏安放及工作状况

9.3　沉管舾装监控管理

沉管舾装包含一次舾装和二次舾装。沉管一次舾装是指沉管预制完成后至入水前的舾装工作，主要包括封门、水箱、管系、节段接头、预应力张拉等。沉管二次舾装是指沉管入水至管节出坞前的舾装调试工作，主要包括管内自动控制安装、管顶舾装件安装、调试演练等。

9.3.1　舾装监控目的

沉管舾装作业空间狭窄、工期紧、交叉作业面多、管理难度大，沉管舾装件的安装质量直接影响沉管浮运安装的施工安全，是沉管隧道的施工生命线；超长沉管隧道的舾装件一般都采用周期性使用，重新安装前需要进行详细检验试压，安装水深从几米到几十米，若有一颗螺丝或一根电线未按要求安装，稍有疏忽可能造成沉管安装出现重大事故，带来难以估量的经济损失和工期延误。因而，沉管舾装监控是一项长期且工序复杂的工作，需要对管内管外各系统各细节部位进行全面的检查、整改、再验收、风险再排查工作。根据沉管舾装的监控结果，沉管隧道监控决策组确认沉管舾装工作是否满足要求，以及是否具备出坞条件。

9.3.2 一次舾装监控

沉管一次舾装件的主要监控检查内容如表 9-7 所示。监控组和设计单位对一次舾装件的安装资料进行检查、评估、确认。

表 9-7 一次舾装主要检查表

序号	检查项目	主要检查内容
1	钢封门	对钢梁牛腿（预埋件）安装、外侧牛腿、门板焊缝、门板拉条螺栓预紧；水密情况，钢封门与外侧牛腿、钢梁及枕梁与钢梁间隙情况、混凝土枕梁施工质量进行检查
2	压载水系统	对压载水系统施工过程进行监控，对水箱布、管系进行渗漏检查
3	管顶舾装件	对吊点、系缆桩、GINA 止水带及其保护罩进行质量检查
4	张拉压浆封锚	对张拉压浆施工过程进行监控，检查密封罩固定牢固
5	节段接头	小 OMEGA 止水带压水试验检测

1. 端封门监控检查要求

端封门舾装监控要求见表 9-8。

表 9-8 端封门舾装监控要求一览表

检查部位	检查要求
端封门	封门钢梁平整度、钢梁牛腿螺栓扭力验收资料，钢梁与枕梁、牛腿之间的支垫情况
	端封门迎水面焊缝全部进行超声波探伤检测、磁粉检测或气密性试验并有相关资料，通过监理验收确认
	端封门上所有进出水口阀门应关闭（水箱进水除外）；水下电缆接头全部安装完成，并进行焊缝检测
	封门平整度及与钢梁之间空隙的支垫情况
	水密门开启方向正确，水密性试验（喷淋）合格
	OMEGA 止水带检漏水管阀门已关闭或已封堵或不影响止水
	外侧牛腿预埋件、端钢壳已完成注浆，有相关施工记录，并得到监理签认

2. OMEGA 止水带监控检查

OMEGA 止水带是沉管小节段之间止水的最重要一环，一旦出现渗漏，将导致重大隐患。OMEGA 止水带安装前对其外观质量和出厂合格证书进行检查，通过现场旁站，对其安装工期进行确认，确保与审批的施工方案一致；监控组对节段间安装后的 OMEGA 止水带进行压水试验旁站，试验压力满足设计要求后，其上覆盖一层薄钢板，做好止水带的防护措施。

3. GINA止水带监控检查

GINA 止水带是沉管对接端止水的首道保障，一旦防水失效将导致沉管安装失败。GINA 止水带安装前由监控组和设计单位对其外观检查，确认无缺陷，存在缺陷的按要求立即修复；GINA 止水带安装期间，对压板固定螺栓的预紧力进行验收检查，并确认GINA 止水带外观有无油污或破损，相关施工记录是否完整。

4. 节段外包防水监控检查

节段外包防水为节段间最外层的临时防水结构，现阶段一般采用聚脲等材料，主要对其涂刷的遍数、范围及材料质量合格证书等进行检查；完成所有聚脲保护层施工，监控组对其混凝土表观质量进行评估。

5. 管道张拉、压浆监控检查

管道张拉、压浆适用于钢筋混凝土节段柔性管节，该工序是将所有节段形成统一整体及实现结构防水的重要举措。张拉力不足可能导致管节节段间出现差异变形，严重时还会引发结构安全问题，若压浆不合格可能造成预应力筋寿命降低，施工质量不达标。监控组检查管道张拉的数据记录是否满足要求，孔道灌浆是否密实、压力是否满足要求，锚头封堵是否符合水密性要求，或是否已采取措施加强水密性（喷聚脲等），封锚地方有无渗漏。

6. 管顶舾装件监控检查

一次舾装的管顶舾装件多为沉管出坞、浮运、安装的受力构件，一旦舾装件安装不到位，可能导致施工安全隐患，严重的导致工程失败。监控组一般对舾装件的安装位置、螺栓预紧力、预埋件的浇筑位置进行检查确认，对存在问题的舾装件或预埋件进行监督整改，确保满足施工要求。

7. 压载水系统监控检查

压载水系统是控制管节安装负浮力的重要手段，一旦出现故障将无法进行管节安装。主要对以下内容进行监控检查。
①压载水管系的完整性检查；
②压载水管系水密性压力检测；
③压载水电源及控制系统绝缘检测；
④防水布铺设质量检查；
⑤压载泵及其管系的固定是否到位，是否按图施工；

⑥压载泵试压、检漏施工记录是否满足要求；

⑦水箱立柱、拉杆是否按图施工，预紧连接是否牢固；

⑧管系端头过滤器安装是否准确；

⑨管系阀门、压载泵是否运转正常。

8. 管内其他设备监控检查

管内其他设备主要指管内临时通风、通电、照明设备等，一次舾装主要对管内通电、通风、照明设备是否按照规范标准连接，管内施工通道是否畅通进行检查。

9.3.3 管节水密监控

一次舾装件安装质量经设计单位和监控组确认满足要求后，进入下一工序即坞内管节灌水、管节水密性检测、起浮，主要的检查内容及要求如表9-9所示。

表 9-9　管节横移前检查表

检查部位	检查要求
端封门	首端漏水检查情况
	尾端漏水检查情况
OMEGA 止水带	漏水检查情况
管内设备	管内电源应接通，通风、照明设施完善及绝缘检测
	管内施工通道畅通
压载系统	压载泵及管系的调试
	压载系统试压、检漏施工记录
	水箱立柱、拉杆是否按图施工，连接牢固
	管系及水位管接头是否漏水
	水箱是否漏水

9.3.4 二次舾装监控

通常情况下，沉管二次舾装主要是指沉管一次舾装以外的剩余舾装件安装和系统调试、演练等内容。沉管二次舾装件主要检查内容及要求如表9-10所示。

表 9-10　二次舾装主要检查表

序号	检查项目	主要检查内容
1	钢封门	检查钢梁/牛腿、端封门人孔、拉条、封门上线路孔洞、水密门止水橡胶是否正常，有无渗漏
2	电器系统	电器设备防潮、防腐检查是否到位
3	压载水系统	渗漏检查；水箱标定、控制检查
4	结构及孔洞	渗漏检查

1. 管内监测控制系统核查

管内监测控制系统是指管节浮运安装期间监测管节实时状态和结构安全的监控系统。主要包括：端封门钢板变形监测、钢梁变形监测、钢梁应力监测；管节节段接头张合量监测；姿态监测系统；安装船通信系统，等等。其中，管节姿态监测系统为港珠澳大桥沉管隧道工程中首次应用，并在施工中发挥了重要作用，保障沉管安装安全可控。端封门变形监测是管节水下安装期间最重要的监测项目，为管节水下安全提供了判断依据。其他监测主要包括压载水箱水位监测、水箱渗漏监测和管内 CCTV 监控。监控组主要对各项监控系统的设备安装位置进行检查，对其设备的运行情况及调试结果进行确认。

2. 管顶二次舾装件监控检查

管顶二次舾装件主要为管节浮运安装期间的导缆设备及测控系统，其安装精度及质量直接影响沉管安装的精度和作业安全。监控组主要对舾装件的安装位置、螺栓预紧力、人孔门水密性、拉合系统、导向系统及测控设备标定结果进行检查确认。

3. GINA止水带、端钢壳及保护罩监控检查

受海水或河水中的滋生物影响，GINA 止水带、端钢壳上容易滋生贝壳类异物，影响沉管对接的质量与安全，所以在管节出坞之前需要对 GINA 止水带、端钢壳上滋生物进行潜水清理，对 GINA 止水带外观质量进行潜水录像确认，并对保护罩的安装质量进行检查。

4. 沉放演练核查

沉放演练调试是指管节出坞前对沉管的压载水系统、测控系统、拉合系统、精调系统和安装船各系统进行联合调试、检查设备运行情况；有条件的应进行模拟管节沉放演练，记录并分析海水密度、负浮力、沉管压载量、安装驳船四角吃水等关键数据，对数据传输系统、通信系统、测量控制系统、姿态监测系统、CCTV 及供电系统进行运行检查，确保安装各系统通畅。监控组做好全程跟踪监控，并对演练的数据进行检查、核实。

9.3.5　船机设备监控

沉管隧道建设具有大型专用船机设备依赖性高、过程不可逆等特点，专用船机设备的唯一性和不可替代性所可能引发的潜在风险重大。超长沉管隧道建设周期长，且沉管整平船、浮运安装船及回填船均为专用唯一船舶，压载水系统、拉合系统、精调系统、测控系统均为专用唯一系统，一旦船机设备出现故障，轻者导致安装窗口延误，工期不

可控，严重的将带来重大的安全事故。

港珠澳大桥沉管隧道工程以"过程动态管理"为思路，制定了针对专用船机设备的风险评估及定期更换管理办法。建立关键件动态风险评估和定期更换管理制度，以管节为单位，每节管节出坞前均要进行船机设备的专项检查，排除安全隐患，对可能存在隐患的部位也要提前更换，做好备品备件的保障，确保万无一失。其中对关键件的动态风险评估建立在以下几个方面。

①在历次的设备或系统的调试中，出现的故障较频繁与难以修复的或修复后技术指标不稳定的；

②在以往的施工过程中出现故障较多，或者例行运行过程中经常出现故障的；

③需水下安装或长期在水下、管内等恶劣环境下工作的；

④采购周期较长并严重影响施工生产进度的；

⑤受高盐、高湿、高温等环境因素影响显著的；

⑥统计分析设备运转时间、负载持续率等指标，高负荷长时间运行对设备性能影响显著的；

⑦按照产品的使用寿命周期或故障周期需要定期更换的。

鉴于港珠澳大桥沉管隧道工程的特殊性及部分关键件工作环境可能对某些关键件造成不可预估的风险隐患，以制造商提供的产品使用寿命周期和前期经验总结为依据，在关键件的有效使用周期内，每次管节安装前后，对所有关键件进行全面检查，对其工作状态进行审慎评估，对有异常的关键件及时进行更换，并保持相关记录。关键件的定期更换分为 A、B、C 三类。

①A 类关键件根据设计使用寿命周期或设计周转次数，进行定期更换；

②B 类关键件根据前期经验评估确定的周转次数及运行时间，按管节进行定期更换；

③C 类关键件根据日常检查维护综合评估确定是否更换。

根据关键件的使用数量和更换周期确定备件的采购数量，所采购备件的品牌、性能参数应与原件一致。备件储存设置专用区域，建立关键件专用备件台账，由专人负责管理，及时记录关键件的消耗和库存数量。

通过汇集和发挥专业设备人员、厂家技术人员和船舶操作人员等各方的技术和管理优势，以"船机设备零风险"为目标，结合船机设备星级管理和船机设备专项检查，对关键件进行全面的风险辨识、评估和处置，建立了关键件定期更换台账和备件采购、储存流程，强化设备性能监控和故障隔离能力，有效防控船机设备重大风险。

9.4　沉管结构监控管理

沉管隧道建设施工期间，沉管在荷载、环境（潮汐、季节等）等多种因素交叉作用下，沉降、管节接头差异变形、节段张合量等变化显著；压载水排空、压载混凝土浇筑、外部回填等施工会对沉管的沉降及线形带来较大影响；温度、潮汐会影响节段张合量；临时舾装件的受力和止水性能直接影响沉管安装。这些影响可能带来沉管隧道结构及防水安全问题。

港珠澳大桥沉管隧道工程对外海超长沉管隧道施工过程中的风险进行辨识分类，并分析风险源、风险等级，加强"事前评估、事中监测、事后处理"全方位的风险管控，有针对性地建立结构及防水施工监控体系。通过对施工各个阶段结构系统的特征指标（变形、内力、潮流速度、波浪要素）的监测，对结构系统的真实状态进行准确判断，并对下阶段的发展趋势进行预测预报，为下阶段的方案制定和优化提供依据，进而有效地预防重大风险事件的发生。

9.4.1　结构风险辨识

港珠澳大桥沉管隧道具有超大跨度、超大水深、深埋等特点，并受珠江口、大径流、深水深槽等特殊水文条件影响严重。施工过程中结构及防水安全风险高，通过对沉管施工全过程风险分析，其主要的结构及防水施工风险点如表 9-11 所示。

表 9-11　外海超长沉管结构及防水施工风险点

施工阶段	主要结构及防水风险点
预制寄放阶段	①钢筋混凝土结构预制及接头止水带安装质量影响防水可靠性
	②纵向预应力施工质量影响结构及防水安全
	③枕梁、钢梁牛腿等施工质量影响沉管端封门结构及防水安全
	④管顶舾装件安装质量影响管节安装风险
	⑤沉管在浅坞区灌水上浮过程中，由于沉管结构及管内加载的偏差，可能沉管不能同步起浮，造成沉管结构挠曲、接头张开
浮运安装阶段	①管节拖航过程中，迎浪压力及背浪吸力影响端封门结构及防水安全
	②长周期波等影响纵向结构体系安全
	③缆力控制不当对管顶系缆桩、吊点等舾装结构产生破坏
管内作业阶段	①压载水箱、端封门拆除过早，抗浮安全系数不满足设计要求，导致管节起浮、淹水等重大施工风险
	②剪力键安装时机不当，导致管节接头结构损伤或防水风险
	③管内压载混凝土、管顶回填等加载不平衡或过快导致结构及防水风险
	④基础绝对沉降、差异沉降过大，导致结构及防水风险

9.4.2　施工监测体系

建立完整的沉管隧道全过程施工监测体系是实现结构和防水监控流程的第一步，也是重要的一个环节。通过监测体系的建立，可以完整、合理、及时、准确获得现场监测资料，并在后续平行对监测数据进行分析，这是提出动态监控指令的基础。

1. 监测内容和要求

外海超长沉管隧道施工全过程监测从管节舾装开始，至交工结束。每个监测项目具有不同的周期，所设监测项目针对不同施工阶段管节结构安全性及防水可靠性，监测过程的实施重点为保持数据的连续性和可靠性。

（1）管节安装前

管节经过预应力张拉体系转换后进行舾装，管节整体密封结构形成，随后经过灌水、起浮、横移、储存等工序，在管节安装前阶段，监测项目及要求如表 9-12 所示。

表 9-12　管节安装前监测内容

序号	监测项目	监测频次	精度
1	节段张合量	1 次/h	0.1 mm
2	端封门变形及受力	1 次/h	0.1 mm/1 MPa
3	管节起浮管底受力监测	1 次/h	1 t
4	隧道裂缝及渗漏水	1 次/d	人工巡检

（2）管节安装

管节安装需要通过专用安装船将管节从预制场浮运至安装位置，随后经过沉放、对接等施工工序，在管节安装阶段，监测项目及要求如表 9-13 所示。

表 9-13　管节安装阶段监测内容

序号	监测项目	监测频次	精度
1	节段张合量	1 次/h，驻停期间加密监测	0.1 mm
2	端封门变形及受力	1 次/h，驻停期间加密监测	0.1 mm/1 MPa
3	端封门牛腿受力	1 次/h	1 t

（3）管节安装后

管节安装后将进行外部回填、管内压载等施工，施工工序复杂，荷载变化明显，管节安装后的施工期监测项目及要求如表 9-14 所示。

表 9-14　管节安装后监测内容

序号	监测项目	监测频次		精度
		变载期	恒载期	
1	节段张合量	1 次/d	1 次/周	0.1 mm
2	管节间差异变形	1 次/d	1 次/周	0.1 mm
3	管节沉降	1 次/d	1 次/周	0.3 mm/km
4	管节位移	1 次/d	1 次/周	0.5″/0.6 mm+1ppm
5	端封门变形及渗漏水	4 次/d		0.1 mm/1MPa

序号	监测项目	监测频次		精度
		变载期	恒载期	
6	管内温度	1 次/d		0.1°
7	隧道裂缝	1 次/d		人工巡检
8	节段接头 OMEGA 止水带压力	1 次/d		0.02 MPa

2. 监测实施方案

（1）沉降监测

沉管的沉降是反映沉管结构和周围地层稳定性的一个重要标志,通过管节沉降监测,可以对管节沉降的变化趋势进行预测,也为新管节精确定位提供依据。

沉降监测采用水准测量方法,满足国家二等水准测量精度要求,往返测高差不符值、环闭合差和监测高差之差的限差不超过表 9-15 的规定。

表 9-15　沉降监测水准测量限差要求

等级	测段、区段、路线往返测高差不符值	附合路线闭合差	环闭合差	检测已测测段高差之差
二等	$4\sqrt{k}$	$4\sqrt{L}$	$4\sqrt{F}$	$6\sqrt{R}$

注:k——测段、区段和路线长度,单位为千米(km);当测段长度小于 0.1 km 时,按 0.1 km 计算;
　　L——附合路线长度,单位为千米(km);
　　F——环线长度,单位为千米(km);
　　R——检测测段长度,单位为千米(km)。

由于沉管在下沉及下沉完成后的一定时间内,左右管廊中的压载水箱不会拆除,压载水箱造成沉降观测的不通视,故在管节中管廊和左右管廊内设置临时沉降观测标。拆除水箱前进行前期临时沉降监测,监测线路如图 9-16(a)所示,拆除水箱后再进行左右管廊内的正常沉降监测,监测线路如图 9-16(b)所示。

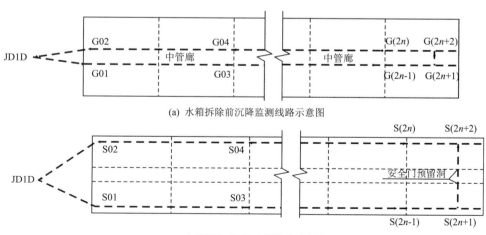

(a) 水箱拆除前沉降监测线路示意图

(b) 水箱拆除后沉降监测线路示意图

图 9-16　沉降监测线路示意图

在沉管隧道全线贯通前，E1～E29 管节沉降监测基点位于西人工岛，控制点为 XDS1；E30～E33 管节沉降监测基点位于东人工岛，控制点为 DDS1。XDS1、DDS1 均为岛隧工程首级加密网高程控制点，按照国家二等水准的要求同海中测量平台上的高程控制点进行高程联测。在沉管安装前期，利用西人工岛暗埋段内已有的加密点 JD1D（今后将并入沉管隧道一级加密网）作为沉降监测的工作基点，其点位高程由 XDS1 引测而来。XDS1 的高程每三个月进行一次复测，每个月进行一次检测，在每次使用前利用其他高程控制点进行校核。

在管节沉降达到稳定状态前，沉降监测水准路线的启闭点均选择岛上地面高程控制点或暗埋段内稳定的高程加密点，且尽量保持历次选择的启闭点均为同一点。待管节沉降稳定后，提交设计确认，使用贯通测量过程中建立起来的沉管隧道一级加密网高程控制点作为沉管隧道各区段沉降监测的工作基点，多个工作基点将定期同隧道外部高程控制点按照国家二等水准进行联测。

（2）管节/节段接头差异变形

管节/节段之间的姿态及张合量变化监测是判断管节/节段之间的锁定质量及安全性的重要标准。

轴向位移计可对混凝土面板之间缝隙的开合度、错动及相对沉降进行测量。轴向位移计如图 9-17 所示。

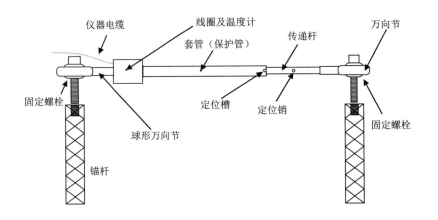

图 9-17　轴向位移计平面示意图

管节/节段之间的张合量通过布设在节段连接位置处的轴向位移计进行测量。由于管节之间的缝隙较宽、节段之间的缝隙较窄，测缝计的长度是固定的，需要针对不同的埋设位置，选择不同长度的测缝计传递杆，通过调节传递杆的长度以适应不同宽度的裂缝。

（3）端封门变形及受力监测

端封门的变形监测是判断端封门设计施工质量及安全性的重要标准。通过对端封门钢梁及钢板的变形监测，可以判断端封门在不同水压下的工作情况，确保施工安全。在管节内搭设固定支架，通过测量支架固定点和端封门指定点之间的变位，达到测量端封门变形的目的。位移计的选择与管节/节段之间的张合量监测所采用的位移计相同。共布置 6 支位移计用于监测端封门变形，且安装在水深较深的端封门位置处。具体安装位置在中下管廊处及右管廊内，如图 9-18 所示。

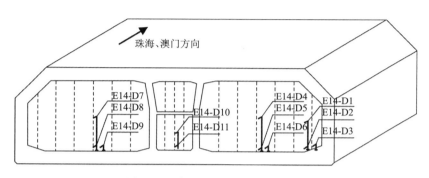

图 9-18　端封门变形监测测点布置

深水侧端封门共布置 11 支位移计，其中钢梁最大变形位置布置 4 支传感器，剩余 7 支传感器用于监测端封门底部端封门面板的变形。

将端封门应力监测与变形监测进行对比分析，以便于与理论值进行比较。应变计测点布置与端封门钢梁变形测量选择同一榀钢梁进行监测。选择在钢梁应力最大位置附近，应力测点共布置 3 支传感器，3 支传感器用于捕捉端封门钢梁最大挠度处应力。测点布置如图 9-19 所示。

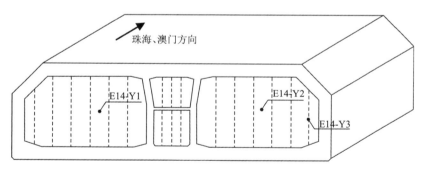

图 9-19　端封门钢梁应力测点布置示意图

（4）端封门牛腿反力监测

沉管沉放安装过程中最大水深超过 40 m，沉管端部承受压力超过万吨，大部分力由端封门承受。端封门主要由门板、钢梁、牛腿、枕梁组成，端封门底部钢梁与枕梁接触，通过钢垫板传力。由于端封门与牛腿间缝隙过小，传统压力传感器无法安装，所以采用自制环形钢板替换原有钢垫板，环形钢板上粘贴应变片，使用前在压力机上进行标定，如图 9-20 所示。

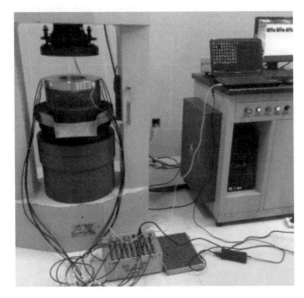

图 9-20　钢垫板现场标定情况

（5）管节起浮管底受力监测

沉管在浅坞区灌水上浮过程中，由于沉管荷载的不均匀及水箱内水量的不均匀，在沉管起浮过程中可能会造成沉管不能同步起浮，造成沉管结构或者支座的损坏。通过监测沉管端部及中心截面位置处的支座反力变化，调整水箱水量，确保沉管各部位同步起浮并保证沉管结构安全。

通过在沉管支座安装轴力计的方式对支座反力进行监测。由于沉管支座数量较多，普通支座与轴力计所处支座刚度不同，所以测试得到的支座反力与实际支座反力将有所区别。采用轴力计测试可定性分析沉管两端支座反力变化情况，通过调整压载水量，控制沉管两端支座受力均匀，以确保沉管同步起浮。

选择量程为 2500 kN 的轴力计，其基本原理为振弦式测力计。同时可通过无线发射模块，实现支座反力的无线监测。轴力计选择布置在有水箱对应节段中间截面位置处。每个截面共布置 2 个轴力计测点，每个管节布置 6 个测点，共布置 12 个测点，每个测点布置 2 支轴力计。测点布置如图 9-21 所示。

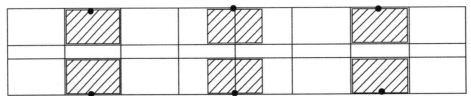

●支座反力测点　▨压载水箱

图 9-21　沉管轴力计测点与水箱相对位置图

根据浅坞区沉管支座基础设计图，将轴力计测点布置在有地基梁位置处，即安装在支座之间的地基梁上。沉管两侧的测点位于端部第 9 排支座与第 10 排支座之间，中间测点位于第 47 排支座与第 48 排支座之间。测点支座安装位置如图 9-22 所示。

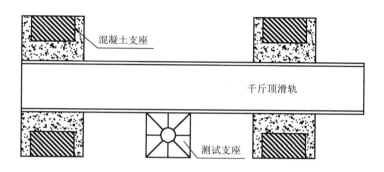

图 9-22　测试支座安装位置示意图

为确保监测数据有效可靠，在每个测点串联 2 支轴力计，以确保每个测点均可获得可靠、有效的数据。

轴力计安装前，首先在测点安装支座，支座通过膨胀螺丝固定在混凝土顶面。安装过程中保证支座竖直，支座顶部安放自锁千斤顶，千斤顶顶部安装轴力计，轴力计顶部安放球形支座，球型支座顶部安装钢垫板。安装过程中，采用三角形肋板将千斤顶、轴力计限位在支座顶端，防止掉落。测试支座与无源支座相对位置如图 9-23 所示。

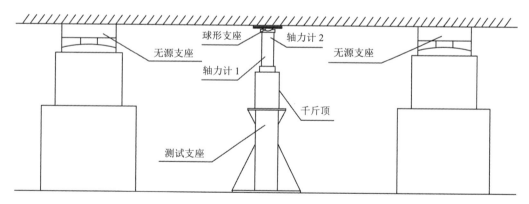

图 9-23　测试支座与无源支座相对位置示意图

（6）混凝土顶板结构受力监测

港珠澳大桥沉管隧道 E1 管节顶部需要安装减载沉箱及回填，顶部受荷载较大，因此在 E1 管节顶部施工过程中对结构顶板受力监测。监测位置位于 E1 管节 S2 节段顶部，且位于减载沉箱下方，在 S2 节段左右行车廊道顶部中间位置各布置 3 个测点，如图 9-24 所示。

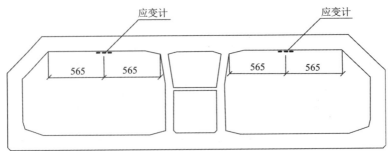

图 9-24　顶板结构受力测点布置位置示意图

（7）管内位移监测

通过对管节沉放后的位移监测，配合管节之间的张合量及差异变形，可获得管节沉放完成后的姿态变化，同时为下一管节的沉放提供测量依据。管内位移测量以直伸型线缆的形式在孔道内敷设，在中管廊的下管廊内布置测点进行测量。

（8）管节温度监测

管节温度包括管节内部环境温度监测及沉管混凝土温度梯度监测。管节内部温度通过布置在每个节段中上、中下管廊位置处的温度传感器进行监测，沉管混凝土温度梯度通过预埋在管节侧壁、底板等部位的温度传感器进行监测。通过对管节温度进行监测，可以判断环境、季节变化对管节的影响。

管节内部环境温度测点布置在每个节段中上、中下管廊位置，传感器安装完成后，将数据线缆连接至数据采集仪自动监测，监测初期为了了解管节内部环境温度变化规律，可适当加密监测频次。

沉管混凝土温度梯度监测采用预埋光纤光栅式温度传感器，光纤光栅式温度传感器与传统热电偶类传感器相比耐久性较好，且成活率较高。测点位置选择代表性管节进行酌情布置。

传感器及线缆绑扎固定在钢筋上（传感器与钢筋之间放置塑料垫片用于隔开传感器与钢筋之间的热传导），最终浇筑在混凝土内，在中隔墙位置处将线缆引出，同沉管隧道其他监测设备线缆共同固定在保护槽内。现场布置情况如图 9-25 所示。

图 9-25　沉管混凝土温度梯度传感器现场布置图

（9）裂缝检测

由有经验的监测工程师定期对隧道进行巡视，巡视检查的方法主要以目测为主，辅以混凝土裂缝放大镜、千分尺及摄像、摄影等设备进行。同时要对沉管隧道孔洞、管廊做充分的巡视。

（10）节段接头渗漏监测

节段接头渗漏监测采用管内巡查，结合 OMEGA 止水带和中埋式止水带间腔内压力监测等。管内巡查通过目视巡查 OMEGA 止水带、预埋水管状态，判断节段接头是否存在渗漏。压力监测选择在中下管廊位置处的预埋水管上安装高精度压力表监测（图 9-26）。

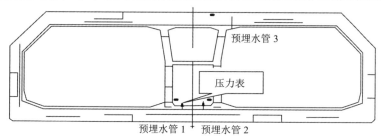

图 9-26　节段接头压力表布置示意图

沉管隧道施工工序复杂，管节从预制开始，历经坞内灌水起浮、横移、深坞区储存、浮运、沉放安装、后期回填、加载，整个过程管节历经多次体系转换，由于不同阶段管节结构受力不同使得结构响应不尽相同，因此对管节结构安全及防水也有不同的影响。通过对沉管隧道施工全过程中管节姿态和工作情况进行监测，可以及时进行动态设计，降低施工风险，确保顺利建设，一旦监测项目实测值超过预设报警值时，就可以及时启动风险预案。

3. 监测实施流程

整个施工监测体系包含了多项监测内容，每项内容根据监测目的不同开始和完成的时间不尽相同，监测内容推进时间如图 9-27 所示。

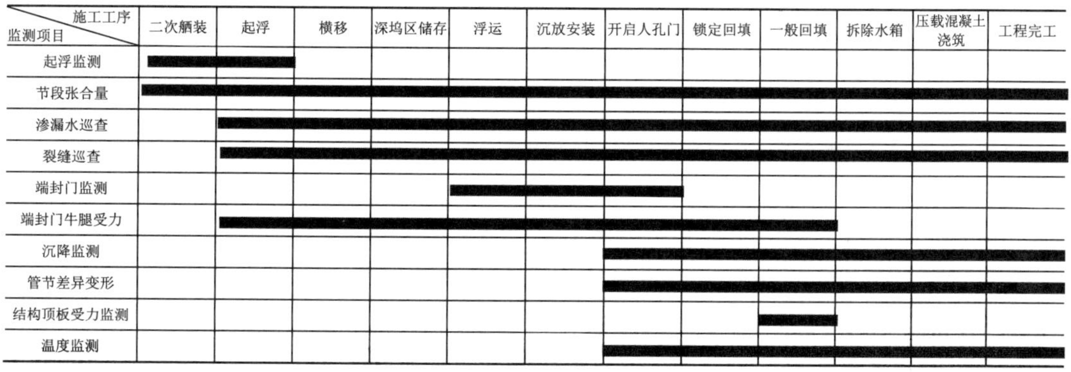

监测项目 ＼ 施工工序	二次舾装	起浮	横移	深坞区储存	浮运	沉放安装	开启人孔门	锁定回填	一般回填	拆除水箱	压载混凝土浇筑	工程完工
起浮监测	■	■										
节段张合量		■	■	■	■	■	■	■	■	■	■	■
渗漏水巡查		■	■	■	■	■	■	■	■	■	■	■
裂缝巡查		■	■	■	■	■	■	■	■	■	■	■
端封门监测					■	■						
端封门牛腿受力		■	■	■	■	■	■					
沉降监测						■	■	■	■	■	■	■
管节差异变形						■	■	■	■	■	■	■
结构顶板受力监测									■	■		
温度监测						■	■	■	■	■	■	■

图 9-27　监测内容推进时间图

具体的监测实施步骤包括：测点布置、数据采集、数据处理及输出，整个施工监测管理流程如图 9-28 所示。

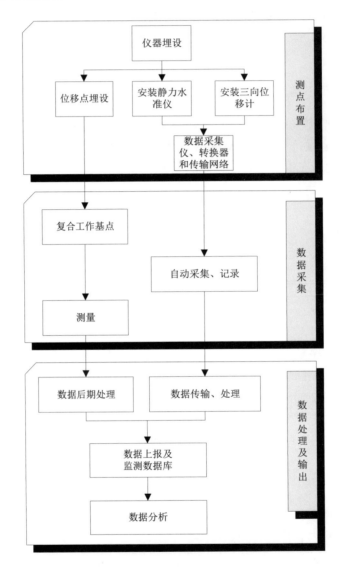

图 9-28　施工监测管理流程图

9.4.3　结构监控指标

港珠澳大桥沉管隧道工程根据前期设计分析，对沉管施工全过程结构及防水监控设定稳定性、安全性预警指标，并通过已安管节结构响应及防水安全性实时监测数据的整理分析，总结出沉管结构响应规律，揭示了管节的变形及应力发展规律，建立起结构及防水安全施工预警体系。另外，根据不断增加的监测数据，进一步修正或补充完善预警指标，科学合理地对管节稳定性、安全性进行评价，并及时将有关信息反馈到施工中，指导关键工序的合理作业时机，开展动态设计施工，提高沉管运营期结构及防水的安全度。

1. 监测数据的分析

（1）管节沉降

管节沉降为主要监测项目，每节管节安装完成后立即进行沉降测量，并作为初值计算管节沉降量，然后按照监测频次要求对管节沉降进行观测。每个节段布置 4 个沉降测点，1 个标准管节共布置 32 个沉降测点。管节在安装完成后初期一段时间内，管节外部需要进行锁定回填、护面回填，内部需要进行水箱拆除、压载混凝土浇筑等施工，管节荷载变化明显，通过沉降观测分析可以获得管节/节段间差异沉降、管节偏转情况、管节竖向线形等参数。随着管节沉降趋于稳定，管节沉降规律逐渐清晰，沉降测点数量减少至 1 个标准管节 6 个测点。

以 E1 管节为例，自 2013 年 5 月 6 日 E1 管节安装完成至今，E1 管节已经连续观测超过 4 年，观测结果如图 9-29 所示，E1 管节沉降已经趋于稳定，并已经完成管节接头的竖直向及水平向剪力键安装工作。

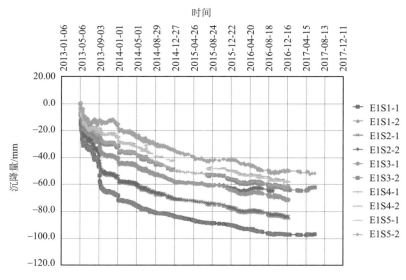

图 9-29　E1 管节累计沉降曲线（后附彩图）

通过分析 E1 管节南北测点间差异沉降，如图 9-30 所示，可以发现 E1 管节没有发生南北方向扭转，管节沉放完成后管节竖向线形不在同一直线上，而是呈现中间上凸两端下凹的现象。在管节首尾两端连接一条假想直线计算得到管节中部挠度为 7.7 mm，管节的这一挠度已随着沉降稳定而不再有明显变化。

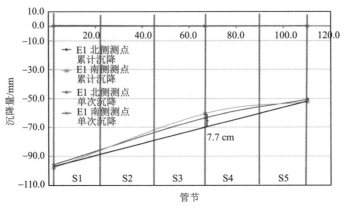

图 9-30　E1 管节南北测点间差异沉降

　　沉降曲线不能单独统计，也要随着施工的推进不断统计管节荷载，如图 9-31 所示。以 E25 管节为例进行说明，E25 管节安装完成后依次进行管节两侧锁定回填、管节顶部护面回填、管节水箱排水、管节内部压载混凝土浇筑。管底荷载增减变化明显，沉降监测结果显示荷载变化过程沉降增加较为明显，荷载增加完成后沉降很快趋于稳定，呈现明显瞬时沉降现象。

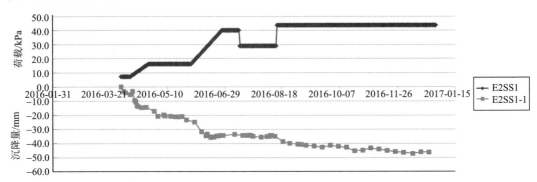

图 9-31　E25 管节沉降-荷载曲线

　　整个施工过程全部 33 节管节沉降情况如图 9-32、图 9-33 所示。

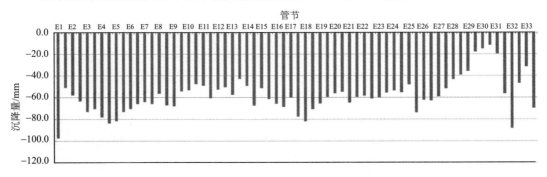

图 9-32　管节沉降情况（2017 年 7 月 1 日监测数据）

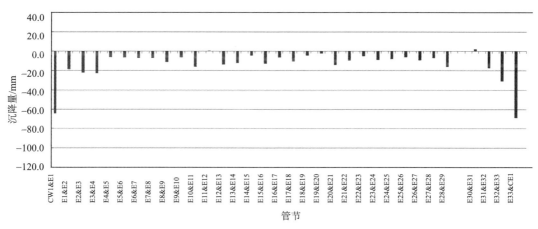

图 9-33　管节差异沉降情况（2017 年 7 月 1 日监测数据）

（2）管节差异变形

管节差异变形监测仪器在管节安装完成具备条件后立即安装，管节间差异沉降包括 3 个张合量测点、2 个差异沉降测点、1 个水平差异变形测点，通过 6 个监测仪器所获得的结果可以分析管间相对运动量，对确保施工期 GINA 止水带安全具有重要意义。

以 E1 管节为例，监测周期已累计超过 4 年。管节张合量监测和差异沉降监测结果分别如图 9-34 和图 9-35 所示。

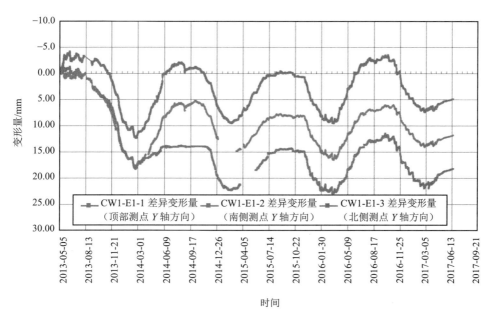

图 9-34　E1 管节与暗埋段张合量监测结果（后附彩图）

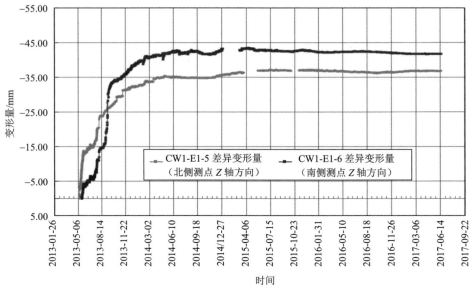

图 9-35　E1 管节与暗埋段差异沉降监测结果

管节张合量变化主要受季节环境变化影响，管节差异沉降主要受施工荷载影响。与沉管运营期健康监测情况不同的是，沉管隧道施工期管节没有全部安装完成，最后一个管节尾端水压受潮位影响，潮位对管节张合量的影响在下一管节对接前不能忽略（图 9-36）。

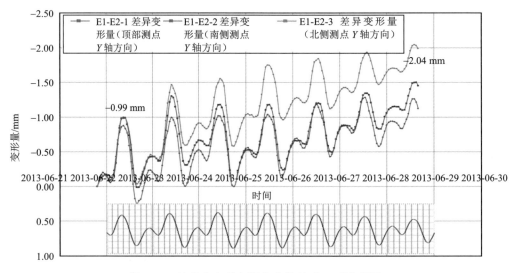

图 9-36　管节张合量与潮位变化关系（后附彩图）

管节间差异变形监测为自动化采集，监测频次可以基本实现实时监测，这对于研究管节间差异变形的变化具有重要意义。差异沉降监测与沉降测量的结果也可进行相互校对，确保数据准确性，如图 9-37 所示，两套不同的监测方法结果吻合较好，验证了监测系统的可靠性。

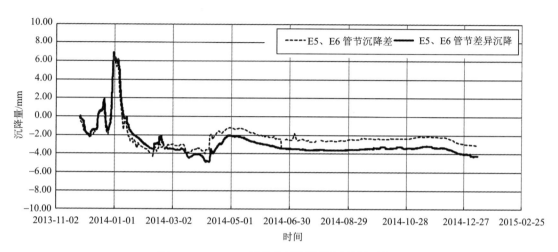

图 9-37　E5、E6 管节差异沉降测量结果对比

（3）节段张合量监测

节段间张合量监测在管节二次舾装时开始进行仪器安装工作，管节起浮前采集初值开始监测。由于预应力的存在，节段张合量在整个施工过程变化量小于 1 mm，管节在坞内横移过程中节段张合量无变化。整个施工过程监测结果显示，节段张合量主要受环境温度影响，如图 9-38 所示。

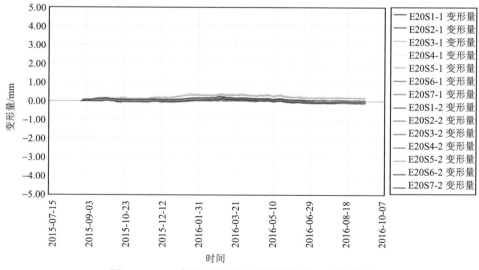

图 9-38　E20 管节节段张合量监测结果（后附彩图）

（4）端封门应力及应变监测

沉管管节端封门监测在管节二次舾装后开始安装仪器，管节起浮前采集初值，充分

保证监测结果能反应端封门受到的全部水压力。端封门在下沉过程中承受较大的水压力，最深位置处管节端头承受水压力超过 10 000 tf。管节安装完成后仍继续进行端封门应力及应变监测，确保管节端部防水安全可靠性。端封门最大变形量、应力随着管节安装深度增加而增大，最大变形量 14.0 mm，最大应力 169.9 MPa。如图 9-39 和图 9-40所示。

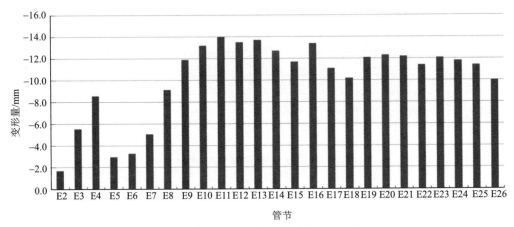

图 9-39　管节端封门最大变形量统计结果

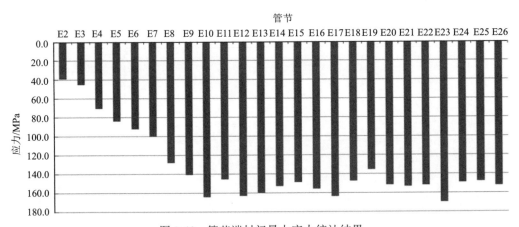

图 9-40　管节端封门最大应力统计结果

端封门牛腿监测前需要在室内进行标定试验，标定采用 2000 kN 压力试验机，从安全角度考虑使用压力试验机最大量程的 90%。对 2 块环形钢垫板分别进行标定，标定过程相同，分 9 级加载至 1800 kN，每级荷载 200 kN，持荷时间 2 min，第 1 次加载至 1800 kN后卸载至 0，随后进行第 2 次加载，加载方式与第 1 次相同。标定时数据采集仪采用静态应变仪，采集频率为 1 次/s，标定结果如图 9-41 所示。实际监测过程中将监测到的应变值与标定结果对比，可获得实际端封门牛腿受力。

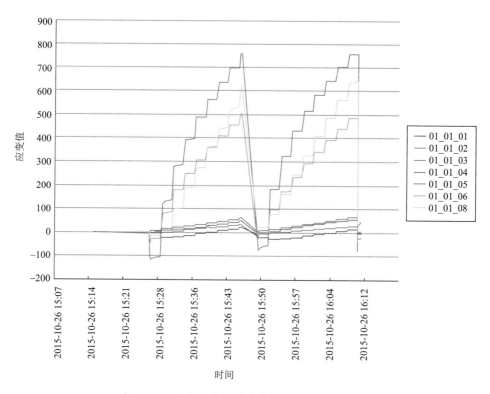

图 9-41　牛腿钢垫板标定结果（后附彩图）

（5）管节支座反力监测

管节起浮过程中的监测结果用压力值降低率 R 来表示：

$$R = [(F_s - F_0) / F_0] \times 100\% \qquad (9\text{-}1)$$

式中，　F_s——s 时刻的压力值；

　　　　F_0——浅坞灌水前的压力值。

R 值越小，代表管节底部支座所受压力越小，管节越接近于起浮状态，当 R 值接近 -100% 并且再无变化时，可以认为管节已经起浮。在每个管节起浮过程中，对具有代表性且完整的监测数据进行分析。

E3 管节监测结果如图 9-42 所示。监测结果显示：当坞内灌水结束时，管节四角压力已降低约 80%；管内水箱排水开始后，管节非 GINA 止水带端压力下降速度较慢，GINA 止水带端压力下降速度较快，这是由于管节内水泵等主要设备主要集中于非 GINA 止水带端，使得管节非 GINA 止水带端较重；随着水箱排水，管底压力平稳下降，在管节非 GINA 止水带端最终起浮前，压力下降速度明显增加。

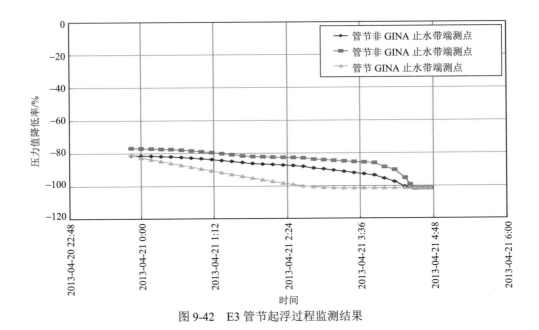

图 9-42　E3 管节起浮过程监测结果

　　港珠澳大桥沉管隧道工程针对 E3 管节起浮过程中所发现的问题，及时进行了反馈，在起浮过程中注意保持管节非 GINA 止水带端水箱水位略低于 GINA 止水带端水箱水位，从而使后面管节在起浮过程中管底压力得到了很好的控制，如图 9-43 所示。

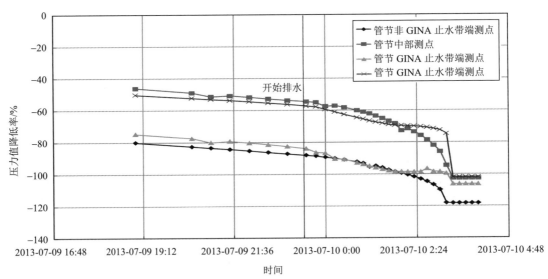

图 9-43　E6 管节起浮过程监测结果

（6）管节温度监测

管节环境温度监测显示管节内部基本为恒温，管节温度受天气变化影响较小，受季节变化影响较大，最大温差约 10℃，且主要反映在闭口段，距离闭口段口部距离越远，影响越小。

管节温度主要影响节段张合量及管节张合量变化，以 E2 管节为例，如图 9-44 所示。

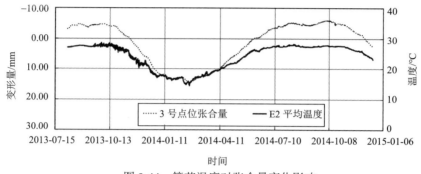

图 9-44　管节温度对张合量变化影响

（7）管节位移监测

管节安装完成后进行管节位移测量，并计算与设计轴线偏差。在锁定回填、管顶回填期间定期对管节轴线进行测量，观测结果表明，管节安装完成后管节沿轴线方向没有变化。

（8）混凝土顶板结构受力监测

在回填期间对 E1 管节 S2 节段混凝土顶板结构受力监测，回填完成后 E1 管节 S2 节段顶部荷载增加约 104.5 kPa，顶板混凝土厚度 1.5 m，未发现管节内部结构顶板应力发生变化。

2. 监控预警指标的提出

通过提出管节施工过程变形稳定性、沉管结构及防水安全性判断指标或预警分级指标，从定量的角度对管节的变形、受力及防水状态进行安全评判。沉管结构及防水安全监控预警指标主要分以下三级，针对不同的安全级别采用相应的应对措施，如表 9-16 所示。

表 9-16　工程安全性评价分级应对措施

管理等级	应对措施
III	正常施工
II	综合评价设计施工措施，加强监控测量，必要时采取相应工程措施
I	暂停施工，采取相应工程措施

整个监控预警系统管理流程如图 9-45 所示。

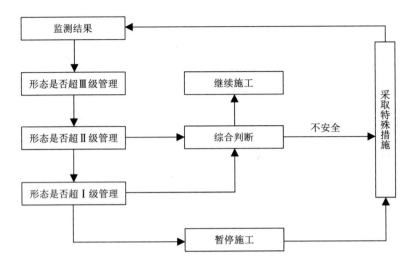

图 9-45　监测信息反馈管理流程图

（1）沉管变形稳定性指标

沉管隧道的沉降量反映了沉管隧道在荷载变化时管节与地基的综合变化，在制定沉管隧道累计沉降控制指标时应综合考虑荷载变化条件。由于不同管节结构形式不同，所处地质条件不同，所以一般所设沉降控制指标应该单独考虑。通过理论计算与监测数据的综合分析，管节沉降控制指标分为累计沉降指标和沉降速率指标，如表 9-17 所示。

表 9-17　管节沉降控制指标

类别	累计沉降/mm
允许值	100

根据 E1～E33 管节荷载-沉降监测数据分析，在管节加载完成后，管节沉降稳定性判断指标如表 9-18 所示。

表 9-18　管节沉降稳定性指标

类别	累计沉降/mm	沉降速率/(mm/月)	差异沉降量/(mm/月)	备注
建议值	50～80	1～2	<1	持续 2 个月以上

满足上述指标，沉管原则上可开展水平向剪力键、竖直向剪力键安装及其他管内附属设施安装作业，并在施工工期允许的情况下尽量延后作业。

（2）沉管结构安全性指标

港珠澳大桥沉管隧道工程沉管采用半刚性纵向结构体系，沉管施工过程永久结构安全性主要分析纵向结构挠曲变形情况。经分析，管节短期挠曲变形受不均匀加载影响，由于管顶回填、压载水箱拆除、压载混凝土浇筑等作业会造成管节不均匀受荷，所以挠度发生变化一般变化，幅度在 5 mm 以内；长期挠曲变形受沉降、温度梯度等综合作用，挠度变化幅度 5～10 mm，且浅埋段较深埋段更明显，如图 9-46 所示。

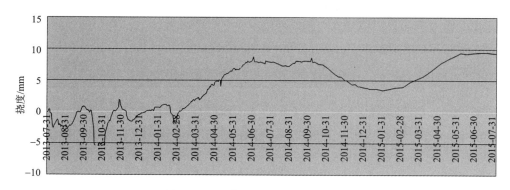

图 9-46　E3 管节时间-挠曲变形曲线

管节挠曲变形反映了管节纵向结构荷载响应及节段间的张开情况，考虑管节整体刚性较大，即便在荷载变化期间管节的挠度变化幅度较小，仍需进行综合研究。管节挠曲变形预警指标可按表 9-19 分为三个管理等级。

表 9-19　管节挠曲变形管理等级

管理等级	挠度/mm
Ⅲ	0～20
Ⅱ	20～30
Ⅰ	>30

（3）沉管结构防水安全性指标

沉管结构防水主要有管节结构自防水及节段接头、管节接头防水三大部分，按一级防水要求进行设计。经巡检，管节结构自防水及节段接头、管节接头防水质量非常好，可以实现滴水不漏。沉管结构防水监控除正常的管内巡查、接头止水带内水压监测之外，主要针对接头张合量、管节接头相对位移量进行监测，并开展评估，如表 9-20 所示。

表 9-20　接头张合量控制基准

类别	管节接头/mm	节段接头/mm
允许值	40	5

根据张合量控制基准，可将其按表 9-21 分为三个管理等级。

表 9-21　张合量管理等级

管理等级	管节	节段
Ⅲ	<20	<1
Ⅱ	20～40	1～5
Ⅰ	>40	>5

（4）端封门结构及防水安全性指标

沉管隧道端封门结构及防水安全为沉管施工过程中重大风险监控项目。根据不同的安装水深，重点对端封门钢梁应力及应变情况进行预警监控。

经大量数据研究分析，提出端封门钢梁结构变形及应力预警指标如表9-22所示。

表9-22　端封门结构预警管理等级

管理等级	变形值	应力值
Ⅲ	40%Ud	40%Pd
Ⅱ	60%Ud	60%Pd
Ⅰ	80%Ud	80%Pd

注：1. 端封门钢梁理论设计变形值Ud；
　　2. 端封门钢梁理论设计应力值Pd。

9.4.4　结构监控过程

港珠澳大桥沉管隧道工程根据沉管隧道施工监测提供的有关管节沉降、接头张合、温度等监测数据，将其与设计理论值进行比较分析，用于判断结构工作状态、确保工程安全；另外，针对沉管结构在全载荷条件下进行反演分析，即根据监测情况更新（纵向）计算模型及设计输入，通过沉管的受力及变形情况反分析，可对结构安全性进行评估。

管节结构监控主要包括待安管节结构及防水安全评估、已安管节结构监控及评估，以及已安管节隧道内施工过程监控。

1. 待安管节结构监控

沉管安装前，通过查验待安管节结构、舾装及演练等施工过程记录、现场情况了解及来往工作联系单，依据设计图纸及设计要求、动态评估等方法对管节结构及防水安全进行评估，分为三个步骤。

首先，自查图纸有无结构、防水等方面考虑不足，如发现，应设计主动改正；根据气象窗口预报提供的极端施工工况，核查原沉管永久及临时结构设计安全性，根据风险等级，采取相应的补强措施。

其次，对施工过程未能按原设计图施工部分，现场出联系单，设计评估后提出处理意见；对影响管节结构及防水安全环节施工过程原始记录进行排查，针对施工偏差较大的情况开展安全性评估，并根据风险的等级，酌情提出应对措施。

最后，管节预制完成及舾装完成后，整体检查结构施工检验记录及舾装监控记录，予以评估确认。根据管节监测资料、质检资料及现场信息反馈，针对待安管节结构及舾装件进行结构安全评估，主要包括管节结构安全、舾装设施可靠性等内容。

（1）管节结构安全评估

管节出坞前应根据施工检测资料对沉管永久结构及临时结构安全进行评估。永久结构安全评估包括：钢筋混凝土结构、纵向预应力结构、端封门枕梁结构，根据以上三项检查，监控组对待安管节结构进行安全评估。

通过查阅管节预制交工验收记录等形式，确认管节混凝土强度、保护层厚度、钢筋及结构尺寸偏差等是否满足设计要求。

通过查阅管节预应力张拉记录，确认张拉力、伸长率是否满足设计要求，以及管节压浆是否满足设计要求。

根据管节预制交工验收记录，查阅《现浇枕梁质量检验报告单》及《钢筋加工及安装质量检验报告单》，确认钢筋接驳、钢筋间距、预埋件安装、混凝土浇筑等施工质量是否满足设计要求，并根据具体水深条件核算枕梁结构安全系数。

（2）舾装设施可靠性评估

根据舾装监控组提供的管节舾装件安装过程记录，对管节主要舾装件安装质量进行评估，如表 9-23 所示。

表 9-23　管节舾装件安装过程记录及评估意见

序号	部位	记录项目					评估意见
		重复利用	损伤及修补	螺栓连接	安装偏差	施工保护	
1	端封门						
2	压载水箱						
3	吊点						
4	系缆桩						
5	导向托架						
6	导向杆						
7	测量塔						
8	人孔井						

（3）待安管节防水安全评估

根据管节监测资料、质检资料及现场信息反馈，针对待安管节结构、节段接头及沉管端部进行防水安全评估。

1）管节结构防水

根据舾装监控组提供的管节舾装监控报告，对管节在深坞区寄放期间的结构渗漏情况进行评估。

2）节段接头防水

根据现场监测组提供的管节出坞前节段间张合量统计数据，对管节在浅坞区灌水后的节段接头张合量和管节安装过程中的节段接头张合量及防水进行安全评估。

3）沉管端部防水

根据舾装监控组提供的管节舾装监控报告，对管节在深坞区寄放期间的端封门渗漏情况、封门与钢梁之间的缝隙、拉杆预紧情况进行排查，对人孔门及密封钢板等防水风险点进行水密性试验验证。其中，端封门的监测内容主要包括钢梁挠度、钢梁应力及门板挠度，并与理论值进行比较，从而对封门防水安全进行评估。

根据舾装监控组提供的管节舾装监控报告，对管节管顶长人孔的防水情况及长人孔的水密性进行评估。

2. 已安管节结构监控

已安装结构安全监控内容包括已安管节施工及加载情况、沉降收敛情况、差异沉降、管节挠曲变形、已安管节稳定性评估、管节接头已安装剪力键安全监控等；防水安全监控内容包括管节接头张合量、节段接头张合量、端封门变形、节段接头压力监测、管内渗漏水巡查监控等。

对管节永久结构部分的安全评估，根据沉管隧道施工监测提供的有关管节沉降、接头张合、温度、可能的结构裂缝等监测数据，通过与设计理论值进行比较分析，判断结构工作状态、确保工程安全；后期再针对沉管结构在全载荷条件下进行反演分析，即根据监测情况更新（纵向）计算模型及设计输入，通过沉管的受力及变形情况反分析，评估结构安全性。

（1）已安管节施工及加载情况

根据现场监测组提供的沉管隧道施工监测数据，设计单位及结构监控组对已安管节加载情况进行复核确认。

①已安管节锁定回填、一般回填及管顶护面回填的完成情况；

②已安管节压载水箱排水及拆除情况；

③已安管节压载混凝土的浇筑情况。

（2）已安管节沉降及挠曲变形安全评估

根据现场监测组定期记录的管节沉放后的累计沉降及与对接管节的差异沉降监测数据，设计单位及结构监控组对已安管节的基础、荷载与沉降的情况进行分析，对累计沉降、差异沉降及沉降收敛情况进行安全评估。管节沉降监测内容如表 9-24 所示。

表 9-24　管节沉降情况统计表

位置		累计沉降量 /mm	沉降速率 /(mm/月)	差异沉降量 /mm
暗埋段	首端			
E1	首端			
	尾端			

续表

位置		累计沉降量 /mm	沉降速率 /(mm/月)	差异沉降量 /mm
En	首端			
	尾端			

根据现场监测组定期记录的管节沉放后的挠曲变形监测数据，设计单位及结构监控组对已安管节的纵向挠曲变形情况进行分析、评估。

（3）已安管节稳定性评估

根据已安管节施加的荷载情况，设计单位和监控组对已安管节的抗浮安全性、管节拉合过程稳定性和压接过程的稳定性进行评估。

（4）已安管节防水安全评估

防水安全评估主要针对管节接头和节段接头张合量进行评估，通过对比分析已安管节监测到的接头最大张合量与计算张合量，判断防水安全性。

1）管节接头张合量监控

根据现场监测组反馈的管节接头张合量数据，设计单位及监控组对已安管节监测到的接头最大张合量与计算张合量进行对比分析，给出评估意见，如表 9-25 所示。

表 9-25 管节接头张合量对比表

管节接头	实测张合量 /mm	计算张合量 /mm	管节接头	实测张合量 /mm	计算张合量 /mm
En−2/En−1			En−1/En		

2）节段接头张合量监控

根据监测报告，设计单位及监控组对已安管节节段接头沉放过程中监测到的最大压缩量和沉放完成后的张合量进行分析，对节段接头状态和结构及防水安全性进行评估。

3）端封门状况监控

考虑沉管隧道的防水安全，通常情况下隧道内应保留不少于 3 道封门，且最后 3 道封门需要专业值班人员值守，进出最后一个管节的任何施工人员需要填写申请单并出具值班单位领导签字方可进入。值班员每天对最后一个管节的端封门进行检查，监测单位对端封门的变形情况进行实时监测记录，如表 9-26 所示。

表 9-26 管节端封门变形及应力汇总表

项目	测点编号	变形量			备注
		时间	时间	时间	测点位置
变形					
应力/MPa	钢梁最大应力				钢梁应力测点

根据现场监测数据实测值与理论值比较分析，监控组对已安管节迎水侧端封门结构及防水安全性进行评估。主要包括钢梁挠度、应力的实测值与理论值的比较，并判断其是否在安全可控的范围内。

4）管内渗漏水监控

管内渗漏水监控是指对管内混凝土墙、节段间止水带可能产生的渗漏水进行监测，为了确保隧道安全，至少每天进行一次相关检查，若发现异常应及时反馈监控组，评估沉管结构自防水能力，必要时采取应急措施。

5）临时结构及防水评估

背水侧端封门：管节接头双道端封门预留孔洞风险情况进行评估。

迎水侧端封门：管节迎水侧端封门钢梁挠度与应力等监测情况进行评估。

3. 隧道内施工过程监控

根据施工进度及荷载变化情况，对已安管节的锁定、一般回填、覆盖回填、水箱拆除、端封门拆除、压载混凝土浇筑等施工工序和时机进行监控，确保结构响应及防水安全处于可控状态。

（1）压载水箱及端封门拆除

压载水箱及端封门拆除时，应对管节抗浮安全系数进行核实，并对管节姿态影响进行分析，确保沉管结构安全。

（2）管顶回填及压载混凝土浇筑

管顶回填及压载混凝土浇筑时（图9-47），应对管节沉降及管节挠曲情况进行实时监控，绘制沉降及挠曲变化图，根据变化情况进行安全评估，确保沉管结构安全。

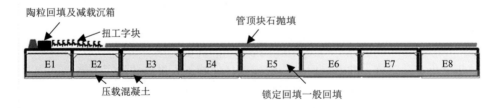

图9-47　管顶回填及压载混凝土浇筑示意图

（3）剪力键（包括管内附属设施等）安装

通过差异沉降监测结果，分析管节接头剪力键合理安装时机，进行动态设计，并在剪力键安装完成后继续监控管节接头差异变形，评估剪力键结构的安全性。

（4）其他

根据监测情况，分析 E1～E6 管节（按柔性管节设计）纵向预应力剪断的必要性；对于沉降异常的管节研究确定后续管底注浆处理的必要性。

港珠澳大桥沉管隧道工程通过沉管结构及防水监控体系的应用，成功实现了 33 节管节高质量安装，在安装过程中，未出现任何不可控的结构及防水风险事件；管节安装后，在管内、管顶根据监控指令实施的加载过程中，未出现超出预警指标的过大沉降、挠曲变形、接头张开等；根据监控指令实施的剪力键安装后，管节接头未出现任何结构及防水安全病害；根据沉管稳定性指标确定开展作业的附属工程，施工质量控制情况较好；已贯通的沉管隧道，沉管结构及接头未出现渗漏水现象，实现了深水、超长沉管建成后"滴水不漏"的工程奇迹。

9.5　沉管线形监控管理

对长大沉管隧道来说，管节体量大、数量多，线形控制是管节安装施工及质量控制的一个关键环节。没有线形控制，就可能出现隧道内部设施侵占隧道建筑限界的情况，影响隧道的正常功能，也可能出现安装后管节漏水的安全风险。此外，超大型沉管在外海环境下的安装作业需要严格的气象窗口，一旦作业时间超过预定的窗口时段，将带来不可预估的重大风险，而管节安装后再进行精调作业属于事后调整和保障措施，且精调作业处于安装的关键线路上，作业环境恶劣，实施困难，工效较低，一旦实施将可能引发作业窗口超限等一系列风险。为了使沉管能够准确地沉放到设计位置，提高一次安装到位的成功率，需要对沉管设计、预控、拟合、调整的全过程进行实时监测，将沉管预制、舾装、安装作为一个系统考虑，对影响沉管安装线形的因素实施全过程信息管理。

9.5.1　线形控制原理

港珠澳大桥沉管隧道工程在安装施工过程中创造性地提出了对沉管安装全过程进行线形监控的想法并付诸实施，从设计阶段入手，直至管节安装就位的贯通测量结束，运用工程控制论思想建立了一套设计、预控、拟合、调整的线形控制监控体系。同时，应用"过程管理方法"思想研制信息化支持和控制手段，研究出一套事前主动控制隧道线形的沉管安装工法。从分析影响安装精度的各个因素入手，制定相应的提高控制沉管安装精度的措施，重点做好预制和舾装的事前控制，以及沉放和对接的事中控制，避免安装后的事后调整，最终目标是实现免精调作业，彻底规避外海精调作业的风险。

沉管隧道平面线形控制方面，影响管节对接后的尾端轴线偏差的因素比较多，包括管节制作误差、测量标定误差、GINA 止水带橡胶硬度均匀性、管节底面摩擦力及对接时的水流环境等，但一般认为管节制作时的端面精度是主要偏差来源。由于管节长度是宽度的数倍，由对接端面（宽度方向）误差造成的尾端轴线偏差被放大，且这种偏差随着管节数量的增加呈现累积效应，故每个管节对接后都必须及时调整，避免后续安装偏差的持续放大。同时，必须严格控制管节端面的制作精度，包括安装 GINA 止水带的端钢壳和对应的受压光面端钢壳，对其平整度、平面和竖向偏角都要严格控制，这是管节对接质量保证的最有效和根本措施。

沉管隧道的纵面线形控制方面，一是沉管安装时管节绝对定位标高及纵坡控制，二是管节安装时对接端面的竖向错位及 GINA 止水带状态控制。地基基础的施工期沉降与基础施工的质量控制是影响管节安装绝对定位标高及纵坡的主要因素，其中不均匀沉降会导致管节实际纵坡与设计纵坡出现偏差。管节安装时对接端面的竖向错位及 GINA 止水带状态控制则主要是由相邻管节的沉降差引起。

针对以上影响线形偏差的因素，在沉管隧道全过程线形控制过程中应重点做好的应对措施包括：在沉管预制阶段要重点控制好端钢壳制作和安装质量（含平整度和倾角等关键指标）；舾装阶段全面做好测量标定、管节线形信息收集和安装拟合分析工作，并根据隧道设计线形动态确定管节安装轴线定位目标，然后根据提前建立的沉管拉合和水力压接受力运动模型，准确预测管节轴线在对接过程中的偏移量；现场安装阶段利用高精度测量定位系统进行精确引导，利用信息化、集成化沉放对接控制系统进行精细操控，做好管节在沉放、拉合和水力压接过程中的轴线精确定位控制，最终使管节一次安装到位。

9.5.2　线形控制指标

沉管隧道线形控制的目标是确保逐个安装的管节平面、纵面和高程位置符合设计允许的偏差要求，这是管节对接质量的主要评判指标。沉管隧道预制、安装的工法特点决定了管节之间不可避免地会出现平面、纵面偏差，其中管节预制产生的施工误差可在管节沉放安装前进行考虑与有效控制，但由于其在水下作业，沉管安装过程中产生的偏差是难以精确控制的，因此设定一个合理的线形偏差范围意义重大。安装线形偏差对隧道的功能影响主要包括：建筑净空、止水安全性、剪力键承载能力和附属工程安装。图 9-48 和图 9-49 分别为平面、纵面线形偏差示意。

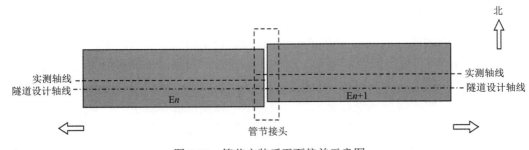

图 9-48　管节安装后平面偏差示意图

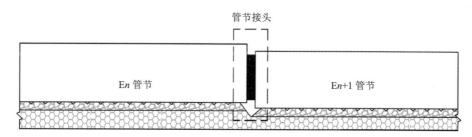

图 9-49　管节安装后纵面偏差示意图

管节接头平面与纵面偏差允许指标应结合项目的情况确定，具体包括以下几点。

①工程规模大小、工程的技术等级、隧道的长度、结构体量的大小等；

②测量定位和施工工艺可以达到的精度；

③满足沉管隧道结构止水、结构安全、设计运营功能及耐久的要求；

④不影响隧道内后续工程的正常施工；

⑤施工工艺及控制技术水平。

港珠澳大桥沉管隧道工程综合各方面因素进行分析后，提出了针对港珠澳大桥沉管隧道的线形偏差控制指标体系，具体如下。

（1）平面线形控制指标

管节沉放就位后，平面线形控制指标如表 9-27 所示。

表 9-27　管节线形平面控制指标

序号	主控项目	线形偏差状态/mm			
		设计允许（可接受）		预警	
		合龙段	一般段	合龙段	一般段
1	相邻管节端面横向相对偏差	$\Delta \leqslant 30$	$\Delta \leqslant 70$	$\Delta > 30$	$\Delta > 70$
2	管节轴线与设计轴线间横向绝对偏差	$\Delta \leqslant 50$	$\Delta \leqslant 100$	$\Delta > 50$	$\Delta > 100$
处理措施		无须精调		设计评估	

注：Δ 为轴线偏差值。

（2）纵面线形指标

管节沉放就位后，纵面线形控制指标如表 9-28 所示。

表 9-28　管节线形纵面控制指标

序号	主控项目	线形偏差状态/mm			
		设计允许（可接受）		预警	
		合龙段	一般段	合龙段	一般段
1	相邻管节端面竖向相对偏差	$\Delta \leqslant 30$	$\Delta \leqslant 70$	$\Delta > 30$	$\Delta > 70$

续表

序号	主控项目	线形偏差状态/mm			
		设计允许（可接受）		预警	
		合龙段	一般段	合龙段	一般段
2	管节轴线与设计轴线间竖向绝对偏差	$\Delta \leqslant 50$	$\Delta \leqslant 100$	$\Delta > 50$	$\Delta > 100$
	处理措施	无须精调		设计评估	

注：Δ 为竖向偏差值，轴线偏差达到预警状态时，应核定压载混凝土厚度及建筑限界是否满足要求，确定采取压载或后注浆等处理措施。

9.5.3　线形监控流程

线形监控从管节预制和基床铺设阶段开始，管节预制完成后进行管节成品测量确定管节的长度和端面平面、竖向偏角，碎石基床铺设完成后进行基床坡度测量确定基床实际坡度，同时贯通测量获取已安管节轴线的平面、竖向偏差，评定管节的安装精度，为模拟安装提供数据。管节舾装完成后进行管节标定测量建立管节坐标系，确定管节特征点并测量测量塔系统、深水测控系统相对关系，为沉管的正确对接安装做准备。

将管节模拟安装结果和隧道设计线形进行对比，若模拟安装偏差满足设计要求，则按照理论值安装沉管；若模拟安装偏差不满足设计要求，则设计根据反馈结果，发出调整指令，明确待安管节的平面相对偏差参数，工区据此制定调整方案，按照调整方案安装沉管。线形监控流程如图 9-50 所示。

1. 设计技术要求

线形监控的最早阶段，即设计技术文件对管节预制、基床铺设等提出施工要求，施工按照设计要求严格控制施工误差，为沉管隧道线形控制打好基础。

2. 设计参数复核

在管节预制、基床铺设完成后，根据实测数据复核设计参数，主要包括端钢壳参数复核、对接安装参数复核和碎石垫层铺设参数复核。

第三方测量单位按照要求提供管节设计参数复核结果，线形监控组进行复核确认。

3. 已安管节贯通测量结果复核

管节安装后的位置与姿态可通过贯通测量准确获得，利用布设在管内的双线形联合锁网进行高精度贯通测量，确认管节的安装质量满足设计要求。第三方测量单位提供已安管节贯通测量复核结果，结构及线形监控组进行复核确认。

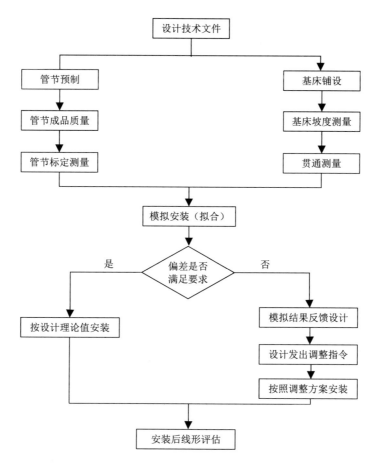

图 9-50　港珠澳大桥沉管隧道线形监控流程

4. 管节线形拟合分析

待安管节预应力张拉完成后需对端钢壳空间姿态进行测量并拟合，通过在端钢壳上布置测点测量可确定管节的长度和两端面的竖向、平面倾角，计算已安管节和待安管节的端钢壳的平面偏角，进而平面拟合待安管节的位置与姿态。

在沉管首尾端的端钢壳上以反射片的形式布置测点进行测量观测，施工单位对端钢壳的测量结果和拟合结果进行计算，线形监控组对拟合结果及测点坐标进行验算，并对待安管节安装平面线形进行分析计算，线形监控组就拟合结果与施工单位及上级分管单位进行比对、确认。

5. 平面线形监控指令

根据待安管节拟合分析结果，线形监控组向作业方下发管节安装平面线形指令，用于指导现场施工。

6. 高程线形监控指令

施工方提供已安管节最新尾端竖向绝对标高，监控组对实测值与设计标高进行对比分析，结合基础回淤监测成果，下发待安管节碎石基床铺设预抬量的指令单，施工方实时控制碎石基床整平过程质量，监控组做好全过程监控。

7. 线形评估

管节安装完成后，根据贯通测量结果，结合线形偏差控制指标，对管节的线形偏差进行评估，同时为后续管节的安装做好准备工作。

9.5.4 线形控制措施

考虑与沉管安装精度和线形控制指标密切相关的关键因素，总体上将施工顺序分为4个阶段进行线形控制，分别为预制阶段、舾装阶段、基础施工阶段和沉放对接阶段，其中预制阶段的控制要点是端钢壳施工质量，舾装阶段的控制要点是管节外形、导向系统、测控系统等的测量标定精度，基础施工阶段重点做好基床预抬量的确定和铺设高程的精度控制，沉放对接阶段的要点是管节水中姿态和位置的精确控制，以及管节尾端轴线的精确调整和控制。

1. 预制阶段

端钢壳的制作及安装精度将直接影响到后续沉管安放的姿态，端钢壳成形偏差既会影响管节轴线，也会影响隧道轴线。沉管预制阶段必须严格控制管节端面的成品质量，对其平整度、平面偏角和竖向偏角都要严格控制，这也是保证管节对接质量最有效和根本的措施。

（1）端钢壳安装

端钢壳安装在每节预制沉管的两端头，与管体混凝土连为一体，用来安装 GINA 止水带和 OMEGA 止水带，供管节沉放结合使用。端钢壳呈环形，由焊接的 H 型钢及面板组成，作为管节沉放对接时止水带压缩的导向面。端钢壳分 A 型和 B 型，配对连接。

为使止水带完全均匀地压缩，以达到两管节紧密结合的水密效果，以及为适应各管节沉放后的坡度变化，对端钢壳的平整度、倾斜度等制作要求较高，端钢壳制作尺寸允许误差为：外包宽度±4 mm，外包高度±3 mm，面板不平整度＜3 mm，每延米内不平整度＜1 mm。

端钢壳的安装过程中测量控制处于十分重要的位置。为确保其精度要求，在施工过程中假定一个垂直面，计算每段端钢壳至假定垂直面的相对距离，在端钢壳安装的过程中，把假定垂直面放样至实地，采用特制或高精度卡尺量取端钢壳至假定垂直面的距离进行安装。

此外，在端钢壳安装完毕进行混凝土浇筑时，要进行实时变形监测，需要跟踪测量、动态调整，并设置一定的预留量。在端钢壳断面上布设棱镜反射片，节段浇筑前采用全站仪自由设站采集测站点到每个棱镜反射片的距离，浇筑期间根据浇筑进度和浇筑位置采集测站点到相关棱镜反射片的距离，将两次距离进行比较，根据偏差及时调整，以确保端钢壳安装精度。如图 9-51 所示。

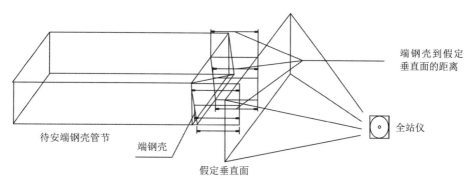

图 9-51　管节端钢壳测设示意图

（2）节段匹配浇筑和顶推

节段匹配浇筑过程中的线形预控措施主要是端钢壳的控制调校和节段匹配浇筑测量。

在管节顶推过程中，跟踪测量管节轴线，确保与滑移轨道平衡，并确保轴线在顶推到位后的偏差不超过 1 cm。曲线管节顶推过程中，跟踪测量，确保轴线方位与设计值不超过 1 cm。高程采用精密水准仪通过测量顶推前后顶面高程结合滑移轨道沉降量来综合控制。

管节顶推过程中，测出观测点的三维坐标值，计算节段轴线，与理论值进行比较，得出偏差，若顶推轴线超过偏差值，及时指挥顶推相关人员进行调整，使节段轴线始终保持与管节轴线的理论方向一致。另外，管节顶推装置上配有导向杆，两种设备对顶推的轴线进行相互检核，确保顶推方向。每顶推前进 1 m 进行一次观测，特殊情况下增加观测次数。每次顶推结束后，测出节段上轴线观测点的三维坐标值，与理论值进行比较，分析节段中轴线偏差情况，以确定下一节段中轴线的控制方案，节段中轴线在顶推过程中左右偏移，应始终保持在理论中轴线允许偏差范围内。

（3）端钢壳姿态测量

在端钢壳上以反射片的形式布置 96 个测点（间隔 1 m 布置 1 点）进行观测，测点位于 GINA 止水带理论压接中心线上，使用全站仪对其进行三维坐标观测，运用 Matlab 数据处理软件对测得的端钢壳三维坐标进行拟合，得到管节端钢壳的相关拟合参数。

管节姿态的测量误差会引起管节长度和端钢壳倾角出现误差，进而影响隧道线形。

为降低测量误差对线形控制的影响，测量工作应统一操作标准，严格遵守测量仪器的操作规程；测量作业时须排除对测量工作有干扰的影响源，如测点受到遮挡、天气因素等。

2. 舾装阶段

（1）测量标定

管节测量标定精度直接影响着测量定位系统的精度指标，更进一步直接决定着安装过程中管节轴线位置的精确度，也是实现免精调一次安装到位的最关键的测量保证因素。

管节预制完成后，首先进行管内和管顶特征点的布设，然后进行各特征点与管节整体相对位置关系的精确测定。按常规测量方法，精确测定管节内外控制点相对于管节轴线及基准的三维坐标与几何尺寸，并进行标定，主要用于沉管沉放联系测量和贯通测量坐标转换，即通过测量管节内的永久观测点就可以确定隧道沉管在海床上的大桥独立坐标系中的具体坐标，同时通过顶面控制点来确定测量塔 GPS 接收机相对管节的位置关系，从而通过测量塔 GPS 接收机来精确测定待沉管节位置坐标。具体测量标定项目如表 9-29 所示。

表 9-29　沉管测量标定项目列表

序号	内容	主要目的
1	端面特征点标定测量	确定管节实际轴线，建立管节坐标系
2	顶面特征点标定测量	为二次标定提供控制基准
3	内部特征点标定测量	为贯通测量提供依据
4	倾斜仪标定测量	提供管节倾斜姿态数据
5	导向系统标定测量	准确定位对接端导向杆和导向托架位置
6	测量塔系统标定测量	提供沉放对接过程中管节尾端绝对位置精确指示
7	声呐系统标定测量	提供沉放对接过程中管节首端相对位置精确指示

要高度重视管节测量标定精度，采取严格的换手、多人、多次等测量风险防控机制，确保测量数据的准确无误；采用多时段、多批次测量和多种方法检校等手段，提高管节在漂浮状态下测控系统和导向系统的标定精度，从而提高管节动态定位精度。

（2）线形拟合分析

线形拟合是指模拟管节实际对接安装的姿态，主要包括：①已安管节线形拟合；②管节端面拟合；③模型预拼装；④软件模拟安装。

首先，根据待安管节和已安管节端钢壳的实测参数、已安管节的实际轴线偏差值等线形参数，由测量、技术和设计人员共同进行管节的模拟安装和隧道线形拟合，综合考虑后续管节的安装偏差趋势，提出每个管节安装时具体的设计线形控制指标要求，包括首端是否控制错牙，尾端轴线偏差控制范围值等。

其次，还需要收集管节长度、重量、负浮力、着床后水深、计划使用拉合力、锚缆力等参数，根据事先建立的受力和运动模型，预测在对接过程中是否会发生偏移及具体的量值，结合设计线形控制指标，提出具体的施工控制指标目标，包括管节尾端轴线在着床、拉合和水力压接不同时点的绝对坐标和允许偏差值等。

3. 基础施工阶段

对于先铺法基础沉管隧道，基础不均匀沉降和回淤是隧道纵面线形控制的两大风险源。管节纵面线形及高程的偏差主要由两个方面的因素导致：管节地基或基础施工后不均匀沉降差和管节碎石垫层基础施工偏差。

（1）不均匀沉降差控制

基础的沉降及不均匀沉降受地质条件的影响，在项目前期的地质勘察阶段，应充分调查清楚沉管线路所处位置的水文情况、地质情况，制定适宜的沉管隧道基础方案，可采用基础预抬量的方法消除这部分误差。具体来说就是从荷载和基础的变形模量两方面考虑，通过对基础方案的研究及模拟试验等，计算管节沉放就位后的荷载大小及在此荷载作用下的基础沉降值，依据沉管隧道已安管节的贯通测量结果，结合管节的荷载-沉降的反应情况，以及基床铺设前一段时间基础的回淤监测情况，设计给出待安管节的预抬量，确保隧道的竖向线形满足要求。基础预抬量如图 9-52 所示。

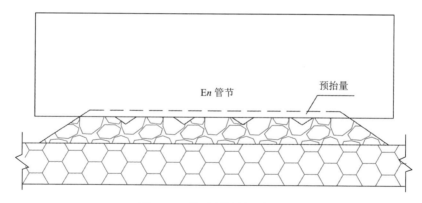

图 9-52　基础预抬量示意图

待安管节基础施工前，对已安管节，特别是相邻管节需采取实时动态信息监测，包括基础的沉降量、沉降趋势及纵向坡度变化等。根据这些监测信息，对待安管节的基础高程、纵坡等进行确定，指导施工。根据已安管节的高程条件，在待安管节的基础施工时考虑抬高或降低基础的高度，同一管节的首尾段可根据不同情况分别选择不同的基础预抬量。预抬量的大小对管节纵向线形控制意义重大，设计需对计算精度充分验证，然后提资施工方进行精细施工。

（2）基础施工误差控制

沉管隧道的基础施工作业在水下进行，施工精度控制是一大难点。基础施工应严格遵循施工工序，结合精确的高程测量定位对基础的高程偏差进行管控。

为了控制碎石基床整平达到设计精度，满足沉管沉放对接测控需求，基础抛石管底部高程、抛石管平面位置、船体倾斜控制标准如表 9-30 所示。

表 9-30　基础施工设备控制标准要求表

项目	要求	采用仪器
抛石管底部高程	±3 cm	扫平仪和全站仪
抛石管平面位置	±3 cm	全站仪
船体倾斜	±1 cm	扫平仪

4. 沉放对接阶段

管节安装过程中主要有测量塔结构、多系统集成、GPS 双天线定向和卫星导航信号质量监测等几方面的预控措施。

管节沉放是指管节浮运到安装位置并在水面完成系泊定位后，开始下沉直至坐落于基床顶面或基槽内临时支撑上的过程。由于后续的拉合作业对管节轴线的调整量有限，管节沉放过程中姿态和平面位置稳定受控，并最终准确着床于预定位置，将会对最终对接质量起到先导控制作用，进而会影响到整个安装工效。故沉放阶段需要有效配合利用精细化锚缆定位系统和高精度测量定位系统，并根据声呐定位系统指示数据调整管节首端偏差，根据单测量塔定位系统精确调整尾端偏差，使管节沉放全程受控，着床后符合线形拟合预测预定目标值。

拉合过程中要充分利用拉合千斤顶系统的高精度测距功能和拉力监测功能，精确测量、调整管节对接端偏差，使之能够达到预定目标值（考虑了预留预偏值）。

水力压接前需要确认管节尾端轴线是否处于预设目标位置，压接过程中需要采取措施控制管节尾端基本保持不变，在单测量塔测量定位系统给出的定位精度足够高的前提下，就可实现管节一次安装到位，不再需要后续的精调作业。

5. 管节轴向伸缩偏差控制

管节的轴向伸缩（里程方向）偏差主要由以下三个方面造成。
①管节长度预制误差；
②GINA 止水带压缩量误差；
③管节受温度变化影响的伸缩变形。

对于超长沉管隧道来说，由于管节数量多，这部分误差若不加以控制，将会给沉管隧道最终接头合龙空间带来不确定性。在管节预制阶段做好质量把控，安装施工阶段做好测量监控，及时掌握实际里程偏差，必要时在后续管节制作时对管节长度加以调整。

通过总结港珠澳大桥沉管隧道工程施工经验，里程方向的偏差主要由 GINA 止水带压缩量控制，GINA 止水带的设计压缩量考虑的因素包括施工环境、水深、止水安全度等，GINA 止水带实际压缩量和最佳止水压缩量的偏差值宜控制在+5%～−10%。随着压缩量的增大，压缩单位距离的 GINA 止水带需要的力呈几何倍数增长，所以一般情况下较少出现 GINA 止水带压缩量出现"+"的偏差，"−"的偏差对止水安全较为敏感，偏差大于−20%时需要通过控制拉合力大小进行调整。由于 GINA 止水带压缩量带来的里程偏差，通过后续待安管节进行纠正，可以在管节预制时消除，或偏差累加至最终接头合龙口，通过最终接头纠正。

港珠澳大桥沉管隧道工程在建设过程中通过采用全过程线形控制管理体系，结合沉管水下精确定位控制船机和设备研制，配套精细化操作沉管安装工法的开发，形成了一套外海超大型沉管免精调安装控制技术。该技术对隧道的整体线形控制取得了较好的效果，创造了连续 28 节管节免精调操作一次安装到位的记录，有效化解了外海沉管安装精调作业存在的重大风险。

9.6　沉管测量监控管理

在沉管隧道施工过程中，施工测量贯穿于沉管安装全过程，主要的施工测量任务包括沉管隧道测量控制加密网的建立和施测、管节舾装和标定测量、管节浮运测控、管节沉放对接测控、沉管隧道贯通测量和竣工测量等。测量工作涉及每道施工工序，只有在测量准确的条件下，其后的施工工序才能有效进行。测量工作一旦出现失误将直接影响整个隧道工程的工程质量、施工工期和工程造价。

测量风险管理属于项目管理的重要内容，为了有效控制测量工作的风险，避免因人为、设备和操作等造成的测量失误发生，港珠澳大桥沉管隧道工程施工中开展了测量全过程监控和管理，以全面测量风险管理为先导，建立测量标准化管理体系，同步进行测量复核监控保障工作，最终形成了一套操作性强和可供同类工程借鉴的沉管测量监控管理系统。

9.6.1　测量总体组织

港珠澳大桥沉管隧道属外海、深埋、长大海底隧道，施工区域地理环境、气象、水文条件复杂，测量精度要求高，测控技术难度大。具体到沉管安装来说，沉管安装质量与测量精度密切相关。有别于一般陆基测控技术，港珠澳大桥沉管隧道工程沉管安装测量工作的特点和难点见表 9-31。

表 9-31　沉管安装测量工作特点和难点分析

序号	工程特点	特点分析
1	现场测量条件复杂	施工区域远离陆地，前期建设的水上测量平台施工控制点受风浪流的影响较大，始终处于不稳定状态
		能够建立控制点的人工岛在工程建设期间处于沉降位移变化阶段，施工过程中要对控制点加强动态监测
		基于手机信号的 CORS 系统由于特别行政区界区域手机信号不稳定，影响正常施工的开展
		气象、水文等海上复杂环境因素对测量精度影响较大
2	跨海高程传递难度大	东西人工岛距离约 6 km，高精度跨海高程传递测量工作难度大，需要精确的似大地水准面模型
3	管节沉放、对接测控难度大	管节沉放定位与对接精度要求高，水下动态精确定位难度大
4	贯通测量精度控制难度大	管内贯通测量起始边长短，基准点稳定性差，贯通距离远，测量条件复杂，实施难度大
5	东人工岛和西人工岛测量控制基准统一	为保证沉管最终接头的顺利安装，东人工岛和西人工岛的平面和高程基准必须严格统一，在保证绝对精度的前提下要尽量提高施工加密控制网的相对精度

针对上述测量工作的特点和难点，采取的测控关键技术及解决方案如表 9-32 所示。

表 9-32　施工测控关键技术及解决方案

施工测控关键技术	施工测控关键技术解决方案	仪器设备标称精度
长基线高精度测控技术	①加密施工控制网点；②加密 GPS 参考站；③GPS 静态测量；④大地重力测量及精化似大地水准面；⑤双线形联合锁网管内贯通测量	双频 GPS 接收机 静态平面精度：$\pm(3 \text{ mm}+0.5\text{ppm}\times D)$ 静态高程精度：$\pm(6 \text{ mm}+0.5\text{ppm}\times D)$ 精密全站仪 测角精度：$\pm0.5''$ 测距精度：$\pm(1 \text{ mm}+1\text{ppm}\times D)$
自动化、智能化高精度测量控制技术	①测量机器人自动化、智能化几何形态测控；②电子精密水准仪高精度电子水准测量；③专业测量软件	测量机器人徕卡 TCA2003 测角精度：$\pm0.5''$ 测距精度：$\pm(1 \text{ mm}+1\text{ppm}\times D)$ 蔡司 DiNi03 精度：$\pm0.3 \text{ mm/km}$
动态、水下高精度测量定位技术	①CORS 系统 GPS 台站网技术；②高频率动态 GPS 无线网络定位系统；③多波束测深系统；④沉管水下定位系统	双频 GPS 接收机 动态平面精度：$\pm(10 \text{ mm}+1\text{ppm}\times D)$ 动态高程精度：$\pm(20 \text{ mm}+1\text{ppm}\times D)$ 挪威 EM3002 型多波束测深仪 测深精度：$\pm5\text{cm}$ 沉管水下定位系统拉线精度：$\pm10\text{mm}$
大型复杂海上工程测量监控管理	①集成化测控技术管理和质量保证体系；②全面测量风险管理；③测量标准化管理；④测量复核监控管理	—

在测量组织管理上，港珠澳大桥工程建立了以港珠澳大桥管理局为主导，由业主测控中心实施全桥整体测量监控管理，监理单位分段监管，施工单位为测量工作实施主体的测量控制组织管理体系。对工程而言，项目总经理部测量管理中心统一管理下属各工区测量工作，是整个工程测量管理核心部门；工区测量实施部门是项目各分项施工测量队，具体负责各细分项目的施工测量任务。港珠澳大桥岛隧工程沉管隧道项目测量管理组织机构见图 9-53。

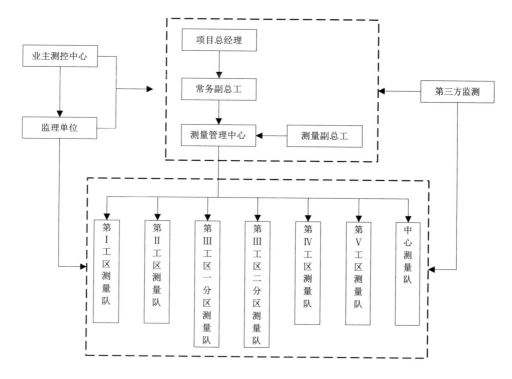

图 9-53　岛隧工程沉管隧道项目测量管理组织机构图

测量组织内各部门之间的职责及分工见表 9-33。

表 9-33　测量组织机构职责及分工

序号	部门	部门职能
1	测量管理中心	①负责组织业主移交的控制点复核、加密控制网的测放和复核、各工区施工控制网的复核验收 ②负责组织各工区重要施工测量阶段、关键施工部位和测量控制的关键部位的抽检或检核
2	中心测量队	①负责业主移交的控制点复核、岛隧工程加密控制网的测放和复核、各工区控制网的验收复核 ②负责各工区重要施工测量阶段、关键施工部位和测量控制的关键部位的抽检或检核，相邻标段、各工区之间的衔接测量复核
3	工区测量队	①在首级控制网、首级加密网的基础上，布测满足施工测量精度要求的一级、二级加密网，并进行定期监测和维护 ②完成各单元工程施工测量控制及其放样、沉降变形监测等测量工作

9.6.2　测量风险管理

港珠澳大桥岛隧工程沉管安装测控工作面临着诸多不确定因素和重大风险，为确保沉管安装测量数据准确，需要对各测量环节进行有效控制，引入风险管理手段，对测量工作进行科学管理，全面系统地梳理测量工作中存在的风险，并进行识别、评估，确定正确的作业方法，降低作业风险，将测量管理工作落到实处，确保测量数据的准确性、及时性、可靠性。

通过外海深水沉管安装测控风险管理方法的实施，建立港珠澳大桥岛隧工程沉管安装测控风险管控体系，在沉管安装测控管理工作中实现标准化管理。完整的测量风险管控体系包含组织机构、体系文件、风险管理过程及体系的完善与升级等。

1. 测量风险识别

风险识别采用生产流程分析法，将测量工作流程进行全面梳理，对可能出现的测量工作风险进行识别，具体分为通用风险和专项风险两类。

测量通用风险是针对日常的测量作业，从规范入手，包括测量人员管理、设备管理及操作、施工放样测量方法、现场记录及内业计算等。具体包括 7 类风险：人员管理、设备管理、设备操作、作业方法、外业记录、内业计算和规范、标准和管理制度执行。

测量专项风险是针对具体的测量工作，从现场条件入手，包括施工图复核、施工监控指令、控制网（导线）布设、管节标定、测控系统调试、管节浮运安装、贯通测量等。具体包括如下 16 类风险。

①控制网；

②端钢壳放样；

③导向系统标定；

④基床铺设测量；

⑤设计参数复核；

⑥管节一次标定；

⑦管节二次标定；

⑧浮运导航测控系统调试；

⑨深水声呐测控系统调试；

⑩尾端测量塔测控系统调试；

⑪现场测控系统操作；

⑫设计指令复核；

⑬成果审核；

⑭贯通测量；

⑮沉管回填；

⑯变形监测。

2. 测量风险分析

风险分析是根据经验及推理，通过头脑风暴法对已识别的各风险点可能造成的主要后果进行分析、描述。风险分析有助于相关人员更深入、全面地认识风险所带来的危害。

根据风险管理流程，风险识别环节已经将沉管安装测控过程中的风险梳理出来，然后根据梳理的风险点对各风险进行分析，深入细致地对沉管安装测控每个环节进行研究，对过程中出现的风险进行分析。以首级加密控制网测量风险分析为例，各风险点可能造成的主要后果见表 9-34。

表 9-34　首级加密控制网测量风险分析

编号	风险名称	风险描述	主要后果
1	起算点选择	首级加密控制网成果提供不及时	首级加密控制网点成果的历次变更对起算点的影响
2	等级及作业方法选择	等级及作业方法选择不合理	等级过高，增加工作量；等级过低，影响施工精度；作业方法不合理影响测量精度
3	选点	人工岛岛体不稳定	点位基础不稳定
4		点位选择不合理	相互间通视性较差，导致利用常规手段测量时检核条件少
5		保存时间不长	部分点靠近施工区域，不利于长时间保存
6	点位埋设	点位不稳定	观测墩结构不稳定
7		对中精度低	对中精度低导致观测数据精度低
8	外业观测	开机时间不统一	开机时间不统一导致观测时段不完整
9		天线高度量取不正确	天线高度量取不正确导致计算错误
10	外业成果记录	记录不完整、不正确，签字不完善	责任不明确、计算时参数输入错误
11	东人工岛和西人工岛测量平台高程传递	东人工岛和西人工岛跨海高程传递时机	恶劣（大风大浪）天气测量成果的可靠性
12	成果报告输出	检核不合格	数据核核精度较差、重复基线长度较差、环闭合差、基线残差超限
13		计算错误	水准测量指标不合格
14		编制错误	报告编辑错误导致成果精度不高或成果错误

3. 测量风险评估

通过风险识别确定测量工作中存在的风险并对其进行评估，根据风险发生的概率和发生后可能造成的后果等因素将风险分为重大风险、重要风险、一般风险三类，进而对各类风险进行详细的分析，制定不同级别的防范应对措施。其中对专项风险等级划分如图 9-54 所示。

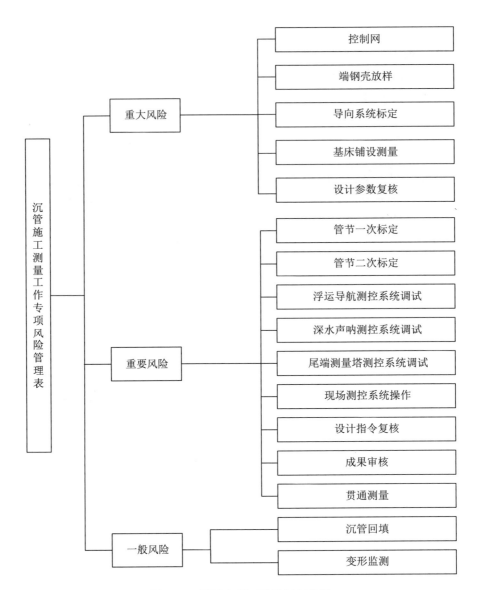

图 9-54　测量专项风险等级划分图

4. 测量风险应对

通过风险评估确定风险类型，针对存在的风险制定具体的应对措施，使风险全部在可接受范围。风险应对主要包括风险预防、风险缓解、风险处置三种方法。

风险预防即防止风险因素出现。在沉管安装测控工作开始之前，采取一定措施，消除物质性风险威胁。施工图是施工的重要依据，沉管安装测控所有工序都需要参考设计部门提供的图纸。为避免风险因素的出现，设计部门下发图纸后应组织人员对图纸进行复核，确保无误。

风险缓解即减少已存在的风险因素，改变风险因素的基本性质。测量误差是必然存在的，误差的存在并不代表风险的存在，而误差放大成粗差，那么风险就随之而来。沉管安装测控过程中沉管的一次标定、二次标定工作非常重要，此项工作的好坏是关乎沉管安装免精调能否实现的关键所在。一次标定、二次标定工作风险的存在是必然的，在标定过程中采用换手测量、拉尺复核两种手段对标定工作进行检查，将风险存在的必然性降到最低。

风险处置是消除、降低风险最重要的环节。风险处置在于根据风险评估结果，针对不同概率和损失程度的风险点制定相应消减措施，来降低风险发生的可能性并减少其不良影响。根据头脑风暴法和专家法对各沉管安装测控风险点的处置措施进行收集汇总，形成思维导图，再整理成表格的统一形式。以首级加密控制网测量 GPS 静态观测为例，整理得到风险处置措施列表如表 9-35 所示。

表 9-35　首级加密控制网布设风险处置措施列表

风险编号	风险名称	风险描述	处置措施
1	起算点选择	首级加密控制网成果提供不及时	对采用的起算点进行局部复核，检测合格后方可使用
2	等级及作业方法选择	等级及作业方法选择不合理	根据施工需求确定首级加密控制网等级为公路二等，按二等控制网要求施测
3	选点	人工岛岛体不稳定	点位选择在副格上
4		点位选择不合理	结合实地情况增加观测墩高度
5		保存时间不长	结合施工进度选择施工干扰小的地方埋设
6	点位埋设	点位不稳定	采用钢结构观测墩
7		对中精度低	采用强制对中装置
8	外业观测	开机时间不统一	现场观测统一调度安排，加强巡检
9		天线高度量取不正确	作业前先进行技术交底
10	外业成果记录	记录不完整、不正确，签字不完善	加强检查
11	东西人工岛测量平台高程传递	东西人工岛跨海高程传递时机	冬季海上风浪大，尽量避开在这期间的作业时间
12	成果报告输出	检核不合格	分多时段计算、不同软件校核、换手复核
13		计算错误	
14		编制错误	

5. 风险登记

将风险识别、分析、评估评价、处置成果通过列表的形式进行汇总，形成测量风险登记表。测量风险登记表是测量风险管理的核心成果之一。如图 9-55 所示。

风险编号	风险名称	风险描述	最初风险等级评定 低，中或高					主要后果	风险是否可接受	处置措施	处理后的风险评定 低，中或高					责任班组/部门	完成日期	状态
			安全健康	环境	质量	时间	成本				安全健康	环境	质量	时间	成本			
CLZX-G-001	首级加密控制网布设																	
1	起算点选择	首级加密控制网成果提供不及时	低	低	高	中	高	首级加密控制网点成果的历史变更对起算点的影响	否	对采用的起算点进行局部复核，检测合格后方可使用	低	低	中	低	中	岛隧组	—	闭合
2	等级及作业方法选择	等级及作业方法选择不合理	低	低	低	低	低	等级过高，增加工作量；等级过低，影响施工精度；作业方法不合理影响测量精度	否	根据施工需求确定首级加密控制网等级为公路二等，按二等控制网要求施测	低	低	低	低	低	岛隧组	—	—
3	选点	人工岛岛体不稳定	低	中	中	中	中	点位基础不稳定	否	点位选择在副格上	低	低	低	低	低	岛隧组	—	—
4		点位选择不合理	低	中	高	低	高	相互间通视性较差，导致利用常规手段测量时检核条件少	否	结合实地情况增加观测墩高度	低	低	低	低	低	岛隧组	—	—
5		保存时间不长	低	低	低	低	低	部分点靠近施工区域，不利于长时间保存	否	结合施工进度选择施工干扰小的地方埋设	低	低	低	低	低	岛隧组	—	—
6	点位埋设	点位不稳定	低	中	中	低	低	观测墩结构不稳定	否	采用钢结构观测墩	低	低	低	低	低	岛隧组	—	—
7		对中精度低	低	低	低	低	低	对中精度低导致观测数据精度低	否	采用强制对中装置	低	低	低	低	低	岛隧组	—	—
8	外业观测	开机时间不统一	低	低	低	中	中	开机时间不统一导致观测时段不完整	否	现场观测统一调度安排，加强巡检	低	低	低	低	低	岛隧组	—	—
9		天线高度量取不正确	低	低	高	低	低	天线高度量取不正确导致计算错误	否	作业前先进行技术交底	低	低	低	低	低	岛隧组	—	—
10	外业成果记录	记录不完整、不正确，签字不完善	低	低	中	中	低	责任不明确、计算时参数输入错误	否	加强检查	低	低	低	低	低	岛隧组	—	—
11	东西人工岛测量平台高程传递	东西人工岛跨海高程传递时机	低	高	高	中	中	恶劣（大风大浪）天气测量的可靠性	否	冬季海上风浪大，尽量避开在这期间的作业时间	低	低	低	低	低	岛隧组	—	—
12	成果报告输出	检核不合格	低	低	中	中	中	数据检核精度较差、重复基线长度较差、环闭合差、基线残差超限	否	分多时段计算、不同软件校核、换手复核	低	低	低	低	低	岛隧组	—	闭合
13		计算错误	低	低	高	中	高	水准测量指标不合格	否		低	低	低	低	低	岛隧组	—	—
14		编制错误	低	低	高	中	高	报告编辑错误导致成果精度不高或成果错误	否		低	低	低	低	低	岛隧组	—	闭合

图 9-55　风险等级表示例图（后附彩图）

9.6.3　测量标准化管理

通过建立港珠澳大桥沉管隧道施工测量风险管理体系，在测量管理工作中逐步推进实践并不断细化完善，固化作业方法并形成作业指导书，实现标准化管理，做到防范措施标准化、流程化、规范化，并形成常态化管理，利用风险管理体系促进测量标准化管理水平的不断提高。

广义的沉管安装并不是单纯地指将沉管安装到位，它涵盖了工程几乎所有的施工工序。从设计到施工，从沉管预制到一次舾装、二次舾装再到沉管浮运、安装、回填，这些所有的工作结合起来才是沉管安装工作。而测控工作在每道工序里边都起到了重要作用，前期的设计图纸需测控人员复核，沉管预制完成后进行线形拟合测量计算，进行沉管一次标定、二次标定，沉管基床铺设时整平测控系统配合作业，沉管浮运过程中浮运导航测控，沉管安装过程中测控软件指导安装，沉管安装完成后贯通测量，贯通测量完成后进行管节回填，从而完成整个安装测控工作。由此可见，测控工作贯穿于沉管安装分项工作的始终。

沉管安装测控总体标准化流程如图 9-56 所示。风险管控工作主要从管节标定、测控系统安装与调试、岛上控制测量及贯通测量等内容着手，制定了 13 个分项的作业标准化流程，主要包括"管节一次标定标准化""管节二次标定标准化""深水测控系统作业标准化""测量塔测控系统作业标准化""浮运导航测控标准化""岛隧工程首级加密控制网测量标准化""进洞导线观测作业标准化""贯通测量作业标准化"等。

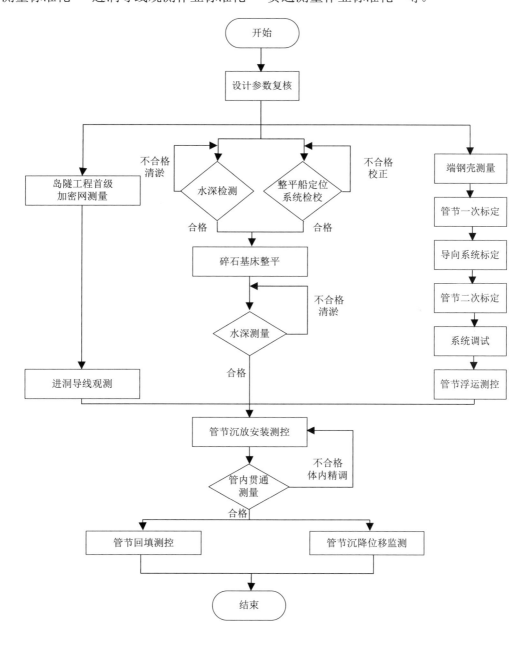

图 9-56　沉管安装测控总体流程标准化

围绕"风险管理"和"标准化管理"，结合现场施工测量技术及实施流程，编制了测量标准化作业指导书，从而将各项测量工作规范化、流程化。如表 9-36 所示。

表 9-36 作业指导书分项表

序号	名称	备注
1	预制场控制网复测	重大风险类
2	岛隧工程首级加密控制网复测	
3	RTK 参考站使用及维护	
4	进洞导线布设	
5	端钢壳参数复核、放样	
6	导向杆、导向托架标定	
7	基床铺设	
8	设计参数复核	
9	管节一次标定	重要及一般风险类
10	管节二次标定	
11	浮运导航测控系统调试	
12	深水声呐测控系统调试	
13	尾端测量塔测控系统调试	
14	现场测控系统操作	
15	设计指令复核	
16	成果审核	
17	贯通测量	
18	沉管回填	

港珠澳大桥沉管隧道工程项目建设周期长，风险因素呈现波动性和时间上的连续性，不同阶段风险因素之间既具有差异性又有相关性，并且相互影响。上一阶段重要的风险因素，到下一阶段可能转化成非重要风险因素或变为更加重要的风险因素；上一阶段的非风险因素也可能在下一阶段变成风险因素或是重要的风险因素。

沉管安装测控风险管理是个闭合循环的过程，在对每个风险点制定、执行相应消减措施后，需要定期根据风险管理的现场实施情况，对各风险的概率、损失程度进行再评估，做到动态评估。再评估的标准与初始风险评估的标准一致。

由沉管安装测控风险管理机构对风险进行动态管理，定期对各项测量工作进行风险再评估，对各风险的状态（开放、闭合）进行检查总结，对新的风险点进行识别、分析、评估评价、处置，从而进行风险管理体系的升级与完善。

9.6.4 测量复核监控

为确保测量工作的零失误，成立了测量监控组，在每次沉管安装前对所有的测量工作和测量成果逐一进行仔细梳理复核，复核结果将提交指挥决策组作为管节能否出坞安装的依据之一。测量复核监控的项目主要包括如下 8 项内容。

1. 控制网测量复核

沉管预制施工及首级加密控制网都需基于稳定的控制网，测量监控组分别对沉管预制施工控制网、首级加密控制网本期控制点点位稳定性和进洞导线使用控制网成果进行评估。结构及线形监控组对其复测结果进行再复核、评估。

（1）沉管预制控制网

端钢壳测量基于沉管预制施工控制网，为确保稳定，该控制网每 6 个月复测一次。

（2）沉管施工首级加密控制网

外海离岸的沉管隧道管节位置与姿态的测量基于首级加密控制网的人工岛子网，为确保稳定，首级加密控制网应每 3 个月复测一次，子网每 1 个月复测一次，复测结果根据电离层影响情况适当调整。

（3）进洞导线测量

根据工程首级加密网的复测成果和当月检测成果，结合施工现场通视条件，完成沉管隧道洞内导线测量的外业工作，编制沉管隧道洞内导线测量成果报告。

（4）参考站检测

先铺法碎石基床整平前，需对测量平台参考站或岸基参考站进行 RTK 测量现场比对；同时，对其他参考站运行情况进行检查。

2. 端钢壳测量复核

（1）测点布置

按照设计要求，在端钢壳上以反射片的形式布置足够多的测点进行观测，测点位于 GINA 止水带理论的压接中心线上，首尾端同样布置。

（2）测点数据复核

每节管节施工前，测量监控组对管节端钢壳预制设计参数进行复核计算。

作业方和现场监测组完成测量仪器比对、设站点位、后视点位工作，同步完成管节端钢壳测量。经测量监控组复核确认，向设计方上报管节线形测量提资工作。

3. 导向系统标定复核

施工方完成导向系统的标定测量及复核，现场监测组对管节导向系统（导向杆、导向托架）进行拉尺复核并确认，上报测量监控组进行评估。

4. 碎石基床测量复核

（1）系统校核

碎石基床整平前，作业方对整平船的定位系统抛石管高程、平面控制系统参数进行复核，报备测量监控组确认。

抛石管底部高程的检测手段通常有全站仪法、潜水测量法、水准测量法等，平面控制系统检测手段通常有全站仪法。

（2）基床铺设及验收

每个船位碎石基床铺设完成后，进行声呐监测，每个管节碎石基床全部验收完成后，高程、纵向坡度测量数据上报测量监控组，确保满足设计要求。

（3）多波束测深

整个沉管的碎石基床铺设完成后，对基床进行多波束测深，确认有无回淤及异物，从整平后至沉管安装期间，根据基槽的回淤强度制定适当频次的基床测深，实时监测基床质量。

5. 设计参数复核

（1）参数复核

作业方完成管节设计参数（端钢壳设计参数、对接安装设计参数、碎石垫层铺设设计参数）复核工作，经计算复核参数无误后提交测量监控组和设计方审查。

（2）管节线形拟合计算

根据管节贯通测量复测成果，测量监控组与施工方同步进行管节拟合计算，对比分析计算偏差，确保数据准确。

6. 管节标定复核

（1）一次标定

管节一次舾装完成后，沉管安装交接施工方分别对管顶导向杆、导向托架、管内特征点和管顶特征点进行一次标定结果的复核，测量监控组确认数据。

（2）二次标定

管节二次舾装完成后，施工方分别对管顶导向杆、导向托架、管内特征点和管顶特征点进行二次标定结果的复核，测量监控组确认数据准确无误。

7. 贯通测量复核

管节进洞导线测量完成后，测量监控组对测量结果进行复核确认。通常情况下，贯通测量的点位分布在管节的首端和尾端附近。

8. 测控系统调试复核

通常情况下，沉管安装测量控制系统包括测量塔测控系统、首端声呐测控系统（深水声呐测控系统）、拉线法测控系统和超短基线测控系统等。

（1）深水声呐测控系统调试

即首端声呐测控系统，沉管安装前，施工方对待安管节和已安管节上的深水测控特征点进行标定，测量监控组对其结果进行复核确认。

（2）测量塔测控系统调试

沉管安装前，施工方对沉管顶部测量塔测控系统进行标定对比，测量监控组对其标定结果进行复核确认。

（3）浮运导航系统调试

沉管安装前对浮运航道水深检测、拖轮导航设备安装及通信测试和浮运导航测控系统的运转状态进行最终确认。

9.7 沉管安装指挥决策管理

面对复杂的泥沙、水文环境，建设者遵循科学谨慎的态度，依托回淤攻关组、气象预报中心和边坡稳定研究组等专业人员，对影响安装窗口的回淤、径流、海流和边坡稳定等问题进行定量分析，配合现场开展的大量数据实测工作，综合分析，集体决策，逐步探索出了一套成功的沉管安装数字信息化支持的指挥决策体系，并以一系列预判、会商和决策会的形式加以落实，确保沉管安装重大风险的可控。

9.7.1 指挥决策机构

沉管安装是一个涉及多系统、多专业、多部门的复杂系统工程，现场指挥决策事关管节、船舶、人员的重大安全问题，指挥人员责任和压力巨大。承包人牵头成立现场指挥决策组，集中了对工程细节掌握最清楚的设计、施工关键人员，涵盖了基础、安装、气象、水文等多领域的专家，建立了与海事、业主和监理等社会单位的沟通和信息发布渠道。现场指挥决策组以专业的知识、翔实的数据、全面的检查和到位的管理对现场安装进行指挥，并通过标准化的现场确认会的形式掌控浮运安装关键节点，在历次管节成功安装过程中发挥了最关键的作用。

港珠澳大桥沉管隧道工程成立了由业主单位、监理单位、海事管理及护航部门、设计施工总承包单位、作业窗口预报保障单位、拖轮公司等单位组成的沉管安装指挥决策中心，负责确定沉管安装的作业窗口，以及处理施工中的重大事项，如图 9-57 所示。

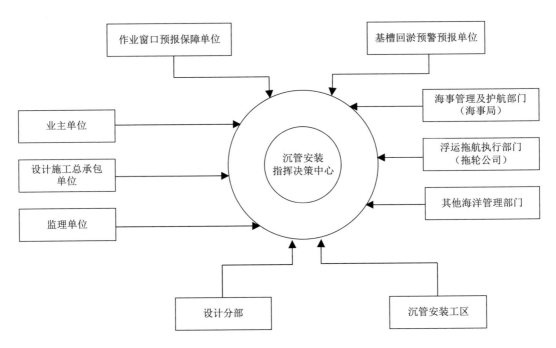

图 9-57　沉管安装指挥决策中心组成图

另外，港珠澳大桥沉管隧道工程还成立了由各层级指挥人员、管理人员和作业人员组成的沉管浮运沉放作业指挥系统，具体负责沉管安装作业指令的下达和执行，完成沉管安装的全部作业，如图 9-58 所示。

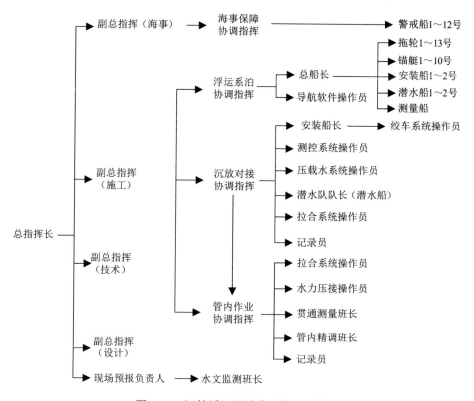

图 9-58　沉管浮运沉放作业指挥系统图

9.7.2　指挥决策流程

根据工程现场情况和沉管安装实施时操控流程的实际需要，决策流程按施工阶段划分为安装前和安装过程中两部分，在安装的关键时点召开决策会讨论是否进行下道工序操作。

1. 安装前决策

在初步计划确定的安装窗口日期前约 10 d 和 3 d，分别召开两次决策会，业主单位、监理单位、海事管理及护航部门、设计施工总承包单位及拖轮公司和作业窗口预报保障单位等沉管浮运安装全部相关单位参与会议，讨论确认安装窗口日期是否可行，讨论确认施工准备工作是否正常，讨论确认具体的安装施工时间计划，并最终确定管节开始出坞和安装的具体时间。

2. 安装过程决策

按照施工工序和阶段划分，沉管安装过程中共进行 7 次决策，具体施工决策步骤如图 9-59 所示。

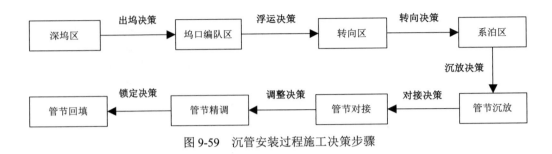

图 9-59　沉管安装过程施工决策步骤

（1）出坞决策

管节出坞前，确认各项出坞准备情况，确认拖轮到场情况，确认浮运导航系统运转情况，确认管节沉放安装准备情况，确认海事组织和气象、水文情况，决策是否出坞。

（2）浮运决策

管节编队完成后，确认拖轮编队和拖缆检查情况，确认海事警戒船到位情况和航道封航计划，确认气象水文情况，决策是否开始拖航。

（3）转向决策

管节浮运至基槽转向区后，确认系泊准备情况，确认施工区海事警戒情况，确认气象和水文情况，决策是否转向。

（4）沉放决策

管节系泊完成后，确认管顶沉放准备完成情况，确认管节压载情况，确认沉放对接测控、绞车、拉合等各专项系统和船机设备运转情况，确认气象和水文情况，决策是否开始沉放。

（5）对接决策

管节沉放完成后，确认气象和水文情况，潜水员检查确认导向杆入座情况，潜水员检查确认 GINA 止水带和端钢壳间探摸情况，确认管节舾舷端位置情况，决策是否调整管节轴线，决策是否进行拉合和水力压接。

（6）精调决策

管节水力压接完成初次贯通测量后，确认安装质量情况，潜水员检查探摸管节对接后 GINA 止水带压缩情况，确认结合腔内对接情况，决策是否进行管节轴线精调。

（7）锁定决策

管节最终贯通测量完成，经监理同意后及时决策是否进行锁定回填。

3. 总体决策程序

针对港珠澳大桥沉管隧道工程的管节浮运、安装施工建立一套决策程序，对各个阶段进行执行/不执行(Go/No Go)的决策判断，包括管节出坞、浮运至安装点、隧道管节系泊、沉放、轴线调整作业等，整个过程共进行11次判定，具体决策流程见图9-60。

在开始进行每项作业前召开决策会议，决定是否执行此项任务。举行决策会议的主要目的是检查所有的前期准备工作是否都已到位，是否已经为下一步操作做好了准备。决策会议中，执行/不执行的决策需要考虑以下因素。

①航运主管部门的审批和批准；
②气象、水文作业窗口预报结果的报告；
③隧道管节方面所有设计审核工作；
④填写校核确认清单和工序交接单；
⑤重要检查项目清单和专家团队检查确认；
⑥碎石基床的验收和全面检查（包括回淤情况的落实）；
⑦航道全面检查（碍航物清理和助航设施）等。

9.7.3 指挥决策会议

严格按照"每一次都是第一次"的工作要求，将"如临深渊""如履薄冰"的风险思想贯彻到每一个人心中，在每节管节安装前开展风险排查，完善风险应急预案的编制，遵循"功夫要用在前面、成败决定于过程"的理念，落实好现场精细化管理，抓好细节问题的处理，科学制定沉管浮运安装计划，审慎选择对接窗口，严格按照标准化施工流程进行指挥、操作，确保每一道工序、每一项操作安全可控。在沉管安装指挥决策过程中形成了一套沉管安装决策会体系，管节安装前的具体会议名称及内容见表9-37。

表9-37 沉管安装决策会表

序号	会议名称	会议内容	会议时间
1	沉管安装风险评估专家咨询会	已安管节施工总结、待安管节风险评估报告等	管节安装前10~15 d
2	沉管安装泥沙回淤、气象、海况分析预判决策会	气象、径流、海流预测预判、碎石基床铺设前回淤预判	管节安装前11~13 d
3	管节浮运安装第一次决策会	浮运安装施工准备和窗口期气象、风浪等情况	管节安装前7~10 d
4	沉管浮运安装水上交通安全保障工作布置会	待安管节浮运安装方案、船艇布置方案、航标撤设方案审查、航道封航、限速、警戒布置	管节安装前5~7 d
5	管节浮运安装气象窗口、安装窗口会商会	气象窗口、对接口临近预报	管节安装前3~5 d
6	管节安装准备工作确认会	测量监控报告、二次舾装监控报告、设计监控报告、基础监控报告及风险排查	管节安装前3~4 d
7	浮运安装第二次决策会	窗口期海洋气象条件和准备工作完成情况	管节安装前1~2 d
8	浮运安装水上交通安全保障总决策汇报会	水上交通安全保障措施落实情况	管节安装前1 d

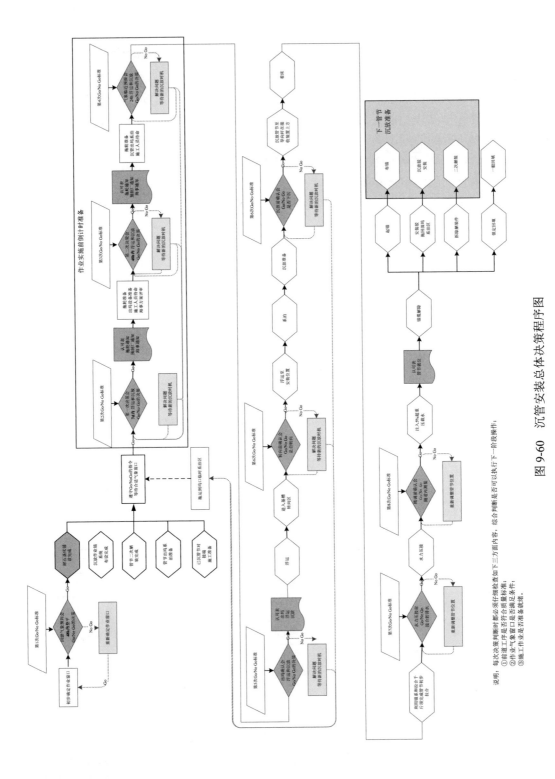

图 9-60　沉管安装总体决策程序图

说明：每次决策判断时都必须对那些详细检查如下三方面内容，综合判断是否可以执行下一阶段操作：
①前道工序是否符合质量标准；
②作业气象窗口是否满足条件；
③施工作业是否具备准备就绪。

（1）沉管安装泥沙回淤、气象、海况分析预判决策会

管节基床整平前，由业主单位、监理单位、设计施工总承包单位、泥沙预判专业单位、作业窗口预报保障单位组织召开预判会，对目前及下个安装窗口可能遇到的困难进行分析，并对安装窗口的可能性进行预判预测，提供科学的技术支持。预判决策会使用的气象预测图如图 9-61 所示。

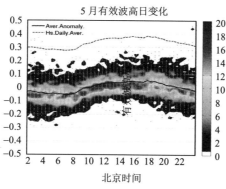

图 9-61　气象海况预测预报图示例

（2）管节浮运安装决策会

按照时间不同划分为第一次决策会和第二次决策会。由业主单位、监理单位、设计施工总承包单位、海事管理及护航部门、拖轮公司、作业窗口预报保障单位等组成，第一次决策会是对管节安装的大窗口期进行决策，第二次决策会是对管节安装的准确窗口进行决策。

（3）沉管浮运安装水上交通安全保障工作布置会

由海事管理及护航部门牵头业主单位、设计施工总承包单位组织召开管节安装前的水上交通安全保障工作，审查管节水上交通安全保障方案和浮运安装方案，制定海事船舶护航、警戒、航道封航等事宜，保障沉管浮运安装水上安全。如图 9-62 所示。

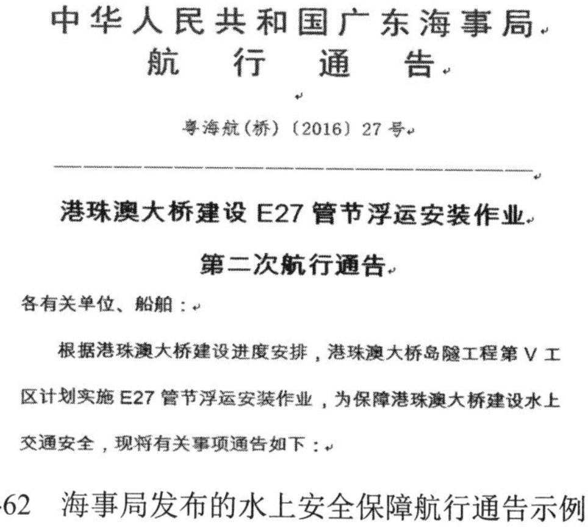

中华人民共和国广东海事局
航 行 通 告

粤海航（桥）（2016）27 号

港珠澳大桥建设 E27 管节浮运安装作业
第二次航行通告

各有关单位、船舶：

根据港珠澳大桥建设进度安排，港珠澳大桥岛隧工程第 V 工区计划实施 E27 管节浮运安装作业，为保障港珠澳大桥建设水上交通安全，现将有关事项通告如下：

图 9-62　海事局发布的水上安全保障航行通告示例图

（4）管节浮运安装气象窗口、安装窗口会商会

管节安装前，承包商多次组织气象保障单位对即将进行的管节安装窗口进行气象、海流、海浪分析，选择最佳的沉管安装窗口，为管节浮运安装施工提供预报保障。

（5）管节安装准备工作确认会

管节安装前，由设计施工总承包单位内部组织 4 个监控组（管节舾装监控组、测量监控组、基础监控组、管节结构与线形监控组）和风险排查小组召开管节安装准备工作确认会，分别对管节测量、舾装、基础、结构与线形、风险排查情况进行确认，保障每一道工序质量、每一个风险都受控。

（6）浮运安装水上交通安全保障总决策汇报会

管节出坞前，由海事管理及护航部门、业主单位、设计施工总承包单位组织召开管节安装前的最后一次决策会，对各项准备工作进行确认评估，对管节安装进行最终决策。

管节确认具备浮运安装条件后，根据施工先后顺序，在每一项重大工序施工前都要进行现场决策确认，主要有出坞决策会、浮运决策会、转向决策会、沉放决策会、拉合对接决策会等。每一次决策会，业主单位、监理单位、设计施工总承包单位均要开会对各项准备工作进行确认，确保各项工作准备万无一失，对风险把控环环相扣，不留隐患与死角。管节浮运安装期间决策会议流程图如表 9-38 所示。

表 9-38 管节浮运安装期间决策会议流程图

序号	决策会名称	会议主要内容
第一次会	出坞决策会	汇报 E18 管节浮运安装总计划、船机准备情况；二次舾装、出坞准备情况；浮运、安装测控系统，航道和碎石基床测深情况；沉放对接施工准备情况；海事护航组织及气象水文临近预报情况
第二次会	浮运决策会	汇报管节起拖前检查确认情况；海事警戒及航道封航计划；气象水文临近预报及海流实测情况；碎石基床最新测深情况
第三次会	转向决策会	汇报管节转向前检查确认情况；系泊准备情况；气象水文临近预报及海流实测情况；施工区海事警戒情况和系泊时边坡保护注意事项
第四次会	沉放决策会	确认各系统在操作室的操作人员和甲板上的巡视人员到位；汇报沉放前检查确认情况；边坡多波束测深情况；气象水文临近预报及海流实测情况；提出沉放及监测要求；确定对接窗口时段
第五次会	拉合对接决策会	汇报水力压接前检查确认情况；海流监测情况；确认管节运动姿态；确认潜水员到位
第六次会	沉放后工作安排会	汇报贯通测量等安装后续工作安排；汇报锁定回填过程中的安全措施；指挥长对后续工作作出指示

第 10 章　外海沉管安装全面风险管理

10.1　概　述

港珠澳大桥沉管隧道创造了四项世界第一：最长、最大跨径、最大埋深和最大体量。作为我国首条外海沉管隧道，港珠澳大桥沉管隧道还具有规模庞大、一国两制、三地共建，建设管理协调难度大；120年设计使用寿命，技术难度和质量标准高；外海作业环境困难，安全风险高；国内首次实施先铺法长大沉管隧道，未知因素多而复杂等特点，因此其总体设计施工风险极大。

港珠澳大桥沉管隧道工程施工面临的主要风险和挑战包括以下几个方面。

1. 外海环境条件恶劣

施工现场距陆地 30 km，属于典型的外海无掩护和孤岛作业，同时受台风、热带气旋、短时雷暴等恶劣天气影响大，施工周期长，需跨越多个台风季节。

施工中多次遭遇因上游采砂等原因导致的异常高强度回淤，以及不明原因引起的最大波高为 2 m 的异常波浪，给施工质量、进度和安全带来极大的威胁。

2. 高挑战性的"四深"条件

深埋、深厚软土、深水和深槽的特点是此项工程有别于其他沉管隧道最大的不同之处，沉管顶部最大覆土深度约 30 m，施工最大水深近 50 m，基槽最大高度约 40 m，隧道坐落于 30 m 的深厚软土上，对结构设计和施工的挑战极大。

3. 通航安全风险极高

施工水域位于珠江口航道运输繁忙的水域，日船舶交通量达 4000 艘次，属水上交通安全事故频发敏感区，水上安全风险极大。

4. 环境保护要求极严

工程地处中华白海豚国家级自然保护区核心保护区，环保要求极为严格。

5. 专用设备研发挑战极大

国内第一例、世界第二例实施工厂法管节预制，预制工厂耗资 10 亿元，特别是曲线管节的工厂法预制更是世界首例，预制难度和质量保证风险极高。

需要自主开发包括基槽、基础、预制、安装和回填等工序所需的全部水上专用船机设备和专项系统，设备研制费用 30 亿元，其中所蕴含的技术挑战前所未有。

6. 先铺法基础质量标准极高

地基和基础的质量对沉管隧道的水密性影响重大，作为国内首条先铺法基础沉管隧道，其 6 km 范围内地质条件复杂，差异沉降控制难度大，50 m 水深碎石基床铺设精度要求小于 4 cm，质量标准高，技术挑战和风险大。

7. 巨型管节安装难度极大

33 节长 180 m，宽 38 m，高 11.4 m，排水量为 7.8 万 t 的巨型管节，要求在外海复杂波流条件和 50 m 水下安装精度达到厘米级，技术难度和安全风险可谓空前。

8. 设计和施工工期紧迫

一般沉管隧道的建设工期都在 5～6 年以上，而港珠澳大桥的 6.7 km 沉管隧道再加上两个外海人工岛，设计加施工总承包的总工期才只有七年时间，极具挑战性。此外，工程采用设计施工总承包模式，有别于一般的施工项目，为全面完成项目的安全、质量、进度、成本及环保等目标，需要管理人员突破传统的管理方式，创新管理模式，以应对超级工程的高目标需求。经过审慎考虑，总项目部确立了以风险管理为抓手，以安全、质量、进度、成本及人力资源、船机管理和文明施工等各个方面为着力点的全面风险管理思想，以达到纲举目张、整合管理的目的。

鉴于港珠澳大桥沉管隧道施工的特殊性和重要性，依据全面风险管理的思路，参考国际隧道和地下空间协会《隧道风险管理指南》（*Guidelines for tunnelling risk management*）文件，建立了一套沉管隧道施工综合风险管理体系。同时，按照"全员参与、全面识别、科学评估、综合防范、持续改进"的风险管理方针，遵循"全员、全过程、动态管理"的风险管理思路，将风险管理活动贯穿于沉管安装施工全过程，力求将风险意识传递到每个一线作业人员思想中，加大风险防范措施的投入，并且开展了持续有效的施工风险管理工作，保障了沉管安装的安全受控和顺利完成。

有别于一般的风险管理体系，港珠澳大桥沉管隧道工程的风险管理过程要求综合其他项目管理体系，如质量管理体系、HSE 管理体系[职业健康（health）、安全（safety）、环境（environment）、三位一体的管理体系]和设计施工总承包管理制度汇编等，将这些体系共同融入风险管理工作体系中，通过在实践中不断地摸索和改进，逐步形成一套以安全、职业健康、环境保护、质量为目标，以风险管理为手段的"安全、健康、环境、质量"综合风险管理体系模式。

同时，项目的综合管理体系还具有随着项目的深入、风险管理活动的展开，持续自我审查、调整、改进的动态管理功能，然后根据动态管理成果指导施工方案和作业指导书的修订升版，督促质量工作计划和 HSE 工作计划的完善，以及各项项目管理制度的修编改进工作，最终以风险管理促进项目管理整体水平的提升。

10.2　风险管理一般规定

10.2.1　一般定义

（1）风险

风险（risk）被定义为危害后果和发生概率的集合，可用公式表示为

$$风险 = 风险后果的严重程度 \times 风险发生的概率$$

（2）风险管理

在国际隧道和地下空间协会《隧道风险管理指南》中，风险管理（risk management）被定义为一个包括风险识别、风险评价、风险分析、风险消除、减弱或者控制的集合名词。风险管理是一个系统化的过程，具体包括以下内容。

①按照风险管理的要求识别职权范围；

②定义风险并采用系统化的方法去识别和控制风险；

③识别对项目目标会造成影响的危害因素，包括健康、安全、环境、成本、工期和质量及对任何第三方的影响；

④评估一个潜在危害后果的严重程度和它可能发生的概率；

⑤评估已识别风险的可接受程度；

⑥决定采用何种行动缓解或控制风险；

⑦分配风险所有权给相关部门；

⑧对风险管理体系实施系统监测及审查避免风险再次发生。

10.2.2　风险管理目标

风险管理旨在管理和控制项目的风险，将其减小至合理可接受程度，并尽可能地避免风险发生。风险管理专注达成下列重要目标。

①安全生产完成目标；

②在预算内完成项目；
③保证项目质量达标；
④按期完成工程项目；
⑤将外部的干扰最小化，保持良好的公众关系；
⑥将工程对环境的影响最小化。

10.2.3 风险管理准则

采用在合理可行的范围内将风险降到最低的原则（as low as reasonably practicable，ALARP）。该原则如图 10-1 所示。

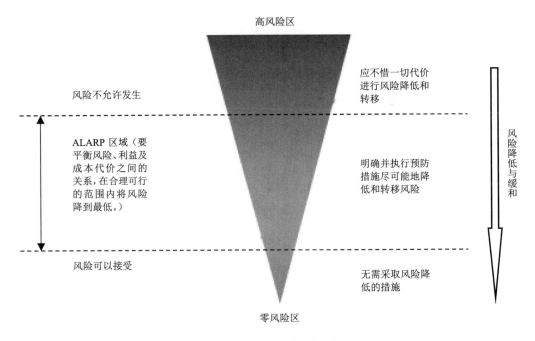

图 10-1 ALARP 原则示意图

10.2.4 风险管理流程

风险管理的内容包括明确相关背景、风险识别、风险分析、风险评估、风险处理、监测与评审和与外部环境的沟通与配合等，主要环节及流程见图 10-2。风险管理的核心是风险的控制与防范，风险预测包括风险识别和风险分析，风险防范包括风险评估和风险处置，最终完成风险转移或降低。

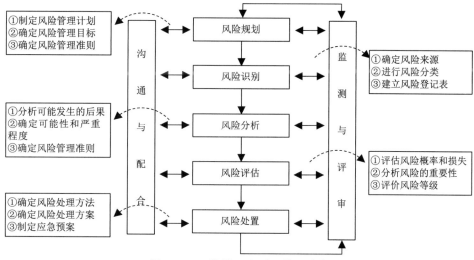

图 10-2　风险管理主要环节及流程

（1）风险识别

风险识别是风险评估的基础，也是风险分析中重要的步骤，目的是罗列出所有可能对工程目标造成影响的风险源，以及产生的原因和可能造成的后果。

港珠澳大桥沉管隧道工程主要采取头脑风暴法与专家调查法相结合的方式进行风险识别，具体由沉管安装风险管理组、任务组、作业班组所有相关管理人员、操作人员和咨询专家共同识别和确认。

（2）风险分析

风险分析的目的在于发展和达成对已经识别风险的理解和认知。通过风险分析，为决策者提供帮助决策的信息。风险分析包括考虑风险的来源，考虑这些风险源正面和负面的影响，考虑各个风险源发生的可能性，考虑每个风险源可能造成的一系列后果。风险分析还应该确认影响灾害的后果和可能性的各个因素。风险分析的主要内容与步骤见图 10-3。

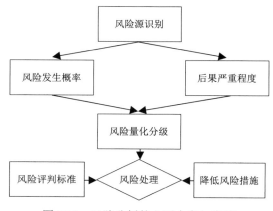

图 10-3　风险分析的主要内容与步骤

港珠澳大桥沉管隧道工程采用的风险分析方法为定性分析法，用定性分析法确定风险对项目造成的影响程度。具体实施过程如下：在完成风险识别后对风险后果的严重程度进行定性分析，之后判定危害后果发生的概率。按照项目风险管理委员会推荐的危害后果评估标准（表 10-1），将危害后果划分为低、中、高三个级别，风险发生概率也分为低、中、高三个级别，其判定由经验丰富的施工人员综合现场施工情况确定，最终风险的等级随着后果发生概率的变化而变化，并按照"安全健康、环境、时间、质量、成本"五类综合评定。

表 10-1 项目风险管理委员会推荐的危害后果评估标准

后果类型　　严重程度	低	中	高	备注
安全健康				
处于危险状况的人数	3～9 人轻伤或<3 人重伤	3～9 人重伤或<3 人死亡	≥10 人重伤≥3 人死亡	参考性依据，参照项目 HSE 管理体系文件规定
环境				
环境事故等级	一般事故	中等事故	严重事故	参考性依据，参照项目 HSE 管理体系文件规定
时间				
关键活动和工程竣工延期	<2 周	2 周～3 个月	>3 个月	参考性依据，与关键活动的进度密切相关
质量				
质量事故等级	质量问题	一般质量事故	三级严重质量事故	参考性依据，参照项目质量管理体系文件"质量事故报告程序"中对不同事故的定义
成本				
经济损失（人民币）	100 万以下	100～1000 万	1000～5000 万	参考性依据，参照项目 HSE 管理体系文件

（3）风险评估

风险评估主要包括评估危害的后果和严重程度，评估危害发生的概率及评定风险等级，然后确定每个风险的责任人。针对那些不可接受的风险，运用避免、转移、减小、承受风险的策略制定缓解措施、控制措施和应急预案。风险评估的流程如图 10-4 所示。

对风险后果的发生概率和后果严重程度进行评估后，其相对风险水平可以依照风险矩阵判定（图 10-5）。项目运用的定性分析法将相对风险水平划定为低、中、高三个级别。

风险分析、评估的具体实施单位为作业班组。各班组对作业过程中存在的通用风险、专项风险进行分析评估，并填写《风险分析评估表》，由任务组审定、汇总后提交沉管安装风险管理组。

《风险分析评估表》填写过程中，相应的责任班组应组织现场管理人员、作业人员，按照风险评估的流程、标准，对各项风险处置前、处置后的等级进行评定。

《风险登记表》由任务组按照通用风险、专项风险进行分类汇总，对风险处置前后的等级通过色标进行区分。

随着工程的进展，若有变化，由任务组及时更新《风险分析评估表》，并定期更新《风险登记表》。

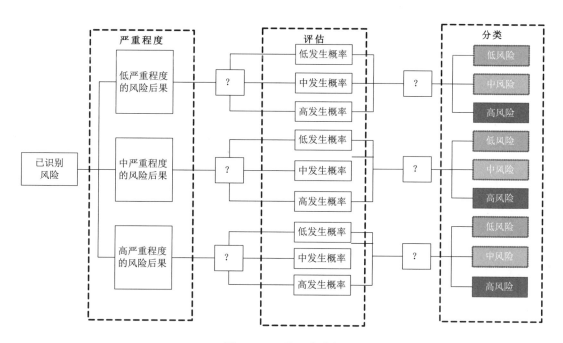

图 10-4 风险评估流程

注：? 表示评估或分类的结果（三选一）

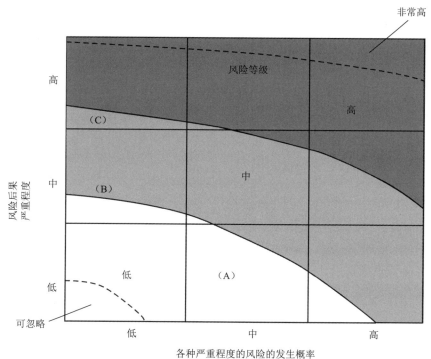

各种严重程度的风险的发生概率

图 10-5 风险矩阵图

（4）风险处置

风险处置手段主要包括：规避风险、降低风险、分担风险和保留风险。

①规避风险：在可能的条件下，通过阻止或中断可能导致风险的活动来避免风险发生。

②降低风险：改变风险发生的可能性，或者降低风险发生的负面结果的可能性。

③分担风险：在共同同意的情况下，通过引入另外的单位来承担或者分担部分风险。

④保留风险：在风险被改变或者分担之后，仍然会有一部分残留风险被保留下来，这些风险往往是在可接受的水平以内，无须采取进一步的防范措施和应急预案。

针对通用风险，通过制定对策措施，将风险降低至可接受程度，在此基础上，将该对策固化，并融入日常管理或工艺流程，形成标准化管理制度或作业规程，降低沉管安装全过程风险。

针对特殊区段的管节，结合其安装特点，通过专题研究、方案优化、工艺调整、系统改进等手段，制定针对性的风险防控措施。

在每个管节安装前，对照《沉管安装风险管理指南》和《沉管安装风险管理手册》，梳理专属风险，并根据管节特点，对风险处置措施进行检查确认，并在准备和实施过程中落实。

针对不同等级（低、中、高）风险，若能通过风险处置措施，将风险降低至可接受程度，则在后续施工中落实该措施；若在处置后，风险仍为不可接受，则应制定相应的风险预案。

在风险处置措施中，若层次较低、实施难度小，则在任务组、作业班组层面解决；若层次较高、实施难度大，则由沉管安装风险管理组，项目风险管理委员会协调解决，并提交专家咨询。

风险处置措施提出后，由相关责任班组或部门，填写《风险处置记录表》，对处置措施的具体细节（行动计划）及其完成日期进行明确，若措施中涉及监控或其他要求，也应在表格中一并提出。针对低、中风险，记录表最终由工区领导审批，针对重大风险，记录表由项目风险管理委员会审核。

10.3　风险管理组织体系

沉管安装风险管理体系由 4 个层级构成，第一级为项目风险管理委员会，第二级为沉管安装风险管理组，第三级为任务组，第四级为作业班组。

10.3.1　机构设置

项目风险管理委员会：为工程施工风险控制的牵头机构，由项目总经理、HSE 总监、质量总监、各副总经理、副总工程师组成，日常的工作由 HSE 部具体负责，下辖设计、施工各任务组，具体架构见图 10-6。

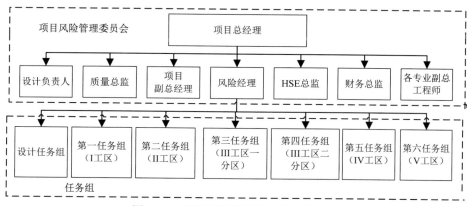

图 10-6　项目风险管理委员会架构

沉管安装风险管理组：由于沉管安装施工风险巨大，且涉及施工工区多，为更有效地开展相关风险管理，在项目风险管理委员会的基础上，设置沉管安装风险管理组。沉管安装风险管理的核心机构，由项目总经理、HSE 总监、质量总监、相关的副总工程师、沉管舾装监控组、基础施工监控组、结构及线形监控组、测量监控组组成，日常工作由总经理部总工办具体负责。

任务组：为沉管安装施工风险管理的现场管控机构，由相关工区的项目经理、总工程师、副总经理等组成，日常工作由工区工程部或 HSE 部负责。

作业班组：为沉管安装施工风险管理的实施单元，由相关工区所辖作业班组构成，分组情况如图 10-7 所示，现场施工过程中，由于工序交接或人员划分，分组可根据实际需要划分。

沉管安装风险管理体系机构设置如图 10-7 所示。

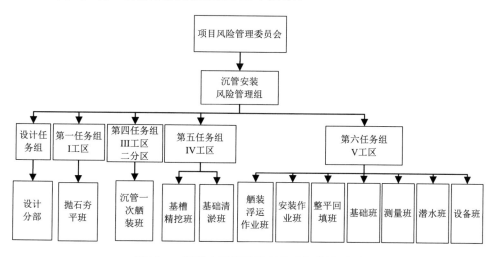

图 10-7　沉管安装风险管理体系机构设置图

10.3.2 责任体系

1. 项目风险管理委员会

项目风险管理委员会为港珠澳大桥沉管隧道工程风险管理体系的顶层机构，负责制定港珠澳大桥沉管隧道工程风险管理计划，结合工程进展，对管理计划进行更新。统筹设计、施工各任务组，组织开展各类风险活动，对工程施工风险进行全面管控。

2. 沉管安装风险管理组

沉管安装风险管理组为项目风险管理委员会的下属机构，负责协调沉管安装相关任务组。按照委员会的要求，组织编制风险管理文件，并定期发布更新。定期组织开展沉管安装相关的风险活动，组织各任务组开展风险识别、分析、评估、对策和预案的研究及相关的总结评审工作。

沉管安装风险管理组负责组织召开"一级风险会议""二级风险会议"。督促各任务组对识别出的风险进行处置，并落实各项对策和预案。同时，针对风险处置当中需要开展专题研究、专项演练、工艺优化、施工监测等项目，组织开展各项研究和攻关。定期召开沉管安装风险评估专家咨询会，对专家意见进行回复和落实。

3. 任务组

任务组为沉管安装风险管理组的下属机构，负责协调管理下辖各作业班组，开展现场风险管控。

任务组参加风险管理文件的编制，主要负责编制《沉管安装风险管理手册》和《沉管安装风险管理动态评估报告》。开展风险识别、分析、评估、对策和预案的制定及相关的总结工作。负责组织作业班组召开"三级风险会议"。参加各项风险活动，并落实各项风险管理措施。根据现场施工情况，任务组应及时将风险动态反馈至沉管安装风险管理组，对风险管理手册进行动态更新。另外，任务组负责对作业班组进行风险管理的宣贯，定期组织各班组开展风险管理文件的学习、考核，并对风险管理提出合理化建议。

4. 作业班组

作业班组为任务组的下属现场施工单元，根据任务组要求，认真学习并了解与自身作业相关的风险和处置措施，并将措施落实到现场施工当中。

作业班组通过学习风险管理相关文件，按照风险管理手册的要求，对现场施工风险进行预防、预控和处置。同时，参加各项风险活动，将现场施工过程中发现的风险源及时反馈，并对风险管理提出合理化建议。

10.4　风险管理文件体系

港珠澳大桥沉管隧道工程沉管安装风险管理文件体系由 4 个层级构成，如图 10-8 所示。

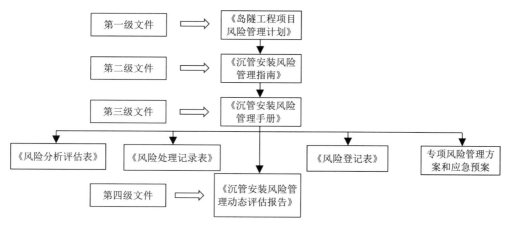

图 10-8　风险管理文件体系

第一级：《岛隧工程项目风险管理计划》，由项目总经理部编制颁布，涵盖人工岛、隧道基础、沉管预制、沉管安装等工程建设各方面。

第二级：《沉管安装风险管理指南》，由项目总经理部编制颁布，为沉管安装施工风险管理的指导性文件。

第三级：《沉管安装风险管理手册》，主要由 V 工区编制，项目总经理部审核颁布，包括沉管安装施工风险管理手册（通用风险、专项风险）、沉管安装测量风险管理手册两部分，将各风险源分类管理，以《风险登记表》的形式对风险的名称、等级评定等信息进行明确，最终形成动态库，供管理人员、作业人员使用。

第四级：《沉管安装风险管理动态评估报告》，由 V 工区编制，项目总经理部审核后发布，包括沉管安装施工风险动态评估、沉管安装测量风险动态评估两部分，在每节沉管安装前发布，内容包括风险动态总结、动态评估，供管理人员、作业人员使用。

为方便一线员工查看风险管理手册，针对不同作业班组将手册分为 8 个分册。第一分册（总册）主要包括编制说明和《风险登记表》；第二分册（通用分册）主要包括环境类、人员类、岛头区类等 6 类风险的《风险分析评估表》，《风险处置记录表》和附录；第三至第八分册是针对不同作业班组的分册内容，具体如表 10-2 所示。

表 10-2　沉管安装风险管理手册分册说明

序号	分册名称	内容	对应风险类别	使用单位
1	《总册》	编制说明、《风险登记表》	—	V 工区

续表

序号	分册名称	内容	对应风险类别	使用单位
2	《通用分册》		环境、人员、岛头、台风恶劣天气、深水深槽、通航安全	Ⅴ工区
3	《装备分册》		装备类	设备班
4	《舾装分册》	《风险分析评估表》《风险处置记录表》附录（相关管理制度、操作规程、预案等）	沉管舾装	设备班、舾装浮运作业班
5	《基础回填分册》		隧道基槽、碎石基床、回填	基础班
6	《浮运分册》		进出坞、浮运、系泊	舾装浮运作业班
7	《沉放对接分册》		沉放对接、管内作业	安装作业班
8	《潜水分册》		潜水作业	潜水班、基础班、安装作业班

10.5　风险管理运行体系

按照风险识别、风险分析、风险评估、风险处置、总结评审 5 个环节循环实施运行沉管安装风险管理，同时将培训考核贯穿于风险管理的全过程，要求一线操作人员理解并掌握各自施工中的风险点，可按制定的应对措施化解或降低风险，并不断总结规范操作要领，最终形成标准化的作业流程和指南。

制定的风险管理手册充分考虑现场一线的使用，按照作业工序和班组进行分类管理，方便各班组按各自施工内容快速查找、对照学习，避免将风险管理停留在纸面，不能贯彻到现场实施中的弊端。

沉管安装风险管理运行流程分为 5 个阶段，分别为沉管安装筹备阶段、沉管安装准备确认阶段、沉管安装实施阶段、总结评估阶段和提升并标准化阶段。如图 10-9 所示。

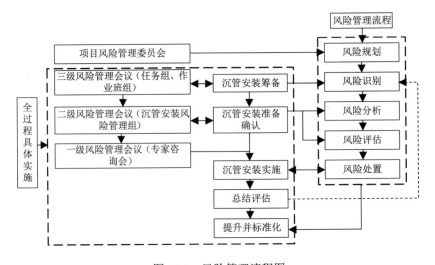

图 10-9　风险管理流程图

10.5.1　沉管安装筹备阶段

在每节沉管安装前，由任务组（工区）组织，下属管理部门和作业班组共同召开"一级风险管理会议"，是沉管安装施工风险管理方案的前期准备、筹划阶段，属于风险管理的基础性活动。

由任务组下属管理部门、作业班组进行工序风险源的识别和分析，再由任务组汇总、通过"三级风险管理会议"讨论完善后，制定可实施性的风险防控对策或预案。

由沉管安装风险管理组对任务组提交的风险分析和对策或预案等审核，通过后由任务组再次以"三级风险管理会议"的形式对各作业班组进行宣贯、培训、考核和落实。

在每节沉管安装前须开展风险排查。由任务组组织相关作业班组，对照《沉管安装风险管理手册》，结合每节管节施工的不同特点和环境条件，排查本次沉管施工风险，若有新增风险，应再次开展评估。风险排查应通过评估给出一般关注风险、重点关注风险。

由任务组组织各作业班组对排查出的新风险源进行分析、评估及处置，针对一般关注风险，应检查原有处置措施是否得当；针对重点关注风险，应在原有处置措施基础上根据不同施工特点制定额外专项处置措施。

风险排查完成后，任务组应提交风险排查的相关材料至沉管安装风险管理组。

10.5.2　沉管安装准备确认阶段

在每节沉管安装前，由沉管安装风险管理组组织，召开"二级风险管理会议"，对"三级风险管理会议"成果进行审核和完善，总经理部领导、总经理部相关管理部门、相关任务组、咨询单位等共同参加，是沉管安装施工风险管理方案和风险分析及对策的初步确立阶段。任务组根据会议成果，编制《沉管安装风险管理动态评估报告》。

在每节沉管安装前，由沉管安装风险管理组组织，召开"一级风险管理会议（施工风险分析和对策专家咨询会）"，对《沉管安装风险管理动态评估报告》及其他相关材料进行专家咨询。会议邀请业主方、监理方、业内知名专家及政府和社会相关单位人员参加，是沉管安装施工风险管理方案和风险分析及对策的最终确立阶段。

由任务组根据一级、二级风险管理会议提出的风险对策、预案，对风险管理手册进行修订更新，并在现场施工中落实。

在每节管节出坞前，由沉管安装风险管理组组织，召开沉管浮运安装准备工作确认会，对测量复核、基础施工、舾装质量、结构及线形等监控情况，以及任务组提交的风险排查材料进行审议，并对沉管浮运安装进行最终决策。

10.5.3 沉管安装实施阶段

由任务组、作业班组在沉管安装前落实各项风险处置措施；在沉管安装实施过程中，由作业班组具体负责处置措施的落实，任务组负责检查督促。

10.5.4 总结评估阶段

在每节沉管安装后，由沉管安装风险管理组组织开展沉管安装风险的总结再评估，对上一节沉管安装风险管理情况、风险对策和预案的实施情况进行总结，对沉管安装过程中新发现的风险源进行识别分析及评估。

任务组根据总结再评估情况，制定风险对策和预案，并在下节沉管安装筹备过程中落实。

10.5.5 提升并标准化阶段

由任务组组织，对在若干次沉管安装风险评估及沉管安装实践中被证明有效的风险防控对策进行总结，定期对《沉管安装风险管理手册》进行升级。

由任务组组织，将有效的风险防控对策融入施工方案和作业指导书，并固化到施工流程中，形成新的标准化作业规程和管理制度。

由任务组组织，对现场班组的操作人员开展标准化作业规程的宣贯、培训和考核。

10.6 风险管理主要成果

10.6.1 风险分类管理

按照"每一次都是第一次"的管理理念，本着"更实用、更贴近施工一线"的原则，对整个沉管安装风险管理体系持续进行完善，将风险管理组织体系和文件体系与现场实际相结合，不断推动风险管理成果实用化。本着"实用、简洁、高效"的原则，项目总经理部不断深入开展风险识别和分类管理工作。将沉管安装风险分为三大类。

1. 通用风险

通用风险是指沉管安装施工全过程存在的共性风险。分为环境、人员、装备、隧道基础、碎石基床、沉管舾装、进出坞、浮运系泊、沉放对接、回填、管内作业十一大类。

《沉管安装风险管理手册》对通用风险进行了详细的定义描述。

2. 专项风险

专项风险是指在不同区段的管节，由于其施工环境和特点各异，其所具有的不同于共性风险的独特风险。目前分为岛头区、台风和恶劣天气、深水深槽、通航安全、潜水作业、曲线段、深水接头七大类。

《沉管安装风险管理手册》对专项风险进行了详细的定义描述。

3. 专属风险

专属风险是指在每节管节安装前，通过对该管节的特点进行分析，对照《沉管安装风险管理手册》，梳理出该节管节相关风险条目，形成该节管节的专属风险。

《沉管安装风险管理动态评估报告》对专属风险进行了详细的定义描述。

10.6.2　风险管理用表

风险分析、评估的具体实施单位为各任务组的不同作业班组。各班组对作业过程中存在的通用风险、专项风险进行分析评估，并填写《风险分析评估表》《风险等级处置表》，由任务组审定、汇总后提交项目风险管理委员会。

在《风险分析评估表》《风险等级处置表》填写过程中，相应的责任班组应组织现场管理人员、作业人员，按照风险评估的流程、标准，对各项风险处置前、处置后的等级进行评定。如表 10-3 和表 10-4 所示。

表 10-3　风险分析评估表示例

风险编号：

风险类型		风险名称	
风险描述			
风险后果			
处置措施			

表 10-4　风险等级处置表示例

责任班组														
	风险处置前								风险处置后					
严重程度 后果类型	严重程度			发生概率			风险等级			综合风险等级	严重程度			发生概率			风险等级			综合风险等级
	低	中	高	低	中	高	低	中	高		低	中	高	低	中	高	低	中	高	
安全健康																				
处于危险状况的人数	3~9 人轻伤或<3 人重伤									高	3~9 人轻伤或<3 人重伤									中

续表

环境										
环境事故等级	一般事故				一般事故		高			中
质量										
质量事故等级	三级严重质量事故				三级严重质量事故					
时间										
关键活动和工程竣工延期	>3 个月				>3 个月					
成本										
经济损失（人民币）	1000～5000 万				1000～5000 万					

《风险登记表》由任务组按照通用风险、专项风险进行分类汇总，对风险处置前后的等级通过色标进行区分。红色代表高等级风险，黄色代表中等级风险、绿色代表低等级风险。如表 10-5 所示。

表 10-5　风险登记表示例

			风险登记表（样式）														
风险编号	风险名称	风险描述	最初风险等级评定					主要后果	综合风险等级	处置措施	处理后的风险评定					责任班组/部门	完成日期	状态
			低中高								低中高							
			安全环境	环境	质量	时间	成本				安全环境	环境	质量	时间	成本			

随着工程的进展，若有变化，由任务组及时更新《风险分析评估表》，并定期更新《风险登记表》。

每项风险处置之后，进行风险再评估分析，填写《风险处置记录表》，直至风险等级降低至受控范围，或者指定风险应急预案，将风险转化。如表 10-6 所示。

表 10-6　风险处置记录表示例

风险类型：	风险名称：
责任班组/部门：	日期：

续表

风险描述：		
可能存在的影响（后果）：		
得到批准的处理措施的具体细节（行动计划）：		
风险处理措施完成日期：	什么时候措施采取的　　年　　月　　日	
监控&要求：		
风险处理记录人： 　　年　　月　　日	审批人： 　　年　　月　　日	项目风险管理委员会审核（仅适用于重大风险）： 　　年　　月　　日

10.6.3 风险处置体系文件

注重实效是港珠澳大桥沉管隧道工程风险管理的第一要义，由于风险大多源于一线实操当中，风险识别需要充分考虑现场操作和管理人员的意见，同时，风险的降低、规避和消除等处置工作同样需要一线人员去落实，故风险管理的出发点和落脚点都在现场一线人员身上。为此，风险管理的各个过程都充分考虑了现场一线人员的作用和要求，风险识别以班组为单位开展，风险管理手册的编制按作业工序进行分类编写，方便各班组按各自施工内容快速查找、对照使用，避免将风险管理停留在纸面上。

总经理部制定了符合港珠澳大桥沉管隧道工程需要的既循序渐进又扎实推进的风险处置思路，即首先针对单个风险源制定单独的风险应对措施，同时，将风险处置措施纳入现场的岗位操作规程，然后汇总形成风险管理手册方便现场使用，最后定期对作业指导书进行修改，成为风险管理反馈指导技术管理的应用成果文件。如图 10-10 所示。

图 10-10　沉管安装风险处置成果文件体系图

此外，在每个管节安装后都要组织一次基层班组的风险再排查和宣贯活动，组织一线操作人员学习已制定的风险应对措施，同时征求在施工中新发现的风险点，不断补充完善风险管理手册。

10.6.4　风险排查活动

为确保风险应对措施的扎实落地，及时发现现场风险问题，管节安装前由工区组织开展了全面的风险排查活动，如图 10-11 所示。

1. 风险排查的主要目的

对照风险管理手册（内部试行），检查已制定的风险应对措施的落实情况，查找本次施工时发生概率较高的风险源，提起重点关注和防范。

结合现场实际检查情况和每个管节施工的特点，参与人员发散思维，利用头脑风暴法查找可能存在的新风险源，并讨论制定相应的措施。

2. 风险排查的活动要求

部门和班组人员提出工作中存在的问题，不囿于《风险登记表》的内容，充分发挥一线人员熟悉现场的优势。

风险排查与船机设备检查、安全、质量和文明施工检查结合进行，将排查活动落到实处，现场风险排查活动场景如图 10-11 所示。

图 10-11　现场风险排查活动

将制定的风险应对措施与施工技术交底书结合，同时将风险措施融入标准化施工流程，定期更新作业指导书。

3. 风险排查活动的效果

针对《风险登记表》中全部风险源进行现场对照确认，提出重点关注风险项。根据现场作业人员的反映查找出了 20 多处安全、质量隐患点，经整改落实后有效提高了沉管安装成功的保障率。

风险排查活动既是一次督导，也是一次宣贯和培训，强化了全体一线作业人员的风险意识，同时通过检查应急预案的准备情况也提高了现场应对风险问题的快速反应能力，事实证明这是一种很好的风险管理方法，是保证风险管理成果扎根落地的有效方式。

10.7　风险管理经验总结

港珠澳大桥沉管隧道工程的风险管理实践主要经过了三个阶段的探索和应用过程，分别是初期文件管理体系的建立、中期运行管理体系的完善和后期应用管理体系的创新，对风险管理的认识经历了从浅到深、由表及里的过程，完成了从被动应对到主动应用，从学习应用到创造应用，从行为管理到文化融入的管理升华过程。

10.7.1　文件管理体系的建立

鉴于工程的特殊性、重要性和面临的高风险挑战，在工程伊始，与大多数大型工程一样，主要是按照相关行业要求和部颁标准，参考国际隧道和地下空间协会《隧道风险管理指南》的要求，组织主要参与人员尽快建立一套沉管隧道施工风险管理体系。当然也有别于一般项目，面对着超级工程的高目标需求，项目管理者对此也高度重视，力求突破传统，立意创新管理，尝试应用新的管理手段。

经过广泛的研讨，确立了以风险管理为抓手，以安全、质量、进度、成本及人力资源、船机管理和文明施工等各个方面为着力点的综合风险管理思想，以达到纲举目张、整合管理的目的。按照"全员参与、全面识别、科学评估、综合防范、持续改进"的风险管理方针，结合工程实际，最终建立了一套工程自有的风险管理体系，明确了工程风险管理的原则、机制和目标，涵盖沉管安装风险识别、分析、评估、处置、总结评审的循环动态管理全过程，具体内容包括四级风险管理机构、四级文件体系和三级风险管理活动（会议）制度等，并以工程《沉管安装风险管理指南》和《沉管安装风险管理手册》等形式下发至各任务组和班组要求执行。

总的来说，在初期文件管理体系的编制阶段，采用了编写人员集中办公进行全封闭工作的模式，编写过程比较艰难，历时月余时间方完成了体系的初步确立。虽然耗费了大量的人力、物力和时间，但大多数管理人员对风险管理的概念和作用仍比较迷茫并持怀疑态度的，尚属于被动应对项目管理要求的阶段，从根本上还缺少推进风险管控的动力。

10.7.2　运行管理体系的完善

任何管理举措的落实都重在运行管理体系的有效性，为此项目管理者除遵循风险管理的一般规律和要求外，更结合工程实际情况，在风险管理中坚持了一系列关键理念和特色做法，不断完善运行管理体系，助推风险管理的有效落地，并最终取得了良好效果。

1. "全员"管理理念

风险管理的对象要求全员覆盖，通过发动班组（作业队）、任务组（工区）和项目（总部）三个层次的所有作业和管理人员，采用头脑风暴法和专家调查法相结合的方式，开展全面的风险源识别、评估和处置活动。

具体实施过程包括"自上而下"和"自下而上"两个阶段，即首先将由项目部领导等内部专家识别的初步风险宣贯至各任务组和班组，然后由任务组和班组结合各自内容采用头脑风暴法深化风险识别内容，再反馈至总经理部沉管安装风险管理组，最后采用内部专家法统一梳理形成专项风险识别报告，提交外部专家会咨询。通过这一循环往复的做法既有效地推动了全员对各自风险问题的认识，起到了风险培训的作用，也可以集众人之智最大化地规避风险漏识的问题。

2. "全过程"管理理念

将风险管理活动贯穿至整个沉管浮运安装施工过程，横向上覆盖所有的作业工序，纵向上覆盖沉管安装所有的施工管理阶段。

具体作业工序要求覆盖包括基槽精挖、抛石夯平、清淤、基床铺设、舾装、管节出坞、浮运、系泊、沉放对接、回填、沉管安装阶段的测量和管内作业等所有工序；具体涉及的管理阶段包括沉管安装筹备阶段、沉管安装准备确认阶段、沉管安装实施阶段、总结评估阶段、提升并标准化阶段。同时，在每道工序和各个阶段都按照"人、机、料、法、环、测"的生产要素管理法进行风险识别和分析，实现了从项目管理的各个方面和角度全面有效识别风险的目的。

3. "动态"管理理念

对长周期建设项目，风险管理是一个动态的过程，随着项目的推进，建设环境和特点都会发生变化，新的风险或者是起初被忽视的风险会慢慢浮现。结合工程"每一次都是第一次"的项目文化，自工程开始就确立了以单个管节安装为一轮风险管理周期的目标和要求，持续按照风险识别、风险分析、风险评估、风险处置、总结评审 5 个环节动态循环开展风险管理活动（图 10-12）。

具体动态管理活动包括坚持开展风险识别和排查活动、坚持风险评估专家咨询会制度等。在每个管节施工前根据其不同特点召开"三级风险管理会议"梳理识别有无新的风险点，并在施工准备阶段进行三次全员全过程的风险排查标准化活动；在每次管节安装前编制沉管安装动态评估报告，并组织召开施工风险分析和对策专家咨询会，邀请业主方、施工方、监理方、业内知名专家及政府和社会相关单位人员参加，对风险识别和处置等问题出谋划策，截至目前累计召开了内部风险识别和排查会议 100 多次，召开外部专家风险咨询会 30 次。

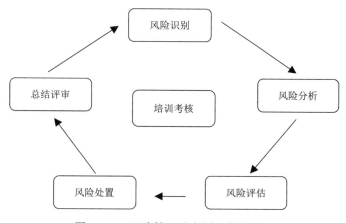

图 10-12　风险管理动态循环流程图

动态管理的做法解决了风险管理持续有效运行的问题，且使管理水平处于不断循环加深和上升的状态，同时也为参建各方提供了一个稳定的风险问题沟通渠道，实现集思广益最大化降低各类风险等级。

4. "实用"管理理念

管理手段的有效性与其具有的实用特性密切相关，需要考虑针对管理对象（主要是人的因素）的可接受性和方便使用度。为此，本着更实用、更贴近施工一线的原则，坚持"简洁、高效"的思路，在风险管理手册中将识别出的风险因素划分为通用风险、专项风险和专属风险三大类，并针对不同的作业班组将管理手册进行分册编排，方便现场作业人员使用，达到各专业班组能快速查找风险源、有针对性地落实处置措施的目的。

总的来说，在运行管理体系的不断完善过程中，项目管理者可谓是受益匪浅。不但最大限度地化解或降低了风险等级，消除了工程中存在的各类隐患，为沉管安装的顺利实施和项目推进提供了可靠有效的保障手段，更重要的是全体参建者在这一过程中逐渐加深了对风险管理的认识，从被动接受变成了主动推动，养成了从风险管理角度思考工程问题的习惯。风险管理活动变成了管理者和操作者都乐于接受的形式，最大限度地调动了各方面和各层次人员的积极性。

10.7.3 应用管理体系的创新

基于风险管理在港珠澳大桥沉管隧道工程中良好运行产生的积极效果,项目管理者进一步因势利导,不断拓展和扩大风险管理的应用范围,将风险管理先后导入到施工管理、设计管理、科研管理等各个环节,以风险管理促进整体管理水平的提升。

1. 导入施工管理

从巩固风险管理成果的角度出发,将风险管理导入施工管理。将证明有效的风险管理举措和资源配置固化在标准施工流程中,将风险处置方案融入施工方案和作业指导书,并重新培训操作人员,达到 PDCA 循环[即计划(plan)、执行(do)、检查(check)、处理(action)]螺旋上升的目的,最后逐步形成施工的标准化作业,推动施工管理的升级。

2. 导入测量管理

考虑外海长距离跨海测量的复杂性和高难度,以及发生质量问题后果的严重性,将风险管理导入测量管理。通过全面系统梳理沉管施工测量风险点,范围覆盖沉管基础施工、预制、管节标定、浮运安装、暗埋段施工校核等相关工序,识别测量工作中的一般风险和特殊专项风险,从控制网、沉管基床、管节标定、端钢壳测定、导向杆和导向托架标定、设计参数及施工指令等方面入手,制定专业应对措施,对关键测量工作编制标准化的作业指导书,实现标准化管理,形成了动态长效的测量风险管理体系。

3. 导入设计管理

从防控重大和关键设计施工风险的角度出发,将风险管理导入设计管理。通过完善设计复核评估体系,建立了一套长大隧道设计施工管理系统,具体包括沉管隧道结构及线形监控系统、隧道基础监控系统、舾装质量管控系统三个子系统。设计部门在施工过程中对基础、线形和结构等关键控制点进行动态评估,使设计和施工的联动配合更为密切,有效解决了工程中 6 km 水下基础质量风险、7.8 万 t 巨型管节的结构安全风险和长大隧道的安装线形控制风险等重大风险问题。

4. 导入科研管理

从指导技术攻关的角度出发,将风险管理导入科研管理。在 E33 岛头管节安装和最终接头技术攻关等科研活动中，确立了风险先行的思路，利用风险管理所具有的"显微镜"和"X 射线"功能，对设计、施工全过程中存在的风险源进行全面识别、分析和评估，并坚持与设计施工方案编制工作同步推进和适度超前的原则，实现对方案编制的指导和推动作用。通过两个途径对风险进行处置，一是在技术攻关和方案研究过程中制定措施直接化解风险，二是对残余风险和不能完全化解的风险制定专项应急预案降低风险等级。目前，处于岛头复杂环境下的 E33 管节已得到了成功安装，最终接头的技术攻关也得到了顺利推进，证明了风险管理在科研攻关中的有效性。

总的来说，通过对风险管理的成功拓展应用，实现了风险管理与施工生产、设计和科研管理之间相辅相成和自然融合。工程实践表明，由于风险管理所具有的独特"问题视角"和"探查功能"，能够引导管理者"透视"工程认知"盲区"，助推工程难题的解决，完全可以在生产建设和科研攻关中起到主导性和先导性作用。

10.7.4　风险文化的形成

1. 风险管理的落地

当前风险管理的主要问题是策划和实施间存在"两层皮"的问题，很多风险管理停留在了书面策划阶段，很难与现场的安全、质量、进度和成本等项目管理基本活动和设计、施工、科研管理活动融为一体，"各自为政"的后果是风险管理无法有效落地，流于形式，最后不了了之。

港珠澳大桥沉管隧道工程通过在风险管理运行体系的完善过程中，坚持"全员、全过程、动态和实用"的管理理念，创造性地开展了一系列富有特色的风险管理活动，运用导入的思想，拓展风险管理应用体系，将风险管理成功导入生产、设计和科研等各类管理活动中，有效解决了风险管理落地这一难题，可以为相关工程提供借鉴。

2. 风险思维的确立

风险管理的科学性在于全员性的、反复渐进的识别评估活动能够帮助管理者穷尽工程的认知"盲点"，而其具有的"透视功能"则使其在某种程度成为一种通用管理的工具，若使用方法得当有效管理运行，必能起到"治病救人"的功效。

秉持风险透视的管理态度，坚持风险先行的管理方法，持续进行风险流程的管理循环，最终会使管理者形成常态化的风险管理思维。而风险思维作为一种意识，又将反向决定人的综合行为，通过对管理者思想的重塑，唤起管理者日常行为的积极反应，进而促进项目管理的方方面面发生良性改变，助推管理升级进入螺旋上升的通道。对于未来的超级工程来说，风险问题能否有效应对是工程是否可控的关键，而风险思维的确立和应用亦将成为项目管理成功的关键一环。

3. 风险文化的形成

将风险管理活动贯穿于施工全过程，将风险意识传递到每个一线作业人员思想中，将风险意识和管理方法融入 HSE 管理和质量管理中，建立一套安全、健康、环保、质量综合风险管理体系，最终让"风险思维成为习惯"，是风险管理的终极目标。

对超级工程来说，全员风险意识的形成，表明了由"一人走钢丝"的风险管理初级推动阶段向"全员走钢丝"的高级应用阶段的全面转变，也意味着带有"忧患意识"的风险文化全面形成，将会给项目的全面管理工作都带来明显的促进作用。

参 考 文 献

[1] 吕明. 挪威海底隧道经验[J]. 岩石力学与工程学报，2005，24(23)：4219-4225.

[2] 王艳宁，熊刚. 沉管隧道技术的应用与现状分析[J]. 现代隧道技术，2007，44(4)：1-4.

[3] Admiraal J B M. Execution of immersed tunnels and relevant examples[R]. Istanbul：ITA/AITES，2005.

[4] 罗昌平，冯翠先. 长江大桥是拆是留?[J]. 中国商界，2003，(11)：10-13.

[5] 宋建，陈百玲. 沉管隧道穿越江河海湾的优越性[J]. 现代隧道技术，2005，42(3)：28-30.

[6] 杨新安，孙经川，孟凡江. 桥梁还是隧道?[J]. 徐州建筑职业技术学院学报，2001，1(1)：31-34.

[7] 张庆贺. 上海软土隧道的设计与施工[J]. 世界隧道，1998，(2)：11-25.

[8] 詹信群. 广州生物岛—大学城沉管隧道关键施工过程及数值模拟分析[D]. 广州：华南理工大学，2009.

[9] 何川，张志强，肖明清. 水下隧道[M]. 成都：西南交通大学出版社，2011.

[10] 贾明哲. 我国各种隧道的特点及相关施工方法研究[J]. 交通标准化，2011，(18)：162-166.

[11] 国际隧道和地下空间协会. 沉管隧道与悬浮隧道[M]. 铁道部科学研究院西南分院世界沉管隧道工程技术信息研究课题组编译，1997.

[12] 俞国青，傅宗甫. 欧美的沉管法隧道[J]. 水利水电科技进展，2000，20(6)：11-14.

[13] 王彬. 荷兰沉管隧道工程的发展概况[J]. 世界隧道，1996，(6)：69-77.

[14] Lunniss R，Baber J. Immersed Tunnels[M]. Florida：CRC Press，2013.

[15] 杨文武，毛儒，曾楚坚，等. 香港海底沉管隧道工程发展概述[J]. 现代隧道技术，2008，(S1)：41-46.

[16] 傅琼阁. 沉管隧道的发展与展望[J]. 中国港湾建设，2004，(5)：53-58.

[17] 中铁西南科学研究院信息研究室译. 厄勒海峡沉管隧道会议论文集[C]. 2003.

[18] 王青华. 釜山巨济跨海通道项目沉管隧道技术分析[J]. 现代商贸工业，2009，21(14)：267-268.

[19] トルコ・ボスポラス海峡調査団報告書[R]. 九州経済連合会，2010.

[20] Gursoy A. Immersed steel tube tunnels：An American experience[J]. Tunnelling and Underground Space Technology，1995，10(4)：439-453.

[21] 建設プロジェクトにおけるマネジメント特集[J]. 建設マネジメント技術，2010(12)：17-20.

[22] 上海市建设和管理委员会科学技术委员会，上海城建（集团）公司. 外环沉管隧道工程[M]. 上海：上海科学技术出版社，2004.

[23] 管敏鑫. 钢筋混凝土沉管隧道在设计与施工中的有关问题[J]. 现代隧道技术，2007，44(1)：1-4.

[24] Hung C J，Monsees J，Munfah N，et al. Technical Manual for Design and Construction of Road Tunnels-civil Elements[M]. New York：Books Express Publishing，2009.

[25] 杜朝伟，王秀英. 水下隧道沉管法设计与施工关键技术[J]. 中国工程科学，2009，11(7)：76-80.

[26] 甄士孝. 厄勒海峡固定联络线及其沉管隧道段的设计[J]. 世界隧道，1997，(6)：4-11.

[27] 杨文武. 沉管隧道工程技术的发展[J]. 隧道建设，2009，29(4)：397-404.

[28] 徐干成，李永盛. 沉管隧道的基础处理，基槽淤积和基础沉降问题[J]. 世界隧道，1995，(3)：2-18.

[29] Neelissen R F J，Van Raalte G H，Bodegorn D A. Multi-Purpose Scrader® Concept：New technology for seabed treatment[J]. Terra et Aqua，1998，(71)：3-14.

[30] HZMB/TL/GD/0. 沉管隧道设计与施工指南[S]. 珠海：港珠澳大桥管理局，2015.

[31] 唐健. 沉管隧道基础处理方法浅析[J]. 铁道勘测与设计，2004，(3)：67-69.

[32] 唐寰澄. 世界著名海峡交通工程[M]. 北京：中国铁道出版社，2004.

[33] 齐藤尚武. 沉管隧道基础施工技术综述[M]//上海市土木工程学会. 城市交通隧道工程最新技术. 上海：同济大学出版社，2003：97-107.

[34] 冲山祯雄，赵澈洙，大古利勝己. 大水深捨石投入均し船 (KUS-ISLAND)[J]. 建設の施工企画，2010 (720)：68-72.

[35] 杜朝伟，王秀英. 水下隧道沉管法设计与施工关键技术[J]. 中国工程科学，2009，11(7)：76-80.

[36] 张庆贺，高卫平. 水域沉管隧道基础处理方法的对比分析[J]. 岩土力学，2003，(S2)：349-352.

[37] 张晓兔，张乐文. 沉管管节的拖航操纵运动模拟[J]. 武汉交通科技大学学报，1999，23(5)：533-536.

[38] 陈七林. 海湾沉管隧道建设方案的环境条件及环境影响[J]. 现代隧道技术，2006，43(6)：9-12.

[39] 潘永仁. 上海外环沉管隧道大型管段浮运方法[J]. 施工技术，2004，33(5)：52-54.

[40] 彭红霞，王怀东. 仑头—生物岛沉管隧道管段浮运方案探讨[J]. 隧道建设，2007，27(4)：85-88.

[41] 陈海军. 沉管隧道主体结构设计关键技术分析研究[J]. 隧道建设，2007，27(1)：46-50.

[42] van Tongeren I H. The foundation of immersed tunnels[C]//Amsterdam：Delta Tunnelling Symposium，1978：48-57.

[43] 潘永仁，丁美. 大型沉管隧道管段沉放施工技术[J]. 现代隧道技术，2004，41(5)：1-5.

[44] 叶邦全. 海洋工程用锚类型及其发展综述[J]. 船舶与海洋工程，2012，(3)：1-7.

[45] Vryhof Anchors BV. Anchor Manual 2010-The guide to anchoring[M/OL]. www.vryhof.com，2010.

[46] 鲁晓兵，郑哲敏，张金来. 海洋平台吸力式基础的研究和进展[J]. 力学进展，2003，(1)：27-40.

[47] 刘海笑，杨晓亮. 法向承力锚(VLA)——一种适用于深海工程的新型系泊基础[J]. 海洋技术，2005，24(3)：78-82.

[48] 由际昆. 新型深水系泊技术[J]. 中国水运(下半月)，2008，(2)：34-35.

[49] Teheux G.A.P.L，Lambalk. The Design of Anchor Elevation Platforms for Cutter Suction Dredge D'Arttagnan[EB/OL]. westerndredging.org，2012.

[50] Yao S X，Gerwick B C. Positioning Systems for Float-In and Lift-In Construction in Inland Waterways[R]. GERWICK (BEN C) INC SAN FRANCISCO CA，2002.

[51] Barták J，Hrdina I，Zlámal J. Underground Space-the 4 Dimension of Metropolises[M]. London：Taylor & Francis Group，2007.

[52] 丁美，潘永仁. 沉管隧道测量技术[J]. 现代隧道技术，2005，42(1)：11-15.

[53] 陈韶章. 沉管隧道设计与施工[M]. 北京：科学出版社，2002.

[54] 刘千伟. 常洪沉管隧道接头施工技术[J]. 岩石力学与工程学报，2003，22(S1)：2478-2483.

[55] 薛勇. 沉管隧道技术的进展[J]. 特种结构，2005，22(1)：70-72.

[56] 吴维. 关于沉管法修建长江水下隧道若干问题的研究[J]. 现代隧道技术，2003，40(2)：1-4.

[57] 潘永仁，杨我清. 沉管隧道平面轴线控制与调整方法探讨[J]. 现代隧道技术，2004，41(3)：62-65.

[58] 胡政才，先明其. 日本多摩川沉管隧道的设计与施工[J]. 世界隧道，1995，(5)：52-75.

[59] 林鸣，史福生，表莲. 日本沉管隧道最终接头施工新工法[J]. 中国港湾建设，2012，(4)：1-4.

[60] 吉平健治，宫城三木夫. 沈埋トンネルにおけるキーエレメント函（最終函）沈設接合について[DB/OL].

[61] 陈韶章，苏宗贤，陈越. 港珠澳大桥沉管隧道新技术[J]. 隧道建设，2015，35(5)：396-403.

[62] CIV，NEM. Consolidated Technical Report[R]. Copenhagen：Femern A/S，2011.

彩　图

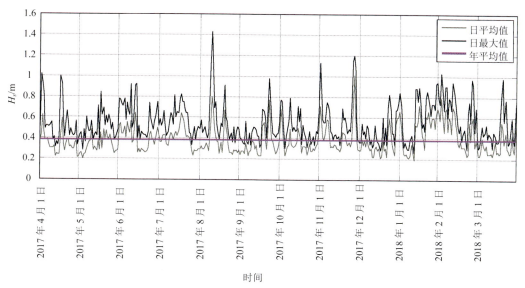

图 3-8　有效波高日变化曲线

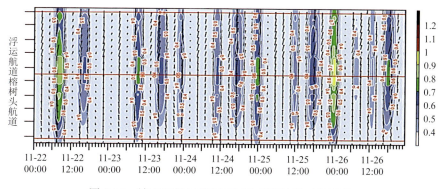

图 4-10　施工区浮运期间不同位置流速随时间变化

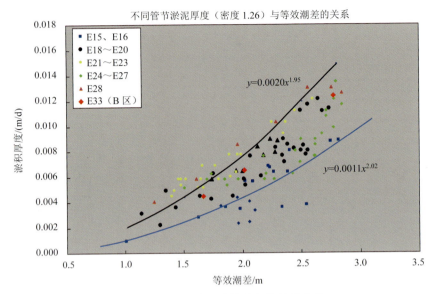

图 4-24　等效潮差与基槽淤积的关系曲线

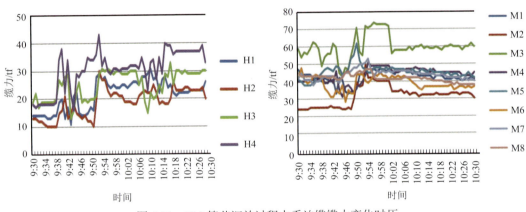

图 6-33　E20 管节沉放过程中系泊缆缆力变化时历

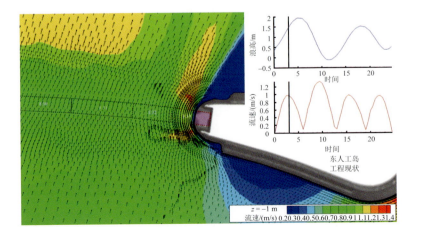

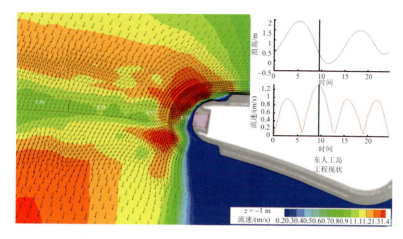

图 7-104　东人工岛岛头区域涨落潮表层流态图

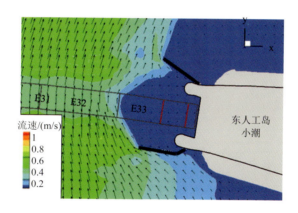

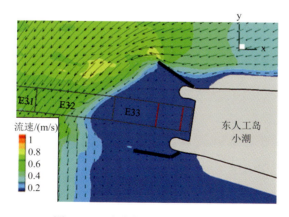

图 7-106　小潮期涨落急表层流场图

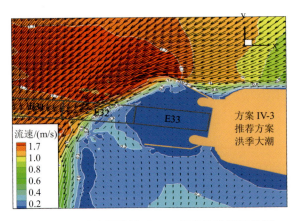

图 7-107 导流堤设置后 E32 管节处数模流场图

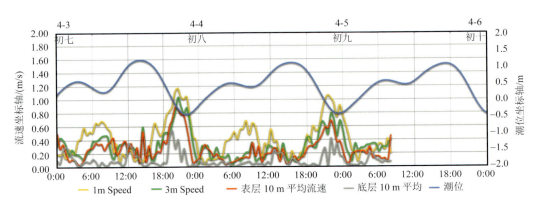

图 8-76 龙口区小潮期潮位和流速时程变化图

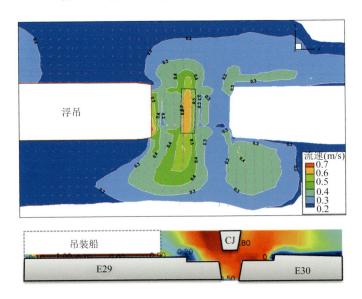

图 8-77 龙口流场数值模拟模型和结果示意图

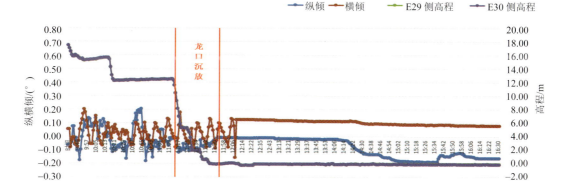

图 8-88　5 月 2 日最终接头吊装姿态数据汇总图

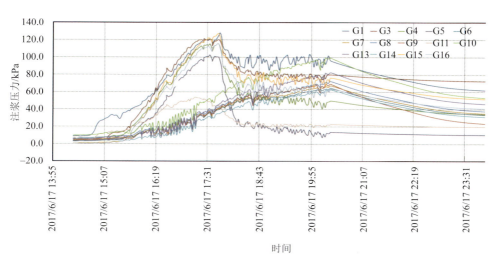

图 8-110　最终接头管节基础后注浆压力监测结果

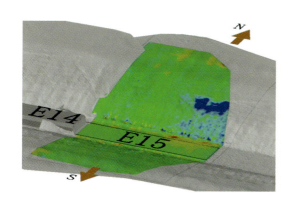

清/回淤厚度表				
编号	清/回淤最小厚度值/m	清/回淤最大厚度值/m	面积/m²	颜色
1	−1.46	−0.60	887.05	
2	−0.60	−0.40	811.36	
3	−0.40	−0.20	2188.08	
4	−0.20	0.00	21147.54	
5	0.00	0.20	26930.72	
6	0.20	0.40	3352.66	
7	0.40	0.60	1317.01	
8	0.60	0.80	222.25	
9	0.80	1.27	38.03	

说明：负值代表消除淤泥厚度；正值代表回淤厚度

图 9-12　E15 管节滑动位置测深结果

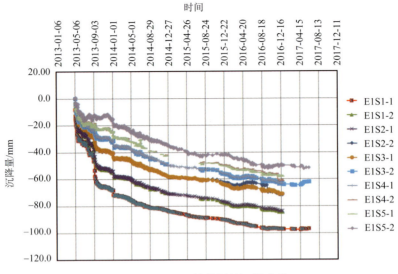

图 9-29　E1 管节累计沉降曲线

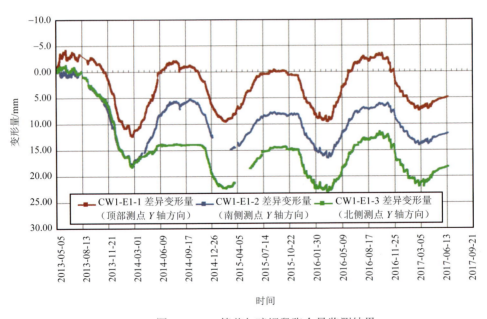

图 9-34　E1 管节与暗埋段张合量监测结果

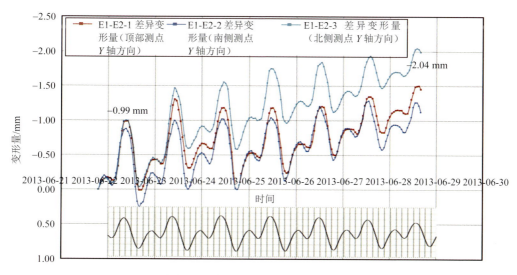

图 9-36　管节张合量与潮位变化关系

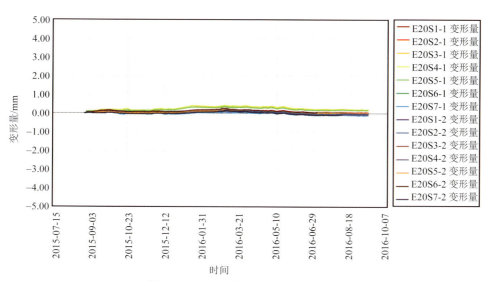

图 9-38　E20 管节节段张合量监测结果

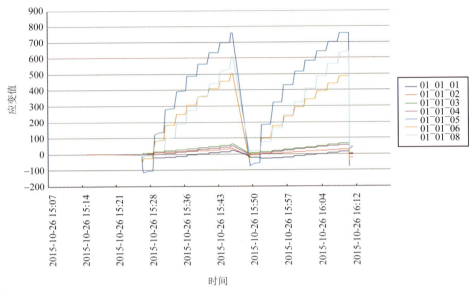

图 9-41　牛腿钢垫板标定结果

风险编号	风险名称	风险描述	最初风险等级评定 低，中或高					主要后果	风险是否可接受	处置措施	处理后的风险评定 低，中或高					责任班组/部门	完成日期	状态
			安全健康	环境	质量	时间	成本				安全健康	环境	质量	时间	成本			
CLZX-G-001	首级加密控制网布设																	
1	起算点选择	首级加密控制网成果提供不及时	低	低	高	中	高	首级加密控制网点成果的历次变更对起算点的影响	否	对采用的起算点进行局部复核。检测合格后方可使用	低	低	中	低	中	岛隧组	—	闭合
2	等级及作业方法选择	等级及作业方法选择不合理	低	低	低	低	低	等级过高，增加工作量；等级过低，影响施工精度；作业方法不合理影响测量精度	否	根据施工需求确定首级加密控制网等级为公路二等，按二等控制网要求施测	低	低	低	低	低	岛隧组	—	—
3	选点	人工岛岛体不稳定	低	中	中	中	中	点位基础不稳定	否	点位选择在副格上	低	低	低	低	低	岛隧组	—	—
4		点位选择不合理	低	中	高	低	高	相互间通视性较差，导致利用常规手段测量时检核条件少	否	结合实地情况增加观测墩高度	低	低	低	低	低	岛隧组	—	—
5		保存时间不长	低	中	中	低	低	部分点靠近施工区域，不利于长时间保存	否	结合施工进度选择施工干扰小的地方埋设	低	低	低	低	低	岛隧组	—	—
6	点位埋设	点位不稳定	低	中	中	低	低	观测墩结构不稳定	否	采用钢结构观测墩	低	低	低	低	低	岛隧组	—	—
7		对中精度低	低	低	低	低	低	对中精度低导致观测数据精度低	否	采用强制对中装置	低	低	低	低	低	岛隧组	—	—
8	外业观测	开机时间不统一	低	低	中	中	中	开机时间不统一导致观测时段不完整	否	现场观测统一调度安排，加强巡检	低	低	低	低	低	岛隧组	—	—
9		天线高度取值不正确	低	低	高	中	中	天线高度取值不正确导致计算错误	否	作业前先进行技术交底	低	低	低	低	低	岛隧组	—	—
10	外业成果记录	记录不完整、不正确，签字不完善	低	低	中	低	低	责任不明确、计算时参数输入错误	否	加强检查	低	低	低	低	低	岛隧组	—	—
11	东西人工岛测量平台高程传递	东西人工岛跨海高程传递时机	低	高	高	中	中	恶劣（大风大浪）天气测量成果的可靠性	否	冬季海上风浪大，尽量避开在这期间的作业时间	低	低	中	低	低	岛隧组	—	—
12		检核不合格	低	低	中	中	中	数据检核精度较差、重复基线长度较差、环闭合差、基线残差超限	否	分多时段计算、不同软件校核、换手复核	低	低	低	低	低	岛隧组	—	闭合
13	成果报告输出	计算错误	低	低	高	低	高	水准测量指标不合格	否		低	低	低	低	低	岛隧组	—	—
14		编制错误	低	低	高	中	高	报告编辑错误导致成果精度不高或成果错误	否		低	低	中	低	低	岛隧组	—	闭合

图 9-55　风险等级表示例图